사랑은　지독한　그러나　너무나　정상적인　혼란

우리는 한 문명의 끝에 와 있다.
이제 질문은 이것이다.
과연 우리는 또 다른 문명의 시작에 서 있는가?"

21세기 총서 11

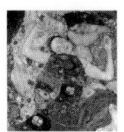

사랑은 지독한, 그러나 너무나 정상적인 혼란

울리히 벡, 엘리자베트 벡-게른샤임 지음
강수영, 권기돈, 배은경 옮김

샘물결

長·江·의·뒷·물·결·이·앞·물·결·을·밀·고·간·다

■ 일러두기

◇ 이 책은 *Das ganz normale Chaos der Liebe* by Ulrich Beck und Elizabeth Beck-Gernsheim(Suhrkamp Verlag, Frankfurt am Main, 1990)을 옮긴 것이다.
◇ 원저자의 주는 책 뒷부분에 따로 실었다.

장미건 아니면 눈이건 또는 대양이건
한때 활짝 피었던 모든 것은 이제는 져버리고
오직 두 가지만 남았다네. 공허
그리고 상처입은 자아만이.

사랑의 열정은 처음부터 서로를 객관적으로 볼 수 없게 하거나 그 사람에 대해 진정으로 공감하지 못하도록 만든다. 그것은 차라리 우리 자신 속으로 가장 깊숙히 파고들어가는 것이며, 천 번, 만 번 접힌 외로움이다. 그러나 그것은 또한 우리 자신의 외로움으로 하여금 만물을 포용하는 세계로 뻗어나가 나래를 펴게 하는 것이기도 하다. 마치 천 개의 빛나는 거울에 둘러싸인 듯이

나는 가정이 성소(聖召), 즉 재미와 즐거움만이 넘쳐나는 장소라고 (보지) 않는다 — 물론 그럴 수도 있다. 하지만 그보다는 가장 야만스러운 피조물인 인간이 다른 사람들과 비폭력적이고 비파괴적인 방식으로 시간과 공간을 공유하는 것을 배우는 곳이다.…… 함께 사는 사람에게 자신을 완전히 드러내고 동시에 한 사람이 그(그녀)의 개성, 인간사, 희망과 공포를 알아감으로써 그가 만들어 내었던 이미지를 수천 개의 조각들로 깨버리는 일은…… 오래 걸리고 매우 고통스러운 경험이다.…… (이런 의미에서) 결혼과 가족 생활은…… 삶의 오물통과 마주하기에 …… 훌륭한 장소이다.

그래서 나는 26년 6개월 동안의 결혼 생활을 하고 나서 결혼의 목표가 행복이 아니라는 결론을 얻었다. 결혼은 훌륭한 면을 많이 갖고 있다. 그것은 성별과 가치관과 관점과 나이가 다른 사람들과 생활을 함께 하는 것을 배우는 곳이다…… 결혼은 증오심을 극복할 뿐 아니라 증오할 수 있는 곳,

웃고 사랑하고 의사소통하는 것을 배우는 곳이다

책을 펴내며
사랑은 우리에게 무엇인가

다이옥신, 환경호르몬, 산성비. 근대성의 발전과 함께 증대하는 '위험'이라면 사람들은 쉽게 이런 단어들을 떠올린다. 테크놀로지의 발전에 따르는 환경 위기들 말이다. 조금 시야를 넓혀 보면 핵폐기물 문제나 전쟁 같은 좀더 복합적인 위험들도 떠올릴 수 있다. 최근 몇 년간 줄지어 일어난 사건들에 데인(!) 한국인들이라면 이에 더하여 건물 붕괴, 가스 폭발, 대형 화재나 교통사고 같은 단어들도 생각날 것이다. 그러나 '사랑'이라면 어떨까? 사랑이 우리의 근대적 삶 속에 본원적인 위험으로 떠오르고 있다면, 쉽게 고개를 끄덕일 사람이 몇이나 될까.

이 책의 공저자인 울리히 벡과 엘리자베트 벡-게른샤임은 바로 그러한 명제를 제시한다. 독일 사회학자이며 떠오르는 유럽 좌파 정치 이론가의 한 사람인 울리히 벡은 『위험사회』의 저자로 잘 알려져 있으며, 유명 저널리스트인 엘리자베트 벡-게른샤임은 그의 부인이다.

부부가 함께 '사랑'의 문제를 본격 탐구한 연구서가 바로 이 책이다. 사랑과 위험이라니. 이 얼마나 어울리지 않는 조합인가. '위험'이라는 말을 위에서와 같은 고정관념으로만 이해하는 사람들에게는 그들의 주제 선택이 어이없게 느껴질 지도 모른다. 그러나 사실 벡의 '위험' 개념은 현대 사회에서 '사랑'이 차지하고 있는 위상과 처음부터 긴밀하게 연결되어 있었다. 벡이 말하는 위험은 반드시 밖으로부터의 침입만을 뜻하는 것이 아니기 때문이다. 위험(risk)의 반대말은 안전(security)이다. 근대성의 등장으로 개인은 미리 정해진 신분적 운명이나 '전통', 또는 자연적 제약으로부터 자유로와졌지만 이 자유는 또한 무한정의 불확실성, 타협, 선택지들 앞에 내던져질 자유이기도 했다. 봉건으로부터의 해방은 (기든스가 지적했듯이) 개인에게 성찰성의 세계를 열어주었지만 동시에 안전감의 토대인 확실성(certainty)의 뿌리를 제거해 버리는 결과를 빚었다. 현대인은 집단 소속도, 전통도 떨쳐낸 오롯한 '나'로서 이러한 불확실성의 세계를 항해하도록 요구받는다. 그러한 그/그녀에게 사랑은 그 자신을 정박시킬 수 있는 마지막 희망이다. 내 신분, 내 계급, 내 직장, 내 국적, 그 어느 것도 진정한 '나'를 보증해 주지 못하는 것으로 판명날 때, 사랑은 나의 존재와 나의 존재의 의미와 나의 진정한 자아를 확인시켜 줄 최후의 보루이다. 그 사랑에 실패할 때, 그 사랑이 나를 배신할 때, 그것은 나의 안전을 뿌리부터 흔들어 놓는다.

눈에 보이는 재난만이 위험이 아니다. 우리가 가장 상처 입는 것은 어느 때인가? 우리 자신의 삶이 송두리째 흔들리는 느낌은 언제 가장 절실하게 다가오는가? 우리가 가장 사랑하는 대상이 우리를 가장 상처입힌다. 가장 사랑하기 때문에, 가장 가깝기 때문에, 가장 우리 자신의 일부이기 때문에. 사람들은 사랑하는 사람에게서 상처받고도 쉽사리 사랑을 포기하지 않는다. '이건 다만 그 사람의 잘못이야. 나한테 맞는 짝을 만난다면, 올바른 상대방을 발견하기만 한다면, 사랑이 나를 구원할 거야!' 우리 모두 한번쯤은, 이렇게 외치곤 한다.

IMF로 대변되는 경제 위기 상황 속에서, 우리는 전에 없는 '사랑'의 물결을 만났다. 신문에서, 시사 프로그램에서, 드라마에서, 공익 광고에서, 우리는 경제 위기의 해결책으로 제시되는 '가족간의 사랑'을 신물나게 보아야 했다. 사랑의 힘은 그토록 위대하다! 그것은 소외된 현대인의 상처 입은 자아의 예방약일 뿐 아니라 국가적, 지구적 위기를 해결할 수 있는 실제적인 치료약이기도 하다. 그리고 보면 우주의 절대 악으로부터 지구를 구원하는 최후의 해결책으로 (남녀간의) 사랑을 제시한 영화 〈제 5원소〉의 스토리라인도 그리 황당한 것만은 아니겠다.

이 책에서 저자들은 '사랑'에 걸린 현대인의 높은 희망을 분석하면서, 사랑을 그 어떤 추상적 가치나 화려한 수사로 환원하기를 거부한다. 대신 실제로 다른 사람과 관계를 맺으면서 살아가는 삶의 실제적 과정을 추적한다. 삶은 감정만으로 이루어지지 않는다. 사람들은 돈을 벌어야 하고, 돈을 벌기 위해 일자리를 얻어야 하고, 일자리를 얻기 위해 교육받고 훈련받아야 하며 그런 와중에서 사랑을 해야 한다. 저자들은 근대성의 근간을 이루는 산업사회의 구조를 들여다보고 산업 사회의 노동시장이 개인에게 요구하는 명령들을 살펴보면서 남녀 사이의 '사랑'에 작동하는 구조적 힘들을 밝혀낸다. 가정으로부터 분리된 일터에서 하루의 대부분을 보낼 것, 공적 노동을 엄격하게 사생활과 분리할 것, 노동시장의 요구에 맞추어 이동성을 갖출 것……. 산업 사회의 노동시장은 이렇게 모든 가족 관계, 인간 관계로부터 자유로운 오롯한 '개인'을 요구한다. 그런데 이는 필연적으로 그에게 가정 잡사를 해결해 줄 또 한사람의 노동자(곧, 아내)가 딸려 있다는 것을 전제한다. 아내는 또한 행복한 가정을 일구는 주역이기도 하다. 오롯이 개인인 노동자는 아내를 믿고 그녀에게 감정적으로 의존하며 노동시장의 요구에 따라 전력투구한다. 그녀는 그를 사랑하고 돌보며 그에게 삶의 의미를 제공해 준다. 그렇다면, 그녀는 어떠한가? 그녀의 삶의 의미는 어떻게 얻어지는가? 산업 사회는 이에 대해 아무런 답변도 해 주지 않는다.

산업 사회에서 공적 노동과 가정 잡사를 배분하는 기준은 타고난 성별이다. 이러한 성별 분업은 '타고난' 기준에 따라 운명이 정해진다는 점에서 극히 '봉건적'이지만 또 한편으로 이것이 없었다면 현대 산업 사회의 모델 자체가 가능하지 않았다는 점에서 극히 '현대적'이다. 성별 분업이야말로 저자들이 지적한 대로 '산업 사회의 봉건적 중핵'이다. 현대인의 사랑은 이러한 구조 위에서 펼쳐진다. 남녀의 관계는 얼핏 개인 대 개인의 관계로 보이지만 그것보다는 훨씬 더 강력하게 성 역할(gender role)로부터 영향받는다. 여기서 문제는 산업 사회를 가능하게 한 토대였던 이 성 역할이 한편에서는 노동시장 자체의 발전에 따라 내파되어 간다는 점이다. 현대의 발전한 노동 시장은 여성의 공적 노동 참여를 요구하며 이는 여성 자신이 스스로를 해방시켜 온 여성운동의 성과에 맞물려 여성에게도 '오롯이 너 자신이 되라'는 요구를 강제하고 있다.

그러면 이제 어떻게 할 것인가? 저자들은 시계를 거꾸로 돌릴 수는 없다는 것을 잘 알고 있다. 저자들은 그런 종류의 시도에 대해 자신의 시계는 그대로 둔 채 여성들의 시계만을 거꾸로 돌리려 하는 것에 불과하다고 신랄하게 비판한다. 이런 상황에서 사람들은 더더욱 '사랑'에 집착하고 있다. 세속화된 현대 사회에서 '사랑'은 새로운 신의 이름, 새로운 종교의 이름이 되어간다. 결혼한 남녀들은 그들의 결혼을 '사랑에 충만한' 것으로 만들어야 한다는 강박관념에 시달린다. 이제는 더 이상 결혼했다는 사실 자체가 결혼의 유지를 보증해 주는 시대가 아니기 때문이다. 성인 남녀는 마땅히 결혼해야 하고 결혼하면 아이를 낳아야 하며 아이를 낳았으면 엄마가 집에서 아이를 돌본다고 하는, '원래대로의' 결혼은 빛을 잃어가고 있다. 우리는 결혼을 선택하지 않을 수도 있고, 결혼을 했더라도 하나 하나의 단계들이 모두 의미를 부여받아야 하고 협상되어야 한다. '원래부터' '무릇' '자고로' 그렇기 때문에 하는 것은 하나도 없다. 이러한 상황은 우리에게 끊임없는 의사결정과 협상을 요구한다. 이는 한편으로 새로운 미래를 향한 개방성과 성찰성의 증대이겠지만 한편으로 끊임없이 위태롭고 변경되며, 어느 하나 확고한 것 없이 요동하는 몹시 피곤한 상황이기도 하다. 이런 상황에서 사람들은 더욱 더 사랑에 희망을 걸고,

결코 배신하지 않을 '진정한 사랑'을 찾아 헤맨다. 최근 서구 사회에서는 아이가 그러한 사랑의 원천으로 부상하고 있기도 하다.

과연 우리는 어떻게 사랑해야 할까. 무엇을, 어떤 방식으로 사랑해야 할까. 도대체 사랑은 우리에게 무엇일까. 우리는 왜 사랑하고 싶어 하는 것일까. 나는 왜 아이를 갖고 싶으며 왜 아이를 갖고 싶지 않을까. 우리는 서로 사랑하는가? 사랑한다면, 어떻게? 끊임없이 존재의 안전을 위협해오는 위험사회 속에서 우리가 물어야 할 것은 이런 질문들이다. 저자들은 우리에게 정작 필요한 것은 우리 자신의 사랑하는 방식에 대한 근본적인 고찰이라고 말하고 싶어한다.

대중적인 호소력과 유연한 문체로 유명한 벡 부부답게 이 책은 페이지마다 흥미로운 사례와 인용구, 무릎을 치게 하는 기발한 표현으로 가득 차 있다. 소설, 영화, 신문기사, 통계 자료 등에서 따온 풍부한 예시들이 읽는 이를 사로잡는다. 현 상황에 대한 어떠한 단정적인 결론도 내리지 않으면서, 현재 일어나고 있는 섬세한 변화들을 스케치해 내는 저자들의 솜씨는 감탄할 만하다. 그러나 한편으로, 바로 그렇기 때문에 이 책은 읽는 이에 따라, 읽는 이의 경험과 성별과 연령과 지위에 따라, 서로 다른 울림으로 다가갈 수 있다. 이 책을 읽는 방법은 다양하다. 『위험사회』의 연장선상에서 현대 사회에 대한 진지한 사회학 저술로 읽을 수도 있고, 막 사랑을 시작하려는 사람들을 위한 지침서로도, 신혼 부부가 앞으로의 결혼 생활을 좀더 깊이 성찰할 수 있게 해 주는 참고서로도, 아이를 낳고 양육하는 부모들에게 부모노릇의 깊이와 어려움을 가르쳐주는 교과서로도 읽을 수 있다. 페미니즘과 남녀 평등에 대한 대학생 수준의 기본 저서로서도, 여성운동가들을 위한 진지한 토론 자료로도 이 책은 유용할 수 있을 것이다.

처음 이 책을 번역하기 시작한 것은 1997년 봄이었다. 처음에는 배은경과 강수영이 작업을 진행하다가, 권기돈이 합류하고 나누어 번역하고 서로 읽어주면서 한해가 훌쩍 지났다. 그리고 여러 가지 사정으로 또 한해가 지나고, 이제야 책을 낼 수 있게 되었다. 서문과 1, 2장은 배은경이, 3, 4장은 강수영이, 그리고 5, 6장은 권기돈이 맡아서 초역했지만, 역자들끼리 여러 번 모여서 토론하고 용어나 개념의 통일을 위해 노력했으므로 역자들 모두가 이 책 전체에 대해 책임이 있다. 공역 과정은 역자들 자신에게도 대단히 흥미로운 경험이었다. 한 사람은 결혼 9년차에 초등학생 아들 하나를 둔 어머니였으며, 한사람은 막 첫 아이를 임신하여 이 책을 번역하는 과정에 출산과 초기 양육기에 들어간 새댁이었고, 또 한사람은 여섯살박이 남자 아이를 둔 결혼 7년차의 아버지였다. 앞서 지적했듯이 이 책은 우리들 각자에게도 서로 다른 느낌으로 다가왔으며, 그 결과 잣구 하나 하나를 두고 심각한 견해차가 나타나기도 했다. 작업은 어려웠지만, 그만큼 다양한 경험을 가진 사람들에게 공감을 얻을 수 있는 책이 된 듯하여 뿌듯하다.

이 책의 독일어 원본은 *Das ganz normale Chaos der Liebe*이다. 그러나 여기서는 영역 판을 갖고 번역하였다. 독일어 판이 영역되면서 새로운 자료들이 추가되고 몇몇 구절들이 손질되었으므로 독일어 판과 영어 판은 서로 다른 점이 많은데, 영어 판에서 의미가 분명하지 않거나 중요한 자료가 삭제된 부분만 독일어 판을 찾아 대조하였다. 난삽한 번역과 오랜 작업 기간에도 불구하고 독일어 판 대조 작업까지 맡아가며 수고해 준 새물결 출판사에 감사한다. 처음 작업이 시작된 후로 오랜 시간이 지난 관계로 공역자들의 상황이 많이 변하였다. 강수영은 미국 버팔로에서, 권기돈은 위스콘신 대학교에서 더욱 깊이 있는 연구를 위해 정진하고 있다. 그래서 이 책을 내기까지의 수고로움이 한결같았음에도 불구하고, 역자 후기를 쓰는 이 보람있는 작업은 배은경이 혼자 할 수밖에 없었다. 그 모든 사람들의 수고에 감사드린다.

1999. 6. 역자들을 대표하여 배은경

차례

책을 펴내며/ 우리에게 사랑은 무엇인가? 7

개인화 그리고 삶과 사랑의 여러 방식들 21

    개인화 : 새로운 출발, 새로운 사회? 25
    개인화 과정은 늘 있지 않았나? 34

사랑이냐 자유냐 : 함께 살기, 따로 살기 혹은 목하 전투중 39

    자유, 평등, 사랑 39
    남녀 성별 투쟁의 현재 상황 43
        성과 결혼 45 / 교육, 취업 시장과 고용 48 / 남성의 시각에서 본 여성
        해방과 가사 노동 53 / 명제들 59
    산업 사회 : 봉건제의 현대적 형태 62
    성별 역할로부터의 해방? 67
    불일치를 알기, 결정을 내리기 76
    개인의 종말인가, 주관성의 무제한적 르네상스인가? 82

사랑으로부터 그냥 관계로 : 사회의 개인화와 인간 관계의 변화 93

    사랑은 이전보다 더 중요해진다 94

전통적 결속의 단절 94 / 개인적 안정성의 원천 97 / 내적 정박지로서의 사랑과 결혼 99

사랑은 이전보다 더 어렵다 104

'나는 내 자신의 삶을 살거야' : 찬반양론 104 / 남자 대 여자 111 / 중년의 위기 127 / 대용물로서의 아이? 137

유토피아를 찾아서? 144

3장 자유로운 사랑, 자유로운 이혼 : 해방의 두 얼굴 147

지난 시절: 의무와 확실성 148
현대: 자유의 증대와 안전의 감소 152
함께 공유할 수 있는 세계를 찾아서 154
공동의 명분을 찾아서 159

사랑이란 말은 무엇을 의미하는가? 160 / 어려운 결정들: 너무 많은 선택권 164 / 대화로 해결하기: 사랑은 숙제 166 / 변화의 윤리: 모든 것을 바로잡기 171 / 일이 두 사람을 갈라 놓는다 175 / 나의 일, 너의 일: 계약에 대한 선호 178 / 참아내기의 부담 181

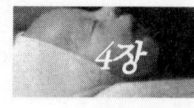

4장 내 모든 사랑을 아이에게 185

아이 바라기 187

의미있는 경험으로서의 자식과 자아 189 / 아이를 사랑하기 위해서 아이를 갖지 않는다? 194 / 아이 갖기 계획 198

아기를 맞을 준비 201

임신 전 여자가 (때로 남자도) 해야만 하는 일 201 / 태어나지 않은 아기: 다치기 쉬운 생명체 203/ 여담: 사랑, 책임감, 불확실성에 휘말려서 207/ 의무적인 산전 진단 211
아이 바라기: 환자로서의 부모지망자들 215
감정의 청룡열차 219 / 유혹은 여전하고 221
부모와 아이: 전혀 새로운 영역 224
오직 최고만이 있을 뿐: 현대의 절대명령 226 / 사랑의 교과목 232 / 사랑의 라이벌 235/ 사랑이 지나칠 때 238

5장 이브의 두번째 사과 또는 사랑의 미래 245

헛된 희망에서 깨어나기: 핵가족으로 되돌아가기 248
평등하다는 것은 스스로 살아간다는 것을 뜻한다: 일과 가족의 모순 251
결혼 생활 이후의 결혼: 이혼 뒤의 확대연속가족 254
이브의 두번째 사과: 강요된 남성 해방 262
결혼식 하객인 이혼: 결혼 계약서 269
조립식 블록처럼 된 부모되기: 유전 공학과 자식 설계 274
소실점과 시험적인 정체성: 남성과 여성의 역할을 넘어서 279

6장 사랑, 우리의 세속적 종교 289

전통 뒤에는 무엇이 올까? 아무것도 없을까? 289
결혼, 가족, 가까운 관계의 해체와 우상화 294

신흥 종교로서의 사랑 300
사랑의 역사: 민주화된 낭만주의 311
　　사랑, 수도사, 산업사회 이전의 질서 316 /
　　사업 윤리, 관습 깨기, 간통 320 / 현재의 낭만주의: 사랑은 팝송 321
주관적인 입법자로서의 사랑: 프로그램화되어 있는 전투와 역설 327
　　사랑의 불가피한 전쟁: 조건들 334 / 자유의 역설 336 / 진정성의 역설 338/
　　행위의 역설 339 / 경쟁하는 관점들 340 /
　　미래로부터의 회고적인 일별, 또는 마지막 성 발렌타인 데이 341

주 345
참고 문헌 353

이 책은 다음과 같이 나누어 집필되었다.
서문은 공동으로 집필했고, 1, 5, 6장은 울리히 벡이,
2, 3, 4장은 엘리자베트 벡-게른샤임이 썼다.

서문
개인화 그리고 삶과 사랑의 여러 방식들

'도대체 엄마는 왜 그런 남자와 결혼하신 거죠?' 커닝햄의 소설인 『세상 끝의 집(A Home at the End of the World)』에서 딸은 어머니에게 이렇게 묻는다. "걱정되지 않으셨어요? 엄마의 진짜 삶은 놓쳐 버리고, 뭐랄까, 어딘가 다시는 돌아올 수 없는 그런 곳으로 가버리는 건 아닐까, 내가 지금 실수하고 있는 건 아닐까라고 말예요." 하지만 어머니는 그 질문이 마치 무슨 귀찮은 파리라도 되는 양 손을 내저었다. 토마토를 으깨던 엄마의 손은 축축하고 번들번들했다. "그 시절에는 그렇게 거창한 질문은 하지 않았단다." 어머니는 대답했다. "넌 그렇게 많이 생각하고 궁금해하고 계획하는 게 힘들지도 않니?" (Cunningham 1991: 189-90).

이와 비슷하게 터로우의 소설 『거증 책임(The Burden of Proof)』에도 어떤 미래가 자기를 기다리는지 끊임없이 궁금해 하는 딸 때문에 곤혹스러워 하는 한 아버지가 나온다. "열망과 고통과 모순과 분노 그리고 온갖 충동과 감정들로 뒤엉킨 쏘니(그의 딸)의 이야기를 들으면서 스턴은 자기와 클라라(그의 아내)는 차라리 운이 좋았다고 생각했다. 그가 한창일 때에는 모든 것이 명쾌하게 규정되어 있었다. 서구 세계 어디서 자랐건 중간 계급 남녀들은 한결같이 결혼해서 애를 낳아 훌륭하게 키우는 것을 열망했다. 모두가 똑같은 길을 걸었던 것이다. 그러나 <새로운 시대>에 태어나 느지막이 결혼한 쏘니에게는 모든 것이 선택의 문제였다. 매일 아침 눈 뜰 때마다 쏘니는 이러저러한 관계, 결혼, 남자 그리고 자신이 고른 (그녀의 말에 따르면) 아직도 반쯤은 어린애 같은 별난 친구에 관해 끊임없이 의문을 던지면서, 아무 것도 없는 무(無)의 출발선상에 서 있는 자신을 발견하곤 했다. 스턴은 문득 왜 남편이 필요한지를 깨닫기만 하면 바로 결혼하겠다고 입버릇처럼 말하곤 했던 마르타가 생각났다"(Turow 1991: 349).

그런데 <새로운 시대>란 도대체 무엇인가? 이 책에서 우리는 사랑과 가족과 개인적 자유 사이에 이해 관계가 충돌하는 것이야말로 이 시대의 주요한 특징임을 밝혀 볼 것이다. 남녀의 성별 지위를 중심으로 구성된 핵가족은 (이제 더는 편리하게 우리의 사생활 바깥에 머물러 주지 않는) 해방과 평등한 권리라는 쟁점 앞에서 산산조각나고 있다. 그리고 그 결과가 사랑이라고 불리는 지극히 정상적인 혼돈이다.

이러한 진단이 옳다면 과연 무엇이 가족 대신 가정적 지복(至福)의 안식처 자리를 물려받게 될까? 물론, 다시 가족일 것이다. 단 이전과는 전혀 다른, 그리고 이전보다 더 많은, 그리고 더 좋은 가족이겠지만. 협상된 가족, 대안적 가족, 복수의 가족, 이혼 후의 새로운 타협들, 재혼, 또 한번의 이혼, 당신 아이와 내 아이와 우리 아이로 구성된, 그리고 과거의 가족과 현재의 가족들로 구성된 새로운 집합 말이다. 아마 이것들은 핵가족의 확장이자 시간상의 연장으로서 언제나처럼 이 새로운 가족도 당연히 개인들간의 결연일 것이다. 그리고 풍요롭지만 비인격적이고 불확실한(전통도 사라지고 온갖 종류의 위험에 의해 손상된) 우리 사회의 으스스한 환경으로부터 일종의 피난처를 대표하기 때문에 여전히 널리 찬양받을 것이다. 사랑은 그 어느 때보다도 더 중요해지겠지만, 동시에 그 어느 때보다도 더 불가능하게 될 것이다.

오늘날의 남녀들은 동거나 이혼, 계약 결혼 등을 시도하기도 하고, 가족과 직장, 사랑과 결혼, '새로운' 모성과 부성, 우정과 단순한 친분을 조정하려고 분투하면서 올바른 삶의 방식을 찾아낼 것을 강요받고 있다. 이러한 움직임은 현재 진행형으로서 도저히 멈춰 세울 방법이 없다. 이것은 가히 계급투쟁 다음에 닥쳐온 '지위 투쟁'이라 할 만하다. 번영을 구가하고 사회보장, 평화와 민주적 권리가 당연시되기 시작한 나라들에서는 이제 더 이상 가족의 요구와 개인적 자유 사이의 모순이나 가족의 요구와 사랑 사이의 모순들이 더 이상 고통과 억압에 맞선 일상의 투쟁 뒤로 감춰질 수 없게 되었다. 전통적인 사회적 정체성이 서서히 사라지면서 남녀의 성별 역할에 대한 적대 관계가 사적 영역의 심장부에 출현하게 되었다. 이 적대관계는 누가 설거지를 하느냐 하는 문제로부터 섹스와 '바람피우는 문제' 그리고 이를 통해 드러나는 온갖 태도 문제에 이르기까지 어찌 보면 사소해 보이기도 하고 아니면 이와 반대로 아주 중요해 보이기도 하는 온갖 문제들에 걸쳐 있으며, 누가 봐도 크든 작든 분명하게 사회를 변화시키고 있다. 개인의 성장을 최우선시하는 사회에서 사랑은 점점 더 우상화되고 희망의 무게에 짓눌려 희미해져 간다. 사람들이 사랑에 더 많은 희망을 걸면 걸수록 사랑은 그만큼 더 빨리, 모든 사회적 결속을 잃어버린 채 허공 속으로 사라져 간다.

이 모든 것이 단지 사랑이라는 영역에서 일어나고 있다는 이유만으로 비밀리에, 즉 왜곡되고 은폐된 방식으로 나타나곤 한다. 처음에는 단지 '나'와 '당신'간의 어떤 사소한 불일치일 뿐이던 것이 자꾸만 자꾸만 번져나간다. 사랑에는 언제나 이런저런 긴장이 따르기 마련이지만, 늘 사랑에 엄청난 가치를 부여해왔기 때문에 이런 긴장들을 서로 모순된 두 사회적 역할간의 충돌로 보지 못하고 각자의 성격이나 실수, 부주의 탓으로 돌리기 때문이다. 이렇게 자라난 작은 삐그덕거림들은 결국 어떤 성격을 가진, 혹은 어떤 실수를 한 두 '사람' 사이의 직접적 충돌로 비화되고, 마침내 사활을 건 상호비방전으로 비화되거나 혹은 지긋지긋하니 헤어지고야 말겠다는 욕망에까지 이르고 마는 것이다. 좀더 쉬운 예를 들어보자. 노동자와 경영자들 역시 서로의 차이를 개인적인 문제로 이해하지만 최소한 그들은 서로 사랑하고, 살림을 차리고, 결혼하고, 함께 일하며 아이들을 길러야 하는 운명은 아니다. 반면에 남자와 여자의 가정적 관계에서는 살림을 함께 해야 한다는 사실 자체가 하나하나의 불화를 아주 개인적인 동시에 매우 고통스러운 것으로 만든다. 오늘날의 커플들은 외부 세계의 요구에 순순히 그냥 따르기를 원치 않으며, 서로에 대한 사랑을 통해 부부만을 위한 세계를 창조하고 싶어한다. 이를 위해 모든 것을 하나하나 조정해 가려고 시도하는데, 바로 그러한 시도가 둘의 관계에 내재해 있던 부조화들을 개인적인 어려움으로 변형시키는 것이다. 두 사람 사이의 사소한 싸움이나 말다툼이 그토록 깊은 상처를 주는 것은 바로 이 때문이다. 다른 어떤 굳건한 감정적 토대가 없는 상황에서는 바로 그런 사소한 토닥거림들이야말로 커플들이 전적으로 의탁할 수밖에 없는 안전망의 일부이기 때문이다.

사랑은 점점 황량해져 가는데, 사람들은 사랑이 깨졌을 때조차도 사랑을 포기하지 못한다. 오히려 그 어느 때보다도 더 커다란 희망을 사랑에 걸고 있다. 사랑이야말로 온갖 개인적 배신이 난무하는 불쾌한 현실에 맞설 수 있는 버팀목이라고 믿기 때문이다. "다음번엔 모든 것이 나아질 거야"라는 상투적인 위로의 말은 희망과 절망이라는 두 측면을 하나로 결합시키고, 헤어진 두 사람 모두의 기운을 북돋워주며 각자를 개인화시킨다. 우스꽝스럽고 진부하고 희비극적이며 때로는 비극적이기까지 한, 온갖 복잡한 문제와 혼란으로 가득 찬 이 모든 것 — 이 책은 바로 이 문제들을 살펴보려고 한다. 어쩌면 단지 사람들이 다른 문제로 눈을 돌리지 않기 때문일 수도 있지만 '사랑', 온갖 기대와 좌절에 짓눌려 버린 이 '사랑'이야말로 전통이 해체된 이 시대의 새로운 삶의 중심일지도 모른다. 사랑은 희망, 배신, 갈망, 질투 등 온간 형태로 나타난다. 독일인들처럼 심각한 국민들까지도 괴롭히고 있는 그 모든 중독들 말이다. 사랑이 혼란에 빠져 있는 것이야말로 현 상황에서는 지극히 정상적인 상태라는 말은 바로 이러한 의미로 이해해야 한다.

개인화: 새로운 출발, 새로운 사회?

그러면, 도대체 무엇이 자유나 진정한 내가 되고픈 열망 즉 자아찾기 여행을 하필이면 가족과 대립하도록 내모는 걸까? 사람들은 왜 자기의 자아라는 이 가장 낯설고(가장 가까우므로) 가장 성스럽고 가장 위험한 대륙을 탐험하려고 나서는 걸까? 겉으로는 매우 특이해 보이지만 사실은 흔하디 흔한 패턴, 거의 강박증에 가까운 열중, 어떤 고통이라도 기꺼이 감내하겠다는 각오, 자기 자신의 뿌리가 건강한지 그렇지 않은지를 알아보기 위해 자기의 모든 뿌리를 뽑아올려 갈기갈기 찢어발기고도 남을 듯한 냉혹성, 이 모든 것들이 이토록 널리 퍼진 이유는 도대체 무엇일까?

많은 사람들이 보기에 대답은 명백하다. 즉 모든 사람들이 개인주의자가 된 것 자체가 문제라는 것이다. 온갖 욕구와 불만, 흥분에 대한 갈망, 그리고 기꺼이 다른 사람들이나 세상에 맞추어 살려는 의지가 줄어드는 것, 다른 사람들의 도움없이 독립하려는 생각 등이 문제라는 것이다. 각자 알아서 자기 일만 하도록 내몰아붙이는 일종의 시대정신이 하늘과 땅을 하나로 이어붙일 정도로 기세가 등등하게 사방을 활보하고 있으며, 어떡해서든 이러한 정신에 끼어맞추어 살도록 사람들을 강제하고 있다는 것이다.

하지만 이런 설명은 계속 질문이 꼬리를 잇도록 만들 뿐이다. 가족으로부터의 이 거대한 탈출 사태는 도대체 어떻게 설명할 수 있을까? 이토록 수많은 삶이 대격변의 와중에 있다는 사실은 또 어떻게 설명할 수 있을까? 하루 수백 명씩 이혼하지만 이 문제는 제대로 해결되지 않고 있다. 나의 자율성과 일종의 개인적 파업권을 핵심으로 하는 이 문제에서 만큼은 노동조합도 별 소용이 없다. 수많은 이혼자들은 오히려 자신을 압도하며 다가오는 위협적인 힘으로부터 자신을 방어하며 자기 마음 속 가장 깊은 곳에 자리잡고 있는 어떤 소망을 지키기 위해 싸우고 있다고 믿고 있다. 따라서 이 모든 것은 각자가 자기만의 의상을 입고 펼치는 아주 독특한 개인적 드라마처럼 보인다. 그러나 사실 지금 이 드라마는 전 세계의 모든 대도시에서 다양한 언어로 공연되고 있으며, 무대를 달리해서 계속 초연되지만 소품은 언제나 똑같다.

왜 그토록 많은 나라에서 많은 사람들이 마치 집단적 열광에 빠진

듯, 과거에는 결혼이 가져다 주는 지복이었던 것들을 포기하고 그것을 새로운 꿈과 바꾸고 있는 것일까? 그들은 왜 안전한 법률과 사회 안전망을 벗어나 '열린 결혼' 관계로 함께 살아가거나 혹은 혼자 힘으로 아이를 키우기로 결심하는 걸까? 왜 독립성, 다양성, 변화 등을 쫓아 자아의 새로운 페이지들을 빠르게 넘겨가며 혼자 살기를 선택하는 것일까? 그러한 꿈이 악몽을 닮아가기 시작한 지도 한참 지났는데 말이다. 혹시 이것은 윤리라는 점안제, '우리' 라는 습포약, 또는 매일마다 공동선이 중요하다는 설교를 되풀이함으로써 치료해야 할 자아의 전염병이나 열병이 아닐까?

그게 아니라면 이것을 새로운 영역을 개척하는 탐험이자 비록 낯설지만 지금보다는 더 나은 해결책을 찾아 나서려는 시도라고 볼 수 있을까? 자결권을 향한 이 모든 현란한 마창 시합을 거치고 나면 과연 모든 개인이 그 어느때보다도 심층적으로 일어나고 있는 이러한 변화의 주인공이 될 수 있을까? 그들은 과연 새로운 시대, 즉 개인과 사회 간의 새로운 관계를 여는 선구자들인가? 과거의 낡은 계율에 기반한 합의와는 전혀 다른 종류의 공통의 기반이 있을 수 있다. 그런 기반은 개인의 일대기(biography)들로부터, 즉 매 단계마다 토론하고 질문하며, 또 새로운 타협을 이뤄내고 새로운 요구들을 충족시키며, 그리고 한 사람 한 사람의 결정을 정당화하는 것 등으로부터 출현할 것이다. 따라서 우리는 이러한 기반을 삶의 질서를 위협하는 일시성이라는 원심력으로부터 보호해야만 한다. 이 책에서는 바로 이러한 견해와 이론을 제출하고 있다. 그것의 핵심 단어는 개인화(*Individualisierung*)이다. 이 용어가 무슨 의미인지를 설명하기 위해서 우선 이 개념을 가까운 과거의 사례와 비교해 보는 것으로부터 출발해 보자.

가족 내에서 위기의 징후들이 뚜렷해 지고 있던 19세기 후반까지도 독일 민법의 아버지들(민법에 오직 '아버지'들만 있는 건 우연의 일치만은 아니다)은 결혼을 그 자체로 그리고 저절로 정당화되는 (특히 기혼자들은 전혀 비판할 이유가 없는) 제도로 확립해 놓았다. "독일 국민의 일반적인 기독교적 견해에 부응하여"(이 문구는 마치 기능주의적 교과서에 나오는 '일반적 가치체계'라는 제목의 논의를 베낀 듯하다) "이 법안은 혼인법의 영역은 …… 개인적 자유의 원리가 지배하지 않는 영역이라는 견해에 기초하고 있다. 혼인은 오히려 혼인 당사자들의 의지로부터 독립된 도덕적·법적 질서로 간주되어야 한다."[1]

개인화는 이와 정반대되는 원리에 기반하고 있다. 개인의 일대기들은 전통적인 계율과 확실성, 외부적 통제와 일반적인 도덕률로부터 멀리 떨어져나와 개방적이고 개인의 결정에 따라 계속 달라지며, 각 개인에게 일종의 과제로 제시된다. 살아가는 문제에서 개인의 결정과 관련되지 않는 가능성들의 비율은 점차 줄어들고, 개인적 결정에 열려 있는 일대기의 비율과 개인의 이니셔티브는 늘어나고 있다. 표준적인 일대기는 '선택의 일대기'(Ley 1984)로 변형되었고, 그 대가로 온갖 강박증과 '자유의 전율'(von Wysocki 1980)이 나타나고 있다.

다른 방식으로 우리의 주제를 표현하자면 이렇다. 가족이나 결혼이나 부모 되기나 섹슈얼리티 혹은 사랑이 무엇인지 또 무엇이어야 하며, 무엇일 수 있는지 하는 것은 이제 더 이상 단정적으로 규정할 수 없게 되었다는 것이다. 이것들의 본질, 예외, 규범, 도덕은 개인마다, 관계마다 다양하게 변하기 때문이다. 위의 질문에 대한 답변은 어떻게, 무엇을, 왜라는 모든 세부사항에 걸쳐 도출되고 협상되고 타협되고 정당화되어야 한다. 비록 이것이 그러한 세부사항들 사이에서 누워줄고 있던, 그래서 길들여진 것으로 여겨지던 온갖 갈등과 악마들을 풀어놓는 결과를 빚는다 해도 말이다. 오늘날 다른 사람과 함께 살기를 원하는(또는 좀더 정확히 말하자면 그렇게 되어가고 있는) 개인들은 점점 더 각자의 생활방식의 입법자, 자기가 범한 위반의 재판관, 자기가 지은 죄를 용서하는 사제 그리고 자기 자신의 과거의 속박들로부터 스스로 벗어날 수 있게 해주는 심리치료사가 되어가고 있다. 그러나 이와 동시에 이들은 계속 지울 수 없는 아픔의 상처에 대해 보복하는 복수자가 되고 있기도 하다. 사랑은 점점 더 벌어져만 가는 개인들의 일대기간의 간극을 건너 사랑하는 사람들 스스로가 채워넣어가야 할 하나의 공백이 되고 있다. 물론 이 과정에서 아주 낭만적인 유행가 가사, 광고, 포르노 각본, 가벼운 소설 혹은 정신분석의 안내를 받고 있기는 하지만 말이다.

  종교개혁 덕분에 사람들은 교회와 신이 정해준 봉건적 위계로부터 해방되어 사회적이고 부르주아적이며 산업적인 세계로 들어섰다. 이 세계는 사람들에게 테크놀로지를 통해 각자의 이해를 추구하고 자연을 정복할 수 있는 무제한의 공간을 제공하는 것처럼 보였다. 오늘날 정상성과 번영의 안락함을 누리고 있는 개인들은 현대의 테크놀로지 덕분에 몇몇 의무들로부터 벗어날 수 있게 되었다. 그러나 동시에 이 테크놀로지는 개인들의 삶을 접수하겠다고 위협하고, 번영과 진보에 관한 그 어떤 단언에 대해서도 의문을 품도록 만들고 있다. 개인들은 고독한 자리에 홀로 서 있는 자신을 발견하고 있다. 혼자 자기를 책임져야 하고, 오롯이 자기 혼자서 결정을 내려야만 하며, 그리하여 자신의 삶과 사랑을 위험에 빠뜨릴지도 모를 지경에 처해 있다. 이 모든 과제에 대해 전혀 준비되어 있지 않으며 자라면서 배운 적도 전혀 없는 데도 말이다.

개인화는 남성과 여성이 산업 사회가 제시한 삶의 방식, 즉 핵가족이라는 삶의 방식에 따라 남녀에게 주어지던 성별 역할로부터 해방되었음을 의미하기도 한다. 그리고 이와 동시에 (바로 이것이 상황을 한층 더 악화시키고 있다) 노동 시장과 훈련 그리고 이동성 때문에 자기만의 삶을 오롯이 건설하려면 어쩔 수 없이 가족과 인간 관계와 친구들에 대한 책무를 희생시킬 수밖에 없음을 깨닫고 있다(그렇게 하지 않으면 당장 물질적 불이익이라는 고통을 겪게 된다).[2]

이처럼 자유를 찾고 진정한 자기를 발견하기 위한 개별적 투쟁처럼 보이는 것이 사실은 일반 명령에 순응하기 위한 일반적 움직임이라는 것이 드러난다. 이 일반 명령은 개인의 일대기가 노동 시장을 중심으로 계획되도록 명령한다. 즉 특정한 자격을 갖추고 언제나 이사가 가능할 것을 요구한다 — 특히 행복한 가정 생활을 위해 무엇이 필요한지는 전혀 고려하지 않은 채 행복한 가정의 중요성만 설파하는 사람들이 이러한 이동성을 매우 높이 평가하는 경향이 있다. 자유롭다는 느낌과 실제 자유는 기존의 가족 생활을 뒤집어 엎고 새로운 가족적 삶의 모습을 찾아 나가도록 장려하지만, 이것은 개인의 발명품이 아니라 복지국가가 중간에 완충 역할을 해주는 노동시장으로부터 태어나는 늦둥이에 불과하다. 노동시장이 모든 사람이 자유롭기를 바라는 것은 실은 모든 사람이 이러저러한 압력에 순응하고 취업 시장의 요구 조건에 순응하도록 하기 위해서이다. 이것이 **노동시장에서의 자유**이다. 그러므로 개인의 삶에서는 이러한 압력들을 내면화해 자신의 인격과 일상 생활, 그리고 미래를 위한 계획에 통합하는 일이 가장 중요해지고 있다. 비록 그런 압력들이 당신 가족의 요구와 가족 안에서의 노동 분업(이것은 본질상 일반 명령과는 전혀 부합되지 않는다)과 불가피하게 충돌하더라도 말이다.

외부적 또는 역사적 관점에서 보면 겉으로는 개인적 실패로 — 대부분은 여성 배우자의 잘못으로 — 보이는 사건들이 실제로는 특정한 가족 모델, 즉 하나의 노동 시장 일대기와 평생의 가사노동 일대기는 조화시킬 수 있지만 두 개의 노동 시장 일대기는 조화시킬 수는 없는 가족 모델의 실패인 경우가 대부분이다. 노동시장 일대기는 내적으로 두 배우자가 모두 자기를 우선시할 수밖에 없도록 만들기 때문이다. 이러한 두 개의 원심적 일대기를 서로 연결하는 일은 아슬아슬한 공중 곡예로 중심잡기가 극히 어려울 수밖에 없다. 이는 이전 세대에게는 그리 널리 기대되지 않았으나 (점점 더 많은 여성이 스스로를 해방시키려고 노력함에 따라) 앞으로 등장할 새로운 세대에게는 더욱 더 많이 요구될 과제이다.

이것은 물론 한쪽 측면일 뿐이다. 하지만 이것은 남녀 양성간의 이모든 카우보이-인디언 놀이 속에서 전혀 예상 못한, 굉장히 낯선, 즉 에로틱하지도 섹슈얼하지도 않은 모순이 출현하고 있음을 보여준다. 즉 노동시장의 요구와 온갖 종류의 (가족, 결혼, 어머니 되기, 아버지 되기 또는 우정) 인간관계의 요구 사이의 모순말이다. 노동시장이 이상적으로 제시하는 이미지는 이렇다. 스스로를 하나의 유연한 기능 단위로 바꿔 언제라도 이동가능한, 경쟁적이며 야심만만하며 따라서 자기의 존재나 정체성에 관련된 사회적 헌신들을 기꺼이 무시할 준비가 되어 있는 개인이 그것이다. 다시 말해 한시라도 직업상의 요구에 응할 준비가 되어 있는 이 완벽한 직장인은 필요하다면 언제라도 이사갈 준비가 되어 있어야 한다.

개인화라는 용어는 이처럼 복합적이고 다면적이며 따라서 애매모호한 현상, 즉 좀더 정확하게 말하자면 사회적 구조 변동을 포괄하고 있다. 이처럼 다양한 의미들은 마땅히 서로 구별되어야 하지만 그것

모두는 결코 무시될 수 없는 실천적 함의를 갖고 있다. 그것은 어떤 각도에서 보면 선택의 자유를, 다른 각도에서 보면 내면화된 요구들에 순응하라는 압력을 의미한다. 또 한편으로는 자기는 자기가 책임질 것을 의미하는가 하면 다른 한편으로는 스스로는 전혀 알 수 없는 조건들에 의존하고 있다는 것을 의미하기도 한다. 따라서 개인주의를 조장하는 바로 그 조건들이 새롭고 낯선 의존들을 생산한다. 즉 **스스로의 존재를 표준화하도록 강제되는 것이다.** 개인들은 전통적 강제로부터 해방되었지만 이와 동시에 노동시장에 의해 지배당하게 되었다. 즉 (직업 훈련 기회나 대중교통으로부터 유치원의 위치와 등교시간, 학자금 융자, 그리고 노후 연금에까지 이르는) 사회복지적 규제와 혜택에 의존할 수밖에 없는 것이다.

달리 표현하면 전통적인 결혼과 가족이 구속을 의미하지 않듯이 현대의 개인(주의)적 삶이 자유를 뜻하는 것은 아니다. 단지 자유와 구속 모두를 포함하는 하나의 혼합물이 또다른, 좀더 현대적이고 매력적으로 보이는 또다른 혼합물에 의해 대체되고 있을 뿐이다. 물론 이 새로운 혼합물이 우리 시대의 도전에 더 잘 적응한 것은 사실이다. 이는 아무리 골치 아픈 일이 많더라도 거의 아무도 '좋았던 옛 시절'로 돌아가기를 원치 않는다는 사실이 이를 잘 보여준다. 물론 시계를 되돌리고 싶어하는 사람들도 상당수 있지만, 이들은 자기 시계가 아니라 오직 여성들의 시계만을 되돌리려고 할 뿐이다.

오래되고 유서깊은 규범들은 쇠퇴해가고 있으며 사람들의 행동 양식을 결정하는 힘을 잃어가고 있다. 예전에는 당연시되던 일들이 이제는 토론되고, 정당화되고, 협상되고, 동의를 얻어야 할 문제가 되었으며, 그리고 바로 이 때문에 언제라도 취소될 수 있는 것이 되고 있다. 이리하여 이제 친밀성 찾기에 나선 배우들은 각자의 역을 연기하고 구경하고 토론하는 비평가요 연출가이자 또한 관객임이 드러나고 있지만, 친밀성을 성취하기 위해 필요한 규칙들을 순발력있게 합의해 내는 데까지는 쉽게 나가지 못하고 있다. 규칙들은 계속해서 잘못되고 부당하고 따라서 순전히 잠정적인 것임이 드러나고 있다. 이런 상황 속에서는 단단하게 굳은 것들, 새롭지만 여전히 낡은 흑백논리적 사고 속에서 도피처를 찾으라는 말이 차라리 구원으로 보일 지경이다. "그만해, 이제 됐어. 그것으로 충분해."

그 결과 기이하고도 모순적인 진실로 가득찬 다양성이 나타나게 되었다. 이제까지 금기시되어 오던 것들이 끝까지 시험되어 곧 정상적인 것이 되고 있다. 이것은 전염성이 강해서, 심지어 이전부터 확실하다고 생각되어 오던 것들 속에서 안주하고 있는 사람들에게서조차 불안감을 불러일으킨다. 의심할 바 없이 차이는 관용을 요구한다. 그러나 정반대 입장에서 보면 그것은 철권(鐵拳)에 의해 멈춰져야 할 아노미, 방종 혹은 도덕적 무정부 상태로 보이기 쉽다. 이런 의미에서 볼 때 전통적 확실성에 대한 갈망은 생계와 사회적 지위를 잃을지도 모른다는 두려움에 대한, 그리고 개인화 과정이 시작됨으로써 일상 생활의 구석구석에 깃들게 된 깊은 문화적 불확실성에 대한 대답으로 해독되어야 한다. 이것은 성별 역할이 심지어 일상 생활 속에서도 얼마나 힘없이 스러져가고 있는지를 한탄하면서, 거창하게 조국과 민족의 구원 운운하며 호소하는 통상적인 말투 속에서도 슬쩍 엿보인다.

개인화 과정은 늘 있지 않았나?

그런데 이러한 개인화 과정은 늘 있지 않았나? 고대 그리스는 어떠했던가(미셸 푸코)? 르네상스기는(야콥 부르크하르트)? 중세 궁정 문화는(노베르트 엘리아스)?[3] 사실 이 단어의 일반적 의미에서 볼 때 개인화는 전혀 새로운 것이 아니며, 오늘날 번영을 구가하고 있는 독일에서 처음으로 나타난 것도 아니다. 그러나 비록 같은 것으로 보일지라도 그것은 이제까지와는 전혀 다른, 어쩌면 아직 완전히 밝혀지지 않은 중요성을 갖고 있다. 그 중 가장 중요한 한 가지 측면은 현재 개인화의 거대한 파도가 대중적인, 광범하면서도 체계적인 성격을 띠고 있다는 점에서 찾을 수 있다. 그것은 부유한 서구의 산업 국가에서 진행되어 온 (장기적 관점에서 설계된) 현대화 과정의 부수 효과이다. 이미 언급한대로 이것은 일종의 **노동시장 개인주의**이므로, 따라서 이것을 전설적인 부르주아 시민을 되살려내는 것과 혼동해서는 안된다. 그러한 시민은 더 이상 어디에서도 찾아볼 수 없기 때문이다. 옛날에는 오직 소규모 엘리트 집단만이 자기 관심사에 몰두할 수 있는 사치를 누릴 수 있었지만 오늘날에 와서는 개인화와 결합된 '위험한 기회들'(Heiner Keupp) 역시 민주화되고 있는 중이다. 좀더 간결하게 표현하자면, 우리의 생활 방식 자체에 의해 그렇게 될 수밖에 없다는 것이다 — 번영, 교육, 이동성 등등의 상호작용 속에서 말이다.

독일에서는 지난 십 년간 높은 실업률로 인해 가혹한 퇴보가 일어났음에도 불구하고, 하층집단에서조차 생활 수준이 "극적으로, 광범위하게, 그리고 사회사적으로 볼 때 혁명적으로" 향상되었다(Mooser 1983: 286). 이전 세대들이 흔히 생존을 위한 하루하루의 투쟁 속에서 빈곤과 굶주림의 단조로운 순환 외에 다른 아무 것도 알지 못한 반면, 오늘날에는 인구의 넓은 계층이 각자의 삶을 계획하고 조직할 수 있을 만한 생활 수준에 도달했다(물론 빈부격차의 심화가 수반되었다). 70년대 이후 교육 분야에서, 특히 여성 교육 분야에서 이룩한 진보의 중요성은 아무리 높이 평가해도 지나치지 않을 것이다. "한 여성이 글을 읽을 수 있게 된 순간, 여성 문제가 등장했다"(Marie von Ebner-Eschenbach, Brinker-Gabler 1917: 17에서 재인용). 교육은 덫을 풀어준다. 그것은 여성이 가정 주부로서 직면하고 있는 온갖 제약으로부터 탈출할 수 있도록 해주며, 불평등의 부당성을 폭로한다. 자신감을 키워주고, 오랫동안 거부되어 온 전리품을 얻기 위해 기꺼이 싸움터에 나서려는 마음을 강화시켜 준다. 스스로 번 소득은 결혼 관계 안에서 그녀의 위치를 강화해주고, 순전히 경제적인 이유 때문에 결혼 관계를 지속해야 할 필요성으로부터 그녀를 해방시켜 준다. 이 모든 것이 불평등을 실제로 제거해 버리지는 않았지만 불평등에 대한 우리의 인식을 날카롭게 하고, 그것들이 부당하고 지겹고 정치적 동기를 가진 것으로 보이도록 만들었다.[4]

이에 대해 몇 안되는 개별적 사례로부터의 성급한 일반화라고 반대할 수도 있고, 또 이처럼 주변적인 흐름과 경향이 예견하고 있는 듯한 그럴듯한 미래를 과장하고 있을 뿐이라고 비판할 수도 있을 것이다. 그러나 우리가 말하는 개인화 과정은 모든 사람에게 갑작스런 영향을 미치는 돌발적 방향 전환이 아니라 사실 어느 곳에서는 좀더 일찍, 또 다른 곳에서는 좀더 늦게 시작된 장기적 발전 과정의 결과이다. 따라서 어떤 사람들에게는 이러한 묘사가 머나먼 낯선 나라로부터 온 뉴스같을 테고 또 어떤 사람들에게는 일상 생활에 대한 아주 친숙한 설명같기도 할 것이다. (1인 가구의 비율로 측정해 볼 때 현저한 개인화 경향을 나타내는 소수의 독일 도시들, 예컨대) 뮌헨, 베를린, 프랑크푸르트의 상황은 동(東)프리즐랜드, 중부 프랑코니아 혹은 북(北)바바리아 같은 시골 지역의 상황과는 전혀 다르다.[5] 후기 산업 사회에도 장인과 농업 노동자가 있듯이 개인화가 매우 많이 진행된 지역, 도시, 시골에도 여전히 계급 구분, 전통 혼례, 핵가족이 남아 있다. 봉건제와 사회적 신분이 널리 남아 있었는데도 여전히 19세기를 산업 사회라고 부를 수 있었던 것처럼, 어떤 의미에서 우리는 이와 똑같은 방식으로 개인화된 사회의 윤곽에 관해 이야기할 수 있을 것이다. 중요한 것은 이런 현대적 발전들을 서로 연결해 주면서 작동하는 경향과 힘들이기 때문이다.

이렇게 보면 유일한 '현재'란 존재하지 않는다. 에른스트 블로흐(Ernst Bloch)의 말처럼 우리가 인식할 수 있는 것은 '비동시적인 것들의 동시성' 뿐이며, 이것은 관찰자에 따라 이런저런 표제 아래 기재된다. 우리를 둘러싸고 그리고 우리 안에서 맹위를 떨치는 격변과 연속성 간의 투쟁에서 현실은 양쪽 모두를 무장시키고 있다. 이러한 점에서 미국의 상황에 대한 얀켈로비치(Daniel Yankelovich)의 묘사는 독일에도 똑같이 적용될 수 있을 것이다.

미국인의 생활에는 연속성과 함께 심대한 변화가 병존하고 있다. 미국의 문화는 가지각색이기 때문에 문화의 연속성을 강조하기를 원하는 관찰자는 얼마든지 그렇게 할 수 있으며, 이와 반대로 미국인의 가변적인 속성을 기록하고 싶으면 얼마든지 또 그렇게 할 수 있을 것이다. 따라서 결정적인 문제는 언제나 이런 것이다. 즉 만약 중요한 것들이 변화했다면 …… 그것들은 온갖 문화 영역에 침투하고, 경제적·정치적 생활로 흘러들어갈 것이다. 그리고 만약 그것들이 아주 중요하다면 생활의 연속성을 결정적으로 붕괴시킬 것이다(Zoll 1989: 12).

이제까지 우리는 일부러 그림을 균형 있게 그리지 않았다. 오래되고 친숙한 것보다는 새롭게 등장하고 있는 것을 더 강조했고, 성공보다는 갈등과 위기에 더 많이 주목했다. 사람들을 괴롭히고 온갖 쟁점들에 직면하도록 만든 것이 바로 이러한 격동이기 때문이다. 하인리히 만(Heinrich Mann)의 말대로 "완전히 행복한 시대에는 아마 어떤 문학도 존재하지 않을 것이다"(Wander 1979: 8에서 재인용). 그리고 사회과학도 마찬가지이기 때문이다.

어쩌면 이 책은 두 개의 책, 똑같은 '대상'(이 책이 다루고 있는 것이 조금이라도 '객관적'이라면)에 대한 두 가지 판(version)을 포함하고 있을지도 모르겠다. 우리는 많은 대화를 나누고 많은 경험을 함께 했다. 하지만 각 장에서 서로가 쓴 내용들간의 차이를 조절하거나 지워버리려고는 하지 않았다. 그 결과 몇몇 부분은 중복되고 일부 생각은 끊임없이 빙빙돌며 제자리로 돌아오게 되고 말았는데, 우리는 이것들이 우리의 논의가 가진 잠정적이면서도 가설적이며 모험적인 성격을 명확히 드러내줄 수 있으리라는 생각에서 그냥 두기로 했다. 부부로서 각자 사랑의 혼돈에 관해 글쓰기를 시도하는 것은 버뮤다 해변에서 에스키모어를 배우려는 것과 비슷하게 보였기 때문이기도 했다.

위험은 명백하다. 아주 다른 상황에서였지만 다음과 같은 일리치(Ivan Illich)의 묘사는 우리가 남녀 독자들에게 기대하고 있는 바와 정확히 일치한다. "당신들은 우리가 하는 일이 똑같은 산봉우리를 여섯 번 등정하는 일 또는 큰 산의 둘레를 빗자루를 타고 여섯 번 도는 일과 비슷하다고 상상할 수 있을 것이다. 일부 사람들은 우리가 지옥으로, 지옥의 똑같은 구멍으로 거듭거듭 내려가고 있구나 하고 상상할 수도 있을 것이다. 그러나 사실은 (매번마다) …… 다른 나선형 계단을 따라 내려가고 있는 것이다"(Illich 1985: 18).

1 사랑이냐 자유냐

함께 살기, 따로 살기 혹은 목하 전투중

자유, 평등, 사랑

　　사람들은 온갖 것과 온갖 사람을 사랑할 수 있다. 안달루시아 지방, 할머니, 괴테, 하얀 피부 위에 걸쳐진 검은 망사 스타킹, 치즈 샌드위치, 풍만한 가슴을 가진 여자의 따뜻한 미소, 갓 구운 빵, 떠다니는 구름들의 희롱과 발장난, 에르나, 에바, 폴, 하인쯔-디트리히…… 이 모든 것을 동시에, 연속적으로, 과도하게, 조용하게, 또 손으로, 이빨로, 말로, 시선으로, 그 뿐만 아니라 대단히 강렬하게 사랑할 수 있다. 그러나 성적인 사랑(그 형태가 어떻든 간에)이 워낙 강력하고 격동적이기 때문에 우리는 이토록 광범위한 사랑의 잠재력을 단 한 번의 애무, 한 마디의 말, 한 번의 키스에 대한 열망으로 축소시켜 버리곤 만다.

　　양성간에 매일 벌어지는 온갖 다툼들, 즉 한바탕 소동이 벌어지거나 아니면 냉전으로 흐르는 온갖 싸움들, 또 결혼 생활과 관련된 전투와 결혼 생활 바깥에서 벌어지는 온갖 다툼, 그리고 결혼 전, 후 그리고 결혼 생활 중에 일어나는 온갖 싸움들은 오늘날 우리가 얼마나 사랑에 굶주려 있는가를 잘 보여주는 가장 선명한 척도일 것이다. 그런 싸움들 속에서 우리가 상대방을 공격하는 가장 흔한 무기가 바로 사랑이다. "당장 낙원을!" 세상 사람들은 바로 여기가 천국 아니면 지옥이라고 외치고 있다. 이러한 외침은 사랑의 환상에서 깨어난 사람들, 자유를 찾아, 공존의 자유를 찾아 헤매지만 자유에다 자유를 더하면 사랑이 아니라 오히려 사랑에 대한 위협이나 심지어 사랑의 파괴를 가져오기 쉽다는 것을 누차 깨달아온 사람들의 불안감 속에 메아리쳐 울리고 있다.

사람들은 사랑을 위해 결혼하고 사랑 때문에 이혼한다. 사람들간의 온갖 관계는 마치 상호 교환가능한 것처럼 지속되는데, 그 이유는 사랑이라는 짐을 최종적으로 내던지기를 원하기 때문이 아니라 참된 사랑의 법칙이 그것을 요구하기 때문이다. 이혼 판결 위에 세워진 오늘날의 바벨탑은 과대평가된 사랑의 기념물이다. 사람들은 이제 막 환상에서 깨어나고 있다. 때로는 싸늘한 냉소조차도 쓰라린 사랑의 최신 변종일 경우가 많다. 사람들은 이런 식으로 온갖 갈망의 도개교(跳開橋)를 들어올려 버리는 것이다. 오직 그것만이 참을 수 없는 고통으로부터 자신을 지킬 수 있는 유일한 최선의 방도처럼 보이기 때문이다.

수많은 사람들이 과거 몇백 년 동안 신에 대해 얘기하던 것과 똑같은 방식으로 사랑과 가족에 관해 이야기하고 있다. 우리들 가슴 깊이 숨겨져 있는 구원과 애정에 대한 갈망, 그것을 둘러싼 야단법석, 비현실적이고 진부한 대중 가요 가사들 — 이처럼 일상생활 속에서 초월을 꿈꾸는, 즉 이 세상 속에 살면서 저 세상을 갈망하는 이 모든 광신적인 낌새들을 보라(이 점은 6장에서 한층 더 자세히 검토되고 있다).

두 사람이 하나의 개인으로 마주 서 있는 현대 사회에서 사랑이라는 이 세속적인 신흥 종교는 가정의 사생활 속에서, 이혼 변호사 앞에서, 결혼생활 상담소에서 끊임없이 벌어지고 있는 투닥거림들을 통해 격렬한 종교적 논쟁이 되어버렸다. 사랑에 대한 갈망은 현대의 근본주의가 되어버린 것이다. 거의 모든 사람들이, 심지어 근본주의적 신념에 반대하는 사람들마저 이러한 갈망에 굴복하고 있다. 사랑은 종교 이후의 종교이며, 모든 믿음의 종말 이후의 궁극적 믿음이다 (이러한 비유법은 6장 이하에서 자세히 설명할 예정이다). 이처럼 일종의 종교가 되어버린 사랑은 마치 원자력 발전소 옆에 종교 재판소가, 혹은 우주 로켓 앞에 한송이 데이지 꽃이 서 있는 형국이다. 아무튼 사랑의 아이콘들은 우리 마음 가장 깊은 곳에 자리잡은 소망의 물을 마시고, 여전히 우리 안에서 꽃피고 있다.

사랑은 사생활의 신(神)이다. '현실' 사회주의는 철의 장막과 함께 사라졌지만 우리는 지금 '현실' 팝송 제국의 시대를 살고 있다(6장의 「현재의 낭만주의: 사랑은 팝송」을 참조하라). 로맨티시즘이 승리했으며, 심리치료사들은 잔뜩 돈을 벌어들이고 있다.

존재의 의미는 아직 사라지지 않았다. 최소한 일상 생활의 매력과 압력 아래에서라면 인생은 허무하지 않다. 어떤 강력한 다른 힘이 밀고 들어와 이전 세계들의 신, 국가, 계급, 정치 혹은 가족이 지배하던 곳의 빈틈을 메웠다. 중요한 것은 '나'이다. 나, 그리고 나의 보조자인 너. 그리고 만약 네가 아니라면 또다른 어떤 너.

여기서 사랑은 결코 충족과 같은 것으로 치환될 수는 없다. 충족은 사랑의 오직 한 측면, 사랑의 맹렬한 한 측면, 즉 육체적 스릴을 가리킬 뿐이다. 심지어 에로티시즘의 강력한 유혹조차도, 새롭지만 여전히 친숙한 기쁨을 암시하며 정욕을 일깨우는 에로티시즘의 온갖 숨겨진 약속조차도 충족을 의미하거나 그것을 요구하지는 않는다. 일단 목적이 '성취'되고 나면 방금 전까지만 해도 그토록 매혹적으로 보이던 육체는 아무렇게나 옷이 벗겨진, 어떠한 매력도 없는 낯선 살덩어리로 보이게 되지 않던가.

충족이란 얼마나 쉽게 차가운 시선으로 변해버리는지! 바로 조금

전까지도 모든 경계가 사라지고, 너와 나를 하나로 만들며, 두 개의 걸어다니는 타부들이 압도적인 절박함으로 뒤엉켰던 그 곳에서, 우리는 지금 비판적인 눈으로, 흡사 육류 검사관처럼, 소와 돼지를 그저 소시지로만 바라볼 뿐인 푸주한의 눈길로 그렇게 서로를 응시하는 것이다.

어쨌든 사랑의 수렁과 함정에 둘러싸여 있으면서도 평원에서의 삶과 폭풍의 언덕을 혼동하는 사람에게는 희망이 없다. 사랑은 쾌락, 신뢰, 애정이며 이와 동시에 분명히 그와 정반대의 것, 즉 권태, 분노, 습관, 배신, 외로움, 위협, 절망 그리고 쓴 웃음이기도 하다. 사랑은 당신의 연인을 빛나게 하고, 그를 기쁨의 원천으로 바꿔놓는다. 다른 사람들이라면 그/그녀 속에서 단지 지방층과 깎지 않은 수염 그리고 수다만을 발견할 뿐인데도 말이다.

그러나 사랑은 도대체 은총을 모르며 맹세에 얽매이지도, 계약을 지키지도 않는다. 무엇을 말하거나 의도하거나 행하건, 마치 입과 손과 신체의 다른 부분이 전혀 연결되어 있지 않은 것처럼 아귀가 맞지 않는다. 그 어떤 법정이 있어 버림받고 오해받은 연인들이 자기 권리를 지키기 위한 소송을 벌일 수 있겠는가? 사랑 문제에 대해 공정하고 진실되며, 옳은 것이 무엇인지를 판결할 수 있는 재판관이 과연 있을 수 있을까?

이전 세대들은 먼저 자유와 남녀 평등이 달성되고 나서야 비로소 사랑이 그 모든 영광과 갈망, 욕망을 찬연히 꽃피우리라고 생각했고, 그렇게 희망했다. 사랑과 불평등은 불과 물처럼 상호배타적이니까 말이다. 그런데 이제 비로소 이러한 이상의 끄트머리를 붙잡은 것처럼 보이는 이 마당에, 우리는 정반대의 문제와 마주하고 있다. 평등하고 자유롭기를 원하는 두 개인은 과연 어떻게 두 사람의 사랑이 자라날 수 있을 공동의 지반을 찾아낼 수 있을까? 자유란 구식 라이프 스타일의 잔해를 벗어나 무언가 새로운 것을 시도해 보는 것, 다른 사람들의 발걸음을 따라가기보다는 자신만의 북장단에 발맞추는 것을 의미하는 것 같은데 말이다.

어쩌면 먼 미래에 이 두 평행선은 결국 만나게 될지도 모른다. 어쩌면 그러지 않을지도 모르고. 지금 우리는 결코 그것을 알지 못한다.

남녀 성별 투쟁의 현재 상황

사람들이 "모든 인간(men)은 평등하다"는 저 강력한 메시지의 결과를 의심하기 시작하는 데조차 2천년이 걸렸다. 하지만 역사적인 시간 차원에서 볼 때는 단 1초도 되지 않아, 즉 채 20년도 되지 않아 전과 마찬가지로 전혀 예기치 못했던 공포가 서서히 다가오고 있는 것을 깨닫게 되었다. "그리고 여자도 평등하다."

그것이 단지 사랑과 결혼에 관한 문제이기만 해도 좋으련만. 하지만 이제 양성 관계는 더 이상 겉으로 보기에 쌍방이 연루되어 있는 것으로만, 즉 섹스, 애정, 결혼, 부모되기 등으로만 정의될 수 없게 되었다. 일, 직업, 불평등, 정치, 경제 등 다른 모든 것을 고려해야만 하는 것이다. 문제가 그리도 복잡한 까닭은 이처럼 양성 관계가 서로 공통점이 없는 수많은 요소들의 불안정한 집적이기 때문이다. 가족에 관해 논의하려면 직장과 수입도 함께 고려해야 하며, 결혼에 관해 이야기하려면 교육, 기회, 이동성, 그리고 특히 ─ 이제 여자들도 남자들과 같은 자격을 갖추고 있음에도 불구하고 ─ 이것들이 얼마나 불균등하게 분배되고 있는가를 함께 고찰해야야만 한다.

남성과 여성 간의 불평등 상태를 다양한 각도에서 살펴보기로 하자. 지난 10-20년 동안에 일어난 변화로는 어떤 것이 있을까? 여러 자료는 참으로 애매모호한 모습을 보여준다. 한편으로는, 특히 성, 법률, 교육 측면에서는 획기적인 변화가 있었다. 그러나 대체로 보아 성적인 변화를 제외한 다른 영역의 변화들은 실제보다는 그저 의식이나 문서로만 그치고 만 경우가 많았다. 다른 한편으로는, 특히 취업 시장과 보험, 연금 수혜에서는 남녀의 태도나 조건에서 별다른 변화를 찾아볼 수 없다. 이러한 결과는 외견상으로는 상당히 역설적인 결과를 가져오고 있는데, 양성이 더욱 평등해 보일수록 양성간의 영속적이고 유해한 불평등을 그만큼 더 분명하게 의식하게 되는 것이다.

새로운 의식과 낡은 조건의 이러한 역사적인 혼재는 두 가지 의미에서 폭발성을 갖고 있다. 여성의 상태를 의식하고 있는 고학력 여성들은 직장과 가정에서 더 많은 평등과 함께 파트너로서 대우받기를 기대하지만, 노동 시장과 남자 동료들로부터 나오는 이와 정반대의 경향에 맞부딪치게 된다. 이와 반대로 남성들은 말만 그럴듯하게 평등을 설교해 왔을 뿐 말과 행동을 일치시키지는 않았다. 이리하여 양쪽 모두에서 포기하기를 거부했던 온갖 환상의 얼음이 녹아내리고 있다. (교육과 법률 면에서) 양성의 자격은 점점 동등해지고 있으나, 불평등은 오히려 증가하고 있는 추세이다. 이와 동시에 우리 모두는 이것을 점점 더 날카롭게 의식하고 있으며, 불평등은 점점 더 정당성을 잃어버리고 있다. 평등하게 살고 싶은 부인의 바람과 불평등한 현실 간의 모순, 그리고 말로는 공동 책임이라는 구호를 내세우지만 일상 생활은 조금도 변화시키지 않으려는 남성들의 완고함 간의 모순은 점점 더 첨예해지고 있다. 사적인 것과 정치적인 것에서 아주 적대적인 형태로 다양하게 전개되고 있는 이러한 모순이 미래 사회의 전개 방향을 규정하게 될 것이다. 따라서 우리는 지금 최초로 온갖 대립과 기회와 모순과 함께 남녀라는 성별에 따른 '신분적' 규정에서 벗어나올 수 있는 호기를 맞고 있는 셈이다. 이와 관련하여 여성들의 의식은 현실을 크게 앞질러 가고 있는데, 누구도 이러한 의식의 시계를 되돌릴 수는 없을 것이다. 따라서 우리는 길고도 고통스러운 전투에 돌입한 것처럼 보인다. 이러한 명제는 먼저 남녀간 사랑의 다양한 모습이 가진 '전면성'과 관련된 자료를 기준으로 경험적으로 검증되어야 할 것이며, 그 이후에는 이론적으로 해명되고 검토되어야 할 것이다.

성과 결혼

서구의 모든 산업 국가에서 이혼율의 지속적인 증가를 알려주는 여러 신호들이 나타나고 있다. 독일은 아직 상대적으로 — 말하자면 미국에 비해 — 낮은 이혼율을 보이고 있지만 그래도 거의 1/3의 결혼이 이혼으로 끝나고 있다(대도시에서는 거의 1/2, 지방 소도시와 시골 지역에서는 대략 1/4). 이혼율은 1985년부터 미미하게 감소하는 추세지만[1] 오랫동안 결혼 생활을 지속해 온 부부간의 이혼은 상당히 증가해왔고,[2] 1984년까지는 이혼율이 재혼율을 상회했다. 이후 이혼한 남녀들은 점점 더 새로 결혼하는 것을 꺼리고 있다. 이것은 전반적으로 결혼하는 추세가 정체했던 것과 일치하고 있다. 이와 반대로 재결합한 부부의 이혼율과 자녀가 딸린 부부의 이혼 역시 증가 추세이다. 이에 따라 부모로서 맺는 관계의 정글 역시 자꾸만 커져가고 있다. 내 아이, 당신 아이, 우리 아이. 이처럼 그때그때 관련된 사람에 따라 규칙도 달라지고, 서로 반응도 상이하고, 전쟁터도 끊임없이 바뀌고 있다.

그러나 현실적으로 볼 때 공식적인 이혼율과 결혼율은 '비공식적 결혼'의 급격한 증가에는 훨씬 미치지 못한다. 1989년 현재 약 250만 명에서 300만명의 사람들이 결혼하지 않은 채 동거하고 있는 것으로 추정된다.[3] 이처럼 법적으로 부부가 아닌 부모에게서 태어난 아이들 (법외혼아)의 숫자 역시 같은 추세로 증가하고 있다. 이러한 아이들의 숫자가 1967년에는 전체 아동의 4.6%이었으나 1988년에는 10%로 증가했다(스웨덴에서는 46%에 이르렀다).⁴⁾ 그러나 이런 비공식적 부부의 이혼에 대해서는 쓸 만한 통계치를 구하기가 힘들다. 이런 식으로 함께 살기를 선택하는 사람들의 비율이 지난 10년 동안 4배로 늘어났지만 이러한 사실은 그리 중요하지 않다. 정작 놀라운 것은 지난 1960년대까지만 해도 그토록 격렬한 찬반 논쟁의 대상이었던 '사실혼'이 이제는 아주 일반적인 것으로 널리 받아들여지게 된 사실이다. 그런 커플이 증가하고 있는 현상 자체가 아니라 이처럼 비공식적이고도 비전통적인 삶이 하나의 생활 패턴으로 확립되고 있는 사실이 이러한 변화의 속도를 더 잘 보여주고 있는 것처럼 보인다.

1960년대까지만 하더라도 가족, 결혼, 직장은 여전히 인생의 설계, 인생의 조건, 적절한 일대기를 만들어나가기 위한 단단한 초석으로 여겨졌다. 그러나 그 이후 이와 관련된 모든 지점에서 온갖 선택의 가능성과 질문이 나타났다. 결혼을 해야 할지 안해야 할지, 동거만 할 것인지, 아이를 낳고 키우는 일을 가족 안에서 할지 아니면 밖에서 할지, 아버지란 함께 사는 사람이어야 하는지 아니면 다른 사람과 살지만 내가 사랑하는 사람이라도 되는지, 그리고 이런저런 일을 직업을 얻기 전에 해야 할지 아니면 어느 정도 경력을 쌓은 후에 할 것인지 또는 직업을 가진 채로 동시에 해야 할 것인지 …… 이 모든 것이 이제는 더 이상 자명하지 않게 되었다.

이런 종류의 온갖 문제에 대한 계획과 협상은 원칙상 취소될 수 있다. 따라서 그것은 양쪽의 당사자가 불평등한 부담을 얼마나 정당화하느냐에 따라 좌우되는 것이 되었다. 이것은 한때 결혼과 가족을 통해 요약되던 온갖 행동과 태도가 **해체되고 분화되는** 것으로 이해할 수 있을 것이다. 그 결과 개념과 현실을 서로 연관시키기가 점점 더 어려워지고 있다. 가족, 결혼, 부모되기, 어머니, 아버지 등의 획일적인 용어를 사용하게 되면 이러한 용어들 뒤에 감춰진 삶의 점증하는 다양성을 은폐하고 위장하게 된다. 즉, 이혼한 아버지, 한 아이에 여러 명의 아버지, 같이 아이를 키워주기만 하는 아버지, 외국인 아버지, 의붓아버지, 살림하는 아버지, 주거만 같이 하는 아버지, 주말 아버지, 일하는 아내를 둔 아버지 등을 말이다(Rerrich 1989와 이 책의 5장 이하를 보라).

가구 구성 또한 사회의 변화 방향을 보여주고 있다. 점점 더 많은 사람들이 혼자 살고 있다. 1인 가구 비율은 독일 전체로 보아 1/3을 이미 넘어섰으며(35%), 그럼에도 계속해서 증가하고 있는데 프랑크푸르트, 함부르크, 뮌헨 같은 대도시에서는 약 50%나 된다. 1900년에는 전체 가구의 44%가 5명 이상으로 구성되어 있었다. 그러나 1986년에 이 숫자는 6%로 줄었으며, 반대로 2인 가구는 1900년에 15%이던 것이 1986년에는 30%로 증가했다. 1980년대 후반 현재 독일 인구의 약 15%인 900만명 가량이 혼자 살고 있는데, 이 비율은 계속해서 늘어나고 있다. 이들 중 '독신'의 전형 — 즉 젊고 미혼인 전문직 종사자 — 에 들어맞는 사람은 절반이 겨우 넘을 정도밖에 되지 않는다. 나머지는 주로 여성으로, 배우자와 사별한 노인이 많다.[9]

따라서 이런 경향을 남녀 관계에서 무정부성이 증대하고 남과 연루되기를 꺼리는 경향이 강화되고 있다는 식으로 단선적으로 해석하는 것은 오류일 것이다. 반대의 경향 역시 분명히 존재하기 때문이다. 이혼율이 1/3이라는 것은 2/3의 '정상적인 결혼'과 가족(이 용어가 무엇을 은폐하고 있건 간에)이 여전히 존재한다는 것을 의미한다. 단 한 세대가 지나는 동안, 특히 소녀들과 여자들 사이에서 어안이 벙벙할 정도로 엄청난 변화가 있었던 것은 틀림없다. 예전에는 단지 젊은 남자들만이 '여러 여자와 관계를 가질 수 있도록' 허락되었지만, 그것도 비공식적이었으며 거기에는 언제나 남들의 능글맞은 웃음이 따라다녔다. 오늘날에는 반수가 훨씬 넘는(61%) 소녀들이 여자들에게도 성 경험이 중요하다고 생각하고 있으며, 그 중의 반은 동시에 두 명

이상의 남자 친구를 사귀는 것이 상당히 매력적이라고 생각한다 (Seidenspinner/Burger 1982: 30). 그러나 이러한 수치들이 우리를 오도하도록 놔두어서는 안 된다. 이전보다는 훨씬 더 방만해진 성적 태도 역시 엄격하게 규범화되기 때문이다. 대다수의 젊은이들은 결혼과 가족을 삶의 모델로 채택하는 것은 거부하지만 정서적 헌신은 추구한다. 안정적인 관계는 오늘날의 젊은이들에게도 이상이자 목표이다. "상대방에 대한 충실성은 법이나 종교적 윤리를 통한 공적인 정당화나 압력이 없어도 너무나 당연한 것으로 간주되는 것처럼 보인다"(Allerbeck/Hoag 1985: 105). 그러므로 이 모든 것이 어디를 향해 가고 있는지는 여전히 불명확하며, 수많은 논란이 있어온 '가족과 결혼은 사라지는가' 라는 질문에 대한 대답은 그렇다 이기도 하고 아니다 이기도 한 것이다.

교육, 취업 시장과 고용

독일 헌법은 여성에게 법적인 평등권을 보장하고 있지만 1977년 새로운 결혼법과 가족법이 발효되고 나서야 비로소 몇몇 중요한 형태의 차별이 제거될 수 있었다. 이제 적어도 서류상으로는 남녀를 차별대우할 아무런 근거도 없게 되었다. 여자들은 처녀 때의 성(姓)을 유지할 수 있도록 허용되었다. 그때까지만 해도 법적으로 남편이 가족과 아이를 책임져야 했지만 이제 그러한 법률은 폐지되었고, 누가 가장 노릇을 할 것인가는 배우자들끼리 의논해서 결정할 문제가 되었다. 또 양쪽 배우자 모두에게 집밖에서 일할 자격이 주어졌다. 아이를 돌보는 것은 부모 모두의 책임으로, 그들은 이 문제에 대해 의견이 다를 때 — 법조항을 그대로 인용해보자면 — "합의에 도달하도록 노력해야 한다"(Beyer/Lamott/Meyer 1983: 79를 보라).

법적으로 동등한 권리를 여성에게 부여하기 위한 이러한 대폭적인 개혁과 함께 전후 독일에서 나타난 가장 뚜렷한 — 거의 혁명적인 — 변화는 동등한 교육 기회의 부여에서 찾을 수 있을 것이다. 1960년초까지만 해도 교육 분야에서의 여성 차별은 너무나 분명했다(놀랍게도 상류 계층에서 특히 두드러졌다). 하지만 1987년에는 교육받는 소녀들의 숫자가 소년들과 거의 비슷해졌으며, 고등학교 졸업자는 오히려 남학생들보다 많았다(53.6%).[6]

그러나 이와 반대되는 변화들도 적지 않았다. 직업 훈련에서는 성에 따른 편견이 여전히 강력하게 남아 있었다(1980년대 초에 여성 노동자는 약 40%가 어떠한 공식 자격증도 갖고 있지 않았던 데 비해 남성 노동자는 단지 21%에 그쳤다). 고등학교를 졸업하고 대학에 진학하는 여학생의 비율 또한 지난 10년간 80%에서 63%로 감소했다(남학생의 경우 90%에서 73%로 감소).[7] 여학생들은 여전히 특정 분야를 더 선호하고(거의 70%가 인문학, 어학 혹은 교육학을 선택한다)[8], 교직에 진출하는 여학생들은 '하급의' 교사직을 얻는 경향이 있었다.

그럼에도 불구하고 20년 전의 사정과 비교해 볼 때 교육 분야가 여성화되었다고 해도 큰 무리는 아닐 것이다. 하지만 이러한 교육 혁명이 결코 노동 시장이나 고용 체계의 혁명으로 이어지지는 않았다. 그러기는커녕 교육에서는 열린 문이 "고용과 노동 시장 앞에서는 ······ 쾅하고 다시 닫혀버렸다"(Seidenspinner/Burger 1982: 11). '남성' 전문직에 진출한 여성의 수가 약간밖에 증가하지 않은 것은 다른 영역에서 일어난 대규모의 교체와 대조적이다. 1970년대 동안 내내 요구된(그리고 격려된) 여성 취업은 위계(Hierarchie)의 아래쪽과 위쪽이 거꾸로 되어 있는 '봉건적 성별 패턴'을 계속 따르고 있었다. 즉, 사회에서 핵심적이라고 정의되는 분야일수록 여자들이 더 적게 대표되고 있으며, 거꾸로 주변적이고 영향력이 없는 집단일수록 여자들이 중요한 지위를 차지하고 있을 가능성이 높았다. 관련된 자료들은 이것이 모든 영역, 즉 정치, 경영, 고등 교육, 대중매체 등에서 모두 진실임을 보여준다.

정치 분야에서 여성이 최고위직을 차지할 가능성은 여전히 예외적인 경우에 속한다. 한편으로 1970년 이래 정치적 의사결정기구에 참여하는 여성의 비율은 계속 증가해 왔으나 다른 한편으로 정책 결정의 핵심에 다가갈수록 여성의 비율은 줄어들고 있었다. 사회민주당(SPD)의 여성 할당제는 바로 이런 현상을 타파하는 것을 목표로 하고 있다. 물론 그것이 얼마만한 효과를 낼 수 있을지는 지켜보아야 할 테지만 말이다. 지금까지 여성들이 가장 쉽게 접근할 수 있던 것은 정당의 각종 기구들이었다(1970년의 약 14%에서 1982년에는 20.5%로 증가되었다). 의회에서도 여성의 비율은 증가하고 있는데, 지방 의회의 비율이 가장 높다(주의회에서의 여성 비율은 6%에서 15%사이로 다양하며, 시·군 의회에서는 의원의 9.2%~16.1%가 여성들이다).

사업 분야에서도 극소수의 여성들만이 진정으로 영향력이 있는 지위에 있으며, 영향력이 덜한 직종(가령, 개인 사무실 같은 곳)에서는 여성들의 비율이 아주 높다. 약간만 높은 수준으로 올라가면 사법 제도 내의 그림도 이와 아주 비슷하다. 이 분야에서 여성 비율은 매우 높다(예컨대 1979년에는 10%의 검사가 여성이었으며, 1987년에는 16%로 늘어났다)(연방통계청 1988: 30). 그러나 연방법원 같은 곳, 즉 "우리 공화국의 중요한 법적 결정이 내려지고 다음 수십 년간 우리 사회가 나아갈 길이 제시되는 곳에서는 여성들이 (거의) 존재하지 않는다"(Weighman 1979: 130).

고등 교육 분야에서도 직위 피라미드의 정상에 있는 여자들은 여전히 아주 드물다. 1986년의 경우 총 9956명의 최고위-최고 연봉의 교수직중 여성이 차지한 자리는 단지 230개뿐이었다. 이보다 직위가 낮아질수록 여성 비율은 꾸준히 증가하는데, 봉급을 덜 받는 교수직과 불안정한 중간 수준의 자리들 그리고 조교직에서, 특히 '주변적 분야'에서는 여성 비율이 상당히 높다.[9] 똑같은 그림이 대중 매체에서도 발견된다. 직위가 높을수록 여성들이 발언할 기회는 줄어들게 되어 있다. 방송국에서 일하는 여성의 경우 주로 AD나 가벼운 오락 부서에서 일할 가능성이 크며, 중요한 정치나 경제 부서에서 일할 가능성은 이보다 훨씬 적고, 정책이 결정되는 상층에서 일할 수 있는 가능성은 거의 없다(연방 청년 · 가족 · 보건부 1980: 31).

직업에 필요한 자격 때문에 이런 차이가 난다는 말은 최소한 비교적 젊은 여자들의 경우에는 사실이 아니다. 이들은 제대로 교육받았고, 종종 어머니들(그리고 왕왕 아버지들!)보다 더 높은 지위에 도달하기도 한다. 그러나 여기서 받는 인상에 현혹되어서는 안된다. 왜냐하면 직업 세계의 많은 영역에서 여성들은 '침몰하고 있는 배'를 인계받았기 때문이다. 여성들이 차지하는 전형적인 일자리는 대개 미래가 불확실한 것들이다. 비서, 방문 판매원, 교사, 반숙련 산업 노동자 등. 일자리의 숫자를 줄이려는 강력한 경향, 즉 예의바른 사회학자들의 은어로 '적지 않은 합리화의 가능성'이 존재하는 분야들은 정확히 대부분 여자들이 일하는 영역들이다. 이것은 특히 공장 노동에 적용된다. '여성들'의 일거리는 대부분 전자, 식품, 의류나 직물 산업처럼 기계화되기 어려운 일들, 즉 기계화된 공정 사이의 틈새를 메우거나 고도로 자동화된 공정으로 만들어진 물건의 끝마무리를 하는 일들이다. 이 모든 것들은 머지않아 극소전자공학에 의해 대체되거나 또는 완전히 자동화될 가능성이 큰 일들이다. 실업 통계가 잘 보여 주듯이 많은 수의 여성들이 이미 이런 식으로 일자리를 잃었다. 최근까지 실업자로 등록된 여자의 비율은 항상 남자보다 높았고, 계속 증가하는 추세이다. 1950년에 여성 실업률은 5.1%였다(남자 2.6%). 1989년에는 9.6%로 상승했다(남자 6.9%). 전체 노동력 중 여성이 차지하는 비율이 약 1/3인데 반해(연방통계청 1987: 106; 연방통계청 1988: 97), 1988년의 경우 서독의 실업자 약 200만명 중에 절반 이상이 여자였다. 1980년부터 1988년 사이에 대졸 실업률은 남자의 경우 14% 증가한 반면 여자의 경우에는 39%나 증가했다. 게다가 이 수치에는 주부가 되기 위해 어쩔 수 없이 직장을 떠난 여성들은 포함되어 있지 않다. 지난 10년간 '복합 실업', 즉 주로 가사 노동으로 물러난 사람들의 숫자는 몇 배로 늘었다(1970년에 6,000명이었으나 1984년에는 이미 121,000명에 달하고 있다). 달리 말해서, 여자들에 관한 한 모든 것이 상승 중이다. 노동 시장 참여도, 실업률, 준(準)-실업 상태 모두가 그렇다.

직업에서의 여성 차별을 보여주는 이러한 그림은 대체로 저임금에 의해 완벽한 모습을 갖추게 된다(연방통계청 1988: 480). 1987년의 산업 노동의 경우 여성 노동자들은 시간당 16.69 DM을 받고 있는데, 이것은 남성 임금의 73%밖에 되지 않는다. 1960년 이래 시간당 남녀 간 임금 격차는 상대적으로 줄어들고 있다. 그러나 동등한 훈련과 비슷한 연령에도 불구하고 여전히 대개 남자들이 더 많이 받는다. 예컨대 여성 사무직 노동자는 평균적으로 남성 월급의 단지 64%만을 받고, 생산직 여성들은 남성 동료 소득의 단지 73%를 받고 있을 뿐이다.[10]

이런 상황은 더 젊은 세대 여성들의 기대치나 요구와는 분명히 모순된다. 자이덴스피너(Seidenspinner)와 부르거(Burger)가 공동으로 집필한 『소녀 '82(Mädchen '82)』의 중요한 연구 성과 중의 하나는 '15세에서 19세 사이의 소녀들에게는 직업적 목표를 달성하는 것이 가장 중요하다는 사실'을 밝혀준 데서 찾을 수 있다. 이것은 결혼이나 아이를 낳는 일보다 훨씬 더 중시되었다(1982: 9). 이처럼 오늘날의 젊은 여성들은 전문직의 자격을 갖추어 좋은 일자리를 얻으려 하지만 노동 시장에서는 이와 정반대의 경향과 마주칠 뿐이다. 그녀들이 이 적나라한 충격에 어떻게 장기적/단기적으로, 사적/정치적으로 대처하는지를 지켜보아야 할 것이다.

물론 남녀의 전통적인 역할로부터 이탈하는 것이 오직 한 쪽(여자들)에게만 영향을 미치는 것은 아니다. 그러나 또한 사실상 그것은 남자들이 태도와 행동을 바꾸는 범위 내에서만 가능하다. 이것은 새로 장벽을 쌓아올리고 있는 고용 시장뿐만 아니라 전통적인 '여자의 일', 즉 일상의 잡일, 육아 등의 다른 영역에서도 너무나 분명하게 나타나고 있다.

남성의 시각에서 본 여성 해방과 가사 노동

1985년 가을에 출판된 메츠-괴켈(Sigrid Metz-Göckel)과 뮐러(Ursula Müller)의 대표적인 실증적 연구서인 『남자(Der Mann)』는 참으로 양가적이지만, 이러한 양면성에도 불구하고 아주 명확한 그림을 제시한다. 프로쓰(Helga Pross)는 1970년대 중반까지만 해도 남성들이 남녀의 역할에 대해 조화론적인 관점을 유지할 수 있었다고 보고하고 있다. "남자가 더 강하며, 직업을 갖고 가족을 부양하기를 원한다. 여자는 남자보다 약하고, 현재 떠맡고 있는 가족 내의 역할을 지키기를 원하며, 단지 그런 연후에나 상대적으로 소박한 직업에 종사하고 싶어한다. 그녀는 남편을 존경할 수 있기를 원한다"(Pross 1978: 173). 그러나 이제 이러한 태도는 말로는 개방적 정신을 가졌다고 주장하지만 행동은 더욱 완고해진 모습으로 대체되었다. "남자들의 반응은 분열되어 있다. 남자들은 자신들이 설교하는 것을 실천하지 않는다. 공통의 이해 관계를 갖고 있다는 슬로건 뒤에 실제로는 불평등을 감추고 있다"(Metz-Göckel/Müller 1985: 18).

지난 20년간, 특히 집안 살림과 육아와 관련해서는 거의 아무것도 변하지 않았다. "아버지들은 요리, 설거지, 청소를 하지 않는다. 그들은 가계와 육아에 재정적으로 기여하는 데 만족하고 있다"(1985: 21). 당연한 귀결로 "대다수 남자들이 남자 주부(Hausmann) 역할은 인정하지만 오직 나 아닌 다른 남자들만 그럴 수 있다고 생각한다"(p. 63). 겉으로는(말로는) 유연한 척하면서 낡은 역할을 고수하는 것은 아주 교활한 처사이다. 남자들에게는 '남자들은 가사로부터 해방되어야 한다'고 주장하는 것과 남녀 평등을 인정하는 것이 전혀 모순이라고 여겨지지 않는다. 이들은 새로운 논거를 들어 이를 설명해오고 있다. 10년 전에는 많은 남자들이 여성들이 겪는 고용상의 차별을 열등한 훈련 수준에 입각해 설명했었다. 최근 교육의 확대에 따라 더 이상 이러한 주장을 유지할 수 없게 되자 어머니 역할이라는 새로운 방어벽이 세워지고 있는 중이다.

61%의 남자들은 여자들이 승진을 못하는 주된 이유로 가사 부담을 꼽았다. …… 10살 이하의 아이들이 있는 가족에서 일, 가사, 육아를 나누는 방식으로 어떤 것이 가장 좋겠느냐는 질문에 대해 절대 다수(80%)의 독일 남자들은 여자가 집에 머무르고 남자가 직장을 갖는 방안을 지지한다. …… 남자들의 눈에는 이것이 여성들에게 불이익이 되는 것이 아니라 단지 객관적인 사실로 보일 뿐이다. …… 여성에 대한 쟁점을 아이들에 대한 쟁점으로 바꾸는 것이야말로 여성 평등론에 대항할 수 있는 가장 안정적인 요새인 것이다(pp.26-7).

이런 와중에 소수지만 계속 증가하고 있는 남성 집단, 즉 남자 주부나 독신 아버지의 존재가 이런 견고한 진지마저 허물고 있는 것은 역사의 작은 아이러니들 중의 하나이다.

저자들은 남성들이 갖게 된 새로운 여성 이미지에 내재하는 모순들을 다음과 같이 빈정대며 요약한다.

즐거운 나의 집은 옛말이 되었다. 남자들은 여성의 의사결정권에 상당한 중요성을 부여한다. 자신이 무엇을 원하는지를 아는 독립적인 여성이 바람직하다는 것이다. 이 새로운 독립적인 여성은 자신의 일을 (그리고 나머지 가족들의 일까지) 책임지고 알아서 처리하며, 그리하여 남자들의 집을 얼마간이라도 덜어주어야 한다. …… 남자들은 심지어 이런 종류의 여성 해방으로부터도 꽤 많은 긍정적 측면을 발견할 능력을 갖고 있다. 남자들이 여성 해방을 골치아파하는 것은 오직 여자의 '독립'이 남자들에게 위협이 될 때, 여자들이 무엇인가를 요구할 때, 그리고 남성의 이익을 침해하는 경우뿐이다(pp22-3).

역할을 바꿔 남자 주부이자 새로운 아버지가 된 소수의 남자들에 대한 최초의 조사를 보면 이러한 그림을 완전하게 이해할 수 있다(Strümpel 1988; Hoff/Scholz 1985). 이들의 말에 따르면 그러한 결정은 엄격하게 제한된 의미에서만 자발적이었다고 한다. 그들은 "계속 직장 생활을 하길 바라는 여자 파트너의 바람이나 요구에 따라 그렇게 한 것이었다. 몇몇 경우에는 아기를 가질 때까지만이라는 조건이 붙어 있었다"(1985: 17). 가사는 자유로운 공간에서 이루어진다는 낡은 남성적 이데올로기를 들여다보면 막상 이를 실천하는 사람은 더 이상 이러한 생각을 공유하고 있지 않다는 상당히 시사적인 사실을 발견하게 된다. "남자 주부들은 누구나, 아무래도 다람쥐 쳇바퀴 돌 듯하는 단조로운 일상사 속에서 고립감과 함께 뭔가 충족되지 않은 느낌을 강하게 갖게 된다." 남자 주부들은 주부(*Hausfrauen*) 증후군으로 고통받고 있다. 아무리 닦고 쓸어도 별로 티가 나지 않는 가사일, 인정의 부재, 자신감의 상실. 그들 중 한 사람은 다음과 같이 보고한다.

최악의 것은 청소죠. 그건 정말 끔찍해요. 매일 해봐야 진짜로 알 수 있을 텐데. 이를테면 당신이 금요일날 무엇을 닦아 놓아도 다음 주 같은 시간, 똑같은 곳에 똑같은 먼지가 앉아 있을 거예요. 그러니 지겹지 않겠어요. 최소한 맛이 가게 하는 일임엔 틀림없죠 ……. 이건 거의 바다 한복판에서 걸레질하는 것이나 마찬가지라고요.

이런 경험이 쌓이게 되면 '사람을 소외시키는 직장 일'과 가사 노동을 일부러 맞바꾸었던 남자들조차 견해를 바꾸어 집 밖에서의 일이 자기존중감을 유지하고 다른 사람들로부터 존중받는 데 필수적인 것임을 깨닫게 된다. 이리하여 하다못해 시간제 직장이라도 찾으려고 한다(pp.2, 43). 이런 종류의 역할바꾸기가 사회적으로 인정받지 못하고 있다는 것은 집안 일을 맡아서 하는 남자들은 칭찬받는 반면 같이 사는 여자들은 '나쁜 어머니'라고 비판받는 사실에서도 잘 알 수 있다(pp.16).

요컨대 양측이 서로의 역할에 익숙해지는 이상적인 관계의 외관 뒤에서는 온갖 모순이 쌓이고 있는 것이다. 따라서 어느 쪽에서 보냐에 따라 진보와 퇴보가 갈라질 수 있다. 최소한 여성들에게는 그렇다. 현재의 젊은 여성들은 분명히 어머니들에 비해 완전히 새로운 자유의 영역을 만끽하고 있다. 더 많은 권리, 더 많은 교육 기회, 사생활이나 고용면에서 더 많은 선택지들을 갖고 있다(Beck-Gernsheim 1983, 그리고 이 책). 그러나 좀더 꼼꼼히 현실의 사회적 변화들을 살펴보면 이러한 새로운 자유의 공간들이 사회의 보장을 받고 있지 못함을 알 수 있다. 취업 시장의 발전 경향, 그리고 정치나 경영 등의 중요한 직위에서 여성들을 배제하려는 남성들의 고집스런 태도를 보면 우리가 지금까지 접한 의견 차이는 사소한 충돌에 불과하고 진짜 투쟁은 이제부터 시작되는 건 아닌가 하는 의심이 들게 된다.

출발점과 앞으로의 전망 모두가 대단히 양면적이다. 일반적으로 말해서 여성들의 조건은 지난 세대보다 훨씬 더 좋아졌다. 더 나은 교육을 받았기 때문에 원칙상으로는 더 좋은 일자리를 요구할 수 있는 자격을 갖추고 있는 셈이다. 하지만 비슷한 수준으로 교육받은 남편들은 이미 직장에서 훨씬 앞서 나가고 있으며, 여성들은 전과 다름없이 '평생 가사 노동'을 선고받는다. 재정적인 독립과 취업에 대한 여성들의 관심은 애정어린 부부 관계와 모성에 대한 요구와 충돌한다. 이것은 직업을 포기하고 남편에게 경제적으로 의존하는 것이 무엇을 뜻하는지를 잘 알고 있는 여자들에게 특별히 잘 들어맞는 말일 것이다. 여성이 개인으로 되어가는 복잡한 과정 전체가 '자기 자신의 인생을 사는 것'과 '다른 사람을 위한 존재' 간의 불편한 동요를 드러내주고 있는 것이다. 물론 이 새로운 해방의 정신은 다시 가두어지지 않는다. 교육을 통해 여자들의 인식 능력을 배양시켜주면서도 가족이나 직업, 정치에서 나타나는 현재의 봉건적 상태를 유지하려는 남자들의 진부한 주장들을 여자들이 여전히 꿰뚫어 보지 못하리라고 기대하는 것은 엄청나게 근시안적이고 순진한 발상이다.

지난 10년간 남성 쪽에서도 얼마간의 움직임이 있어 왔다. '남자는 강해야 한다'는 낡은 상투어는 이제 더 이상 통용되지 않게 되었다. 남자들도 이제 온갖 감정을 표현하고 약한 면을 인정할 수 있기를 원한다(Metz-Göckel/Müller 1985: 139, 그리고 이 책의 5장). 섹스에 대해서도 새로운 태도를 개발하고 있다. "섹스는 이제 고립된 충동이 아니라 남성 인격의 자연스러운 부분으로 나타난다. 배우자에게 사려 깊게 행동하는 것은 남성들에게도 중요하다"(p.139).

그러나 남자들은 여전히 여자들과는 다른 조건에 처해 있다. 그들에게 평등이란 말은 여자들에게서와는 아주 다른 의미를 갖고 있다. 여성에게 이 말은 더 많은 교육, 더 좋은 취업 기회, 더 적은 가사 노동을 의미하지만 남자들에게는 정반대의 것을 의미한다. 더 가혹한 경쟁, 실직 그리고 더 많은 가사 노동. 하지만 대부분의 남자들은 여전히 꿩도 먹고 알도 먹을 수 있다는 환상에 빠져 있다. 그들은 (특히 자신의 경우에는) 남녀 평등이 낡은 형태의 분업과 양립할 수 있다고 상상한다. 그들은 여성의 권리가 위협으로 변할 때면 언제나 자연의 이치에 호소하는 오래된 노선을 따라 생물학적 근거를 동원해 심각한 불평등을 정당화함으로써 자신의 말과 행동간의 모순을 은폐하려 한다. 남성들은 먼저 출산 능력을 가진 여자들이 아이들을 책임져야 하며, 둘째 따라서 가사와 가족을 돌봐야 하기 때문에 직업 생활을 삼가거나 하위직에 머물러야 한다는 결론을 내린다.

이제 막 표면화하고 있는 반목과 논쟁은 대단히 민감한 영역에서 남자들에게 영향을 미치고 있다. 남녀 양성의 역할에 관한 남성들의 전통적인 고정관념에 따르면 남자의 '성공' 은 경제적·직업적 성공과 밀접한 관계가 있다. 오직 안정된 수입만이 '집안을 제대로 먹여 살리는' '자상한 남편과 아버지' 라는 남성적 이상에 맞는 생활을 할 수 있게 해준다. 이런 의미에서 보면 일반적 규범이 허락하는 범위 내에서 성적 욕구를 만족시키는 것조차 장기적으로는 경제적 유능함에 달려 있게 된다. 따라서 남자는 직장에서 '최선을 다하고', 업무에 따른 스트레스를 내면화해야 하며, 이러한 기대들을 충족시키기 위해 억지로 또는 쓰러질 지경에 이르기까지 열심히 일해야 한다.

'남성의 노동능력' 의 이러한 구조가 한편으로는 노동력을 통제하는 고용주의 보상과 처벌 전략이 효과를 발휘할 수 있도록 해준다. 마누라와 두 명의 자식을 먹여 살려야 하는 사람은 위에서 시키는 대로 하기가 더 쉬울 것이기 때문이다. 다른 한편 남성 노동력에 대한 과중한 착취는 여성이 표상하는 '행복한 가정' 을 전제한다. 직업의 에토스가 가하는 압력 때문에 남성들은 정서적으로 대단히 의존적으로 된다. 노동분업 때문에 남성들은 본질적인 면과 정서적인 능력을 배우자에게 위임해버리고 마는 것이다. 동시에 남녀 관계와 관련해 모든 일을 조화롭게 처리하려는 강박증세가 증가하게 된다. 남자들은 갈등의 조짐들을 무시해버릴 수 있는 탁월한 능력을 발달시킬 수 있다. 하지만 이와 동시에 배우자가 정서적 지원을 부분적으로 혹은 완전히 철회하게 될 때 이들은 매우 취약하게 된다. 가정 생활이 행복하지 않고 긴장되고 험악하다면 남성들은 이중적인 타격을 받게 된다. 배우자의 이해 거부가 극에 달하면 이해 부족과 무력감에 시달리게 되기 때문이다.

명제들

남녀를 갈라놓는 여러 가지 쟁점과 갈등은 이처럼 양성을 가르고 있을 뿐만 아니라 몇몇 사회 구조가 이처럼 사적인 것 속에서 와해되고 있음을 보여주는 은밀한 지표이기도 하다. 겉으로는 양성간의 관계의 갈등이라는 형태로 나타나지만 이것은 아래의 세 가지 명제로 묘사되는 것과 같은 이론적 측면을 갖고 있다.

(1) 성별 역할이 미리 규정되는 것은 쉽게 버릴 수 있는 전통의 잔재가 아니라 산업 사회의 토대에 뿌리내리고 있다. 남녀의 역할이 구분되지 않았다면 전통적인 핵가족은 전혀 존재할 수 없었을 것이다. 핵가족이 없었다면 전형적인 생활 양식과 노동 양식을 갖춘 부르주아 사회도 없었을 것이다. 부르주아적 산업 사회의 이미지는 인간 노동의 불완전한 상품화, 더 정확하게는 분열된 상품화에 기반하고 있다. 완전한 산업화, 완전한 상품화는 전통적인 형태와 역할을 가진 가족과 상호 배타적이다. 한편으로 임금 노동자는 가사 노동자를 전제하며, 시장을 위한 생산은 핵가족의 존재를 전제한다. 이런 점에서 산업 사회는 남녀의 불평등한 역할에 의존하고 있다.

다른 한편 이러한 불평등들은 현대성의 여러 원리와 모순되며, 현대화 과정에서 점점 더 많은 논란과 논쟁을 불러일으키게 된다. 남녀가 실제로 평등해질수록 가족의 토대(결혼, 부모되기, 섹슈얼리티)는 더욱 불안해진다. 달리 말해 2차세계대전 이후의 현대화 단계동안 산업 사회는 크게 진보했지만 이와 동시에 해체되기 시작했다. 보편주의를 내세운 시장 경제는 그 자신의 출입금지 구역을 인식하지 못했고, 여성들에게서 오히려 산업 사회의 요구에 따라 가정과 (임금을 벌어와 여성과 가정을 부양하는) 남편을 돌보는 것이 '숙명적 임무'라는 생각을 약화시켰다. 그 결과 노동과 재생산이 이루어지는 커플들의 일대기를 서로에게 적응시키고 허드렛일을 나눠 하기가 남녀간에는 더욱 어려워졌고, 여성들에 대한 사회적 보호책에 내재하는 여러 간극이 분명하게 드러나버렸다. 오늘날 사방에서 나타나고 있는 남녀간의 갈등은 실제로는 산업 사회 내에 존재하는 여러 모순적 경향들의 개인판이며, 이처럼 '자기 자신이 되고자' 하는 열망은 산업 사회의 봉건적인 동시에 현대적인 토대를 흔들어 놓고 있다.

 (2) 사회 계급의 구성원으로부터 개인을 만들어내는 변화의 동학은 가족의 문턱에서도 멈춰 서지는 않는다. 사람들은 스스로는 전혀 이해할 수 없는 어떤 신비한 힘에 이끌려(아주 기이하게 느껴지지만 사람들은 이러한 힘을 가장 깊숙한 곳에서 체현하고 있다) 완고한 성별 역할이나 봉건적 속성, 이미 규정되어 있는 방식을 벗어던지고 있거나, 아니면 자기 존재의 아주 깊은 곳까지 흔들리고 있다. 이들은 '나는 나' 그리고 '나는 여자다' 라는 신념을, 또 '나는 나' 이고 또 '나는 남자다' 는 신념을 고수하고 있다. '나' 와 여자로서의 나에게 기대되는 것, 그리고 '나' 와 남자로서의 나에게 기대되는 것은 별개의 세계이다. 여기서 개인화 과정은 아주 모순적인 결과를 낳는다. 한편으로 남자와 여자들은 전통적인 역할 규범에서 풀려나 '나 자신의 인생' 을 찾으려고 하지만 다른 한편으로는 다른 사회적 결속 상태가 빈약하고 신뢰할 수 없는 것으로 보이기 때문에 어떤 아주 가까운 관계 속에서 행복을 찾도록 내몰리게 된다. 나의 내적인 감정들을 누군가와 공유하고픈 욕구는 다른 사람과 한 마음과 한 몸이 된다는 결혼의 이상 속에서 그대로 표현되지만 인간의 일차적인 욕구는 아니다. 이 욕구는 우리가 더욱 개인화될수록, 그리고 그에 따른 이익이 커짐과 동시에 손실도 커짐을 깨달아갈수록 더욱 크게 자라난다. 그 결과 결혼과 가족으로부터 멀어지려는 길이 대개는 조만간 다시 원래의 자리

로 돌아오고 말게 되는 것이다.

(3) 20세기에 특징적인 갈등 양상은 남녀의 모든 동거 형태(부부 가족 혹은 독신 가족, 결혼 전, 결혼 중, 결혼 후)에서 발견된다. 이것은 언제나 완전히 사적이고 개인적인 갈등으로 나타난다. 그러나 가족은 오직 사건의 **무대일뿐** 원인은 아니다. 배경막을 바꾼다 해도 연극은 그대로이다. 남녀가 연인, 부모, 부부, 임금 노동자, 개인 그리고 사회 구성원으로서 서로 맺고 있는 밀접하고도 복잡한 관계는 약화되기 시작하고 있다. 또다른 **선택지**(가령 다른 지방에서 직장 갖기, 다른 방식으로 허드렛일 분배하기, 가족 계획 수정하기, 다른 사람과 성관계 갖기 등)가 있다는 것을 깨닫는 순간 결혼한 (그리고 결혼하지 않은) 남녀간에 싸움이 시작된다. 이런 문제들에 관한 결정은 우리에게 양성이 서로 다른 진영에 속해 있다는 것이 무엇을 뜻하는지, 그리고 그것이 남자와 여자에게 어떻게 다르게 다가가는지를 깨닫게 한다. 예를 들어 누가 아이를 돌볼 지를 결정하는 것은 누구의 직업 경력이 우선적인지를 결정하는 것이고, 따라서 현재뿐만 아니라 미래에 누가 누구에게 경제적으로 의존하게 될지를 제시하는 것이 된다. 그런 결정들은 개인적인 면과 공적인 면을 모두 갖고 있다. 공적 지원(탁아, 유연한 노동 시간, 적절한 사회보장제도)이 없다면 사적 전투들은 악화될 것이며, 거꾸로 충분한 외부 지원은 가정에서의 긴장을 완화시켜 줄 것이다. 따라서 해결책을 찾기 위한 공적 · 사적 전략은 서로 연계되어 있는 것으로 보아야만 한다.

이제 우리의 세 가지 기본 명제 — 산업 사회의 '봉건적' 성격, 남녀 관계에서 나타나는 개인주의적 경향들, 선택할 수 있다는 것이 혼란스런 축복임을 깨닫는 사람이 많아지고 있는 것 — 에 대해 좀더 자세히 살펴볼 수 있는 적당한 자리에 온 것 같다.

산업 사회 : 봉건제의 현대적 형태

성 역할의 독특한 특징은 계급 구분과 비교해 보면 가장 잘 이해할 수 있을 것이다. 계급간의 전쟁이 근로 대중 사이에 널리 퍼진 빈곤과 고통 때문에 일어났고 공적 투쟁을 통해 해결되었던 데 반해 오늘날 나타나고 있는 갈등들은 대부분 사적 관계 속에서 분출하며 부엌, 침실, 놀이방에서의 싸움으로 해결되고 있다. 이러한 갈등의 징후는 온갖 감정들에 대해 끊임없이 계속 똑같은 이야기를 반복하거나 또는 아무 말 없이 거부하거나, 또는 고독 속으로 달아났다가 다시 일상적인 수다로 돌아오거나, 또는 갑자기 상대방을 이해할 수 없게 돼, 믿을 수 없다는 생각이 밀어닥치고, 이혼할까 말까 하는 문제를 놓고 끊임없이 골치썩고, 아이들을 맹목적으로 사랑하면서, 상대로부터 자기만의 작은 공간을 빼앗으려 싸우면서도 여전히 함께 공유하고 있는, 그리고 또 그러려고 애쓰는 것, 일상 잡사들의 틈바구니로부터 가해지는 압력(실은 이러한 압력은 자신으로부터 유래한다)에 날카롭게 신경쓰는 것 등의 온갖 일로 가득 차 있다. '남녀 양성간의 진지전' 이든 아니면 '나 자신으로의 후퇴' 이든, '나르시시즘의 시대' 든 부르고 싶은 대로 불러라. 사회 구조 ─ 산업 사회가 가진 봉건적 중핵 ─ 는 바로 이런 식으로 사생활 속으로 파고들고 있는 것이다.

산업 체계에 의해 발생한 계급투쟁은 어떤 의미에서는 현대적 현상으로, 이는 산업이 작동하는 방식의 산물이다. 하지만 남녀 양성간의 전쟁은 현대적 계급 갈등의 양상에도 들어맞지 않고, 그렇다고 과거의 유물도 아니다. 그것은 제3의 변종이다. 임금 노동이 가사 노동을 전제하고 또 생산 부문과 가족 부문이 19세기에 그 영역이 나뉘어짐으로써 비로소 존재하게 되었다는 의미에서 볼 때, 이러한 양성간의 전쟁은 노동과 자본의 대립과 마찬가지로 우리 산업 세계의 산물이자 토대이다. 남자와 여자에게는 태어나면서부터 어떤 지위가 부여되는 점에서 볼 때 이러한 지위는 기이한 잡종이다. 즉 남자와 여자라는 것 자체가 현대의 산업 사회 속에 세워진 현대적 위계, 다시 말해 남자는 위, 여자는 아래라는 위계를 가진 일종의 '현대적 신분'인 것이다. 따라서 현대적인 사고와 구식의 행동 유형이 서로 상반되는 인력(引力)을 갖고 있음을 고려해 볼 때 투쟁은 불가피하다. 그러나 태어나면서부터 부여되는 지위 역할들은 현대화 과정의 초기에서의 계급 문제와 같은 방식으로 충돌하지는 않지만 현재, 즉 현대화 과정의 후기에 들어와 사회 계급이 대부분의 의미를 잃고 새로운 발상이 가족, 결혼, 부모되기 그리고 사적 영역 전체를 파고 들고 있는 지금에 와서는 초기의 계급 문제와 같은 방식으로 서로 충돌하고 있는 것이다.

19세기에 기반을 잡기 시작한 산업화는 핵가족(이것은 이제 다시 전통적 모습을 잃어가고 있다)의 형성을 조장했다. 집 밖과 집 안에서의 노동은 모순적인 방향에 따라 조직되었다(Rerrich 1988을 보라). 집 안에서는 **무보수** 노동이 당연시되던 반면 집 밖에서는 시장의 힘이 적용되었다. 가족과 결혼은 공동의 이익을 함축하고 있었던 반면 다른 관계들은 파트너들끼리의 계약을 함축하고 있었다. 또 취업 시장이 장려하는 개인적 경쟁과 이동성은 가정의 정반대되는 기대, 즉 다른 사람들을 위해 개인의 이익을 희생하고 가족이라고 불리는 공동 프로젝트에 투자할 것을 요구하는 가정의 기대와 충돌하는 것이었다. 그리하여 두 개의 시대, 즉 현대성과 반(反)현대성, 시장의 효율성과 가족의 지원이라는 정반대 방향과 가치 체계에 근거해 조직된 서로 다른 두 개의 시대가 서로 보충하고, 조건을 규정하고 모순을 일으키며 서로 결합하고 있는 셈이다.

가정과 일터의 분리에 의해 야기된 남성과 여성의 일상적 상황은 본질적으로 다르다. 따라서 시장 가치에 근거한 ― 보수, 직장, 승진

등에서의 차이 — 한 가지 불평등만 있는 것이 아니다. 이것과 결합된 또다른 종류의 불평등들이 있다. 생산은 노동 시장을 통해 규제되고 관련된 노동은 화폐와 교환되어 수행된다. 그런 노동을 수행하려면 사람들은 — 고용주에 얼마나 의존하는가에 관계없이 — 스스로를 자가공급자(*Selbstversorgern*)로 만들어야 한다. 이러한 사람들에게만 새로운 일자리, 새로운 임무, 새로운 관점이 제공된다. 반면 무보수 가족 노동은 결혼을 통해 당연한 의무로 부과되고, 본질상 의존을 함축하게 된다. 그 일을 수행하는 사람들 — 우리는 그들이 누군지 안다 — 은 '주어진' 돈으로 살림을 꾸려나가야 하고, 수입원과의 연결고리인 배우자에게 계속 의존하게 된다. 이런 일자리를 어떻게 분배할지는 토론거리도 되지 않는다. 바로 여기에 산업 사회의 봉건적 중핵이 있는 것이다. 한 사람의 운명, 즉 평생 가사 노동을 할 것이냐 아니면 노동 시장에 적응해 돈벌이를 할 것이냐는 원칙적으로는 산업 사회에서조차도 요람에서부터 결정된다. 이런 봉건적 '성별 운명'을 완화, 무효화, 악화 또는 은폐하는 것이 바로 서로 사랑하겠다는 우리의 약속인 것이다. 사랑은 눈이 멀었다. 사랑은 사랑 자체가 야기하는 온갖 고민들의 유일한 탈출구로 보이기 때문에, 우리는 통상 사랑 뒤에 현실적 불평등이 숨겨져 있다는 사실을 거부하곤 한다. 그러나 불평등은 실재하고, 바로 그것이 사랑을 진부하고 쌀쌀맞아 보이게 만드는 것이다.

따라서 사회 이론과 역사의 관점에서 볼 때 '친밀성에 의한 테러'(세네트[Sennett])의 위협처럼 보이는 것은 현대의 이념들이 단지 인구의 절반, 즉 '집 밖의 일'에 종사하고 있는 사람들에게만 적용될 때 일어나는 모순의 결과일 뿐이다. 개인의 자유와 평등이라는 원리는 한 성별에게는 보류되고 다른 성별에게는 태어날 때부터 주어지는 것이다. 산업 사회가 오롯이 산업적이었던 때는 결코 없었고, 그렇게 될 수도 없다. 그것은 언제나 반은 산업적이고 반은 봉건적이다. 그리고 이러한 봉건적 측면은 과거의 유물이 아니다. 그것은 일과 가정 생활을 분리하는 전제 조건인 동시에 그 결과이기도 한 것이다.

제2차세계대전 이후 복지 국가가 성립되었을 때 두 가지 일이 일어났다. 한편으로 취업 시장의 요구에 따라 삶을 꾸려나간다는 생각이 여자들에게도 퍼져나갔다. 이것 자체는 그다지 새로운 움직임이 아니라 오히려 산업 사회의 지배적 원리가 성별을 넘어 확장된 것으로 볼 수 있었다. 그러나 그 결과 완전히 새로운 종류의 남녀 분할이 일어났다. 노동력이 확대되어 여자들까지 포함하게 됨으로써 가족의 이상, 남녀 성별의 운명, 부모됨과 섹스에 관한 온갖 금기들이 끝장나기 시작했으며, 부분적이었지만 심지어 가정과 직장이 재통합되기도 했다.

쪼기 서열(닭 등에서 나타나는 것으로 개체들끼리의 위계를 표시하기 위해 위계 순으로 쪼고 쪼이는 서열 — 역자)로 알려진 우리 산업 사회의 사회 구조는 수많은 상이한 요소들에 기반하고 있다. 서로 상충하는 규칙을 가진 가정과 직장 간의 분업, 어떻게 살아야 할지를 태어날 때부터 규정해버리는 역할들, 그리고 사랑이 만들어낸 두터운(혹은 얇은) 층과 배우자와 부모로서 서로를 아끼고 돌보겠다는 맹세 아래에 감추어져 있는 균형을 잃은 엄청난 구조물. 되돌아 보면 이러한 구조가 상당한 대립 속에서 세워졌다는 것을 금방 알 수 있을 것이다. 현대화는 너무 자주 한쪽 측면만 부각되는 경향이 있다. 양면적인 것인데도 말이다. 19세기의 산업 혁명과 함께 현대의 봉건적 성별 패턴이 도입되었고, 현대적 조치들은 반동적 진보를 동반했다. 밖에서의 생산적 노동과 가정에서의 가사 간에 엄청난 차이가 있다는 것이 확인되고 또 정당화되었으며, 결국 영원한 진리로 이상화되었다. 남성 철학자들, 성직자들, 과학자들의 동맹은 이러한 사회 현상들에 남자의 '본질'과 여자의 '본질'이라는 딱지를 붙여 이 모든 것들을 하나로 묶어 버렸다.

다시 말해 현대화는 농업 사회를 정말로 없애 버린 것이 아니다. 현대화는 새로운 시대에 고유한 봉건적 규칙들을 창조하였고, 그것이 지금 다음 단계에 와서 효력을 상실하고 있는 중인 것이다. 20세기에 들어와 현대화 과정은 19세기와는 정반대의 효력을 미쳐 왔다. 19세기에는 현대화가 임금 노동과 가사 노동을 날카롭게 분리시키는 결과를 초래한 반면 오늘날의 현대화는 이 양자를 다시 묶으려는 투쟁을 불러오고 있다. 여자들을 의존적인 상태로 묶어두었던 온갖 제한들은 취업 유인책으로 대체되어 왔으며, 남성/여성 역할에 대한 낡은 고정관념은 남녀 양성 모두가 성별에 따른 무조건적 요구로부터 벗어날 수 있는 기회로 대체되었다.

그러나 이 모든 것은 지금 우리가 향해 나가고 있는 방향을 가리킬 뿐이다. 가장 중요한 점은 사회가 서로 모순되는 두가지 생활 유형과 취업 기회로 쪼개져 있는 한 우리의 시장 경제에서 일어나는 인간적 문제들은 해결될 수 없다는 것이다. 남녀 모두 경제적으로 독립하기를 원하고 또 그렇게 되어야만 하는데, 이러한 목표는 남녀 유별이라는 전통적 핵가족이 여전히 고용 조건과 사회 입법, 도시 계획, 교과 과정 등의 지침으로 남아 있는 한 이루어질 수 없는 것이다.

수많은 가정에서 실망과 죄의식을 번갈아가며 치루고 있는 '세기의 전투'가 맹렬히 계속되고 있는 것은 남녀 양성이 모두 집 밖에서는 성별에 관한 고정관념을 그대로 유지하면서도 사생활에서는 이러한 관념을 내던지려고 하기 때문이다. 그 결과 그들은 단지 하나의 불의를 또다른 불의와 맞바꾸고 있을 뿐이다. 가정과 가사 노동으로부터 여자들을 자유롭게 하려면 남자들은 '이 현대적인 봉건적 존재'에 적응해야 하고, 바로 여자들이 거부하고 있는 바로 그 일을 떠맡아야 한다. 이것은 역사적으로 말하자면 마치 귀족을 농부의 농노로 바꾸려고 노력하는 것과 같다. 남자들도 여자들과 마찬가지로 "부엌으로 돌아오라!"는 요구에 복종할 생각이 전혀 없는 것이다(여자들은 어느 누구보다도 이 점을 명심할 필요가 있다). 그러나 이것은 단지 하나의 측면일 뿐이다. 여기서 결정적으로 중요한 것은 남녀 양성간의 평등은 양성간의 불평등을 전제하는 제도들 안에서는 이루어질 수 없다는 것이다. 새로운 시대의 사람들을 고용 제도, 도시 계획 그리고 소위 사회 보장이 요구하는 낡은 틀에 우겨넣기는 거의 무망할 것이다. 따라서 이러한 모순에서 유래하는 긴장때문에 부부가 '역할 바꾸기' 혹은 '허드렛일 분담' 등 전혀 본질과는 무관한 해결책을 놓고 격렬하게 싸운다고 해서 놀랄 일은 전혀 없는 것이다.

성별 역할로부터의 해방?

하지만 앞에서 요약해 본 관점은 기묘하게도 경험적 자료와 대비된다. 이러한 자료들은 사실 남녀의 성별에 따른 위계의 갱신이라는 정반대의 경향을 아주 인상적으로 보여주는 것이다. 따라서 도대체 무슨 의미로 자유에 대해 말한단 말인가? 이 말은 남자와 여자에게 똑같이 적용되는가? 어떤 조건에서 실현 가능하며, 또 무엇이 그것을 방해하는가?

앞서 언급한 자료들이 증명해주듯이 지난 수십 년 동안 여성들을 얼마간이나마 전통적인 임무로부터 해방시키는 중요한 변화들이 있어 왔다. 서로 연관된 것은 아니지만 여기서 우리는 다섯 개의 주요한 노선을 식별해 낼 수 있다.

무엇보다도 먼저 이제 기대 수명이 더 늘어났기 때문에 여성들의 일대기가 전과는 다른 모양을 갖게 되었다. 임호프(Arthur E. Imhof)의 사회사 연구가 뚜렷이 보여주듯이 이것은 '인구학적 여성 해방'을 가져왔다. 통계적으로 볼 때 19세기까지 여성들의 수명은 사회적으로 '바람직한' 숫자의 살아남은 아이들을 낳고 키울 만큼밖에 되지 않았던 반면 오늘날 '모성적 의무'는 약 45세면 끝난다. '아이들 곁에 있어주기'는 일시적인 단계가 되었고, 전통적으로 여성 삶의 초점으로 간주되어 온 이러한 시기를 지난 후 평균 30년의 '빈 둥지' 기간이 뒤따르게 되었다. "오늘날 독일에서만 …… 약 500만명의 '전성기' 여자들이 부모 역할을 끝낸 뒤에 …… 자주 …… 실질적으로 의미있는 어떤 활동도 하지 않고 살아가고 있다"(Imhof 1981: 181).

둘째 특히 제2차세계대전 이후의 현대적 발전이 가사 노동을 혁명적으로 변화시켰다. 오늘날 가사 노동에 따르는 사회적 소외는 이 노동 자체에 고유한 특징이 아니라 전통적인 생활 양식에 대한 태도가 변화된 결과로 나타난 것이다. 개인화 과정이 진행됨에 따라 핵가족은 가족의 독립성을 강조해 가족을 하나의 섬으로 만들며 주변의 가족들, 관계들, 이웃들 그리고 소수의 지인(知人)들과만 관계를 맺으려고 한다. 그 결과 주부는 무엇보다 고립된 노동자가 되었다.

다른 한편 자동화가 수많은 임무들을 인계받았다. 다양한 가전 제품, 기계 그리고 소비재들은 주부의 짐을 덜어주지만 동시에 주부가 하는 일의 의미를 빼앗아가고 있다. 이제 그녀의 일은 기성품, 유료 서비스 그리고 기술적으로 개량된 기계 장치들 사이에서 눈에 보이지도 않고 또 끝도 없이 이어지는 일련의 '뒷마무리질'이 되어 버렸다. 요컨대 고립과 자동화는 가사 노동의 '탈숙련화'를 가져오고, 그 결과 많은 여자들이 성취감을 찾아 집 밖의 일을 찾아 나서게 되었다.

셋째로 모성은 여전히 전통적인 여성 역할과의 가장 강력한 연결고리지만 여성들을 전통적 의무로부터 해방시키는 데 있어 피임법과 합법적 낙태 허용이 지닌 중요성은 아무리 높게 평가해도 지나치지 않는다.

이제 아이들과 모성(그리고 이에 따른 모든 결과)은 더 이상 '자연적 운명'이 아니다. 최소한 원칙상으로는 아이들은 원해서 낳는 것이고, 따라서 모성도 계획되는 것이다. 물론 많은 자료들은 아직도 남편이나 파트너에게 경제적으로 의존하지 않고 어머니 역할을 다하거나 또는 자녀 부양을 전적으로 책임진다는 것이 많은 여성들에게 한갓 꿈에 불과함을 보여주고 있다. 그러나 젊은 여성들은 어머니 세대와는 달리 적어도 아이를 원하는지 원하지 않는지, 원한다면 언제 얼마나 많은 아이들을 낳을지를 함께 결정할 수 있다. 이와 동시에 부부의 성생활은 더 이상 필연적으로 출산과 연결되지는 않으며, 자신감을 갖고 아주 다양한 방식으로 탐구되고 발전될 수 있게 되었다. 물론 이러한 탐구가 종종 남성적 규범과 충돌하는 경우도 적지 않다.

넷째 이혼율의 증가는 결혼을 통한 부양이란 것이 얼마나 깨지기 쉬운 것인지를 잘 보여준다. 에렌라이히(Ehrenreich)의 표현에 따르면 여자들은 종종 단지 '빈곤에서 탈출하기 위해 남편을' 택한다. 독신 어머니의 거의 70%가 한 달에 1,200마르크로 만족해야 한다. 여성 연금수령자들과 함께 이들이 빈민구제기관을 가장 자주 이용한다. 이런 의미에서 여성들도 해방된 것이다. 즉 남편에 의한 일생 동안의 부양으로부터 단절되었다. 통계를 보면 여성들이 노동 시장으로 몰려들고 있는 것을 볼 수 있는데, 이것은 많은 여성들이 이러한 역사적인 교훈을 배웠고 이로부터 자기 나름의 결론을 내렸음을 보여준다.

다섯째 교육 기회의 평등화 역시 젊은 여성들이 취업 시장에 진입하려는 동기를 진작시켜 주었다.

이 모든 요인들, 즉 인구학적 해방, 보상받지 못하는 가사 노동, 피임, 이혼 법률들, 직업 훈련과 취업 기회들이 합쳐져 여성들은 적극적으로 현대의 봉건적 역할에서 느끼는 온갖 제약을 걷어치우려고 하는 것이다. 분명 이런 움직임은 멈출 수 없을 것이다. 그러나 이처럼 개인적인 해결책을 모색해 나감으로써, 즉 유연하고 자격을 갖추고 이동성을 갖추고 그리고 직업 의식을 갖추려고 함으로써 가족에게는 두 배 혹은 세 배의 타격이 가해지고 있다.

더구나 여자들을 전통적인 위치로 되돌려 보내려는 힘들도 작동하고 있다. 만약 우리의 시장 경제가 정말 제대로 운영되고 또 모든 남자와 여자가 각자 스스로의 생계를 책임져야 한다면 이미 지독하게 높은 실업률은 지금보다 몇 배나 더 증가할 것이다. 대량 실업과 대량 실직이 존재하는 한, 여성들이 결혼에 대한 직접적 의존에서 풀려나더라도 집 밖에서의 일을 통해 독립을 쟁취하는 일은 전혀 불가능할 것이다. 그녀들은 남편의 부양이 철회된 뒤에도 경제적 보호 조치에 크게 의존하고 있다. 이처럼 배우자가 제공하는 부양으로부터 '자유로운' 상태와 직장을 가질 '자유가 있는' 상태 간의 어중간한 위치에 다시 어머니라는 역할이 끼어든다. 여자들이 아이들을 낳고 돌보며 책임지고 자식들을 자기 인생의 불가피한 부분으로 보는 한, 아이들은 취업 경쟁에서 환영받는 '장애물'로 그리고 격심한 생존 경쟁을 피하기 위한 매력적인 이유가 될 것이다.

그래서 여자들은 왔다갔다 하면서 이처럼 모순적인 선택지 사이에서 뭔가 결정하려고 한다. 이들의 난처한 처지는 행동 방식에 반영된다. 이들은 직업을 찾아 집을 떠났다가 다시 돌아오는데, 이처럼 모순적인 결정을 내림으로써 인생의 각기 다른 국면에서 직면하게 되는 모순적인 조건과 기대를 어떻게든 조화시켜 보려 하는 것이다. 여성들을 둘러싼 환경이 이러한 혼란을 한층 더 조장하고 있다. 여성들은 왜 직업을 갖는 문제를 경시했는지를 캐묻는 이혼 법정의 질문을 그저 참고 넘겨야 한다. 사회복지기관들은 왜 아직도 어머니로서의 의무를 다하지 않았느냐고 묻는다. 또 자기 야심 때문에 안 그래도 어려운 남편의 직장 생활을 망쳐놓았다고 비난받는다. 이혼 법률과 이러한 법조문 뒤에 숨겨져 있는 현실, 사회적 안전망의 부재, 노동 시장의 폐쇄성, 가족 내의 온갖 잡사가 가져다 주는 큰 부담 ― 젊은 여성들에게 개인화는 바로 이러한 의미로 비추어질 것이다.

남자들이 처한 상황은 이와는 아주 다르다. 여자들에게는 '다른 사람을 돌보는' 낡은 역할을 포기하고 경제적 생존을 위해 새로운 사회적 정체성을 찾을 것이 요구되지만 남자들의 경우 독립적인 소득자 역할이 낡은 패턴과 조화된다. 남성들의 고정관념에 따르면 '직장인', 재정적 자기충족 그리고 남자다운 행동은 모두 하나로 합쳐진다. 남자들은 배우자(부인들)의 부양을 받아본 적이 없고 생계를 위해 일할 자유를 당연한 것으로 여긴다. 그에 따르는 배후에서의 지원은 전통적으로 아내가 제공하는 것으로 생각하고 있다. 부성(父性)의 기쁨과 의무는 언제나 여흥의 하나로서 조금씩 복용될 수 있는 것이었다. 부성은 직업을 갖는 것에 대한 장애물이 된 적이 없다. 오히려 이와 반대로 일자리를 갖는 것이야말로 부성에 필수적인 것이었다. 달리 말해서 여자들을 전통적 역할로부터 몰아낸 모든 요인들이 남자들 쪽에는 존재하지 않는다. 남자들의 삶의 맥락에서 부성과 직업 경력 그리고 경제적 독립과 가족 생활은 일반적인 사회 환경과 대립하는 모순이 아니다. 사실 남성의 역할은 그것들과 양립가능하도록 미리 처방되어 있다. 또한 이것은 개인화가 남자들로 하여금 (취업 시장에서 밥벌이를 한다는 의미에서) 전통적인 남자다움의 방향을 따라 행동하도록 조장한다는 것을 의미하기도 한다.

따라서 혹시 남자들이 성별 역할에 따른 이러저러한 명령을 거부한다면 그것은 다른 이유들 때문이다. 사실 가장역할에 그토록 매달리는 것도 모순적이다. 시간도, 그럴 필요도 없고 또 자기가 즐길 것도 아닌 무언가를 위해 정력과 시간을 희생하면서, 승진을 위해 싸우며, 동일시할 수 없지만 동일시해야 하는 직업적·조직적 목표를 위해 녹초가 되도록 일하면서, 전혀 친절하지 않은 '무관심'에 대처해 가면서 말이다. 그럼에도 불구하고 여자들이 압력을 가하기 전까지는, 그것도 이중적 의미에서 압력을 가하기 전까지는 이와 같은 상황을 변화시킬 수 있는 내재적 동력은 찾을 수 없다. 여자들이 노동에 합류한다면 우선 남자들은 가족의 유일한 부양자라는 멍에에서 풀려 날 수 있을 것이다. 이것은 남자들로 하여금 아내와 가족을 위해 다른 사람에게 복종해야 한다는 압력을 줄여주고, 가정과 직장이라는 두 장(場) 모두에서 새로운 종류의 관계를 맺게 해 줄 것이다. 다른 한편 남자들의 삶 중에 여자들에 의해 지배되는 측면이 새로운 경향을 띠고, 또 일상사와 정서적인 면에서 얼마나 의존적인지를 어렴풋이라도 깨닫게 되면 아마 가정의 분위기도 바뀔 것이다. 이 두 측면 모두가 남성들로 하여금 남성적 역할을 덜 고집하게 만들고, 새로운 종류의 행동을 시험해 보도록 자극할 것이다.

말다툼을 더 많이 할수록 부부가 가진 서로 다른 위치가 명백해진다. 두 가지 주요한 '촉매들'이 있으니, 아이들과 경제적 보장이 그것이다. 이를 둘러싼 갈등은 결혼 생활이 지속되는 동안에는 숨겨진 채 있을 수도 있으나 일단 이혼하기로 결정하면 분명하게 표면화된다. 한 사람의 소득자에서 두 사람의 소득자로 이행하는 과정에서 일반적으로 책임과 기회가 개편되기 때문이다. 대략 여자는 이혼 후에 수입 없이 아이들만 떠맡고 남자는 수입은 있고 아이는 없는 상태가 된다.

언뜻 보기에는 2인 소득자 모델이 이혼 후의 1인 소득자 모델과 크게 달라 보이지 않는다. 여자는 수입과 (대부분의 이혼 판결에 따르면) 아이들을 갖고 있다. 그러나 여자가 보수가 좋은 일자리를 찾아서든 아니면 법원이 생활비 지급이나 퇴직 보험의 공유를 명령하기 때문이건 양쪽의 남녀가 경제적으로 평등할수록 아버지들은 자연적으로 또 법적으로 자기들이 불리한 처지에 있음을 깨닫게 된다. 우리가 잘 알고 있는 대로 아이는 생물학적으로나 법적으로 여성에게 속한 자궁의 산물이어서, 아이를 소유하는 쪽은 여성이다. 물론 누가 난자의 주인이며 누가 정자의 주인인지는 견해에 따라 달라질 수도 있는 문제이지만 말이다. 아이 아버지는 언제나 여자의 호의와 재량에 달려 있다. 특히 낙태와 관련된 모든 문제와 관련해 이것이야말로 진실, 또는 특별한 의미를 갖는 진실이다. 그리고 남성과 여성의 역할들이 점점 더 엇나가게 됨에 따라 일종의 진자 운동이 생겨난다. 남자들은 아이들을 조금이라도 더 자주 보기 위해 직장에서의 출세를 위한 이러저러한 계획을 포기하고 집으로 돌아오지만 그곳은 텅 빈 둥지일 뿐이다. (특히 미국에서) 법원의 명령에 따라 아이들을 뺏긴 후 자기 아이들을 유괴하는 아버지의 숫자가 증가하고 있는 것은 이러한 현상을 분명하게 보여주는 신호라고 할 수 있다.

개인화는 남자와 여자들이 헤어지도록 몰아가고 있는지도 모르나 그것은 또한 역설적으로 양쪽을 서로의 품 안으로 다시 밀어 넣고 있기도 하다. 전통이 희미해져 감에 따라 가까운 관계가 갖는 매력은 증대하고 있다. 사람들은 잃어버린 모든 것을 다른 사람에게서 추구한다. 신(神)이 먼저 가 버렸거나, 혹은 우리가 신을 대체해 버렸다. 한때 '믿음'이라는 단어는 '경험하였음'을 의미했으나 이제는 '우리의 더 나은 판단에 기댄다면'이라는 다소 초라한 어조를 띠게 되었다. 신이 사라져 감에 따라 사제에게 갈 기회도 사라지고 있으며, 따라서 우리는 죄의 무거운 짐을 내려놓을 수 있고 또 무엇이 옳고 그른지를 선별해 줄 수 있는 의지처를 잃어 버리게 되었다. 최소한 스스로가 만들어 낸 비참함을 나름대로 해석할 수 있던 분류 체계는 통계와 기록의 안개 속으로 증발되어 버리고 말았다. 소식을 주고받고 기억을 함께 하며 융성했던 이웃관계들 역시 이제는 일자리들이 다른 곳에 있기 때문에 차차 소멸해가고 있다. 새로운 지인들을 만들 수는 있으나 자기 주변만을 뱅뱅도는 경향이 있다. 어쩌면 클럽에 가입해야 할지도 모르겠다. 접촉 범위는 더 넓어지고 더 다채로와지는 것처럼 보이지만 너무 접촉하는 사람들이 많고 피상적인 데 머무르기 때문에 만약 뭔가 다른 것이 조금만 더 요구되어도 갑작스레 서로에 대한 관심이 끝나 버릴 수도 있다. 심지어 정사(情事)조차도, 이렇게 덧없이 마치 악수에 불과하듯 한번의 교환으로 끝날 수 있다.

이 모든 것들은 사태를 계속 앞으로 몰고가거나 아니면 새로운 '가능성들'을 열어주는 것일 수도 있다. 그러나 이런 다양한 관계들은 결코 정체성을 제공해 주는 안정적인 일차적 결속을 대체할 수는 없다. 여러 연구가 보여주었듯이 다양한 접촉과 지속적인 친밀성은 둘 다 모두 필요하다. 행복한 결혼 생활을 하는 많은 주부들도 종종 불안감과 고립감에 시달리며, 자조 집단을 구성한 이혼남들은 수많은 사회적 접촉을 갖고 있더라도 혼자라는 고독감은 참기 어렵다고 말한다.

현대의 온갖 발전이 우리를 어디로 끌고 가는지는 우리가 사랑을 이상화하는 방식 속에 반영되어 있다. 우리들의 사랑법 속에는 사랑에 대한 찬미가 있다. 이러한 찬미는 우리가 일상의 생활 속에서 잃어 버렸다고 느끼는 것들을 상쇄해 주는 일종의 균형추이다. 신이나 사제나 계급 또는 이웃도 아니라면 최소한 그래도 〈너〉는 있어야 하는 것이다. 그리고 이러한 '너'의 크기는 만약 너마저 없었다면 사람들을 압도해 오게 되었을 공허감의 크기에 반비례한다.

이는 결국 가족과 결혼을 하나로 묶어주는 것은 물질적 안정과 애정이라기보다는 오히려 혼자가 되는 것에 대한 두려움이라는 것을 잘 보여주고 있다. 따라서 온갖 위기와 의혹에도 불구하고 아마 결혼하지 않을 경우 우리가 직면하게 될 것, 즉 고독의 위협이야말로 결혼의 가장 믿을만한 토대라고 할 수 있을 것이다.

이 모든 것으로부터 어떤 결론을 내릴 수 있을까? 무엇보다도 먼저 가족에 관한 수많은 논쟁들이 있다. 부르주아 핵가족은 신성시되거나 아니면 거꾸로 저주받아 왔다. 사람들은 오직 위기에만 초점을 맞추거나 아니면 거꾸로 온갖 실망만 안겨준 대안의 잔해를 모아 만들어진 완벽한 가족이라는 환상으로 도망쳐 왔다. 하지만 이러한 견해는 모두 잘못된 전제에 기반하고 있다. 가족은 무조건 좋은 것 또는 이와 반대로 무조건 나쁜 것이란 딱지를 붙이려는 사람들은 가족이 남자들과 여자들 사이의 유서깊은 온갖 차이들이 표면으로 노출되는 장소에 불과하다는 사실을 무시하고 있다. 가족 안에서 그리고 가족 밖에서 남녀 양성은 이제까지 계속 누적되어온 모순에 직면하고 있는 것이다.

가족으로부터의 탈출은 무슨 의미일까? 개인화 과정의 동학이 가족 생활에 속속들이 스며들면서 모든 형태의 함께 살기가 근본적 변화를 겪기 시작했다. 한때는 한 개인의 일대기를 가족과 결합시키고 있던 온갖 연결고리들이 이제는 헐거워지고 있다. 한 남자의 일대기와 한 여자의 일대기를 부모라는 이름으로 함께 엮어 주었던 평생 동안의 핵가족은 이제는 예외가 되어가고 있다. 그리고 일대기의 매 단계마다 다양한 가족적 환경과 비가족적 환경들을 오고가는 것이 규칙이 되어가고 있다. 우리의 일대기 뒤에 자리잡고 있는 가족적 뿌리는 우리가 점점 한 단계에서 다음 단계로 움직여 나감에 따라 서서히 잘려나가 영향력을 상실하고 있다. 모든 사람이 여러 개의 가족적 단계와 비가족적 단계에 참여하고 있으며, 이런 의미에서 점점 더 그/그녀 자신의 인생을 살고 있다고 할 수 있다. 통계적 혹은 일시적 관점에서 벗어나 좀더 장기적으로 일대기들을 살펴보면 가족 생활이 어떻게 개인화되며, 어떻게 전통적 우선 순위들을 역전시켜 왔는지를 발견할 수 있다. 따라서 우리가 어느 정도로 가족적 결속들을 털어내고 있는가 하는 것은 이혼율, 재혼율 그리고 결혼 전과 결혼 중 그리고 결혼 바깥에서 이루어지는 온갖 형태의 함께 살기에 대한 자료를 통해 일대기를 개관해 보면 가장 잘 관찰할 수 있을 것이다. 예상대로 연구 결과들은 서로 모순적이고, 결혼 생활에 대한 찬반 여부에서도 모순이 나타난다. 가족이냐 아니면 무가족이냐라는 양자택일에 직면하게 된 사람들은 점점 더 많은 수가 제3의 가능성을 '결심하고' 있다. 현재 상황에 적절해 보이는 것들을 계속 시험해 보며 다양한 형태들을 뒤섞는 것이다.

따라서 대부분의 사람들은 평생 함께 사는 여러 가지 다른 방식들을 시험해 보고 있는 중이며, 그에 따르는 고통과 노력들을 견뎌내고 있다. 그러나 그러한 시험의 끝이 어떨지 또 무슨 결과를 가져올지는 아무도 모른다. 온갖 '실수'에도 불구하고 또다시 시도해 보는 것을 단념시킬 수 있는 사람은 아무도 없을 것이다.

불일치를 알기, 결정을 내리기

이처럼 남녀가 처한 상황이 다르고 전망도 다르지만 이것은 어제 오늘의 일이 아니다. 그럼에도 불구하고 1960년대까지만 해도 대다수 여성들은 이러한 차이를 당연한 것으로 받아들였다. 그러나 지난 30년 동안 이러한 차이는 많은 주목을 끌었고, 여성의 평등한 권리를 획득하기 위한 정치적 노력이 있어 왔다. 이러한 노력이 초기에 큰 성공을 거둠으로써 불평등에 대한 인식이 한층 더 날카로와졌다. 따라서 우리는 진짜 불평등과 그 뒤에 숨겨진 이유들을 불평등에 대한 공적 인식과 구분해야 한다. 남성들의 역할과 여성들의 역할 간의 차이들은 상호 독립적으로 변화하는 두 가지 측면을 갖고 있다. 즉, 실제의 객관적인 사정이 그 하나이고 그것에 대한 우리의 인식과 태도가 나머지 하나이다. 우리가 이처럼 새로운 상황에 눈뜨도록 만든 것은 과연 무엇인가?

현대화가 진행됨에 따라 일상 생활의 전 영역에서 스스로 결정해야 할 문제들의 수가 급격히 증가하고 있다. 약간 과장하자면 '뭐든지 결정을 요한다'고 할 수 있다. 누가 설거지를 하고 누가 언제 기저

귀를 갈며 쇼핑이나 청소를 할 것인지 하는 문제들은 누가 생활비를 벌며 누가 이사할지를 결정하며 그리고 침대에서의 밤의 기쁨은 반드시 일상 생활을 함께 하는 정식결혼한 반려자하고만 즐겨야 되는 것인지 등의 문제들과 마찬가지로 불명확한 것이 되고 있다. 결혼은 섹스와 분리될 수 있고, 섹스는 부모되기와 분리될 수 있으며, 부모되기는 이혼과 그에 따라 생기는 여러 개의 가정(家庭), 함께 살기 혹은 떨어져 살기 등에 의해 더 많은 갈래들로 나뉘어진다. 또한 많은 결정이 언제나 수정가능하기 때문에 얼마든지 더 많은 가지를 칠 수도 있다. 이런 수학적 연산은 비록 동요하는 것이긴 하지만 등식의 한쪽에 꽤 높은 합계를 산출하는데, 이것은 '결혼'과 '가족'이라는 확고하고 고결한 용어들 뒤에 은폐되어 있어서 그렇지 가정에는 많든 적든 다양한 어두움이 드리우고 있음을 암시해 준다.

우리의 사생활 어디를 살펴보거나 새로운 가능성이 열리고 있음을 볼 수 있으며, 이런저런 결정을 내리도록 강제되고 있음을 깨닫게 된다. 필수적인 계획과 합의도 변경 혹은 취소될 수 있고, 또 이것은 얼마간의 불공평을 수반하기 때문에 반드시 정당화되어야 한다. 여기서 발생하는 토론과 언쟁, 실망과 실수들은 위기나 기회들이 남자와 여자에게 얼마나 다르게 나타나는지를 잘 보여준다. 체계적 관점에서 볼 때 주어진 사실을 결정 사항으로 바꾸는 것은 양날의 칼을 갖고 있다. 아무런 결정도 내리지 않을 자유는 사라져가고 있다. 선택의 기회란 결정을 내리라는 압력이기도 하다. 따라서 우리의 느낌, 문제 그리고 그것이 초래할 수 있는 영향들 때문에 쓰라린 경험을 하게 될 가능성을 피해갈 수 있는 방법이 없는 것이다. 그러나 한편으로 의사결정은 그 자체가 의식을 고양시키는 것이기도 하다. 사람들은 의사결정 과정에서 갑작스럽게, 가능한 해결책들을 가로막는 다른 연관된 사실들과 온갖 모순을 깨닫기도 하기 때문이다.

이것은 종종 이사라는 아주 평범한 결정으로부터 시작될 수도 있다. 직업 시장은 직장인들이 가족의 상황과 상관없이 언제든지 이동할 수 있을 것을 요구한다. 가족은 이와 정반대의 것을 원한다. 만약 시장경제가 철저하게 관철된다면 어떤 가족적 결속도 가질 수 없을 것이다. 누구든지 자기 자신의 경제적 생존을 확보하기 위해 언제라도 회사의 요구에 부응할 수 있도록 독립적이고 자유로운 상태로 있으려고 할 것이기 때문이다. 가족의 구속에 방해받지 않는 개인이 이상적인 직장인인 것이다. 따라서 시장경제 사회는 궁극적으로 무자녀(無子女) 사회이다. 아니면 아이들은 끊임없이 이동하는 독신 아버지나 독신 어머니와 함께 자라야 하는 것이다.

개인적 관계가 가진 인력과 상업적 요구가 가하는 인력 간의 이러한 모순은 오직 여자에게 결혼이란 직장의 포기, 육아 임무의 인수 그리고 남편의 직업이 요구한다면 언제라도 이사하는 것에 동의하기를 의미한다고 받아들여지는 한에서만 은폐될 수 있다. 이제는 남녀 모두 각자 밥벌이를 원하고 또 당연히 그렇게 해야 하니까 이런 곤경이 드러난 것이다. 오직 국가만이 해결책이나 도움을 — 즉 모든 시민들을 위한 최저 임금, 취업 여부와 무관한 사회적 안전망, 공동 고용을 막는 방해물의 제거 혹은 특정 직업을 위한 기준의 수정 등등 — 완전히 제공할 수 있다. 그러나 그런 공적 계획은 기미조차 없다. 따라서 커플들은 사적인 해결책들을 찾아야 하는데, 이것은 결국 가능한 선택지 중의 하나를 골라 그들끼리 위험을 배분하라는 것과 마찬가지다. 핵심적인 문제는 이것이다. 즉 누가 경제적 독립과 보장, 즉 현대 사회에서는 필수불가결한 것으로 여겨지는 바로 그것들을 포기할 준비가 되어 있는가? 직업상의 진로를 완전히 내팽개쳐 버리지 않는 한 배우자와 함께 이사하려고 직장을 포기하는 사람은 누구라도 불이익을 각오해야 하는 것이 보통인데 말이다.

직업에 따른 이동성이라는 중대한 문제에 덧붙여 아래와 같은 극히 중요한 다른 요인들도 자세히 검토할 필요가 있다. 아이들을 몇

명이나 낳고, 언제 낳을 것이며, 누가 돌볼지 하는 문제, 일상의 허드렛일을 분배하는 만성적인 문제, 피임 결정의 일방성, 낙태 혹은 성적 기호에 대한 공동 입장의 발견, 심지어 마가린 선전에까지 나타나는 성차별적 광고의 맹습에 저항하기 등이 그것이다. 이 모든 문제들이 남녀가 함께 살아가는 방식에 영향을 준다. 이런 문제들을 생각하다 보면 불가피하게 남자의 관점과 여자의 관점에 따라 이 문제가 얼마나 다르게 보일지를 깨닫지 않을 수 없을 것이다. 가령 아이를 낳겠다는 선택은 잠재적 어머니와 잠재적 아버지에게 정반대의 영향을 주게 된다. 이에 더해 만약 결혼 생활이 마치 일시적인 타협인 것처럼 — 말하자면 이혼 준비가 된 것처럼 — 영위된다면 양쪽 파트너가 두려워하는 헤어짐은 훨씬 더 재촉될 것이며, 이 모든 결정과 타협의 불공정한 결과는 백일하에 드러날 것이다.

최근의 모든 기술적 진보 그리고 이와 관련되어 나타난 온갖 금기의 붕괴 — 공상과학소설 속에 나오는 것처럼 보이지만 이제는 현실이 되어가고 있는 유전 공학의 온갖 실험 결과들은 두말할 것도 없고 아이들을 특수 교육이나 심리 프로그램에 보내는 일이나 임신 중의 개입 등(5장 이하를 보라) — 를 고려한다면 예전에는 통일된 가족이었던 것이 이제 남자 대 여자, 어머니 대 아이, 아이 대 아버지와 같은 서로 다른 진영들로 나뉘어지고 있음을 분명하게 확인할 수 있을 것이다. 전통적으로 가족간의 합의로 고수되어 오던 것은 끊임없이 내려야 하는 온갖 결정의 압력 아래서 계속 부서지고 있다. 그런 문제로 가족에 과부하를 주는 데 대해 책임을 져야 할 쪽은 사람들이 자주 두려워하는 바와 달리 그 사람들 자신이 아니다. 이런 쟁점들은 대개 비개인적인 차원을 갖고 있다(예컨대 탁아 문제를 둘러싼 혼란들은 아이를 돌보는 일은 헌신적인 직장 생활과는 양립할 수 없다고 하는 공식적인 견해의 부산물인데, 이런 견해는 얼마나 많은 공을 들여 방어되고 있던가). 물론 이런 통찰이 크게 도움이 되는 것은 아니다. 특히 아이들에게는 말이다. 그러나 이것은 가족에 영향을 주는 외부의 모든 것들 — 취업 시장, 고용 제도 혹은 법률 — 이 왜곡되고 축소된 우리의 사적 생활에 어떻게 침입하는지를 잘 보여준다. 가족(모든 대안 가족을 포함해서)안에서 모든 구성원이 관리되고 있고 파트너들간의 모든 불공평을 역전시키는 데 필요한 모든 수단을 사용할 수 있다는 망상이 체계적으로 생산되고 조장되고 있다.

심지어 가족 생활에서 가장 핵심적인 부모노릇조차 모성과 부성이라는 부분품들로 분해되기 시작하고 있다. 현재 독일 어린이의 1/10이 편모 또는 편부 슬하에서 자라고 있다. 즉 독신남이나 독신녀에 의해 보살펴지고 있다. 편부모 가족의 숫자는 양쪽 부모가 다 있는 가족이 감소하는 꼭 그만큼씩 증가하고 있다. 독신 어머니는 이제 더이상 '버림받은' 결과가 아니라 의식적으로 선택된 것일 때가 많다. (실로 오직 아기들을 만들기 위해서만 필요했던 그리고 그 이상은 아무것도 아니었던) 아이 아버지들과 했던 싸움들을 고려한다면 독신이야말로 많은 여성들에게 그토록 오랫동안 열망했던 대로 아이를 키우는 유일한 방식으로서 호소력있게 다가가는 것이다.

아이에 대한 감정과 책임감은 개인화 과정이 얼마나 진행되었느냐에 따라 다르다. 한편으로 아이는 자기 자신의 발전을 가로막는 방해물의 하나로 여겨진다(Beck-Gernsheim 1989 그리고 4장 이하; Rerrich 1988). 비용도 많이 들고 소모적이며, 예측할 수 없고 활동을 제한하며, 아무리 주의깊게 세운 계획이라도 절망적인 혼란 상황에 빠트리기 쉽기 때문이다. 아이는 태어나는 즉시 부모의 생활을 자기의 요구로 가득 채운다. 아이의 목청의 힘과 따뜻한 웃음과 함께 부모는 아이의 생물학적 리듬에 따르게 된다. 다른 관점에서 보면, 바로 이것이 아이를 절대 대체 불가능한 것으로 만들기도 하는 것이다.

아이는 가장 끝까지 남는, 바꿀 수 없는, 유일한, 제1의 사랑의 대상이 된다. 파트너들은 왔다갔다 할 수도 있지만 아이는 남는다. 다른 관계에서 헛되이 찾아헤맸던 그 모든 것들을 아이에게서 찾거나 아이를 향하게 된다. 남자와 여자가 서로 잘 지내는 일이 점점 더 어려워지고 있는 반면, 아이는 동반 관계, 감정의 공유, (아이에게 향한 것이 아니라면 희한하고 위험한 것으로 여겨졌을 방식으로 이뤄지는) 자연스런 신체적 접촉 등에서 독점적 지위를 획득한다. 바로 여기서 모두가 갈망함에도 불구하고 개인들로 구성된 사회에서는 점점 더 희귀해지고 있는 어떤 격세유전적 사회 경험이 찬양되고 장려된다. 아이들을 맹목적으로 사랑하고 무대 중앙으로 밀어 넣는 일(지나치게 응석받이가 된 불쌍한 생명들이여!), 이혼재판 동안과 후에 벌어지는 양육권 분쟁들은 모두 이것을 보여주는 징후들이라고 할 수 있다. 아이는 외로움에 대한 최후의 대안이 되고, 이제는 점점 사라져 가고 있는 사랑받을 기회를 지켜줄 수 있는 보루가 된다. 이것은 사방에 만연해 있는 실망감을 벌충하기 위해 생활에 '다시 마법을 거는' 사적인 방법이다. 출생률은 저하하고 있을지도 모르지만 지금처럼 아이들이 중요했던 적은 없었다. 대개 한 명의 아이만이 있다. 한 명 이상의 아이를 키우는 것은 거의 감당할 수 없는 노력을 요구하기 때문이다. 그러나 (경제적) 비용 때문에 아이낳기를 미루고 있는 것은 아니다. 그렇게 상상하는 사람들은 세상사를 오직 손익이라는 관점에서만 바라보는 사람들로, 이들은 스스로 파놓은 함정에 빠진 희생자일 뿐이다.

    중세의 마지막 자취, 즉 앞서 논의된 대로 산업 사회가 필요해서 보존해 온, 그리고 자연스런 것으로만 보였던 중세적 성별 역할은 녹아 사라지고 있다. 따라서 이러한 변화가 얼마나 다양한 차원에서 일어나고 있는지를 제대로 간파할 필요가 있다. 심리학자들과 심리치료사들은 고객의 현재의 비참함을 오직 개인의 아동기 때의 체험이라는 측면에서만 이해하려고 하지만 그렇게 함으로써 결국 초점을 놓치고 만다. 요즈음에는 거의 모든 사람들이 삶이란 본래가 모순적인 것이며, 자기 삶의 모범으로 삼을 만한 그 어떤 전례도 없다는 사실을 깨달아가고 있기 때문이다. 그런데도 이런 사람들이 가진 고통의 뿌리를 유아기의 체험에서만 찾으려고 하는 것은 오류이다. 양성이 봉건적 역할들을 훌쩍 털어 버리더라도 모든 사람들은 연인, 부부, 부모로서 삶의 모든 영역에 영향을 미치고 있는 불평등에 대처해야 하는 또다른 문제에 봉착하게 된다. 따라서 이제는 심리학자들도 이런 측면에 도전해 이런 차원들을 설명하기 위해 이제까지의 접근 방식을 바꾸어야 할 때가 되었다.

개인의 종말인가, 주관성의 무제한적 르네상스인가?

산업 사회에서도 여전히 통용되고 있는 남녀의 역할에 관한 봉건 시대의 고정관념은 개인의 죽음을 둘러싼 논쟁에서 어떤 역할을 하고 있을까? 이런 식으로 밖으로 노출된 우리의 내적인 삶은 지금 한창 붐을 이루고 있는 심리 사업, 다양한 종교 분파, 열광적인 정치적 운동을 촉구하고 있는 것일까? 정말 우리는 우리 자아에 남아있던 한 조각 최후의 사적 영역마저 상실하고, 제공되는 것은 무엇이든지 좋다고 말하는 교묘하게 조작된 소비자로 변모하고 있는가?

1970년대의 사회적 충동은 얼핏 보면, 그리고 얼핏 보았을 때만, 주체성과 나르시시즘의 진흙탕에 빠져 허우적거리고 있었던 것처럼 보인다.

좀더 꼼꼼히 살펴보면, 결혼과 가족 안팎에 존재하는 온갖 관계와 헌신들의 일상적 현실 속에는 고된 노동이 상당수 포함되어 있음을 알 수 있다. 특히 그러한 노동이 미래의 생활 방식과는 양립할 수 없다는 것이 짐을 더욱 무겁게 했다. 따라서 지금 우리에게 다가오고 있는 변화는 전체적으로 볼 때 더 이상 단지 사적인 현상으로 간주될 수 없다. 형태야 어떠하든 또 반복해서 후퇴를 거듭함에도 불구하고 지금 사적 영역이라는 대단히 민감한 영역 안에서 남녀 양성의 관계들을 기워 수선해 보려는 일련의 시도들 그리고 억압을 공유하고 인정함으로써 새로운 종류의 연대를 발견해내려는 시도들이 계속 쌓여나가고 있다. 이것들은 탁상공론을 일삼는 이론가의 머리에서 나온 그 어떤 전략보다도 더 훌륭하게 사회가 가진 난점의 뿌리에 도달하고 있다(Muschg 1976: 31).

개인은 종종 죽었다고 선언되고 매장되어 버린다. 그러나 200년에 걸친 문화적 평가와 이데올로기적 분석 후에도 아직 개인은 살아남아 우리의 마음과 글쓰기를 홀리고 있다 — 하지만 오직 '주체적 요소'로서만. 이것이 아도르노(Theodor Adorno)가 내린 결론이다. 그는 「어릿광대」라는 제목의 글에서 다음과 같이 언급하고 있다.

> 표준화되고 관리된 인간 단위들 가운데에도 계속 인간은 존재한다. 심지어 보호되기까지 하며 독점적 가치를 획득한다. 그러나 실제로 개인은 자신에게 고유한 단일성의 기능일 뿐이며, 또한 이전에 다른 어린아이들이 비웃었던 기형아들처럼 일종의 전시 품목과 같다. 개인은 더 이상 독립적인 경제적 존재를 갖고 있지 않기 때문에 개인의 특성은 객관적인 사회적 역할과 모순되기 시작한다. 바로 이 모순 때문에 그는 자연 보호구역 안에서 길러지고 한가한 명상을 향유할 수 있는 것이다(Adorno 1978: 135).

이런 시각은 1970년대와 80년대에 일어난 일들과는 모순된다. 당시 일어난, 전혀 예상치 못했던 강력한 주관성의 르네상스는 아직까지도 제대로 이해되지 못하고 있다.[11] 온갖 종류의 쟁점을 둘러싸고 다양한 소그룹과 서클들이 생겨났다. 이들은 비록 불안한 조직적 기반 때문에 오래 지속되지는 못했지만 기성 정당과 제도의 저항에 맞서고 수십억 달러씩 투자하는 산업계의 엄청난 무게에 대항하면서 세계가 위험에 처했다는 테마를 사회적 의제로 올려놓을 수 있었다. 어떤 테마가 중요한지를 결정하는 주도권을 보통 시민들이 쥐었다고 해도 과장은 아닐 것이다. 물론 그것이 정치적 승인을 얻기까지는 한 발 한발 사다리를 올라갈 수밖에 없었다. 박해받고 조롱당하고 아예 배제되는 단계를 거쳐, 마침내 정당의 강령과 정부 시책에 들어가는 길을 말이다. 여성, 환경, 평화와 같은 주제들은 이런 방식으로 쟁점화될 수 있었다. 물론 이것들은 아직도 대부분 말뿐이거나 때로는 단순히 제스처를 취하고 말거나 더 자주는 단지 나도 안다는 식으로 투덜거리고 말뿐인 경우가 많다. 그러나 적어도 말의 수준에서만 보면 지금까지 이루어낸 승리가 너무 훌륭해 믿어지지 않을 정도인 것이다.

아마도 이것의 대부분은 그저 포장에 불과하거나 기회주의일 뿐으로 진짜 철저하게 다시 생각해 보는 일은 정말 가끔씩밖에 찾아볼 수 없다. 많은 행위와 사실들이 전혀 설명되지 않은 채 그대로 남아 있다. 그러나 이것만은 여전히 진실이다. 즉 지금 모든 사람의 입에 오르내리고 있는 미래의 몇몇 주제들은 분명 우리 지배자들의 선견지명이나 국회의 토론 혹은 사업계와 과학 내부에 존재하는 권력의 대성당으로부터 유래한 것이 아니라는 것이다. 그것은 오직 제도화된 무지의 저항에 대항하고, 종종 혼란되고 도덕(주의)적이며 의구심에 가득 찬 분파들의 노력에 의해 비로소 의제로 제시될 수 있었다. 그리고 민주적 전복은 전혀 예기치 않았던 승리를 거둬 왔다. 그것도 다름아닌 독일에서, 즉 당국의 완고한 신념으로 인해 사람들이 온갖 종류의 광기에 가득찬 살인적 관료 정책에 대해 맥없이 순응해 왔던 바로 그 독일에서 말이다.

이것은 그나마 이제는 지치고 초라해진 부르주아 좌파 지식인을 위한 우유에 적신 빵 한 조각이 될 수 있을까? 아니면 그저 퇴각에 불과한 것을 반란이라도 되는 것처럼 재해석하는 경박스러움일 뿐인가? 그 어느 것도 아니다. 어찌 되었든 사태가 더 나아지고 있다고 주장하는 사람은 아무도 없으며, 터널의 끝은 보이지 않는다. 아침에는 시를 쓰고 오후에는 핀을 만들며 저녁에는 낚시를 가는 '새로운 인간'은 대체 어디에 있는 것일까? 지난 20년 동안 공공의 의식 속에서 일어난 시대적 문제의식의 변동과 변화를 단지 보이스카웃이나 계급 투쟁의 시각에서만 해석하려는 사람들은 자신의 완고한 전제 사항들의 함정에 빠질 수밖에 없을 것이다.

아도르노는 독립적인 경제적 삶을 상실하면서 개인도 함께 사라질 것이라고 설명했다. 정확히 여기에 오류가 있다. 개인은 역사적 관점에서 볼 때 복지국가 안에서 새로운 경제적 지위를 획득했다. 개인은 일차적으로 특정 사업의 피고용인이 아니라 집단 거래와 (그의 자격과 이동성에 대한 보상으로 주어지는) 사회적 안전망에 의해 조직되고 완충되는 노동 시장의 참여자이다. 이리하여 나는 나이지만 동시에 사회적 존재로서 자발적으로 사회적 기준에 적응한다는 아주 독특한 결과가 나타나는 것이다. 이 존재는 분명 최근 사망한 부르주아 개인의 부활이 아니며, 그렇다고 자본주의의 매력에 유혹당해 스스로 자기의 계급적 역할을 기만하는 프롤레타리아의 망상도 아니다. 좀더 간결하게, 어쩌면 너무 지나치게 단순화시켜 본다면 이렇게 된다. 즉 이 사회적 존재는 어쨌든 항상 자유로운 선택을 할 수밖에 없는 운명을 지닌 자기 일대기의 무대 감독인 것이다.

개인화된 사회 내에서 우리들 각자는 다름아니라 바로 자신을 자기 인생의 중심축이며 자기의 능력, 선호, 관계 등등을 계획하는 지휘 본부로 바라보도록 배워야 한다(영원히 불이익을 당할 고통을 감수하면서 말이다). 만약 우리 자신의 일대기는 우리 자신이 쓰는 것이라면 '사회'는 우리가 조작할 수 있는 하나의 변수 정도로 취급되어야 할 것이다. 대학의 부족은 분명 수천명의 다른 사람들에게도 영향을 주는 문제일 테지만 도대체 내가 어떻게 이 변변찮은 성적을 갖고 의과 대학을 간단 말인가? 이런 식으로 나 자신의 고유한 삶을 침해해 들어오는 사회적 결정인자들은 '환경적 변수'로 가공되어 '창조적 수단'에 의해 개량되거나 극복되어야 하는 것이다.

따라서 우리는 그저 일상 생활 속에서 정력적으로 활동하면 된다. 그것이야말로 우리로 하여금 자기 자신을 중심에 놓고, 기회를 선택하고 열어젖히며, 그리하여 자신의 미래를 위해 계획을 세우고 의미 있는 결정을 내릴 수 있도록·해 줄 것이다. 살아 남으려면 우리는 우리 모두가 탐닉하고 있는 이 영리한 새도우 복싱 뒤에서 자기중심적 태도를 발전시켜야 하며, 세계와 나 자신의 관계를 거꾸로 뒤집어야 한다. 그것만이 우리에게 필요한 창문을 열어줄 것이기 때문이다.

그러나 이러한 '개인적 해결책'에 대한 관심과 더불어 표준화된 방식에 동조하고 그에 맞춰 행동하라는 압력도 상당히 존재한다. 개인주의를 장려하는 수단들은 또한 동일성을 유발하기도 하는 것이다. 이는 시장, 화폐, 법률, 이동성, 교육 등의 모든 영역에 고유한 방식으로 적용된다. 개인이 처한 상황은 취업 시장에 깊숙이 의존하고 있다. 이것은 의존성의 이른바 결정판으로, 우리 삶의 가장 깊은 구석에까지 영향을 미친다. 사회가 시장 원칙을 모든 사람에게, 즉 아직도 전통적인 지원 시스템(예컨대 결혼 등)에 의지하고 있는 극소수 사람들을 제외한 모든 사람들에게 적용할 때는 반드시 이러한 결과가 나타난다.

우리는 개인이 되라는 압력과 표준화된 전략을 채택하라는 압력을 동시에 받고 있다. 그러나 이 사실만 갖고 지금 우리가 처해 있는 곤경을 제대로 설명할 수는 없을 것이다. 새로운 취업 시장의 요구는 꽤나 새로운 것이기 때문이다. 그것은 우리의 사적인 삶과 우리의 공적인 입장이라는 두 개의 분리된 영역을 서로 연결한다. 우리는 우리 자신의 일대기를 만들어 가는 동안 회사, 사무실, 비즈니스, 공장이 우리의 사적인 가정 속으로 들어오는 것을 허용한다. 이처럼 지금 일어나고 있는 상황은 두 개의 얼굴을 갖고 있기 때문에 모순적이다. 개인의 결정은 외부의 영향력에 크게 의존하고 있다. 외부 세계처럼 보이는 것이 개인적 일대기의 내부가 되고 있다. 우리의 사적인 존재에 영향을 미치는 여러 결정들이 사실은 환경과 우리 주변의 외부적 결정들에 의해 미리 결정된 것이었음이 점차 분명하게 드러나고 있다. 우리는 우리로서는 제대로 처리할 수 없는 위험, 알력, 난점들에 직면하고 있는 것이다. 그것들은 크건 작건 정치인들이 토론하고 있는 공적인 삶의 거의 모든 측면, 즉 이른바 '사회적 안전망의 구멍', 임금 협상과 노동 조건, 관료주의 척결, 교육 제공, 교통 문제 해결, 환경 보호 등을 둘러싸고 있다.

    이를 다른 방식으로 표현해 보기로 하자. 우리의 일대기는 점점 외부인들에 의해 쓰여지고 있으며, 우리의 사적인 결정들은 우리 손을 떠나고 있다. 개인적인 선택이나 행동 또는 책략들은 사람들을 특정한 삶의 행로로 안내하는 동시에 사회 속에서 그에 상응하는 위치를 부여한다. 특정한 학교에 들어가기, 시험에 합격 또는 불합격하는 일, 이러저러한 직업을 선택하는 일 등을 그런 일로 꼽을 수 있을 것이다. 하지만 여기서 문제가 되는 것은 이처럼 명백히 자유롭고 사적인 결정이나 행동 방식조차 정치적 정황이나 공적인 기대와 연관되어 있다는 것이다. 교육을 보라. 교육 분야에서 최상층부의 결정은 개인의 개별적 삶에 심대한 영향을 끼친다. 어느날 갑자기 비특권 집단이 지원받을 가치가 있다고 결정되어 장학금을 받게 되거나 아니면 이와 반대로 이런 지원이 철회되고 엘리트를 지원할 수도 있기 때문이다. 가족 문제나 이혼 법률, 납세 입법이나 연금 제도에 대해서도 똑같은 이야기를 할 수 있을 것이다. 그것들은 각자가 처해 있는 재정적 지위에 따라 결혼이나 재혼을 장려 또는 방해하기 때문이다.

그런 공식적 의사결정에 더 많이 의존할수록 개인들의 일대기들은 그만큼 더 위기에 민감하게 된다. 생계를 유지하기 위한 열쇠는 고용에 있다. 따라서 쉽게 취직하려면 적절한 훈련을 받아야 할 것이다. 여기서도 저기서도 받아들여지지 않는 사람은 사회적·물질적으로 잊혀져 버리고 만다. 따라서 직업 훈련의 제공이야말로 젊은이들이 사회 속에 자리잡도록 하는 데 가장 중요한 일이다. 이와 동시에 경제적 또는 인구학적 변동은 한 세대 전부를 사회의 주변부로 몰아넣을 수도 있다. 다시 말해 누가 지원받을까에 대한 공식적 결정은 시장의 필요에 따라 내려지기 때문에 '한 세대 전체, 즉 또래 집단이 전혀 아무런 발판도 얻지 못하는 일이 일어날 수 있다.' 이것은 또한 고용 기회를 갖지 못한 특정한 연령 집단 전부에게 일종의 보상책으로 정부가 지출하는 부적절한 급여에서도 그대로 드러나고 있다.

공식적 사고와 각종 규제 조치들은 아직도 '표준화된 일대기' 노선을 따르고 있다. 이 개념이 점점 더 타당성을 잃어가고 있는데도 말이다. 예컨대 사회 보험은 오늘날과 같은 대량 실업 시대에는 거의 충족시킬 수 없는 기준에 따라 그리고 가족 안에서 그리고 남녀 양성 간에 일어나고 있는 변화에 전혀 발맞추지 못하는 그런 기준에 따라서 지불되고 있다. 오늘날 '가족을 위해 밥벌이하는 사람'이라는 개념은 소득자와 부양자, 보살핌을 제공하는 사람과 자녀를 양육하는 사람의 역할이 공유되고 교체되는 가족으로 대체되었다. '전혀 손상되지 않은' 가족은 가지각색의 수많은 '깨어진 가정들'에 자리를 내주고 있다. 점점 더 많은 독신 아버지들이 자녀 양육 등에 대해 어머니에게 독점권을 주는 이혼 법률의 차별적 관행에 맞서고 있다.

산업 사회의 중심축들, 즉 사회 계급, 핵가족, 성별 역할로부터 벗어나고 있는 사회는 산업주의 시대가 종말을 맞이해 감에 따라 이러한 기능들을 대신 떠맡게 된 새로운 사회복지 체계와 행정적·정치적 제도들을 갖추어 가고 있다. 이들은 규범을 부과하고, 공식적 기준에서 '일탈한' 방식으로 살아가는 사람들에게 승인 또는 처벌을 분배하며 오늘날에는 오직 인구의 아주 작은 부분에게만 적용될 수 있는 어떤 확실성들을 가정하는 방식으로 이러한 과정에 개입한다. 이런 방식으로 공적 계획은 점점 더 실제 생활과 모순되고, 산업 사회의 구조는 규범적 율법주의(normative legalism) 속으로 미끄러져 들어갈 위험에 처하고 있다.

그 결과 사적이자 정치적인 쟁점들이 서로 얼키고 설키며 증폭되는 새로운 종류의 사회적 주관성이 자라나게 되었다. 따라서 이런 의미에서 개인화는 개체화(individuation)를 의미하지 않는다. 개인화는 오히려 소비자 의식과 자기확신의 혼합물이다. 이러한 자기확신은 삶의 만병통치약이 되어 개인적 해결책을 찾아내고, 불확실성에 대해 대처하고 또 의심스러운 점을 제대로 인식하고, 비일관성을 수용하고 그것을 유쾌한 시니시즘으로 처리하는 과정에서 아주 풍부해질 수도 있다. 이리하여 마치 수천 명의 카프카적 인물들이 되살아오고 있는 느낌이 들 정도다. 즉 아주 흔하며, 앞으로 만나게 될 장애물들을 수족관 속의 물고기인 양 에둘러서 피해갈 모든 준비가 되어 있는 세속적인 사람들처럼 말이다.

하지만 여전히 남녀 양성간의 혼란 속에서 그리고 환경 오염에 맞서고 평화를 지키려는 주의 주장들 속에 어떤 종류의 계몽 정신이, 물론 지식인들의 다소 현학적인 철학적 담론이 아니라 매일의 일상 생활에 꼭 들어맞는 형태의 계몽 정신이 되살아나는 것 같아 보인다고 해도 과장은 아닐 것이다. 작은 새싹을 두고 너무 거창한 이야기를 하는 것일까? 진실로 계몽된다는 것이 일상의 수많은 잡사로부터 자기만의 조그만 구석자리를 다듬어내는 것을 포함한다면, 자각이라 불리는 이 조그마한 식물은 만일 자신의 사적 일대기라는 정원 안에서 정성스레 보살펴지기만 한다면 오늘날에는 통상 '포스트'라는 접두어가 붙여지는 잘 자란 '계몽'이라는 난초의 야생 혹은 잊혀진 사촌이라 할 만할 것으로 자라날 것이다. 사람들이 "황금빛 자아 주위를 춤추고 있다"거나 혹은 개인적 성장이 제공하는 정글 속에서 길을 잃고 있다는 것을 부인할 필요는 없다. 그러나 그럼에도 불구하고 새로운 추진력을 무시하는 것은 어리석은 일이다. 비록 이 추진력이 일시적이거나 비일관적이라 하더라도 그리고 걸맞지 않고 낡아빠진 진부한 형태로 드러나고 있다고 해도 말이다.

지배적인 이론들에 따르면 이런 경험들은 존재하지 않는다. 아니 존재할 수도 없다. 하지만 분명 이러한 경험들은 존재한다. 여기서 우리는 어떤 사람에게는 자신이 겪었던 어떤 경험보다도 더 중요하고 믿을만하지만 다른 사람에게는 코웃음거리가 되어버릴 수도 있는 다양한 차원을 다루고 있다. 따라서 이에 대해 논의하려면 전혀 다른 두 개의 경험 영역 사이의 경계선상에 서 있어야 한다. 한 사람의 입장에서 보면 전혀 설명이 필요없지만 다른 사람의 눈에는 절대적으로 우스꽝스러워 보이기 때문이다. 그리고 이에 대한 의식화가 무엇을 뜻하는지를 전달하려는 어떤 시도도 변명의 여지없이 추상적으로 보일 수밖에 없을 것이다. 존재한다는 것을 증명할 수 없는 어떤 것에 대해서 말할 때는 도대체 어떻게 해야 할까? 여기에 딜레마가 있다. 한편으로는 우리 자신을 이해하고 우리가 이 세계 속에서 가진 잠재력을 이해할 수 있게 하는 새로운 기회가 주어지고 또 점점 더 기반을 다져가고 있는 반면 어떤 사람들은 그런 것을 논의하는 것이 쓸데없는 낭비라고 생각하고 있고, 또다른 어떤 사람들은 그런 논의 자체가 불가능하다고 주장하고 있다.

이러한 의미에서 적어도 우리 시대를 '나르시시즘의 시대'(Lasch 1977)라고 할 수도 있을 것이다. 그러나 이러한 규정은 지금까지 방출되어 온 에너지의 범위와 효력을 과소평가하기 때문에 왜곡을 불러오거나 얼마간 오해를 불러일으킬 수 있다. 개인들은 지금 대체로 비자발적으로 그리고 사회 변화에 이끌려서 스스로를 찾거나 탐색하고 있다. 그들은 점점 더 적합하지 않은 것이 되어 가고 있는 역할들(즉 남자, 여자, 가족, 직업)의 지배에 맞서 (적극적인 의미에서의) 새로운 생활 방식을 시도하고 '경험' 해 보기를 원한다. 그들은 자신을 자유롭게 표현하고 싶어하며, 이제까지는 대개 억눌러야 했던 충동들에 한번쯤은 굴복해 보고 싶어한다. 그들은 먼 미래가 아니라 지금 여기에서의 삶을 즐기려 하며, 살면서 만나게 되는 좋은 것들에 대해 기뻐할 줄 아는 의식을 키워간다. 그들은 점점 더 각자의 욕구를 권리로, 필요하다면 공식적 지시와 강제들에 맞서서라도 반드시 옹호되어야 할 권리로 간주하고 있다. 그들은 자유를 즐길 수 있는 감각을 개발하고 있으며, 외부의 간섭으로부터 자기 삶은 자기가 지켜야 한다는 고도의 의식을 갖고 있다. 그들은 자신의 사적 영토가 위험에 빠질 때면 언제라도 사회적·정치적으로 활동을 벌일 준비가 되어 있다. 종종 정치 행동을 조정하고 조직하기 위한 기존의 형식과 모임을 무시하고서라도 말이다.

이러한 경험들은 '나 자신에 대한 나의 의무'에 기반한 새로운 윤리의 출발점을 이루고 있다. 그리고 이 새로운 윤리는 독불장군식 오해가 아니라 가변적이며, 따라서 언제나 투사적인(projective) 사회적 정체성을 설명할 수 있는 새로운 방식으로 개인을 사회에 통합시키려는 노력인 것이다. 자신의 삶과 발상 속에 들어 있는 표준적 유형들을 벗어던지는 것은 영원한 습관, 결코 끝나지 않을 개인의 학습 과정이 되었다. 고착된 낡은 이미지들 대신에 인류에 대한 새로운 그림들이, 특히 변화 가능성, 개인적 발전과 성장의 가능성을 중시하는 새로운 그림이 나타나고 있다. 이러한 의미에서 우리 자신을 일차적으로 사회적 역할을 통해 규정하는 것은 단지 가설에 불과한 것이며, 아직은 우리가 완전히 떨쳐 버리지 못한 과거로부터의 잔재일 뿐이다.

지금 개인들이 느슨하게 무리지어 함께 밟아가고 있는 이 전인미

답의 길은 이제까지 계몽이 가리켜 온 것과는 정반대의 방향으로 뻗어 나가고 있다. 이제 더 이상 자연 법칙을 이해하고 기술을 발전시키며 생산을 증대시키고 물질적 부를 증가시키며 경제적·사회적·정치적 환경을 변화시키고, 바로 그런 다음에야 마침내 여성과 남성을 허드렛일로부터 해방시키는 식으로 문제가 제기되지는 않게 된 것이다. 좀 성급한 감이 있지만 이 길을 계속 따라가 보면 도달하게 될 최후의 그곳을 전면에 내세워 본다면 아마 다음과 같을 것이다. 당신 자신의 퍼스낼리티를 발전시켜라, 그러면 그것이 당신의 결혼, 가족, 직장 동료, 직업 경력, 관료 사회 그리고 우리가 자원과 세계를 다루는 방식들에 지속적으로 영향을 미치게 될 것이다. 하지만 핵심적인 문제는 아직도 남아 있다. 즉 어떻게 해야 사회적 존재로 남아 있으면서 당신 자신의 잠재력을 개발할 수 있을까? 그리고 자유를 향한 이러한 발걸음을 가능하게 해 줄 사회는 과연 어떤 사회일까?

2 사랑으로부터 그냥 관계로
사회의 개인화와 인간 관계의 변화

대중가요는 여전히 영원한 사랑을 찬미한다. 최근의 여러 조사에서도 사람들은 여전히 누군가와 함께 사는 것을 이상으로 여기고 있으며, 거기서 냉정한 외부 세계에 반대되는 친근함, 따뜻함, 애정을 발견해내고 있음을 보여준다.

그러나 동시에 가족의 이미지에는 깊은 균열이 있음을 숨길 수 없다. 연극, 영화, 소설뿐 아니라 상당히 입조심하며 쓰여진 자서전에 이르기까지, 그 어디서나 싸우는 소리가 들리고 있다. 양성 사이의 싸움이야말로 우리 시대의 중심 드라마이다. 결혼상담 사업은 성황을 이루고 가정법원은 북적거리고 이혼율은 높아만 가며, 심지어 아주 정상적인 가정의 일상 생활에서조차도 궁시렁거리는 소리가 들린다. "왜, 도대체 왜 같이 사는 것이 이렇게 어려운 걸까?"

엘리아스(Norbert Elias)가 답을 찾는 길을 제시한다. "어제 일어난 일을 모른다면 오늘 일어나는 일 또한 이해할 수 없다(1985: viii)." 그러므로 우선 과거를 살펴보기로 하자. 그럼으로써 우리는 전근대 사회의 속박, 명령, 금기들을 점차 내던져 버리는 바로 그곳에서 사람들이 사랑에 대한 새로운 희망을 갖기 시작한다는 것을 알게 된다. 그러나 사람들은 또한 거기서 자기가 여전히 새로운 곤경에 빠져 있음을 발견하게 된다. 바로 이 두 요소의 결합이 오늘날 우리가 사랑이라고 알고 있는 폭발물을 만들어 내는 것이다.

사랑은 이전보다 더 중요해진다

전통적 결속의 단절

전근대 사회와 현대 사회를 비교할 때는 언제나 이전 시대 사람들의 삶이 여러 개의 전통적 결속들 — 가업(家業), 마을 공동체, 고향, 종교로부터 사회적 지위와 성별 역할에까지 이르는 — 에 의해 결정되었음을 강조한다. 이 결속들은 항상 두 개의 얼굴을 갖는데(3장 이하에서 자세히 논의될 것이다), 그것들은 한편으로는 개인의 선택을 엄격하게 제약하지만 다른 한편으로는 친숙함과 보호, 안정적인 자리매김과 확실한 정체성을 제공한다. 결속이 존재하는 곳에서 개인은 결코 혼자가 아니었다. 개인은 더 큰 단위에 포함되어 있었다. 종교를 예로 들어보자.

우리 조상들이 기독교 신앙으로 묶여 있었다는 사실은 …… 일반적으로 그들의 작은 세계, 그들의 소우주가 좀더 큰 또 하나의 대우주와 연결되어 있음을 의미했다. …… 소우주와 대우주 사이의 이러한 결합, 즉 모든 것을 통일시켜 주는 크나큰 세계 안에 — 기독교 신앙에 따르자면, 하느님의 무한한 은총의 품안에 — 수천 수만의 작은 세계들이 담겨 있는 이러한 결합은 단지 최하층 사람들로 하여금 헛된 싸움을 하지 않게 해 주거나, 홀로 삶을 꾸리기 위해 고군분투하지 않도록 해준 데서 그치지 않는다. 그것은 또한 우리 조상들에게 페스트나 기근, 전쟁과 같은 최악의 상태에서도 결코 흐트러지지 않는 감정적 안정성을 주었음에 틀림없다 (Imhof 1984: 23).

현대 사회로의 이행과 더불어 일어난 여러 수준의 변화들은 엄청난 영향을 끼치는 개인화 과정을 초래했으며, 이는 사람들을 전통적인 결속, 신념, 사회 관계로부터 떼어내었다. 베버가 『프로테스탄트 윤리(*Die Protestantische Ethik*)』(1984)에서 설명한 것처럼, 이러한 과정은 구원에 대한 모든 확신을 없애버리고 사람들을 깊은 내적 고립으로 밀어 넣은 종교개혁의 가르침으로부터 시작되었다. 다음 세기에도 이 과정은 다양한 수준에서 계속되었다. 그것은 복잡다단한 하부구조를 가진 우리의 복합적인 경제 체계에서도, 세속화의 진전, 도시화, 개인적 이동 등에서도 일어나고 있었다. 점점 더 많은 사람들이 개인화 과정의 영향을 받게 되었고, 마침내 현재와 같은 독특한 차원에 도달하게 되었다. 우리들 각자는 점점 더 특정한 공동체나 집단의 경계 밖에서 우리 자신의 삶을 이끌어 나가도록 기대되고 강요받고 있는 것이다.

이러한 전통적 결속의 단절은 개인에게 이전의 강제나 의무로부터의 자유를 의미한다. 그러나 그와 동시에 촘촘히 짜여진 사회가 제공했던 지원과 안전감(security)도 사라지기 시작한다. 세속화가 퍼져가고 새로운 생활 패턴이 출현하고 여러 가치체계와 종교들이 사람들의 마음 속에서 경쟁하게 됨에 따라, 이전에 개인에게 지향과 의미와 더 큰 우주 속에서 정박지를 제공했던 많은 이정표들이 사라졌다. 그 결과 철학자와 역사가, 사회학자와 심리학자들이 종종 묘사하는 대로 내부적 안정성의 심대한 상실이 초래되었다. '탈주술화'(Weber 1985)와 함께, '내적 고향상실'(innern Heimatlosigkeit) (Berger u. a. 1973)인, 넓디 넓은 우주 속에 철저히 홀로 남겨진 존재라는 새로운 상태에 직면하게 된 것이다. 융(C. G. Jung)은 인류와 자연의 관계가 어떻게 변화했는지를 다음과 같이 묘사한다.

> 우리의 세계는 과학적 이해력이 성장함에 따라 탈인간화되었다. 인류는 우주에서 길을 잃은 것처럼 느낀다. 이제 그는 더 이상 자연에 묶여 있지 않다. 자연 현상에 대해 갖고 있던 감정적인 '잠재의식적 동질감' 역시 상실했기 때문이다. 자연 현상은 점차 상징적 내용을 잃어가고 있다. 천둥은 더 이상 분노한 신의 목소리가 아니고 번개 역시 신이 던진 징벌의 창이 아니다. …… 돌과 식물과 동물의 목소리는 더 이상 사람들에게 들리지 않고, 사람들 역시 이제는 그것들이 이해하리라 믿으면서 말을 건네지도 않는다. 사람과 자연의 접촉은 없어졌고 이 상징적 연대가 생산해 냈던 강력한 감정적 에너지도 사라졌다(Imhof 1984: 174 – 5에서 재인용).

이것을 개인화 과정의 초기 국면이라 부를 수 있을 것이다. 세기가 지나감에 따라 해석과 신념의 전통적 형태, 즉 사회적으로 규정된 대답은 점점 사라지고 개인들은 넓은 범위의 새로운 질문들에 직면하게 되었다. 이것은 특히 20세기 후반에 두드러지는데, 이는 많은 부분 새로운 생활 양식과 교육 기회가 선택되기 시작했기 때문이다. 1950년대와 1960년대에 하층 인구집단의 생활 수준은 '극적이고 전체적이며, 사회사적으로 볼 때 하나의 혁명'(Mooser 1983: 286)이라고 묘사될 수 있을 정도로 개선되었다. 이전 세대가 매일매일 생존을 위해 투쟁하고, 가난과 배고픔의 단조로운 반복밖에 알지 못했다면, 이제는 인구의 상당 부분이 자기가 살고 싶은 방식으로 살기 위해 모든 범위의 가능성을 이용할 수 있을 만큼 충분한 수입을 얻게 되었다. 또다른 요인은 1960년대에 시작된 교육 기회의 확산이다. 이는 수천 명의 어린아이들을 생계의 책임이나 어렸을 때부터 육체적·정신적으로 소진되는 상황으로부터 해방시켰다. 그들은 심리적 의미에서 청년기, 다시 말해 대기 기간과 유예 시기를 얻었다(Hornstein 1985). 그들은 일상 생활의 요구를 넘어서는 주제를 자유롭게 배울 수 있게 되었고, 자기 정신을 새로운 경험 영역들, 다른 전통과 사고 방식에 열어놓을 수 있게 되었다.

이러한 구조적인 사회 변화의 결과 처음으로 많은 사람들이 매일 매일의 밥벌이와 직접 연관되지 않는 문제에 대해 궁금해 할 수 있게 되었다. 삶이 다소 편해지는 바로 그 순간에 삶의 의미에 대한 질문들이 새로운 위급 상황을 만들어 낸 것이다. "나는 누구인가? 나는 어디에서 왔는가? 그리고 어디로 가는가?" 이것이 바로 지금 막 우리의 사적 생활 속으로 진입하기 시작한, 오래된 철학적 테마이다. 이 질문들은 우리에게 대답을 찾으라고 하고, 스트레스를 주고, 때로는 공황 상태로까지 우리를 몰고 간다. 세계에 대한 오래된 해석 방식은 이미 진부해져 버렸고, 개인들은 새로운 의문과 함께 홀로 남겨져 있는 자신을 발견한다. 게다가 모든 사람이 대답을 얻을 수 있는 것도 아니다. 우리를 엄습하는 불안감과 불안정성의 느낌은 어떻게 생존할 것인가에 대한 것이 아니라 오히려 우리 존재의 이면에 무엇이 있으며, 그것의 의미는 또 무엇인지에 대한 것이다.

심리치료사인 프랑클(Viktor E. Frankl)에 따르면 '삶의 의미를 찾지 못하는 것' 이야말로 오늘날 가장 흔한 질병이다. 우리는 "더 이상 프로이트 시대처럼 성적인 좌절에 직면하지는 않는다. 우리가 마주하는 것은 실존적 좌절이다. 오늘날의 전형적인 환자는 아들러(Adler) 시대와 같이 열등의식 콤플렉스로 고통받기보다는, 텅빈 …… 실존적 허무와 결합된 깊은 무의미함으로 고통받는다"(1984: 11).

개인적 안정성의 원천

18세기의 지배적 생활 패턴은 현대적 의미에서의 가족이 아니라,

경제적 단위를 구성하는 '확대가족'을 포함한 대규모 가구 속에서 이루어 졌다. 그것의 최우선적 요구는 생계를 꾸리고 다음 세대의 생존을 보장하는 것이었다. 이러한 상황에서는 개인적 선호나 느낌 혹은 동기를 따질 여유가 거의 없었다. 배우자를 고르고 결혼을 하는 것은 일차적으로 경제적인 필요 때문이었고, 개인들끼리 서로 잘 맞는지의 여부는 별다른 관심거리가 되지 못했다.

> (농부의) '개인적 행복'은 …… 함께 일하고, 건강한 아이를 낳아 주고, 빚을 갚을 지참금을 가지고 오는 여자와 결혼하는 것에 있었다. 이것 역시 행복의 일종임을 반박할 수 있는 사람은 없을 것이다. 그러나 이런 상황에서는 사랑, 곧 배우자의 퍼스낼리티와 연결되고 실용적인 기초로부터는 독립된 그러한 사랑이 발전될 기회란 거의 없었다(Rosenbaum 1982: 76-7).

사회사 연구가 보여 주었듯이 현대 사회로의 이행과 더불어 널리 영향을 끼친 전환이 일어났다. 일을 공유하는 한 팀이 감정을 공유하는 한 커플로 바뀐 것이다. 부르주아 가족의 출현은 '감정이 가족 영역을 점령'(Weber-Kellermann 1974: 107)하도록 하면서, 우리가 갖고 있는 가족에 대한 현대적 이미지의 특성인 프라이버시와 친밀성을 도입했다.

이 모든 일들이 전통적 결속이 느슨해지기 시작하는 국면에서 일어났다는 사실은 아마 우연한 일이 아닐 것이다. 오늘날의 가족은 감정과 헌신이 집중되는 장소이며, 이러한 가족 속에서 이루어지는 삶은 사회가 현재의 모습으로 바뀌어가는 과정에서 점차 사라져 간 다른 가이드라인이나 사회적 확실성들과는 분명히 대립된다. 가족 속에서의 삶은 과거의 가이드라인들을 대체했다. 가족에 대한 그리움은 사람들이 점차 지향점을 상실하고 있다고 느끼게 되면서 커졌다.

가족은 내적 고향상실을 좀더 견딜 만한 것으로 보일 수 있게 만들어 주는 피난처가 되었으며, 낯설고 적대적인 것으로 되어 가는 세계 속에서 하나의 '항구'가 되었다(Lasch 1977을 보라). 역사적으로 말하자면 이는 새로운 형태의 정체성의 출현이다. 아마 그것은 대인 관계의 안정성이라는 말로 가장 잘 묘사될 수 있을 것이다. 오래된 형태의 결속들이 의미를 잃어 갈수록, 바로 우리 곁에 있는 결속들이, 우리가 — 잠재의식적으로나 의식적으로나 — 세상에서 우리의 자리를 찾고 우리의 물질적·정신적 안녕을 유지하는 데 필수불가결한 것이 되어 갔다.

사회적 지원과 만성 질병의 연관성에 대한 연구 결과는 이것을 경험적으로 보여 준다. 다른 사람과 맺는 친밀한 신뢰 관계는 매우 중요한 감정적 보호를 제공하며 새로운 조건에 쉽게 적응할 수 있게 해 준다는 사실이 밝혀졌다.

> 설령 …… 은퇴하여 일의 세계로부터 떠나게 되어 …… 사람들과의 사회적 접촉 기회가 상당히 감소되더라도, 이것이 필연적으로 그가 점점 더 우울하게 된다는 것을 의미하지는 않는다. 그가 속내를 털어놓을 수 있는 친구를 갖고 있는 한에는 말이다. 완전히 신뢰할 수 있고, 늘 이해해 주고 의지가 되며, 언제라도 개인적인 문제를 의논할 수 있는 사람과 맺는 특정한 관계의 질이 특별한 보호 요인이 되는 것처럼 보인다(Badura 1981:23).

내적 정박지로서의 사랑과 결혼

우리의 정서적·정신적 안정이 다른 사람들에게서 받는 밀접한 지원에 의존한다면, 사랑은 우리 삶의 심장부로서 새로운 중요성을 획득한다. 낭만적 사랑과 영원한 사랑의 결합이라는 이상은 두 파트너 사이의 밀접한 감정적 결합으로부터 자라나며, 두 사람의 삶에 실체와 유의미성을 제공하는 것으로 여겨진다. 내 파트너는 나에게 태양이며, 달이며, 별이며, 심지어 세계 그 자체를 의미하기까지 한다. 뤼케르트(Friedrich Rückert)의 고전적인 연애시 「너는 나의 달(Du bist mein Mond)」을 보자.[1]

너는 나의 달, 나는 너의 지구
너는 네가 내 주위를 공전한다고 말하지
난 모르겠어, 내가 아는 건 오직 하나
밤마다 내가 빛나는 건 너 때문이라는 것 뿐

너는 나의 영혼, 너는 나의 심장
너는 나의 기쁨, 너는 나의 고통
너는 내가 살아가는 세상
내가 솟아 오를 하늘
오, 너는 나의 무덤, 그 속에서 나는
모든 근심 묻어버리고 영원히 쉬리라!

너는 고요, 너는 평화,
너는 내게 허락된 천국
네 사랑으로 내 사랑도 가치있게 되고
네 시선은 나를 거룩하게 만들지
너는 내가 나 자신을 초월할 수 있게 해 주나니,
나의 선한 영혼, 나의 더 나은 자아여!

이는 대인 관계가 주는 안정성이라는 것이 낭만적 사랑에 기초해 있음을 드러내 준다. 다시 말해서 그 내적 핵심은 다음과 같이 묘사될 수 있는데, 우리의 삶에 의미와 안전을 제공해 줄 다른 준거점들이 점점 더 많이 사라져 갈수록 우리는 더욱더 우리의 열망을 사랑하는 사람에게 쏟아붓게 된다는 것이다. 우리는 점점 더 우리의 희망을 다른 사람에게, 이 남자 혹은 저 여자에게 걸게 된다. 그/그녀는 점점 더 빨리 돌아가는 이 세상에서 우리를 똑바로 세워주고 한결같은 모습을 유지하게 해 준다고 가정된다. 파일(Pfeil)이 냉정하게 한 마디로 표현한 바와 같이 '낭만적 부부애'란 실로 이 세계의 필수품이었던 것이다(Preuss 1985:37). 베나르트(Benard)와 쉴라퍼(Schlaffer)는 다음 글에서 이를 더욱 생생하게 보여준다.

> 아마도 예전에는 좀더 쉬웠으리라. 사람들은 교회와 국가를 믿으며 살았고, 좋은 아내이자 어머니가 되면 천당에 가리라고 믿었다. 이제 신은 죽지는 않았다 하더라도 최소한 도시에는 없기 때문에 오직 사람만이 실존적 의미의 원천으로 남게 되었다. 대부분의 사람들에게 일터는 …… 진심으로 몰두하거나 만족하는 장소가 아니다. 남아 있는 것은 가족, 기꺼이 자기 자신을 헌신하는 사람들과 맺는 관계뿐이다. 그리하여 이해, 의사소통, 보살핌은 친근한 관계의 조그만 반경 속으로 축소되었다. 그것마저 없다면 사람들은 사무실의 서릿발같은 상호작용 속에 매몰되고 말 것이다. 시간은 흘러간다. …… 하지만 무엇을 위해? 삶의 의미가 무엇인지에 대한 의문은, 자기 인생의 중심축을 발견하기 위한 준거점이 되어 줄 다른 사람(혹은 다른 사람들)이 있을 때 좀더 참을 만한 것이 된다. 그리고 나서야 사람들은 겨우 이 텅빈 우주 속에 자신을 위한 문명화된 섬을 세울 수 있게 되는 것이다(Benard/ Schlaffer 1981: 279).

이러한 배경을 바탕으로 결혼은 우리가 아주 잘 알고 있는 새로운 의미를 얻게 되었다. 결혼의 기본 패턴을 추적해 온 사회학자와 심리학자들에 의하면 결혼은 '현실에 대한 사회적 설계'에서 중심 요소가 되어 왔다(Berger/Kellner 1965). 한 남자와 한 여자는 함께 살아가면서 사소한 일상사로부터 세계 정치의 거대한 사건에 이르기까지 모든 것에 대해 공유된 태도와 의견과 기대의 우주를 세우게 된다. 그것은 언어적 혹은 비언어적 대화에서, 습관이나 경험의 공유에서, 자기의 다른 반쪽과 자기 사이의 끊임없는 상호작용에서 개발된다. 이렇게 공유된 이미지는 또한 계속해서 협상되고, 이동되고, 대체되고, 질문되고, 다시 추인된다.

결혼 뒤에 있는 근본적인 테마가 단지 우리의 삶이 가진 사회적 구조뿐인 것은 아니다. 그것은 또한 점점 더 정체성의 문제가 되어가고 있다. 이것은 특히 결혼에 관한 심리학적 연구가 밝혀낸 측면이다. 우리는 많은 수준에서 우리의 파트너와 교환을 추구하며, 또한 자기 자신을 추구하고 있다. 우리는 우리 삶의 역사를 찾아 헤맨다. 우리는 우리 자신을 상처나 실망과 화해시키려 하고, 우리의 목표를 계획하며, 우리의 희망을 공유하려 한다. 우리는 스스로를 다른 사람에게 비추어 본다. 그러므로 당신에 대한 나의 이미지는 또한 나에 대한 이상화된 이미지이기도 하다. '당신은 나의 은밀한 삶의 이미지' (Schellenbaum 1984: 142ff)이며 '나의 더 나은 자아'(Rückert)이다. 결혼은 '개인적 자아의 발달과 유지에 특화된'(Ryder 1979: 365) 제도가 되었다. 사랑과 정체성은 서로 밀접하게 얽혀가고 있는 것이다.

사랑에 빠진다는 것은, 사랑이 막 시작되는 단계에서는, 이런 것이다.

사랑한다는 것은 자신의 운명을 추구하는 것 …… 자신의 자아를 저 밑바닥까지 찾아 헤매는 것이다. 이것은 다른 사람을 통해서 달성된다. 즉 그녀와의 대화, 서로가 서로에게서 인정을 갈구하는 만남, 수용, 이해, 그리고 과거의 나와 현재의 나를 대면시키고 해방하는 것을 통해서(Alberoni 1983).

몇 해 동안 함께 지내온 커플의 친밀한 교환 속에서도 마찬가지 일들이 일어난다.

해결되지 않은 질문과 슬픔으로 가득찬 과거가 풀어헤쳐진다. 모든 사람들을 구성하는 과거와 현재야말로 "나는 누구이고 왜 여기에 있는가?"라는 질문에 답하는 데 필요한 조망을 제공해 준다. 사람들은 그 질문에 귀 기울여 줄 누군가를 찾아 헤맨다. 마치 다른 누군가가 들어 주어야만 자신을 이해할 수 있고, 다른 사람의 귀를 통해서만 자신의 역사가 완전해지는 것처럼. …… 파트너 각자가 갖고 있는 자기 자신과 세상에 대한 이미지는 함께 이야기하면서 태어나고, 확신되고, 수정되고, 변화한다. …… 개인적 정체성에 대한 질문은 끊임없이 토론된다. "나는 누구이고 너는 누구인가?"(Wachinger 1986:70 – 1)

결혼 카운셀러들의 이야기를 통해, 그리고 그보다 더 확실하게는 높은 이혼율을 통해, 우리는 처음에 이토록 열성적으로 모색되었던 대화들이 너무나 자주 뒷걸음질치고, 메말라가고, 혹은 주저되며, 차단되고 중단되거나 완전히 없어진다는 것을 확인할 수 있다. 왜 이런 일이 일어나는가? 이제부터 이 문제를 살펴볼 것이다. 우리는 이 두 가지 현상, 즉 커져가는 갈망과 잦은 실패가 어떻게 같은 뿌리를 갖고 있는지를 추적하게 된다. 그것을 한 문장으로 단순화시켜 보자면 이렇게 될 것이다. 즉 사랑에 대한 우리의 관념에 내재한 실망은 우리가 사랑에 걸고 있는 희망에 못지 않게 현대적인 현상인, 진정한 자아 찾기에 대한 관심의 산물이라고 말이다.

사랑은 이전보다 더 어렵다

'나는 내 자신의 삶을 살거야' : 찬반양론

전근대 사회는 어떻게 행동할 것인가에 대한 엄격한 규칙과 규제들로 틀지워져 있었다. 이런 것들이 사라져 감에 따라 삶에 주어졌던 제한은 약해졌고, 선택의 여지가 늘어났으며, 선택의 가능성 또한 많아졌다. 많은 면에서 삶은 예전보다 덜 제한되고 훨씬 더 유연해졌다(이것을 보여주는 대표적인 연구로는 Berger, Berger/Kellner 1973를 보라). 그러나 이런 변화는 또한 우리들 각자가 수많은 의사결정에 직면해야 함을 의미한다. 휴가를 어디로 가며 무슨 차를 살 것인가와 같은 자잘한 것으로부터 아이를 몇 명이나 낳을 것이며 어떤 학교에 보낼지 등과 같은 장기적 사안에 이르기까지, 의사결정의 수준은 모든 범위에 걸쳐 있다. 우리는 책임있는 시민과 비판적 소비자가 될 것, 가격을 따지고 환경친화적이 될 것, 최근에는 핵 에너지의 안전성이나 약물의 오남용에 대해서도 신경을 쓸 것 등등을 기대받는다. 그러나 현대정신 분석가들이 지적해 온 바처럼, 이와 같이 '과잉공급된 선택지를 갖고 살아가기'(Riesman 1981:123)는 종종 개인에게 과중한 부담이 된다.

개인이 혼자 살지 않고 누군가와 함께 살 때 스트레스 요인이 증가한다는 사실은 지금까지 간과되어 왔다. 파트너에게 직간접적으로 영향을 미치는 모든 쟁점들, 즉 무슨 TV 프로그램을 보고, 어디로 여행을 가며, 어떤 가구를 들여놓고, 어떻게 여가를 보낼 것인지 하는 문제들은 의사결정 과정에 두 명의 서로 다른 사람들의 이상, 바람, 습관, 규범들을 들여오는 것이 된다. 결과는 뻔하다. 의사결정이 복잡하면 복잡할수록 그들은 더욱더 많이 다투게 될 것이다.

커플의 의견이 맞지 않을 가능성은 사람들이 선택의 자유 뒤에서 새로운 제한들에 부딪히게 된다는 사실 때문에 더욱 증가한다. 어떤 의미에서 모든 사람은 자유로이 계획하고 결정하지만, 또다른 의미에서는 개인주의 논리가 들어선다. 즉 경제적 단위로서의 가족은 점점 붕괴되고 노동 시장과 개인에게 의존하는 새로운 생계 방식이 출현하고 있는 것이다. 개인이 일자리를 찾는 방식은 시장의 법칙 ― 예컨대 유연성과 이동성, 경쟁과 경력 같은 ― 에 따라 결정되는데, 이러한 법칙은 사적 헌신과는 별 상관이 없다. 그러나 이 법칙에 따르지 않는 사람은 직장과 수입, 사회적 지위에서 위험에 직면하게 된다.

여기서 우리는 사회 안에서의 일련의 구조적 변동을 볼 수 있는데, 그러한 변동의 영향은 특히 전후 독일에서 명백하게 나타난다. 모든 형태의 이동성 ― 직장과 가족, 노동과 여가, 훈련, 취업과 퇴직 사이에 일어나는 지리적·사회적·일상적 이동들 ― 은 사람들로 하여금 자신들이 갖고 있던 기존의 결속(이웃과의, 동료와의, 지역 관습 등등과의)으로부터 떠나도록 끊임없이 강요한다. 마찬가지로 많은 사람들은 그들이 받은 교육이 그들로 하여금 자기가 성장해 온 환경으로부터 떠나게 만든다는 것을 발견하고 있다. 전문적 자격을 획득했다는 것은 취업 시장에서 더 많은 기회가 주어진다는 것을 의미한다. 이러한 성취 패턴은 물론 한 집단 전체에 영향을 주지만, 그럼에도 불구하고 개인 각자에게도 자신의 반쪽에 대해 계획하고 결정을 내릴 것, 그리고 그것의 성공 혹은 실패에 대해 개인적으로 책임을 질 것 등을 강요한다.

이러한 외부적 묘사는 이제까지 일어난 변화들 중 일부만 거론한 것이다. 개인화의 이면에 깔린 논리는 기본적으로 개인의 일대기를 늘 새롭게 적응가능한 것이 되도록 요구하며, 그러면서 어떤 예정된 방향으로 이끌어 간다. 이것은 관계된 사람들에게(그 일대기의 주인

공뿐만 아니라 그의 파트너, 가족, 친구 …… 등에게도) 내적으로도 영향을 준다. 진정한 자아를 찾고 자신의 잠재력과 가능성을 성취하려 노력하는 중에는 뜻하지 않게 글자 그대로 '나만의 공간'을 둘러싼 전투가 일어나고 마는 것이다. 그러나 인터뷰나 심리치료, 문학작품 속에 터져나오는 이런 말들이 반드시 우리 모두가 이기주의의 집단적 폭발로 고통받고 있음을 뜻하지는 않는다. 자기를 발견하고 싶고 자기만의 고유한 무언가를 하고 싶다는 이야기들은 사실, 정상적인 생활을 영위하는 모든 사람들에게 영향을 주는, 그리고 그리하여 그들 마음 속 가장 깊은 곳에까지 도달하고 있는 사회적 압력을 정확히 반영하고 있는 것이다. 이동성을 갖추라는, 그리고 교육을 받고 직장을 잡으라는 요구들 말이다. 사적인 문제라는 가면을 쓴 채 개인들의 일대기 속에 무더기로 나타나고 있는 그런 저런 테마들은 사실 이러한 압력의 결과들이다. 삶이 "DIY 일대기"(Berger, Berger/ Kellner 1973)의 형태로 바뀌는 이 때, 자기 자신의 잠재력에 대한 발견은 "단지 우리의 가치 체계 꼭대기에 빛나는 새로운 별에 불과한 것이 아니라, 삶의 새로운 도전들에 대한 문화적 대답"(Baden-Württemberg Provincial Government 1983: 32), 혹은 간단히 말해 사회적 의무인 것이다.

여기서 즉각 질문이 제기된다. 파트너 각자가 자기 계획과 자기 문제를 갖고 있는데, 여기에 온갖 압력과 제한들까지 더해진다는 것을 감안한다면, 과연 DIY 일대기에 남아 있는 여지는 얼마만큼이나 될까? 한 쪽 파트너가 다른 쪽 파트너에게 추가적인 걸림돌 혹은 방해요인이 되는 것을 피할 수 있는 방법은 무엇일까? 사회적 환경이 사람들로 하여금 자신의 관심사에만 집중하도록 강요하고 있다면, 도대체 삶을 공유한다는 것이 어느 정도나 가능한 것일까? 아무리 최선을 다하더라도 두 사람 사이에 공유하는 우주가 세워지는 대신 각자 따로따로 자기의 우주를 방어해야만 하는, 그래서 끝내는 거의 무제한적인 다툼 속으로 — 때로는 점잖게, 때로는 쓰디쓰게 — 빠져들고 마는 상황이 일어나기 마련이다.

골치아픈 일이 될 테지만 자조지침서(自助指針書)들이 추천하는 사랑과 결혼 및 친밀한 관계에 대한 새로운 발상들을 이런 관점에서 비교해 보자. 어떤 것은 부드럽고 또 어떤 것은 거칠지만, 그 다종다기한 발상들이 보여주는 주된 추세는 바로 자기주장에 최고의 우선성을 두어야 한다는 말로 요약될 수 있을 것이다. 사무실이나 버스 속에서뿐만 아니라 가정에서조차 그래야 한다는 것이다. 그 마술적 처방은 진정성(Authentizität)으로 알려져 있다. 다음 구절은 가장 자주 인용되는 게슈탈트 심리치료의 공리인데, 가장 명백한 메시지를 담고 있는 이 구절은 수많은 인사 카드, 머그컵, 침대머리에 붙이는 포스터들 속에서 끊임없이 재생산되고 있다.

나는 나의 일을 하고, 너는 너의 일을 한다.
나는 너의 기대를 채우려고 이 세상에 있는 것이 아니다.
너 역시 내 기대를 채우려고 있는 게 아니겠지.
너는 너고, 나는 나다. 만약 우리가 우연히 서로를 발견한다면
아름다울 테지.
그렇지 않더라도 어쩔 수 없는 일이겠고(Perls/Stevens 1969: 4).

뤼케르트의 연애시와 얼마나 대비되는 얘기인가! 대부분의 자조지침서들은 이렇게까지 나가지는 않더라도 같은 방향을 가리킨다. 한때는 적응을 요구하던 곳에서 이제는 의식적인 분리를 추천하는 것이다. 그것이 가르치는 것은 이른바 건설적 불일치이다. "사랑에 대해서는 아무 말도 하지 말아라"(Schellenbaum 1984). 심리치료는 "서로 사랑하는 두 사람이 하나의 마음과 하나의 영혼이 되는 것은 전혀 바람직하지 않다"(Preuss 1985; 강조는 원문)고 보도록 격려하

며, '결혼 계약서'에 '함께 하는 일상의 여러 측면들'을 '개인적 자유'의 권리로부터 '헤어질 경우의 협상'에 이르기까지 '가능한 한 상세하게 규정해 놓을 것'을 권한다(Partner 1984).

이런 구절들은 개인화 뒤에 깔린 기본 패턴이 파트너와 함께 사는 일에도 적용되고 있다는 사실을 반영한다. 자신의 목표와 권리를 가진 독립적인 개인들은 오롯이 자신만의 삶을 살아가는 것과 아직은 누군가와 삶을 공유하는 것 사이에 어려운 균형잡기를 시도하고 있다. 과연 그것은 어떤 방식으로 가능할 수 있을까? 그러나 때로는 이 근본적인 딜레마에 대한 치료책으로 제시되는 것들이 문제를 해결하기는커녕 더 확대하고 있는 것은 아닌지 의심하지 않을 수 없다. "싸움이 사람들을 묶어준다"(Bach/Wyden 1969)고들 하지만, 대체 그 결과로 바람직한 창조적 긴장상태가 이루어지는 경우가 얼마나 될 것이며, 낙관적인 책 제목처럼 '창조적 이혼'이 되는 경우는 또 얼마나 될 것인가(Krantzler 1974)?

또다른 책에 따르면, 만약 그런 협상들이 깨어진다 하더라도 — 결코 실패로 생각되지 않는 — '성공적인 이혼'은 가능하다. 그러나 그것은 "개인의 상향 이동이라는 관점에서 미리 고려된 것이어야 한다. 어떤 것을 남기고 어떤 것을 포기할 것인가에 대해서가 아니라 무엇을 가지고 더 나은 새 이미지를 구성할 것인지를 고민하면서." 이 행동수정 교과서는 이렇게 덧붙인다. 성공적인 이혼 이후에는 '작은 연애사건들'이 유용하다. …… '긍정적인 자기 이미지'를 가진 사람은 자기가 난잡하지는 않은지 걱정할 필요가 없다. 이 모든 연애사건들은 '자아가 가진 경험의 저수지'에 기여하기 때문에 '유의미할 것이다'(Ehrenreich/English 1979: 276).

만일 또다시 사랑이 실패하고 희망이 사라진다면, 어찌할 것인가? 당신이 해야 할 일은 새로운 사랑을 찾는 것이다. 모토는 '당신이 당신 자신의 가장 좋은 친구가 되는 법' 이다(Ehrenreich/English: 176). 과연 그것만이 유일한 희망일 것인가? 우리의 낭만적 갈망을 유발한 개인화는 필연적으로 언제나 탈낭만적인 세상으로 귀결될 수 밖에 없단 말인가?

> 오래된 결속들에 더 이상 묶이지 않는 탈낭만 사회에서 가장 중요한 것은 당신 자신이다. 당신은 당신이 원하는 대로 될 수 있다. 당신은 당신의 삶, 환경, 심지어 외모나 감정까지도 선택할 수 있다. …… 보호와 의존의 오래된 위계질서는 더 이상 존재하지 않으며, 자유롭게 끝낼 수 있는 자유로운 계약들이 있을 뿐이다. 시장은 오래 전에 생산관계를 포괄할 수 있을 만큼 확대되었지만, 이제는 모든 관계를 포괄할 만큼이나 확대되었다 (Ehrenreich/English: 276).

이러한 사태는 모든 사람의 삶이 보다 유연하고 적응적인 것으로 되었다고 해서 여기서 멈추지는 않는다. 사람들은 매우 다양한 방식으로, 또다른 누군가와 함께 살기를 선택할 수 있다. 산업사회 이전에는 사회가 커플에게 경제적 생존을 확보하기 위한 엄격한 규칙을 부과하였다. 결혼은 각기 자신의 영역을 가진 남자와 여자, 그리고 일손이자 상속인으로서 환영받았던 아이들로 이루어진 팀 작업이었다. 그렇다면 지금은 어떤가? 대답되어야 할 질문들이 끝도 없이 줄지어 있다. 아내는 가정 밖에서 일을 해야 하는가 하지 말아야 하는가, 해야 한다면 풀타임이 좋은가 아니면 파트타임이 좋은가? 남편은 승진 사다리를 올라가는 데에만 목표를 두어야 하는가 가사를 분담해야 하는가? 아니면 차라리 남자주부로 가정에 머물러 있는 것이 나은가? 아이를 갖는 것은 좋은 생각인가? 만약 그렇다면, 언제 몇 명이나 낳아야 하는가? 낳는다면 누가 아이를 돌봐야 할 것이며, 낳지 않는다면 누가 피임의 책임을 져야 할 것인가? 파트너들은 아마도 조만간에,

그리고 여러 측면에서, 불일치를 노출하게 될 것이다. 하지만 이것이 꼭 그들로 하여금 타협을 거부하거나 지독하게 심술궂은 마음이 되게 하지는 않을 것이다. 피고용인으로서의 그들의 일대기가 그들에게 명백한 한계를 지워주며 (그들이 일터에서의 난점들을 용케 피한다 하더라도) 자기 삶을 자기가 바라는 바대로 구조짓지 못하게 하기 때문이다.

고려되어야 할 것은 실제로 내려지는 의사결정들 뿐만은 아니다. 시간적인 측면 역시 고려되어야 한다. 실로 모든 결정이, 결혼생활이 지속되는 동안에 철회될 수 있다. 사실 의사결정이 여러 가지 예측불가능한 거부의 요구들을 충족시키기 위해 갖추어야 할 조건 중의 하나는 그것이 반드시 철회가능한 것이어야 한다는 것이다. 개인화된 일대기는 모든 사람이 자신의 결정을 갱신하고 최적화할 수 있다고 가정한다. 이는 모든 사람이 새로운 도전에 자신을 열어 두어야 하고 무엇이든 열심히 그리고 기꺼이 배워야 한다고 기대하는 새로운 심리학적 접근에 영향을 받은 것이다. 이런 가정(假定)은 분명 따분한 결혼의 일상에 매인 커플들이 겪는 침묵과 무관심을 물리치는 데 크게 도움이 될 것이다. 그러나 한편으로 고유한 위험도 있다. 한쪽 배우자는 아주 만족하는데 다른 쪽은 그렇지 않다면, 혹은 두 사람 모두 변화를 원하고 있긴 하지만 그 방향이 전혀 다르다면 과연 어떤 일이 일어날 것인가?

아내가 전적으로 가족에 헌신하는 것이 가장 좋다고 남편과 아내 모두가 일단은 동의한 커플이 있다고 해 보자. 그러나 몇 년 후에, 가정 생활의 단조로움과 고립감에 싫증이 난 아내는 직장으로 되돌아가기를 원하게 된다. 현재의 가족 패턴에 꽤나 행복해 하고 있는 남편은 그러한 변화에 위협을 느끼고, 남편이 가진 관례적 권리를 주장한다. 다른 한편 1960년대에 전통적인 순결한 결혼의 이상을 갖고 결혼했는데 몇 년 후에 책을 통해 '열린 결혼'이란 이상을 알게 된 커플이 있다고 해 보자. 한 사람은 여전히 가족의 신성함을 지키려 하는데 다른 한쪽은 소설의 사례에 매력을 느낀다면 어떻게 되겠는가? 도대체 누가 옳은가?

때로는 그 누구도 옳지 않다. 더 이상 공유할 수 있는 기준은 존재하지 않고 서로 다른 기대와 제약에 의해 영향을 받는 두 개의 서로 다른 일대기만이 기준이 될 때, 급격한 고정관념의 변화 앞에 모든 것이 놓여 있게 될 때, 옳고 그름이란 실로 모호한 범주가 되어 버린다. 사람들의 소망이 펼쳐질 수 있는 주관적 해석의 공간은 점점 더 넓어지고 있으며, 이는 종종 서로 다른 종류의 소망을 갖고 있게 마련인 두 배우자에게도 마찬가지이다. 그 결과 수많은 부부들이 바로 오해받고 상처입었다고 느끼는, 배신감에 치를 떠는 것이다.

남자 대 여자

고전적인 페미니즘 저작들은 대개 여성들이 더 이상 억압당하지 않을 때에 남녀가 서로 잘 살아갈 수 있는 새롭고 더 좋은 방법을 발견할 수 있으리라는 희망을 담고 있었다. 이것이 전제하고 있는 바는 사랑은 자유롭고 평등한 파트너 사이에서만 가능하다는 것이었다. 1792년 메리 울스톤크래프트(Mary Wollstonecraft)가 쓴 『여성 권리의 옹호(*Vindication of the Rights of Woman*)』를 보자.

여성들이 남자들로부터 얼마간이라도 독립적으로 되기 전에는 그녀들에게서 정조를 기대하는 것은 헛된 일이다. 아니, 그녀들을 좋은 아내 좋은 어머니로 만들어 준다고 하는 천성적인 애정의 힘조차 헛된 기대가 될 것이다. 여자들이 전적으로 남편에게 의존하는 한, 그녀들은 교활하고 비열하며 이기적일 것이다. 애완견 같은 애정과 아양떠는 애교에 만족해 하는 남자들은 아둔하다. 사랑이란 돈으로 살 수 없는 것이니까. …… 남자들이 우리를 묶은 사슬을 관대하게 풀어주고 노예적 복종 대신 합리적 동지애로부터 만족을 느낀다면, 그들은 우리에게서 더 사려깊은 딸, 더 자애로운 누이, 더 신의있는 아내를 발견하게 될 것이다. …… 우리는 그들을 진실한 애정으로 사랑하게 될 것이다. 우리가 우리 스스로를 존경하는 법을 배우게 되었으니까(Rossi 1974: 64와 71에서 재인용).

솔직히 말해 이런 자랑스런 희망이 실현되었다고 말할 수 있는 사람이 과연 있을까? 우리는 이렇게 질문해 보아야 한다. 사정이 왜 이렇게 달라졌을까? 이를 해명하기 위해서는 남녀 모두에게 영향을 미친 현대화 과정을 좀더 자세히 살펴 보아야 할 것이다. 현대가 되면서 일어난 변화들에 대한 논의들이 일반적으로 예전의 삶이 현대적인 것으로 이행하면서 개인들을 구시대의 의무와 구속으로부터 해방시켜 주었다고 전제하고 있다. 사회사와 여성학 연구의 발견들에 비추어볼 때 이러한 관념은 옳기도 하고 그르기도 하다. 좀더 정확히 말하자면, 그것은 반쪽짜리 진실이다. 인간성의 '다른' 반쪽을 무시하는 것이기 때문이다. 우리의 현대가 시작될 무렵에 개인화는 전적으로 남성만의 특권이었던 것이다.

피히테(Johann Gottlieb Fichte)의 자연법(1796)은 이러한 사실을 잘 예시하고 있다. 거기서는 여성이 남성에 대해 맺고 있는 관계가 이렇게 묘사된다.

그녀는 인격을 양도했으므로 인간의 존엄성은 유지하지만 필연적으로 그녀가 가진 모든 것을 남편에게 준다. …… 그녀가 그녀의 재산과 모든 권리를 그에게 이전한다는 사실은 오히려 그리 중요하지 않다. 그녀가 살아있고 활동적인 역할을 수행하는 것은 오직 그와 함께 있을 때, 그리고 그의 시선과 그의 일 속에 있을 때만이다. 그녀는 한 개인으로서의 삶을 이끌어 가기를 그만둔다. 그녀의 삶은 그의 삶의 일부가 된다(그녀가 남편의 이름을 받는다는 사실에서 단적으로 드러나듯이)(Gerhard 1978: 146에서 재인용).

또, 미국의 역사가 데글러(C. N. Degler)는 다음과 같이 요약한다.

서구에서 개인주의의 발상은 오랜 역사를 갖는다. …… 존 로크(John Locke)와 아담 스미스(Adam Smith)는 개인적 권리와 행위의 원칙을 칭송했지만, 그들이 염두에 두고 있던 개인은 전적으로 남성이었다. 당시에 여성은 전반적으로 뒷바라지하는 조력자로만 여겨졌고, 자신의 권리를 갖는 개인은 분명히 아니었다. 서구 사상에서 하나의 개념으로서의 개인이 언제나 확신하는 바는 각 인간 (Man) — 즉 각 개인 — 뒤에는 가족이 있다는 것이다. 그러나 가족을 구성하는 다른 사람들은 개인이 아니었다. 법률과 관습에 의해 가족의 우두머리인 남성을 제외하고는(Degler 1980: 189).

표준적인 남성 일대기와 표준적인 여성 일대기가 처음부터 매우 다른 방향으로 발전한다는 것은 정확하게 현대화 과정에서 나타난 특징 중의 하나이다. 19세기 동안 여성들의 삶의 범위는 확대되지 않았고 가정 내부의 영역에 제한되었다. 다른 가족 구성원들에게 물리적·정서적 지원을 제공하는 일이 그녀에게 맡겨진 특수한 임무가 되었다. 남편과 그의 걱정거리에 귀기울이는 일, 가족 간의 다툼을 중재하는 일, 간단히 말해 오늘날 '감정 노동' 또는 '관계를 위한 보살핌'이라 불리는 그런 일들 말이다.

남편이 적대적인 세계로 용감하게 한발 한발 내디딜수록, 아내는 "차분하고 평화로운 분위기에서 서로 내적인 고요함을 유지"할 수 있기 위해 더욱더 "온전하고 아름답고 순수하게" 머물러 있도록 기대되었다(Riehl 1861: 60). 점점 더 합리화의 길로 달려가는 이 세상에서 그녀는 합리성 반대쪽에 있는 감정에 서서 남성에게 평온함과 친밀함의 오아시스를 제공하도록 기대되었던 것이다.

여성의 매혹적인 세계는 고요한 행운의 오아시스, 생활의 시(詩)의 원천, 파라다이스의 자취여야 한다. 우리는 그것을 그 어떤 '여성 문제'나 좌절한 여류문학가, 가방끈 긴 경제학자에 의해서도 강탈당하고 싶지 않다. 우리는 그것을 보존하기를 원한다. …… 신이 도와주신다면, 가난한 사람들이나 극빈 '노동자' 들에게도 그것이 가능할 것이다(Nathusius 1871; Lange/ Bäumer 1901: 69에서 재인용).

우리가 여성에게 매혹당하는 것은 감정적 따스함, 순진함과 신선함 때문이다. 그런 점에서 그녀들은 어려서부터 너무 많이 일하는 남자들보다 우월하다. 만약 교육에 의해 여성의 이 가장 매력적인 면이 파괴된다면, 이 자질들이 그녀에게 부여해 준 남성을 매혹시키는 힘은 회복불가능하게 파괴되고 말 것이다(Appelius, 바이마르 공화국 주 의회 부의장의 연설, 1891; Lange/ Bäumer 1901: 94에서 재인용).

독립성을 얻고 남자처럼 되려는 시도는 여자들을 퇴보시켜왔다. 여성에게 가장 큰 명예는 단순한 여성성이다. 이것은 흔들림 없는 정서와 겸손함, 그리고 자기에게 주어진 것 이상이 되기를 바라지 않는 미덕을 갖추고 스스로를 복종시키는 것을 의미한다. …… 남자가 여자보다 먼저 창조된 것은 독립적으로 되기 위해서였으며, 여자는 남자를 위해 그에게 주어졌다(Löhe, 19세기; Ostner/ Krutwa-Schott 1981: 25에서 재인용).

18 · 19세기의 수많은 정치학, 철학, 종교, 과학, 예술에서 발견되는 이같은 진술은 당시에 확립되고 있던 '대조적 미덕'(Habermas) 개념의 실제적 핵심을 밝혀준다. 가족 밖의 남성에게 더 많은 자기주장이

요구될수록 가족 안에 있는 그의 아내는 더욱더 자기부정에 길들여져야 했던 것이다. 이는 남편에 대한 아내의 의존을 확실히 단언하는 수많은 법령들에서 나타난다(Langer-El Sayed 1980: 56). 여성은 남편의 성을 사용하고, 그의 시민권을 공유하며, 그와 함께 살고, 그의 소망에 맞추어야 할 의무가 있었다. 남편은 아내의 편지를 뜯어보고 살림살이와 지출에 대해 일일이 지시할 권리를 갖고 있었다. 아내의 개인적 소유물의 처분권은 많은 경우 남편에게 이전되었다.

그러한 규제의 대가는 매우 크고, 분명히 여성에게 불리했다. 그 목적은 분명하다. 남성과 여성의 소망이 서로 다를 수 있다는 것이 정의상 불가능했기 때문에, 아무리 한쪽(여성)에게 억압적이라 할지라도 이러한 협정은 확실한 안정성을 획득할 수 있었다. 이러한 조건 하에서는 심지어 아주 조그만 선택권조차도 가족의 화목을 방해해서는 안된다고 여겨졌다. 중요한 것은 남자가 무엇을 원하는가이다. 여성이 진정 원하는 것은 남자에게 선택되는 것이다. "어릴 때부터 그녀는 …… 남성을 통치하게 되어 있는 성으로서 받아들이고, 스스로 부드럽고 참을성 있고 순종적으로 됨으로써 자신을 매력적으로 만드는 …… 습관을 배워야만 한다"(Basedow 1770; Kern/Kern 1988: 51에서 재인용). 아가사 크리스티(Agatha Christie)는 소녀시절의 기억을 다음과 같이 적고 있다.

남자는 어떤 의미에서 왕이었다. 그는 집안의 우두머리였다. 여자는, 그녀가 결혼했다면, 세계 속에서 남편이 차지한 장소와 남편의 생활방식을 자신의 운명으로 받아들였다. 그게 옳은 것처럼 보였고 행복의 토대인 것 같았다. 만약 당신이 당신 남자의 생활방식을 참을 수 없다면 아내라는 직업을 갖지 말아야 한다. 즉 그 남자와 결혼하지 말라는 말이다. 여기에 포목 도매상이 한 사람 있다고 하자. 그는 로마 카톨릭 신자이고, 교외에서 살기를 좋아하며, 골프를 치고 휴일에는 해변에 놀러가기를 좋아한다.

당신은 바로 그것과 결혼한 것이다. 그것을 좋아하도록 마음을 다잡아먹고, 그리고 실제로 좋아해라. 그게 그렇게 어려운 일은 아닐 것이다 (Christie 1977: 122).

그 이후 급속도로 변화가 일어났다. 처음에는 남성만의 특권이었던 것 — 즉 예전의 행동 패턴을 벗어던지는 것 — 이 19세기 후반, 특히 1960년대 이래로 여성에게도 가능해졌다. 이는 특히 교육에서 두드러진다. 닫힌 문이 하나 둘 열린 것은 20세기 초였지만 진정한 변화는 50년이나 지난 뒤, 모든 사람들에게 교육이 제공된 1960년대에 이르러서야 일어났다. 오랫동안 당연시 되었던 소녀들에 대한 불이익이 공공연히 의문시되었고, 이러한 노력들은 기대를 훨씬 능가하는 성공을 거두었다. 교육 수준에서 나타났던 뚜렷한 남녀의 격차는 불과 20년도 지나지 않아 모든 수준의 국가 교육에 소년 소녀가 거의 동수로 참여하는 것으로 바뀌었고, 이러한 경향은 대학에까지 이어졌다.[2]

집 밖에서 일하는 것 또한 하나의 예이다. 주부이자 아내라는 모델이 부르주아 가족의 이상이었지만 낮은 계층의 여성들은 남편의 수입이 충분하지 않았으므로 언제나 돈을 벌어올 수밖에 없었다. 19세기 후반에는 (가족 안에서의 일이 점차 생산과정과의 연결을 상실해 갔던) 중간계급 여성들도 점점 더 수입의 원천을 찾기 시작했다. 사적인 재산이 없고 생계를 위해 돈을 벌어야 하는 여성의 수가 늘어갔다. 그러나 중간계급 사회에서는 그런 노동이 시간적인 제약을 받았고, 결혼하면 그만두는 것으로 정의되었다. 여성의 자리는 여전히 가정이었다.

진정으로 널리 영향을 끼친 변화는 1950년대에 일어났다. 다른 산업화된 국가에서와 마찬가지로 독일에서도 첫번째로 일어난 변화는 결혼하고 가정 밖에서 일을 하는 여성의 수가 눈에 띄게 늘어났다는 것이다.[3] 기혼여성이 첫 출산까지 일을 하다가, 출산 후 잠시 직장을 떠나고, 아이들이 다 큰 후 다시 돌아오는 경향이 뒤따랐다. 두번째 국면은, 이것 역시 모든 산업사회에서 일어난 것인데, 아이가 있으면서 가정 밖에서 일을 하는 여성 — 즉 일하는 어머니 — 의 수가 두드러지게 늘어나는 것이다.[4] 오늘날 여성의 노동은 일종의 잠정 협정 상태이다. "일하지 않는 것은 여성들에게도 점점 더 예외적인 상황이 되고 있다. 즉 몇 안되는 자녀를 돌보는 기간 동안에만 국한된 것으로"(Willms 1983a:111).

인구학적 변화 역시 이러한 변화에 일조하였다. 기대 수명은 20세기가 시작된 이래 계속 상승해 왔고, 20세기 말경에는 전대미문의 수준으로 높아졌다. 반면 자녀 수는 철저하게 줄어들었는데, 유럽에서 이러한 경향은 19세기에 시작되어 1960년대 이래 가속화되었다. 이 두 가지 변화의 결합 효과가 표준적인 여성 일대기를 결정적으로 바꾸어 놓았다. 확대가족이 붕괴되고 대신 부르주아 가족이 들어선 이후 여성들이 맡아왔던 주된 임무인, 자녀 양육은 이제 그녀의 삶 전체에 있어서 아주 작은 부분, 완전히 일시적인 기간만을 차지하는 일로 바뀌었다. 그리고 역사적으로 볼 때 매우 새로운 시기, 즉 여성들이 더 이상 어머니 역할에 매여 있거나 매여 있도록 요구되지 않는 '빈 둥지' 기간이 등장하였다(Imhof 1981: 180f).

교육, 전문직, 가족 생활, 입법 등에서 일어난 이러한 변화의 결과, 일하는 여성들은 가족에 대한 헌신의 정도를 조금씩 줄이고 남편으로부터의 부양도 덜 기대하게 되면서 어떤 형태로든 — 종종 모순적인 형태로 — 독립을 성취하고 스스로를 부양할 수 있게 되었다. 이런 변화에는 물론 주관적인 측면도 있다. 이제 여성들도 자신이 삶에서 무엇을 기대하는지를 깨닫고 있다는 것, 아니 사실은 깨달아야 한다는 것, 그리고 여성들도 반드시 가족을 중심에 두어야 하는 인생 계획이 아니라 자기 자신의 퍼스낼리티에 초점을 맞춘 자신의 인생

계획을 세우고 있다는 것이 그것이다. 그녀들은 스스로를 어떻게 ― 무엇보다 우선 재정적인 면에서 ― 돌볼 것인지, 그리고 필요하다면 어떻게 남편 없이 지낼 것인지에 대해 계획을 세워야 한다. 그녀들은 이제 더 이상 스스로를 가족의 '부속물'로 여기지 않고, 권리와 이해관계, 그리고 자기 자신의 미래와 선택지들을 가진 한 사람의 개인으로 여기고 있다.

여기에 입센의 『인형의 집(A Doll's House)』(1878-9) 마지막 장면이 있다.

헬머: …… 당신은 이런 식으로 당신의 가장 신성한 의무를 무시하는거요?
노라: 내 가장 신성한 의무? 그게 뭔데요?
헬머: 내가 그걸 당신한테 말해 줘야 하오? 당신 남편과 아이들에 대한 의무지, 아니면 뭐겠소?
노라: 나한텐 다른 의무도 있어요, 그것과 똑같이 신성한 의무가.
헬머: 그런 건 있을 수 없소. 도대체 무슨 의무 말이오?
노라: 나 자신에 대한 의무요.
헬머: 당신은 그 어떤 것보다 먼저 아내이고 어머니야.
노라: 그딴 거, 이제 더는 안 믿어요. 내가 믿는 건 내가 그런 저런 것들 이전에 인간이라는 거죠, 당신처럼……. 아니 어쨌든 이제 나도 인간이 되어보려고 해요.

여기서 흥미로운 점은 그러한 변화가 양성 사이의 관계에 끼친 영향이다. 여기서는 분명 더 이상 남성과 여성을 산업화 이전 사회에서처럼 매일매일 고단하게 생계 꾸리기에만 전념하게 하거나 19세기 부르주아 모델에서처럼 서로 보완적이지만 여성의 종속을 전제하는 상호대립적인 성별 역할에 제한시키지 않는 새로운 종류의 결속이 나타나고 있다. 동지애로 뭉쳐진, 혹은 좀더 신중하게 말하자면, 유사한 성격과 삶에 대한 태도를 가진 두 사람 사이의 파트너쉽이라는 결속이 생겨날 수 있는 것이다. 이것이야말로 여성운동 저작들이 그토록 열망했던 결속이며, 『인형의 집』의 결말 부분에서 언급된 것처럼 희망으로 빛나는 '가장 놀라운 어떤 것' 인 것이다.

> 헬머: 노라 — 내가 당신한테 낯선 사람 이상의 것이 될 수는 없는 거요?
> 노라: 오, 토르발트 — 그건 굉장한 기적이 필요할 거예요…….
> 헬머: 그 굉장한 기적이란 …… 어떤 거요?
> 노라: 우리 두 사람이 둘 다 바뀌어서 — 오 토르발트, 난 이제 더 이상은 기적을 믿지 않아요.
> 헬머: 하지만 나는 믿을 거요. 말해줘요, "바뀌어서" …… 그 다음엔 뭐요?
> 노라: 우리가 함께하는 삶이 진짜 결혼생활이 되겠죠.

물론 여기서는 부푼 희망이나 기적의 가능성보다는 오늘날 그토록 많은 결혼과 남녀관계를 따라다니는 실망과 실패들이 뚜렷하게 드러난다. 함께 산다는 것은, 표준 일대기가 변화함에 따라, 분명히 양성 모두에게 훨씬 더 어려운 일이 되었다. 사실 우리 모두가 삶을 어떤 방식으로 꾸려갈 것인가를 선택하면서 부딪히게 되는 구속들을 살펴본 앞의 논의는 한 가지 결정적인 측면을 모호하게 남겨두었다. 남성과 여성이 의사결정을 공유하는 진정한 파트너로 행동할 수 있다고 전제하고 논의를 진행해 왔지만 이런 상황은 결코 미리 주어져 있는 것이 아니기 때문이다.

이제 그림을 완성해 보자. 사랑과 결혼을 변화시킨 새로운 요인은 사회학자들이 추적한 것처럼 현대화가 진행되면서 사람들이 — 곧 남성이 — 좀더 자기 자신이 되었다거나 개인적으로 되었다는 것 따위가 아니다. 새로운 것은 여성들의 개인적인 일대기이다. 그것은 여성들을 가족을 돌봐야 하는 의무로부터 해방시키고 1960년대 이래 점점 더 기세좋게 바깥 세상으로 내보내고 있다. 좀더 신랄하게 말하자면, 자신의 잠재력을 개발하는 사람은 오직 남자이고 여성은 — 그녀 자신의 관심이나 퍼스낼리티를 희생하면서 — 그 남자와 여타의 다른 사람들을 돌보는 보완적인 일만 해야 했던 시절에는 가족 응집력이 많든 적든 그대로 남아 있을 수 있었다. 그러나 이러한 '현대성의 분업'(1장 참고)은 이제 더 이상 지속될 수 없으며, 우리는 여성사에서, 그러므로 여성과 남성 모두의 역사에서 새로운 시기를 목도하고 있다. 오늘날 사랑에 빠진 두 사람은 역사상 최초로, 스스로 설계한 일대기를 성취할 기회와 걸림돌이 함께 자기들 앞에 펼쳐져 있음을 발견하고 있는 것이다.

남성과 여성이 함께 하는 삶에 대해 거는 기대들은 이미 이러한 징조를 보여주고 있다. 버나드(Jessie Bernard)가 말한 것처럼 모든 결혼은 두 개의 결혼으로 이루어져 있다 — 즉 남편의 결혼과 아내의 결혼(Bernard 1976). 이러한 정의는 오랫동안 숨겨져 왔으나 여성운동과 페미니즘 저작들이 밝혀낸 측면에 초점을 맞추고 있다. 즉 수많은 남녀들이 '사랑'이라는 마술적 단어에 희망을 걸고 있으나, 그 희망의 방식과 내용은 수없이 다양하며 넓은 범위에 걸쳐 있다는 것이다. 러빈(Lilian Rubin)의 도발적 문구처럼, 그들은 서로 '친밀한 이방인'이며 그런 상태로 남아 있다(Rubin 1983). 이것은 그들 사이의 분업(Metz—Göckel/Müller 1987)이나 각자의 화제거리(Ehrenreich 1984; Fishman 1982), 그들 일상생활의 중추를 이루는 의사소통의 우선순위와 양식에는 물론이고 성적인 소망(Ehrenreich, Hess/Jacobs 1986)과 에로틱한 꿈(Alberoni 1987)에까지 적용된다.

이렇게 서로가 각자 너무나 다른 기대를 갖고 있다는 것은 아마 그다지 새로운 사실은 아닐 것이다. 새로운 것은 그 차이를 다루는 방법이다. 여성들은 스스로 자신을 자기만의 소망을 가진 사람으로 더 많이 인식하면 할수록, 그만큼 그것이 충족되지 않는다는 사실을 받아들이려 하지 않게 된다. 그녀들은 점점 더 많은 만족을 요구하게 되고, 이 모든 것들이 실패할 때 최종적으로 초래되는 것이 바로 이혼이다. 이혼의 이유에 대한 연구들은 여성들이 남성들보다는 훨씬 더 좋은, 그러니까 감정적으로 충만한 함께 하는 삶을 기대하며 (Hohn, Mammey/ Schwarz 1981: Wagnerova 1982), 결혼생활에 대해 남성들보다 훨씬 더 많이 불만스러워함을 보여준다. 입센의 노라 역시 마찬가지였다. 노라는 그녀의 남편은 행복하다고 생각했던 가정을 떠났고, 그것이 '특정한 결혼', 즉 그녀 자신의 생각에 들어맞는 결혼이 되어야만 돌아오려 한다. 여기서 나타나는 경향은 아마도 다음과 같이 요약할 수 있을 것이다. 과거의 여성들은 실망에 부닥쳤을 때 자기의 희망을 버렸지만 오늘날의 여성들은 자기의 희망을 고수한 채 결혼을 버린다.

최근의 한 조사연구는 이혼한 여성들에게 그들의 결혼이 외부적 기준에서 볼 때는 모든 점에서 훌륭하고 원만한 것이었는데도 남편을 떠난 이유가 무엇인지를 질문했다. 대답은 대략 다음과 같은 것이었다.

그녀들은 자신의 결혼으로부터 얻을 수 있는 것보다 더 많은 것을 원했기 때문에 떠났다. 우리 어머니들이 수용할 만 하다고 여겼던 — 그리고 실제로 우리 자신이 결혼하면서 생각했던 — 결혼생활의 기준은 이제 더 이상 받아들여지지 않는다. 이 여성들은 버젓한 집, 그녀를 부양하는 남편, 보살펴야 할 아이들 이상의 무언가를 원했다. 그녀들은 감정적 친밀성, 평등한 파트너쉽을 원했고, 자기 자신의 삶을 스스로 통제할 수 있기를 원했다(B. Rabkin, *New Woman*, 1985년 10월호: 59).

이런 식으로 갈등의 가능성은 커지고, 동시에 어려움을 줄일 기회는 줄어든다. 여성들이 자신에 대한 보살핌을 더 많이 배울수록 —

사실 개인주의 시대에는 반드시 배워야 하는 것이다 — 그녀들은 자기 어머니나 할머니가 했던 것, 즉 남편의 요구에 맞춰주고 자기 자신을 희생하는 방식은 덜 받아들이게 된다. 이전에 응집력을 보장했던 접착제들, 즉 과거에 여성이 맡았던 역할들은 사라져가고 있다. 다른 사람을 위해 자기를 부정하기, 최소한 겉으로라도 유지하기 위해 기꺼이 끝도 없고 보이지도 않는 감정 패치워크 (가족들에게 감정적인 문제들이 생겼을 때 감정을 풀어주고 화해시킴으로써 가족 간의 분열을 봉합하는 일을 조각이불 만드는 일에 빗대어 표현함 — 역자)를 떠맡기를, 이제 누가 이 과제를 수행해야 하는가? 많은 여성들은 평화의 사도가 되는 것에 싫증을 내고 있고, 많은 남성들은 아직 준비가 되어 있지 않다. 남자든 여자든, 직장에서 경쟁 압박을 받고 저녁에 집에 돌아와서도 산더미같은 감정 노동이 기다리고 있다면, 누구라도 부담을 느끼게 된다.

딜레마는 이러한 사회적 격변과 생활 리듬의 변화가 불가피하게 균열을 만들어 낸다는 사실에 의해 더욱 심화된다. 양성 모두가 삶의 영역을 변화시키는(그리고 일단의 사람들에게는 자기 발견의 원천을 제공하기도 하는) 익숙치 않은 주장들에 마주치고 있으며, 또한 종종 자기 자신의 모순된 태도로 인해 혼란스러워하면서, 옛날의 역할 모델과 새로운 사실 사이에서 옴쭉달싹 못하고 있다. '더 이상은 안돼' 와 '아직은 아니야' 사이의 이러한 단계가 불안정한 혼합물, 그러니까 분명히 남녀 모두에게 고통스런 결과를 만들어 낸다.

우선, 독신 여성의 빈곤이라는 문제가 있다. 이것은 저학력이며 가족이 제공하는 전통적인 보호를 갖지 못한, 그러면서도 개인 단위로 디자인된 일대기에 대처할 무기를 갖추지 못한 여성들에게 해당된다. 이러한 여성들에게는 '복지와는 거리가 먼 남편만' 이 있거나, 아니면 점차 증가하는 독신·이혼 여성의 경우처럼 남편이 없다. 그리고 그 결과는 '빈곤의 여성화' (Pearce/McAdoo 1981)라고 알려져 있는 것 뿐이다. 한편 반대편 끝쪽에서는 또다른 문제가 나타나고 있는데, 이것은 독립적인 경력을 추구하지만 많은 경우 값비싼 대가를 치러야 하는 여성들에게 영향을 준다. 즉, 성공한 전문직 여성의 고독이다(Bock-Rosenthal/Haase/Streeck 1978; Henning/Jardim 1977).

이런 종류의 변화는 예컨대 심리학자 밀러(Jean Baker Miller)에 의해서도 묘사된다. 그녀의 임상경험에 의하면, 여성들이 심리치료를 받으러 오는 이유는 지난 몇 년 새 두드러지게 달라져가고 있다. 1970년대의 환자들은 주로 어린 나이에 결혼해서 아이를 키우고 그러는 동안 자신이 얼마나 많은 자기 것들을 포기했는가를 자각하게 된 중년 여성들이었는데, 요즘에는 주로 직업적으로 성공한 전문직 여성으로 좀더 젊고 과로하는 경향이 있는 독신 혹은 이혼 여성이 심리치료사의 도움을 청한다는 것이다. 이들은 그들의 삶에서 충족되지 않는 감정적 욕구를 발견하고 있다. 일생을 직업에 바친 여성에게는 이제까지 무시해 온 삶의 감정적인 부분을 기꺼이 보살펴 줄 '마누라'가 없는 것이다. 결과는 분명하다. "두 사람 중 어느 누구도 관계를 보살필 에너지를 갖지 못한 채 두 사람 모두가 전통적으로 성공이라고 규정되어 온 것을 추구하느라 바쁘든가 아니면 전문직 여성이 자기에게는 전혀 파트너가 없다는 것을 발견하든가"(Gordon 1985).

에리카 종(Erica Jong)의 소설 『낙하산과 키스(*Parachutes and Kisses*)』의 여주인공 이시도라는 후자의 범주에 딱 맞는다. 유명 작가이고 세 번 이혼한 경험이 있는 이시도라는 이렇게 생각하며 회한에 젖는다.

뛰어난 성취를 이룬 여자들은 …… 남자들에게 진실인 것이 자기한테도 진실일 거라고 (잘못) 생각하죠. 그 성취가 자신에게 명성과 재산과 멋진 연인을 가져다 줄 거라고 믿는 겁니다. 하지만 후유, 우린 결국 사정은 정반대란 걸 알게 되죠. 우리가 이룬 그 모든 것들을 가지고 사랑의 백화점에 가 보세요. 그걸로 우리가 살 수 있는 건 우리에게 위협을 느끼는 남자, 오그라든 페니스, 그리고 자포자기뿐이죠. 결국 우린, 왜 우리가 그렇게 열심히 일을 했는지 후회하게 되고 말아요. 직업적 영광을 얻는 대신 우리가 치러야 할 대가가 바로 우리 자신의 개인적 행복인데 말이죠(Jong 1985: 113).

동시에 새로운 역할을 시도하고 있는 몇몇 여성 집단은 '모든 여성은 남자가 있든 없든 홀로 서야 한다' 라는 모토 아래 예전의 의존으로부터 벗어나려 한다. 자신의 정체성을 모색하는 것은 남자를 배제하는 것을 의미하고, 그 논리적 귀결로 관심은 오직 자기 자신의 권리에만 맞춰진다. 이런 경향을 보여주는 좋은 지표 중의 하나가 여성 문학 시장이다. 여기서는 양성 사이의 관계가 종종 싸늘한 대립으로 변질해 버린다. 제목들은 종종 도발적이기까지 하며, 상징적 가치 이상의 것을 갖고 있다. '지금은 나를 위한 때'(Wiggershaus 1985)같은 제목은 하나의 슬로건이다. 우리는 '우리' 대신 '그 아니면 나' (Zschocke 1983)라든가 '나는 나 자신이다'(Jannberg 1982)같은 말들을 발견한다. 지금껏 종속적이었던 여성들은 이제 '원수 갚기' (Schenk 1979)의 때가 왔음을 깨닫고 있다. 두 개의 몸이 더 이상 야단법석 떨지 않고 다음 번의 성적 만남을 위해 결합할 때 그 몸에 속해 있는 두 사람은 서로에게 낯선 사람들로 남아 있으며, 그 한 쪽이 '여성혐오주의자'[5]로 불리는 반면 다른 한편에선 '매력적인 왕자님의 죽음'(Merian 1983)이 공식적으로 선언된다. 그리고 그 모든 것의 마지막 단계는 '혼자이기를 선택하기'(Meller 1983)이다.

여자들이 낡은 역할을 거부하는 데 대한 남자들의 반격은 그다지 잘 진술되지 못했다. 이는 아마도 부분적으로는 남자들이 아직까지는 더 많은 권력을 향유하고 있고 빠져나갈 틈새도 더 많이 갖고 있기 때문이기도 하고 다른 한편으로는 남자들이 자기 느낌을 표현하거나 좌절을 정식화하기를 여자들보다 훨씬 더 어려워하기 때문이기도 하다. 관찰자의 시각과 성별에 따라 이에 대한 진단은 다양하게 내려질 수 있다. 어떤 사람들은 '불안한 남성'(Goldberg 1979)을 읽어내고, 또 다른 사람들은 억압된 감정, 이해하기를 꺼리기, 특권을 포기하기를 거절하기라고 적는다. 이토록 불편한 시대에 남성들에게 내려진 그들의 평결은 '처신은 잘 하지만 현명하지는 않다'(Benard/Schaffner 1985)는 것이다. 오늘날의 남성들은 비록 새 옷을 입었지만 예전과 똑같은 가부장이라는 것이다.

새로운 징조들은 남성들에게 혼란스럽고 모순적이며, 그들이 사회화된 방식과도 부합하지 않고, 그들의 자기존중감에 많든 적든 공격을 가한다. 출신 배경이 아무리 다양하더라도 대부분의 남성들은 다음의 진술에 동의할 것이다. "도대체 여자들이 원하는 게 뭐야?" (Eichenbaum/Orbach 1983). 많은 남성들이 원칙적으로는 여성들이 옳다는 것에 동의할 것이나, 설거지나 아이돌보기 같은 그 어떤 불편함이라도 그들의 삶과 마찰을 일으키게 되면 그 즉시 꺼리거나 저항하게 된다. 그 무엇보다 새로운 어떤 '열린 마음'이 발견되고 있지만, 이것은 상황이 남성들에게 불편한 것이 되기 시작하면 곧 제한적인 것으로 판명된다(Schneewind/Vaskovics 1991: 171). 새로운 종류의 이상적 여성이 생겨났는데, 그녀는 독립적인 동시에 남성에게 이익이 되는 것들에 기꺼이 순응하고 의존하려 하는 여성이다(Metz-Göckel/Müller 1985: 22f.). 또다른 연구에 인용된 한 남성의 언급을 보라.

당신이 원하는 것은 당신과 대화가 통할 만큼 충분한 지성을 갖춘 대학 나온 여자, 살아가는 내내 당신의 사업과 의사결정 과정을 도와줄 수 있을 만큼 자신만만한, 그러나 그러면서도 가족을 보살피고 집안 살림을 돌보는 일을 하고 싶어하는 그런 여자와 결혼하는 것이다. 만약 당신이 그런 여자를 발견한다면, 당신이 이겼음을 알게 될 것이다(White 1984: 435).

관련된 모든 이에게 고통을 주는 이러한 실망을 고려하여, 지난 몇 년 동안 여성운동은 새로운 테마, 즉 해방되는 일과 누군가에게 헌신하는 일 사이에 균형을 잡는 어려운 작업 쪽으로 돌아섰다. 그 누구도 수많은 제약이 있었던 과거로 돌아가려 하지는 않으며, 서로 평등한 존재로서 사랑에 가득찬 파트너쉽을 가질 수 있을 것이라는 희망 역시 여전하다. 하지만 환상에서 깨어난 사람들은 전보다 훨씬 더 자주 궁금해하고 있다. 두 사람이 완전히 평등한 존재로서 서로 사랑한다는 것이 과연 가능할까? 사랑은 해방보다 오래 살아남을 수 있을까? 그게 아니라면, 사랑과 자유는 양립불가능한 대립물인가?

한편 다른 사람들은 사랑이 자율성을 빼앗아 갔음을 깨닫고 있다. "당신이 내게 뒤집어 씌운 건 노예생활이었어요. 당신은 나를 늙은 말을 탄 당신의 산쵸 판사로 만들고, 내 정체성과 내 삶 모두를 빼앗아갔죠. 당신의 사랑을 받아들이고 당신을 사랑한 건, 내겐 너무 큰 재앙이었어요"(Fallaci 1980: 156). 다른 한편에서는 스스로 자유로워지려고 노력한 대가로 애인을 잃는다. "우리가 무지몽매한 상태를 벗어났을 때, 우리는 우리가 사랑을 잃을지도 모르는 위험을 무릅썼다는 것을 알았다. 하지만 사랑을 파괴하지 않고서는 우리가 사적인 삶에 대해 배운 그 모든 것들을 적용할 수 없다는 것을 깨달았을 때, 계몽이란 언제나 고통스럽더라도 가치있는 것이라고 믿는 우리의 확신이 싸늘하나마 위로가 된다"(O'Reilly 1980: 219).

바로 여기에 딜레마가 있는 것 같다. 낡은 종류의 관계는 여성의 주도권을 억압하지만, 바로 그 덕분에 관계가 잠시 위태로와졌다가도 곧 다시 제자리로 돌아가곤 했던 것이다. 새로 등장한 종류의 관계는 두 개의 분리된 일대기를 만족시켜야 하고, 그것이 안되더라도 최소한 두 개의 일대기를 존중하기라도 해야 한다. 그 결과 숱한 말 싸움과 고통이 초래되는 것이다. 그러나 아마도 이것은 인간 젠더의 역사에서 하나의 불운한 잠정적 단계의 소산일 뿐이다. 에리카 종은 이를 다음과 같이 그리고 있다. "그들은 여전히 사랑하지만 함께 살 수는 없다. 최소한 지금 당장은"(Jong 1985: 12). 아마도 이 단계에서는 사람들이 각자 한 사람의 개인이 된다는 것이 거의 불가능하며, 감히 해 볼 수 있는 것은 기껏해야 시행착오 정도 뿐일 것이다. 시도하고 실패하고 또 시도해 보면서, 그들은 가장 좋아 보이는 삶의 방식을 선택해야 한다. 사회학 연구들이 보여주는 것처럼 "그런 일시적인 방책들은 점점 더 여성들에게 필수적인 것이 되고 있다. 그리고 그것은 아마 단지 그녀들만을 위한 것은 아닐 것이다"(Brose/Wohlrab-Sahr 1986: 18).

어떤 일이 일어나든 간에 어려운 문제는 남는다. 만약 현재의 어려움이 단지 하나의 국면 이상의 것이라면? 만약 그것이 (처음에는 오직 남성만을 포함했으나 최근에는 여성들도 포함하게 된) 자기 자신이 되기를 향한 시대적 움직임의 불가피한 결과라면? 두 개의 일대기가 서로 같이 짜여지는 것은 가능할까? 아니면 그런 것을 시도하는 것은 엔진에 너무 많은 모래를 쏟아붓는 일이 되어 같이 탄 차를 삐걱거리게 만들고 끝내는 멈춰세워 버리고 말 것인가?

중년의 위기

통계를 보면 놀랄 만한 일이 밝혀진다. 18년 혹은 20년 동안 결혼관계를 지속한 장기적이고 안정적으로 보이는 부부의 이혼율이 급속도로 증가하고 있다는 것이다.[6] 이에 대한 설명은 심리학적 자조지침서에서 찾아볼 수 있는데(Jaeggi 1982; Jaeggi/Hollstein 1985;

Wachinger 1986), 중년의 (결혼의) 위기에 대해서는 많은 말들이 있다. 중년기는 커플이 그동안 함께 한 삶의 결과 이미 탄탄한 기초를 달성하고 이제는 각자 상대방과 다른 이해관계를 발전시키기 시작하는 그런 시기이다. '내게 자유를 달라!' 는 것은 이 국면에서 나오는 선전포고의 외침이다. 이것은 종종 질질 끌며 오래 계속되는 다양한 종류의 권력 투쟁과 결합한다. 대개 상대의 제의에 대한 거부로부터 시작해서 가끔은 신체 질병으로 이어지기도 하고, 자기를 편들어 줄 사람을 찾아 헤매기도 하며, 때로는 폭력으로 끝나기도 한다. 이 모든 전략들은 "우리들 중 누가 독립적인 존재로 살아 남을 것인가?" 라는 질문을 둘러싸고 빙빙 돌고 있다. 그것들은 어떤 의미에서, 현재의 결혼 장면을 지배하는 공유된 삶 속에서 살아 남으려는 시도라고 할 수 있다. 다음 두 개의 서술은 서로 대조적인 관점을 보여준다. 우선 에리카 종의 소설 『비상의 두려움(Fear of Flying)』은 결혼 안에서 보는 시각을 보여주고 있다.

> 결혼이 억누르는 …… 갈망은 무엇에 대한 것인가? 때로는 올바른 길을 찾아내고 싶은, 당신의 머리 속에서 당신 자신이 여전히 홀로 살 수 있다는 가능성을 발견하고 싶은, 미쳐버리지 않고 숲속의 오두막에서 살아 남을 수 있을지 알아내고 싶은 갈망, 간단히 말해 누군가의 반쪽으로 지내 온 세월이 그렇게 많이 흘렀는데도 당신이 여전히 오롯이 당신 자신으로 남아 있는지를 알아내고 싶은 그런 갈망이다. …… 5년 동안의 결혼생활은 나로 하여금 고독을 갈구하게끔 했다(Jong 1974:18).

다음으로 밖에서의 시각을 보자. 어느 결혼 카운셀러는 이렇게 묘사한다.

> 대부분의 결혼은 함께 하기와 공유에 대한 열정으로 시작한다. 개인은 거

의 사라지고, 모든 것이 두 사람이 함께 하는 삶에 종속된다. 결혼다운 결혼을 성취하기 위해서는 많은 세월이 필요하며, 높은 응집력과, 서로를 위하고 아이들을 위해, 그리고 목표한 바의 직업적 지위를 성취하기 위해 수많은 노력이 요구된다. …… 그러나 함께 하는 시간이 많이 흘러간 뒤에 …… 젊은 시절의 활력은 날아가 버리고, 반짝거리던 희망도 없어졌으며, 직업적 목표는 달성되고 새로운 목적을 발견하기는 힘들게 된 때에, 바로 그러한 때에 오래된 질문이 새로운 다른 모습으로 훨씬 더 급박하게 다시 나타나게 된다. "나는 누구인가?" 자기 자신을 확신하고, 독립적인 의사결정을 내리고, 자기 자신의 삶을 꾸리고 싶은, 새로운 종류의 열정이 등장한다 …… "나는 누구인가?"라는 질문은 불가피하게 배우자를 향한 질문이 된다. "당신은 내가 누군지 정말 아느냐?" …… 결혼을 깨어버리는 것이 자신과 자신의 이해관계를 포기하는 것보다는 덜 위협적인 듯 보인다(Wachinger 1986: 80-3).

이런 패턴들을 설명하기 위해서 심리적 발달의 법칙에 기댈 수도 있겠다. 성숙을 향한 단계들은 언제나 어떤 형태의 분리를 수반한다. 결혼의 공생관계로부터 벗어나려는 중년의 위기는 가령 청년기에 겪는 싸움과 고통에 비길 수 있다.

이 갈등은 많은 면에서 …… 청년기에 일어나는 부모와의 투쟁과 비슷하며, 실제로 같은 목적에 이바지한다. 자기 자신의 정체성을 재창조하기, 공생적 통일성으로부터 헤어나오기, 다른 사람은 결코 진정으로 나의 고독을 공유할 수 없음을 깨닫기(Jaeggi/Hollstein 1985: 219).

그러나 심리학적 관점에서 볼 때는 사건의 자연스런 과정, 즉 결혼에 대해 미리 결정되어 있는 어떤 패턴으로 보일 수 있는 것도 사회사의 관점에서 검토되었을 때는 여지없이 그 특수성이 드러난다. 간단히 말해 중년의 위기는 사회적인 사건이지 자연적인 사건이 아니라는 것이다. 그것은 무엇보다도 우리가 묘사해 온 개인화 과정의, 특히 상당히 진전된 단계의 결과이며, 여성들의 삶의 맥락도 이 과정에 포함되게 된 시기의 산물이다. 그것은 또한 인구학적 변화의 산물이기도 하다. 기대수명이 엄청나게 늘어남으로써 많은 커플들이 그러한 단계에 도달할 수 있게 되었기 때문이다. 지난 한 세기 동안 "(이혼하지 않을 경우) 결혼이 지속되는 기간은 거의 두 배로 늘어났다". 1870년에 '검은머리 파뿌리 되도록' 살기를 맹세한 커플은 평균적으로 23.4년을 함께 살았다. 1900년의 커플은 28.2년간, 1930년의 커플은 36년간을 함께 살았는데, 1970년에 결혼식을 올린 커플은 43년 동안 함께 살게 된다.[7]

중년의 위기는 이 세 가지 요인 — 일반적인 추세로서의 개인화, 특히 여성의 개인화, 기대수명의 연장 — 이 함께 발생하는 곳에서만 대량으로 발견된다. 역사적 현상으로서 중년의 위기란 아주 새로운 경험인데, 왜냐하면 20세기 후반부까지만 해도 인구의 많은 부분이 중년기에 이를 때까지 살지 못했기 때문이다. 그러므로 다양한 단계를 다음과 같이 추적해 볼 수 있다. 산업화 이전 사회에서는 자신의 삶에 대해서건 결혼에 대해서건 개인적 결정의 여지가 거의 없었다. 그것들은 본질적으로 팀 작업이었다. 그러므로 당시에는 자신의 정체성을 찾으려는 욕구가 별다른 역할을 하지 못했다고 해도 별 무리는 없을 것이다.

이러한 상황은 개인이 등장하자마자 변하기 시작한다. 그리고 이 변화들은 여러 가지 상황이 여성으로 하여금 스스로를 돌보도록 강요하게 되면서 더욱 심화된다. 결국 우리들이 번듯한 가정과 경력을 확립하고 나서도 여전히 우리 앞에 많은 세월이 놓여 있음을 깨달을 때에, 우리의 태도는 변하게 되는 것이다. "과연 그게 전부였나?" 이런 질문이 이전보다 훨씬 더 큰 압박감으로 다가오게 된다.

바로 이 순간에, "내가 배우자를 위해서 어떤 것들을 포기해 왔는가?"라는 물음이 우리에게 던져진다. 사람들은 젊은 시절에 세웠던 거창한 계획들을 회상해내고, 공유된 삶이 만든 타협들을 새삼스럽게 깨닫는다. 이루어지지 못한 것들의 많은 부분은 대개 상대방 탓으로 돌려지게 되고, 결혼은 가지 않은 길에 대한 희생양이 되어 버린다. 사람들은 잠재의식적으로 이렇게 인식한다. 더 이상은 할 수 없는 그 무언가가 있고, 감당할 수 없는 또다른 무언가도 있다고(즉 피아니스트가 되기에는 너무 늙어버렸고 남아메리카로 이민갈 용기는 없고).

그러나 설혹 출발선에서 다시 시작하는 것이 불가능하다 할지라도, 사람들은 아직 시간이 있는 동안은 이 부득이한 일부일처제 상황에 대해 무엇인가를 해야 한다. 사람들은 최소한 자신을 위해 더 많은 공간과 시간을 요구하고 싶어하며, 상대방 또한 자기의 정체성을 찾으려고 투쟁하고 있으므로 그쪽이 저항하면 할수록 자기는 더욱 강하게 주장해야 한다. 결국 이런 식으로 파트너는 적으로 변하게 되고 결혼은 자기의 정체성과 자긍심을 유지하기 위한 투쟁의 장소(안전판, 피뢰침 또는 대리판사)가 되어 버리는 것이다.

뒤이어 일어나는 싸움의 진행과정은 종종 역설적이다. 즉 "당신과 함께인 것도 좋지 않고 당신이 없는 것도 좋지 않다"는 코스를 따르는 것이다. 두 파트너가 끊임없이 새로운 변이들과 단계적 확전(擴戰) 속에 수년간 전쟁을 치르면서도 결코 헤어지려 하지 않는 사례는 수도 없이 많다. 헤어졌다가 다시 돌아오고, 함께 살지만 정말은 따로따로라고 선언하며, 안녕이라 말할 수는 없지만 별거를 하고, 그리고는 이제 막다른 골목에 몰려 오도 가도 못하게 되었다고 느낀다. 몇 년 동안 그러한 움직임을 지켜본 친구들은 그저 어깨를 으쓱해 보일 수밖에 없다. 이런 상황에 연루되어 보지 못한 사람이라면 그 누구라도 이것을 이해할 수 없는, 불합리한 상황으로 여길 것이다.

여기 다시 대조적인 관점에서 바라본 두 가지 묘사가 있다. 우선

하나는 팔라치(Oriana Fallaci)의 소설 『남자(Der Mann)』에 나오는 것이다.

> 난 단지 당신에게 …… 내가 왜 그런 관계를 계속하길 거부하는지 설명하는 편지를 주러 돌아왔던 거예요. …… 하지만 나를 속박했던 끈은 이미 끊어졌고, 숨이 턱턱 막혀가면서 그걸 고치는 건 정말 최악이예요. 나의 이 평정, 나의 이 초연함을 어지럽히는 것보다 더 나쁜 건 없어요. 그런 일이 일어나는 건 한 가지 경우밖에 없었어요. 당신의 목소리를 듣는 거였죠. …… 하지만 나를 흔들어놓는 데는 전화 한통화면 충분했어요. 일주일 동안 두려움에 떨며 지냈고, 그 다음 주에는 이미 나는 믿질 않았어요. 중대한 실수였죠. 탈출한 지 17일째 되는 날 새벽에 전화벨이 요란하게 울렸어요. "여보세요, 나야! 나라구!" …… 그리고 몇 시간 만에 나는 비행기를 타고 있었죠. 내가 가요, 나의 돈키호테, 내가 간다구요. 당신의 산쵸 판사는 아직도 당신의 산쵸 판사예요. 언제나 그럴 것이고, 당신은 언제나 내게 의지할 수 있어요, 내가 여기 있어요! …… 내 문제는 해결될 수 없을 거예요. 내가 살아 남는다는 건 불가능해요. 도망쳤지만 결국 아무것도 이루지 못했어요(Fallaci 1980: 246, 362, 264, 357).

다음은 결혼 밖에서 한 부부를 관찰한 어느 심리치료사의 설명이다.

> 물론 꾸준히 다투었고 의견이 맞지 않았으며 따로따로 휴가를 떠나곤 했다. 끊임없이 별거하겠노라고 말은 하지만 두 사람 중 어느 누구도 일이 그렇게 진행되도록 구체적인 조치를 취하지는 않는다. 겉으로 보기엔 둘 다 아주 쉽사리 혼자 살아갈 수 있을 것 같은데도 말이다. 내가 카린을 따로 불러 이 문제에 대해 질문하자, 그녀는 자기가 가진 거의 말도 안되는 망상을 드러냈다. 그녀는 자기는 '완전히 혼자'가 될 것이며 아무도 자기

를 '돌봐주지' 않을 거라는 공포에 사로잡혀 있었다(그녀는 상당히 훌륭한 직업적 경력을 갖고 있었으며 그 덕분에 남편 디터보다 훨씬 많은 친구들과 지인들을 갖고 있었는데도!). 한편 나는 디터가 카린이 싸들고 나서는 짐을 즉각 풀지 않으면 자기는 "다락방에서 목을 매고야 말겠다"고 히스테릭하게 비명을 지르는 것을 들었다. 외부인이 이들을 보면 두 사람 모두 정신이 온전치 못하다는 인상을 받을 것이다. 그러나 두 사람은 물론 결혼 이외의 생활에서는 둘 다 잘 적응하여 성공을 거두고 있었고 많은 사람들의 호감을 얻고 있었다. 이것은 단순히 그들이 '서로를 떠나 홀로 있을 수 없으며' 어떠한 경우에라도 한 사람을 뒤에 남겨두고 떠나고 싶어하지 않는다는 것을, 이상하게 격렬한 형태로 보여주는 것이다. 두 사람 모두 조용히 대화를 나눌 때면 각자 오래 전부터 서로 헤어질 준비가 '실제로' 되어 있었다고 말하고 있었다(Jaeggi 1982: 26)

이런 패턴은 심리학자들이 밝혀낸 공생의 함정, 즉 우스꽝스러워 보이는 만큼 희망도 없는 결과를 낳는 구조를 명백히 드러낸다. 심리학자들은 여기서 자율성과 의존, '밀접함과 거리감' (Jaeggi/Hollstein 1985: 217ff.), '융합과 저항' (Schellenbaum 1984: 35ff.) 사이의 영원한 투쟁을 본다. 그러나 그러한 복잡한 상황은 왜 벌어지는 것이며, 왜 해결 불가능한 것일까? 이 책에서 제시된 사회학적 시각에 따르면, 그것은 우연히 일어나는 것도 아니고 유전적으로 결정되어 있는 것도 아니며 아담과 이브 때부터 계획된 자연의 법칙도 아니다. 그것은 오히려 개인화가 진행되는 과정에서 발생한 모순들의 표현이자 반영이다. 그것들 뒤에는 우리의 사생활을 결정하는 모든 모순적인 갈망과 기대와 의무들이 놓여 있다. 앞에서 묘사한 것처럼 사랑은 이전보다 더 중요해질 뿐만 아니라 더 어려워진다. 종이 위에서는 두 개의 가닥을 따로따로 잡아낼 수 있지만 개인의 마음 속에서는 그것들이 불가분하게 서로 얽혀 있어서, 차례차례 일련의 역설들과 어려움들을 만들어 낸다. 그것에 이름이야 뭐라고 붙여도 좋다. 친밀성 대 개인성이든, 공생 대 자기 자신의 삶이든 간에.

여기서 이론적 측면에서 정식화해 본 이 딜레마는 물론 많은 현대 소설, 특히 여성문학에서 하나의 테마가 되고 있다. 다시 두 개의 사례를 비교해 보자. 첫번째 사례는 다시 에리카 종의 여주인공 이시도라인데, 그녀는 내적 독백을 통해 자신의 양립 불가능한 소망들을 표현하고 있다.

나: 혼자라는 게 왜 그렇게 끔찍한 거지?
나: 그건 만약 어떤 남자도 날 사랑하지 않는다면, 난 어떤 정체성도 가질 수 없기 때문이지.
나: 하지만 넌 한 남자가 너를 전적으로 소유하고 너의 숨쉴 공간을 다 차지해 버리는 걸 네가 싫어한다는 걸 알지 않니?
나: 알아 — 하지만 난 그걸 지독하게 원해.
나: 하지만 네가 실제로 그렇게 되면, 넌 덫에 걸렸다고 느끼게 될 걸.
나: 알아.
나: 넌 서로 모순되는 걸 원하는 거야.
나: 알아.
나: 넌 자유를 원하고 또한 밀접함도 원하는 거야.
나: 안다니까(Jong 1974: 251).

그리고 다시 팔라치로 돌아가 보자.

애인이 그의 요구로, 결속으로 압박해 올 때 우리는 우리 자신을 도둑맞는 것 같은 느낌을 받는다. 애인을 위해 직업이나 여행이나 낭만을 포기해야 한다는 것은 몹시 불공평해 보인다. 우리는 공개적으로 혹은 은밀하게 수백 수천의 분노와 자유의 꿈을 키우며, 매혹당하지 않는 실존을 갈망한다. 그 속에서 우리는 금빛 햇살 속을 비행하는 한 마리 갈매기처럼 날아다니고 싶다. 애인은 말못할 고통으로 우리를 묶는 사슬이며, 우리가 우리 날개를 펴지 못하게 만든다. 하지만 애인이 더 이상은 없고 열린 공간이 무한하게 펼쳐질 때, 그래서 아무런 애정도 속박도 없이 쏟아지는 금빛 햇살 속을 마음껏 날아다닐 수 있게 되었을 때, 그럴 때에 우리는 더욱 공포스런 공허를 느끼게 된다. 그토록 포기하기를 꺼려했던 직장이나 인생 역정 또는 로맨스들이 이제는 완전히 무의미한 것으로 다가오게 되며, 우리는 우리 자신이 우리의 되찾은 자유를 갖고 무엇을 할 수 있을지 더는 알지 못하게 된다. 마치 주인 잃은 개나 무리를 벗어난 한 마리 양처럼 잃어버린 노예생활이 아쉬워 눈물흘리며 그 텅빈 공허 속을 헤매 돌아다닌다. 그리하여 결국 우리의 영혼의 간수(看守)가 요구하는 대로 사는 삶으로 다시 되돌아가게 된다(Fallaci 1980: 378-9).

분명히 이 기본적 딜레마는 우리의 모순적인 개인화 사회에 붙박혀 있는 특징이다. 이것은 모든 커플들에 영향을 미치지만, 특히 오랫동안 지속된 결혼에 큰 혼란을 일으킨다. 딜레마의 양 측면, 즉 자기 자신이 되는 것과 친밀한 관계를 유지하는 것, 이 둘이 모두 뚜렷이 나타나고 제각기 주목해 달라고 아우성쳐대는 곳이 바로 이 오래된 결혼이기 때문이다. 그 모든 나날, 견뎌내야 했던 넌덜머리나는 습관, 짜증, 의례, 타협들을 생각해 보라. 내 남편 내 아내를 제외한다면 과연 누가 그토록 직접적으로, 그토록 냉혹하게, 그토록 가까운 곳에서 내 삶을 침해해 들어올 것인가? 우리가 겪어온 모든 일들, 우리가 공유하는 추억들, 기쁨과 고통들을 생각해 보라. 그것들은 내 존재의 가장 깊은 한 가닥에 닿아 있다. 다른 누가 그토록 많이 나의 일부일 수 있는가? 이런 상황에서 "그리고 그들은 한 몸이 되었다"는 오래된 성경 구절은 새로운 의미를 획득한다. 그것은 두 가지 방식 모두로 느껴질 수 있다. 즉 어떤 때는 위협과 저주로, 또 다른 때는 위안과 약속으로, 반복적으로 차례차례 또는 동시에 두 가지 모두로 느껴지는 것이다. 바로 이것이 몇 년 동안이나 지속되는 망설임, (두 사람이 동시에 서로 자기 쪽에서 깨끗이 관계를 정리하는 것이 아니라) 항상 한 쪽이 미련을 갖고 남아 있고, 그래서 결국은 두 사람 모두 결코 그 관계로부터 떠나 버리지 못하는 그런 상황을 설명해 준다.

국외자는 여기서 단지 승자 없는 반복적인 논쟁, 결코 끝나지 않을 싸움만을 본다. 수수께끼의 해답은 사랑을 받고 싶어하는 우리의 현대적 갈망에 있다. 그런데 이것은 "드디어 나를 위한 시간이 왔다"라는 발상과 뒤얽혀 있으며, 이 둘은 정반대의 논리를 갖고 서로 대립한다. 이런 상황 하에서 커플은 다툼을 두려워하기도 모색하기도 하며 또한 계속 다투기 위해 모든 수단을 채택할 준비가 되어 있다. 커플 각자는 상대방으로부터 제공되던 안정감은 상실했더라도 그러나 결혼이 깨지지 않았다는 것에서 어떤 자신감을 얻는다.

나는 이제야 왜 아내가 돌아오기를 원하는지 알았소.
그건 그녀가 내 안에 만들어 놓은 것들 때문이오…….
그녀가 나를 떠났다고 생각했을 때 나는 허물어지기 시작했고,
존재하기를 멈췄던 거요. 그게 바로 그녀가 내게 해 놓은 일이었소!
나는 그녀와 함께 살 수는 없소 — 그건 이젠 도저히 참을 수 없는 일이 되었소.
그렇지만 그녀 없이도 살 수가 없소, 그건 그녀가 나를
나 자신의 어떤 고유한 존재도 가질 수 없게 만들어 버렸기 때문이오.
바로 그게 그녀가 나와 함께 보낸 5년 동안 내게 한 일이오!
그녀는 세상을, 내가 그녀의 관점 없이는 살아갈 수 없는 그런 곳으로 만들었소. 나는 혼자여야만 하오, 하지만 전과 똑같은 세상 속에서는 그게 안되는 거요.
그래서 내가 당신의 요양소로 들어가고 싶어하는 거요. 내가 거기 들어가

혼자 있을 수 있겠소?

(T. S. Eliot, *The Cocktail Party*, Act 2)

대용물로서의 아이?

개인들로 이루어진 사회의 모순적인 규칙들 아래 성인 파트너와 함께 살기란 종종 몹시 고통스럽고 모욕스러운 일임이 드러났다. 따라서 남자도 여자도 스스로를 보호하고 감정적 소진의 위험을 낮추기 위한 전략들을 개발해 내고 있는 것은 극히 타당한 논리적 귀결로 보인다. 가족과 결혼 전선에서 일어나고 있는 최근의 변화들은 이런 움직임의 징후들을 보여주고 있다. 결혼 전에 심리치료 받기(*New Woman*, 1985년 7월호: 44ff 를 보라), 결혼계약서 작성하기(Partner 1984가 좋은 예이다), 그리고 팝송 가사대로 "헤어지는 게 그렇게 어렵지는 않기" 때문에 결혼하지 않은 채 함께 살기(Schumacher 1981)에 이르기까지 가능한 레퍼토리의 범위는 넓다.

몇몇 사람들은 그 어떤 헌신도 하지 않으려 하고, 실망에 직면하지 않기 위해 아예 관계의 진척에 대한 희망조차 키우지 않으려 한다. 이것을 요즘 나오는 책 제목들로 다시 한번 써 보면 이렇게 된다.『꿈을 넘어서(*Beyond Dreams*)』(Fischer 1983) 단계에는『친밀함에 대한 공포(*Fear of Closeness*)』(Schmidbauer 1985)가 자라나는 것이다. 에리카 종의 소설에 나오는 다음 구절은 바로 이것을 묘사하고 있다.

"당신은 내 짝, 내게 꼭 맞는 짝이오". 그가 말했다. "이제 당신을 발견했으니, 난 당신을 결코 보내지 않을 거요." "오 달링" 그의 말 속에 진실이 담겨있을 거라는 느낌과 싸우면서, 그녀는 오늘 밤이 지나면 다시는 그를 만나지 않으리라고 다짐했다. 그는 신기루야, 한낱 꿈이란 말야. …… 이토록 뜨거운 열정은 절대로 오래 가지 않아. 이렇게 매력적인 남자는 자기 방식대로 구애해 들어와 여자 마음을 사로잡고는, 그러고는 단호하게 떠나 버린다구. 그녀는 조쉬와 헤어진 지 얼마 지나지 않았기 때문에, 그런 일을 감당할 준비가 되어 있지 않았다. 그리고 그녀는 결코 다시는 그런 준비를 하지 않을 것이었다(Jong 1985: 332).

그러나 이렇게 해서 문제를 해결할 수는 없다. 만약 사람들이 다른 사람과 가까워지고 싶은 그 모든 희망을 억누른다면, 타자를 통해 자기를 발견하려는 우리 시대의 열망에는 어떤 일이 일어날까? 누구를 그리워하고 누구를 껴안을 수 있을까? 한 남자도 한 여자도 아니라면, 아마도 한 아이를 사랑할 수 있을 것이다. 이제 이 선택지를 좀 더 자세히 살펴보도록 하자.

개인화 역사의 첫 단계는 사람들에게 안정감과 정체성을 주었던 오래된 결속을 약화시켰다. 남자와 여자가 자기를 찾기 위해 서로에게 향하고 사랑을 그들 존재의 중심으로 만든 것은 그리 오래되지 않은 일이다. 이제 우리는 그 다음 단계에 도달했다. 전통적인 결속은 오직 부차적인 역할만을 하고 남녀 간의 사랑도 마찬가지로 취약하고 실패하기 쉬운 것으로 판명되었다. 남아 있는 것은 아이 뿐이다. 그것은 이 사회 속에 있는 그 어떤 것보다 기본적이며 깊고 지속적인 결속을 약속한다. 다른 관계들이 서로 간에 변화가능하고 철회가능한 것이 되어갈수록 아이는 더욱더 새로운 희망의 초점이 될 수 있다. 그것은 영원성의 궁극적 보장, 한 사람의 삶에 닻을 제공하는 것이다.

이런 관점에서 보면 급속히 진행되고 있는 최근의 인구학적 변화도 이해할 만하다. 첫째, 혼외 관계에서 태어나는 아이의 수가 눈에 띄게 증가하고 있다.[8] 물론 여기에는 굉장히 다양한 원인이 작용하겠지만, 한 가지 확실한 것은 새로운 형태의 미혼모가 나타나고 있다는 점이다. 남편이나 혹은 전통적인 종류의 파트너쉽 없이 혼자 아이를 갖기를 원하는 여성말이다.[9] 이것은 다음과 같은 한 문장으로 요약될 수 있다. "오늘날 중요한 커플은 여자와 아이로 이루어진 커플이다" (Sichtermann, Wetterer 1983에서 재인용). 아니면 크레켈(Ursula Krechel)이 빈정댄 것처럼, "새로운 정치적 단위는 모자(母子)라고 불린다"(Krechel 1983: 149). 새로운 여성 문학에 속하는 한 소설은 이것을 이렇게 공식화하고 있다.

> 나는 서른 여덟 살에 애를 낳고 싶어요. …… 난 그 일을 완전히 혼자서 하길 원해요. 정자 은행을 통해서나 아니면 하룻밤 상대로부터 말이죠. 그가 누구인지 알기 위해 불을 밝히지도 않은 채, 그저 내 몸을 내맡겼다가 한참 뒤에 내가 임신했다는 것을 알게 되었으면 해요(Ravera 1986: 138).

이런 종류의 희망은 최근 생식 기술의 발전으로부터 힘을 얻는 것 같기도 하다. 이미 — 미국과 오스트레일리아에서 — 결혼 생활을 하던 당시에 체외수정을 시도했다가 이제는 이혼을 했는데도 냉동된 그 수정란을 이식받기 원하는 여성들이 보고되고 있다. 전남편들은 그녀들을 고소했는데, 그것은 결혼이 해체된 이후 그들은 아버지로서의 모든 역할을 거부당했기 때문이다. 법원은 이미 한 판례에서 여성의 승소를 결정하고 그녀에게 태아에 대한 일시적 후견권을 부여한 바 있다(*Süddeutsche Zeitung*, 1989년 9월 22일과 10월 31일자). 바로 여기에 다가올 미래의 시나리오가 있다. 남자에 대한 사랑이 증발해버린 곳에서, 여성은 홀로 태아를 지켜나가길 원한다.

이러한 경향이 현재 대다수 여성들에게서 나타나고 있다는 것은 아니다. 그러나 분명한 것은 더 젊은 여성들 사이에서 미혼모에 대한 태도가 극적으로 변하고 있다는 것이다. 1960년대에는 거의 모두가 결혼한 여성만이 아이를 낳아야 한다고 생각했지만 1980년대 초에는 전체 소녀들의 반 이상이 그런 건 중요한 문제가 아니라고 생각한다.[10]

여성 대중서나 잡지들이 "혼자 아이낳기 …… 어떻게 할 것인가"에 대한 조언을 제공하고 있는 것 역시 징후적이다.[11] 어떤 제목은 도전적인 자기확신으로 '남자 없이 더욱 행복한 독신 엄마'를 공언한다. 최근 여성들의 글에서 계속해서 나타나고 있는 모티브는 이것이다. 즉 아이에 대한 사랑이 남자에 대한 사랑을 대체한다는 것이다. 혼자 아이를 키우고 있는 한 여성은 이렇게 말한다.

> 이제는 하퍼(그녀의 아들)와 편안한 마음으로 지내기 위해 내가 만들어야 할 삶과 사랑의 조건이 어떤 종류인지 알아요. 만약 누군가 다가와서는 날 위한다면서 그걸 망쳐버리려고 한다면, 전 그를 때려주고 짐 싸서 내쫓아 버릴거예요. …… 이것도 하퍼가 나를 변화시킨 일면이죠. 남자들이 내 삶에서 차지하고 있던 중요성은 사라졌어요. 내가 (직업적으로, 물질적으로, 사적으로, 그리고 하퍼와의 생활 속에서) 스스로 이뤄낸 모든 것들은 그 어떤 남자에게도 의지하지 않은, 순전히 독립적인 것들이죠. 나에게 무얼 하라고 말하거나 이러쿵 저러쿵 명령하는 남자친구는 하나도 없어요(Häsing 1983: 83에서 재인용)

오리아나 팔라치의 『태어나지 않은 아이에게 보내는 편지 (*Letter to a Child Never Born*)』에서는 이것이 훨씬 더 뚜렷하게 나타난다.

> 네 아버지에 대해서라면, 생각하면 할수록 그를 사랑했던 것이 후회스럽다. …… 네 아버지를 만나기 전에 내게 왔던 남자들도 마찬가지였지. 그들은 날 실망시키는 유령들 같았어. 난 무언가를 구해 보려 했지만 항상 실패하고 말았단다. 우리 엄마는 언제나 이렇게 말씀하셨지. 사랑이란 아이를 품에 안고 그 애가 얼마나 외롭고 무력하고 연약한 존재인지를 깨달을 때에 그 엄마가 느끼는 감정이라고. 아마도 그건 진실일거야. 그 애가 무력하고 연약하게 머물러 있는 한, 적어도 그 애는 너를 모욕하거나 실

망시키지는 않을 거란다(1976:20-1).

에리카 종의 글 전체를 흐르는 감정도 이와 유사한 것이다.

아이들은 낭만적 사랑이 주는 것보다 훨씬 더 진한 기쁨을 우리에게 가져다 준다. …… 그녀는 조쉬와 헤어지게 된 이후로 또 하나의 아기를 열망해 왔다. …… 하지만 누가 그녀의 환상속의 아기 아버지가 될 것인가? …… 그렇다면 그냥 아이를 낳고 애 아버지는 차버려? 어쨌든 그녀는 혼자 아이를 키우고 싶었다. …… 이것이 새로운 가족, 즉 엄마와 아이들, 그리고 엄마의 연인(또는 새 남편)인 것이다. 어쨌든 확실하게 연결되어 있는 것은 엄마와 아이들이다. 남자는 그저 왔다가 가버리는 것이다(Jong 1985: 68, 296, 107).

하지만 에리카 종은 실수를 했다. 우리는 새로운 가족이 '엄마와 아이들'로 구성된다는 것을 당연시할 수 없다. 많은 경우에 남자들은 이혼 후에도 엄마에게 양육권을 주기보다는 혼자서 아이를 키우고 싶어하며, 이 수는 점점 더 늘어나고 있다. '남성들은 자기 권리를 위해 싸우고'(*Wiener*, 1984년 1월호, 32ff), '이혼한 아버지의 슬픔'(*Esquire*, 1985년 3월호의 커버스토리)은 심각해지고 있다. 한 카운셀러의 말을 보자. "나는 남자들이 아이를 잃어 버릴까 두려워 우는 것을 봐 왔어요. 과거에는 아이들 때문에 소리쳐 우는 건 오직 여자들 뿐이었는데 말예요. 특히 나이가 젊은 아버지들은, 양육권을 얻지 못했을 때 극적인 상실감으로 고통받곤 하지요. 그런 경우가 우리에게는 가장 어려운 사례지요."(*Eltern*, 1985년 10월호: 37). 이미 언급한 바대로 새로운 종류의 유괴가 있다. 점점 더 많은 남자들이 양육권을 얻지 못했을 때 강제로 아이를 데려가는 것이다.

그러나 사정이 아직은 그런 경보가 울릴 만큼 심각하지 않은 곳에서라도, 보통 남녀들에게서 일어나는 어떤 흐름은 식별해 낼 수 있다. 성인 파트너의 무관심과 냉정한 침묵 때문에 자신이 거절당했고 사랑받지 못하고 있다고 느끼는 사람들은 그들의 사랑을 아낌없이 아이에게 주고 싶어한다. 한트케(Peter Handke)의 『아이 이야기(Kindergeschichte)』는 이런 예를 보여준다.

> 친구가 없는 시기였다. 심지어 아내조차도 불친절한 낯선 사람이 되어 버린 것이었다. 이것이 아이를 훨씬 더 중요하게 만들었다. …… 이 시기에 부부 사이에 서로 나눈 것이라곤 기껏해야 사실 관계 차원에 머물렀으며, 그들은 종종 서로를 단지 '그' 또는 '그녀'로 생각하곤 했다. …… 아이를 낳고나서 아내는 자기가 거의 하루종일 갇혀 있는 답답한 집안에서만 남편을 만날 수 있었다. 그는 집안에서 그녀의 모습에 관심이 없었다. 시간이 흐를수록 그녀는 그를 짜증나게 하기 시작했다. 남편은 아내를 위한 특별한 존재이기를 그만두었고, 뛰어난 업적을 이룬 '그녀의 영웅'으로 등장하는 것도 그만두었다. …… 그는 경솔하게도 일말의 망설임도 생각도 없이 가장 다정하고 친밀하며 비밀스런 몸짓을 아이에게 보냈으며, 아내와의 일상적 나눔 속에서는 거의 말을 하지 않았다. …… 결국 그에게 맞는 것은 아이이며, 이제 여자는 더 이상 필요하지 않은 것 같았다 (Handke 1982: 23, 34-5).

바로 여기에 결코 통계에서는 나타나지 않는 중요한 측면이 있다. 사람들은 최근 수년간 등장한 '새로운' 여성과 새로운 어머니들의 수많은 자전적 기록을 통해 자기 자신을 되돌아봄으로써만 그것을 발견할 수 있다. 그녀들은 스스로가 아이에 대한 느낌의 강렬함에 놀라고 압도되며 심지어 위축되기까지 한다고 반복해서 기술한다(좀더 상세한 내용은 Beck-Gernsheim 1989: 31ff를 보라). 그녀들은 어떤 종류의 결속, 즉 그들의 삶의 다른 어디에서도 알지 못했던, 그토록 깊고 모든 것을 감싸는 '위대한 낭만적 사랑'을 경험한다고 한다(Dowrick/Grundberg 1980: 74). 라자르(Jean Lazarre 1977:96)는 '한 사람의 어머니로서 당신이 느끼는 감정이 얼마나 강렬했던지 나는 당신이 혹시 심장마비를 일으키지나 않을까 걱정이 되었다'라고 썼다. 또다른 한 여성은 이렇게 말한다.

> 나는 내 인생에서 처음으로 진정으로 사랑을 배우고 있다. …… 너(아이)로 하여 나는 친밀성이란 것에 대해 다시 생각해 보게 되었다. 나는 나와 토론하는 사람에게 가까이 다가가는가? 일 년에 네 번쯤이나 그럴까? 그와 함께 있으면 가장 나 자신에게 충실해질 수 있는 그런 친구에게는 가까이 다가가는가? 시간 약속이나 해야 그럴까? 예의범절과 지혜와 유머로 나를 전율케 하는, 그러나 나와 함께 살지는 않는 낯선 사람에게 나는 가까이 다가가는가? 나는 어느 누구에게도 너한테 가는 것만큼 가깝게 다가가지는 않는다(Chesler 1979: 191, 194).

> 실제로 그 애는 내 삶의 위대한 낭만적 사랑이다. 나는 낭만적 사랑을 강하게 불신하기 때문에 이로부터 자기만족을 느끼지는 않는다. 하지만 나는 내가 그 애에 대해 갖는 감정이 과거에 내가 느낀 그 어떤 것보다도 여성잡지/중세의 시/종교적 신화에서 묘사한 것과 같은 사랑에 근접한 것임을 안다. …… 감정적, 심리적, 정치적, 사회적, 그 어느 쪽으로 보아도 내 딸은 나에게 달갑지 않은 변화였다. 나는 겁먹었다. 결단코 그 어떤 남자에게서도 당해 보지 않은 방식으로 말이다. 지적으로, 감정적으로, 그리고 실제적으로도 나는 희생자였다. 그렇지만 나는 억압을 선택했고, 후회하지 않는다. 나는 실제로 그것을 사랑과 기쁨으로 끌어안았다(Dowrick/Grundberg 1980: 77과 79).

어머니의 사랑을 여성성의 핵심이자 자연적 결속이라고 여기는 사람에게는 이런 진술이 놀랍지 않을 것이다. 그러나 과거에는 어머니와 아이의 감정적 결속이 오늘날보다 훨씬 약했음이 밝혀진 이상, 그러한 감정을 우리의 유전적 속성이라고 공언할 수 있을지는 의문스럽다. 이 현상을 다른 측면에서 설명할 수도 있을 것이다. 즉 우리 사회가 변화하고 있는 방식과 더욱 밀접히 연관된 것으로서 말이다.

이러한 관점에서 보면 아이와 결속을 맺기 시작하는 것이 아주 매력적인 이유는 그 관계가 다른 성인과의 관계와 매우 다르다는 점에 있다. 아이는 나와 선천적인 관계를 맺고 있으니, 이 관계는 일대기의 우연한 일치를 통해 획득되는 것이 아니다. 그 결속은 모든 것을 감싸안고, 지속적이며, 끊어버릴 수 없다. 받은 만큼 주고, 준 만큼 받아내며 그러고는 차버리는 우리의 문화 속에서 아이와의 관계는 어떤 의미에서 그 어떤 다른 관계들보다 우월하다. 아이는, 적어도 그가 아직 어린 동안만큼은 실망하거나 상처받거나 혹은 버림받을 위험 없이 모든 사랑과 헌신을 투자할 수 있도록 해 준다.

유토피아를 찾아서?

산업화 이전으로부터 현대에 이르기까지 사회가 변화해 옴에 따라 남자와 여자가 서로 관계맺는 방식에 있어서도 변화가 일어났다. 우리는 지금까지 그것의 세 단계를 추적할 수 있었다. 1단계, 즉 가족이 하나의 경제단위로 구성되었던 곳에서는 남녀 어느 쪽도 개인적 일대기를 갖지 않았다. 2단계, 즉 '확대가족'이 붕괴되기 시작했을 때는 남자들이 그들의 삶을 꾸리는 데 주도권을 갖도록 기대되었다. 가족 응집력은 여성 권리의 희생을 대가로 유지되었다. 그리고 1960년대부터 새로운 3단계가 시작되었다. 남녀 모두가 자기 자신의 삶을 만들어갈 축복과 짐을 부여받은 새로운 시대가.

이러한 오늘날의 상황에서도 분명 진정한 파트너쉽을 세울 기회가 있지만, 양성이 헤어져서 쓸쓸히 반대쪽으로 떠나가도록 할 위험 역시 마찬가지로 아주 많다. 문제의 핵심은 '당신 자신이 되는 것', 그리고 똑같이 자신의 자아를 모색하는 그 누군가와 지속적으로 '함께 사는 것' 사이에 균형을 맞추는 것에 있다. 다음에는 무엇이 일어날지 궁금한 사람도 있을 것이다. 다툼과 오해들이 쌓이고 쌓여서 결국 우리에게 남은 믿을 만한 말동무란 오직 심리치료사뿐인 그런 상태가 올 것인가? 아니면 플레센(Elisabeth Plessen)의 소설에서처럼 끌어안을 애완동물밖에 남지 않을 것인가? "그의 아들은 동부전선에서 전사했다. …… 그의 아내는 달아났다. …… 자기 자신을 위로하기 위해서 그는 고양이를 키운다"(1976:15). 다른 한편으로 우리는 여전히 무언가 달라질 것이고, 두 개의 스스로 만드는 일대기가 서로를 처리하며 융합될 수 있는 규칙과 방법을 찾아낼 수 있으리라는 희망을 버리지 않고 있다.

그러나 어떻게 그렇게 할 것인가? "황폐화된 관계가 (그리고 그런 관계 속의 사람들이) 필요로 하는 것은 무엇보다도 서로 이야기를 나눌 기회이다"(Preuss 1985: 12)라는 결혼 카운슬러의 통찰은 옳은 것일 수도 있으나, 분명 이제 더 이상 충분한 것은 못된다. 사회가 필요로 하는 것은 관계들의 선차성을 다시 생각하는 것이다. 한편 지나치게 배타적으로 각 개인들에게만 초점을 맞추고, 사적 헌신은 그것이 시장의 목적에 착취될 수 있을 때에만(이동적이고 유연적이며, 경쟁적이고 직업의식이 있을 때에만) 고려될 수 있다고 보는 경향 역시 존재한다. 따라서 그런 변화는 정치인과 권력자, 조직과 제도의 통찰을 요구한다. 즉, 우리 사회가 기존의 지배적 규칙을 적용하는 것이 더는 생산적이지 못할 뿐 아니라 아예 불가능하게 된 중대한 단계에 도달했음을 깨달아야 한다. 과거처럼 계속한다면 우리는 양성 사이의 전면전이라는 어마어마한 재정적·감정적 비용을 치러야 할 것이며,

사회는 사적(私的)·재정적인 혼란 속에 빠질 것이다. 사적 수준에서 남자와 여자들은 과거에 여성적인 미덕이라고 여겨졌던 것들, 즉 이해, 인내, 양보를 실천해야 하며, 계속하여 새로운 타협을 시작하는 용기를 발견해야 한다. 유토피아일 뿐이라고? 우리는 단지 노력해 볼 뿐이다. 웹(Beatrice Webb)을 인용해보자. "우리는 한 문명의 끝에 와 있다. 이제 질문은 이것이다. 과연 우리는 또 다른 문명의 시작에 서 있는가?"(Mackenzie/Mackenzie 1984: 291).

3 자유로운 사랑, 자유로운 이혼
해방의 두 얼굴

'영원히 당신만의 것.' 낭만적 사랑은 우리 사회의 중심축 중의 하나이다. 사랑하고 사랑받는다는 즐거운 감정은 교회의 제단 앞은 아니라 하더라도 호적등기소로 우리의 발길을 이끌고 결혼식에서의 서약대로 '죽음이 우리를 갈라놓을 때까지' 평생 함께 하도록 도와준다. 하지만 통계는 또 다른 이야기를 들려준다. 즉 상당수의 사람들이 혼자 살며, 그 수가 점차 늘어가는 추세이다. 또 어떤 사람들은 결혼 생활에 전혀 적극적이지 않음에도 함께 살고, 또 많은 커플들이 이혼하고 있다. 이처럼 낡은 이상과 새로운 해결책을 찾으려는 시도들 사이에서 갈피를 잡지 못한 채 남녀 양성은 함께 하기의 안팎을 우왕좌왕한다. 이로부터 나타나는 결과는 사적인 동시에 사회적인 측면을 갖고 있다.

지금까지 그 어느 누구도 결혼 생활의 문제, 불행, 결별이 얼마나 많은 수고, 자원, 현금을 대가로 지불해 왔으며 앞으로도 또 얼마나 많이 지불하게 될지를 고려한 적도, 계산해 본 적도 없다. 뒷받침할 자료는 없지만 이제 결별은 경제적인 문제가 되었으며, GNP의 만만치 않은 부분을 집어삼키고 있다고 결론지을 수 있을 것이다(Jaeggi/Hollstein, 1985: 36).

이처럼 개인화는 항상 두 측면을 갖고 있다. 결혼이 산업화 이전 사회에서처럼 매우 엄격하고 미리 예정된 일종의 장치로부터 두 개인 간의 자발적인 결합으로 변화하면서 두 사람이 얼마나 사랑하느냐와는 상관없이 해결해야 할 새로운 종류의 불쾌함과 갈등이 생겨나고 있다. 아니 좀 더 극적으로 묘사해 보면, **사랑은 최종적으로 승리하는 바로 그 순간 온갖 종류의 패배에 직면하고 있는 것이다.**

우리는 이제부터 바로 이 역설을 다루게 될 것이다. 우리는 이런 일이 어떻게 일어났는지를 추적하고 그 내적인 논리를 해독하면서 사람들로 하여금 끊임없이 소망하고 후회하고, 또 만사 불구하고 처음부터 다시 한번 시작하도록 하는 일에서 헤어나지 못하도록 만드는 역학을 살펴볼 것이다. 여기서는 그 어떤 것도 단순한 우연일 수가 없다. 그것은 우리의 현대 세계에, 그리고 '자유' 라는 모호한 개념 속에 내재해 있다. 어려움은 자유로운 선택이라는 원칙 자체에 있으며, 우리는 새로운 지평을 얻었지만 동시에 좋든 나쁘든 결과에 대한 책임을 피할 수 없게 되었다.

지난 시절: 의무와 확실성

사회사가들은 산업화 이전 사회에서의 결혼은 두 사람간의 결합이라기보다는 두 가족, 혹은 두 씨족간의 결합이었다는 사실을 일관되게 보여준다(Rosenbaum 1978, 1982; Schröter 1985; Sieder 1987; Stone 1978, 1979). 따라서 오늘날과 같은 의미에서 결혼 상대자를 선택하거나 사랑에 빠지거나 자신의 직관에 따르는 것은 가능하지 않았다. 선택 범위는 지위와 재산, 인종과 종교 따위의 일정한 기준에 의해 미리부터 제한되어 있었고, 결혼은 가족, 친척, 지역 공동체의 네트워크에 의해 조정되었다. 사랑 때문에 결혼하는 일은 극히 드물었다. 결혼의 주목적은 경제 단위인 가족의 번영과 생존에 기여하고, 일꾼이자 상속자인 아이를 생산하는 데 있었다. 16, 17세기 영국 귀족의 사례는 이것을 잘 보여준다.

부모가 딸들에게 가장 강력한 압력을 행사했던 것은 당연한 일이었다. 딸들은 누구보다 더 의존적이었으며 따라서 집밖에 나가지 못하도록 했으며, 열등한 성의 구성원으로 취급되었다. 그들에게는 복종 이외에 어떤 다른 대안도 없었다. 결혼하지 않는 것보다는 볼품없는 남편이라도 시집가는 것이 차라리 더 나았기 때문이다. …… 16세기초에는 유언장과 결혼 계약에서 어린아이들이 마치 가축처럼 거래되었는데, 이것은 모든 계급과 지역에서 아주 흔한 일이었다. …… 선택의 자유는 딸들만큼이나 아들들에게도 제한적이었다. 보호자로서의 권리를 행사하고 싶은 바람과 계약이 지닌 재정적 중요성 때문에 아버지는 가족의 통제권 밖에서 결혼이 이루어지는 것을 막기 위해 종종 아들이자 상속자를 생전에 그가 선택한 여성과 결혼시키려 했다. 아들은 대개 아버지의 뜻에 따르기 마련이었다. …… 재정적으로 아버지에게 의존해 있었기 때문이었다(Stone 1978: 445-7).

이러한 종류의 규제는 물론 상당한 강제를 포함했다. 전통적 결혼 체계에서 가장 확실한 낙오자는 무엇보다도 출생시의 신분이나 성별에 의해, 혹은 사회적 지위의 결여에 따라 경제적으로 어려운 처지에 있던 사람들이었다. 그들은 경제적으로 결정되어 있는 이 체계의 규칙에 적합하지 않았으며, 따라서 유산, 지참금 규정, 재산 없는 사람들의 결혼 금지 등과 같은 법 조항에 의해 사전에 결혼에서 배제되어 버렸다. 이 체계의 또 다른 피해자는 적당하다고 생각하는 누군가와 강제로 결혼하게 되는 남녀들이었으며, 결혼하고 싶은 상대가 가족의 기준에 맞지 않기 때문에 결혼하지 못하는 사람들이 세 번째 부류의 피해자들이었다. 세계의 문학에서 '사랑과 음모'의 비극이 그토록 많이 등장하는 것은 바로 이 때문이다.

> 뒤쳐지지 않는 기품을 자랑하는 두 집안……
> 옛부터 내려온 원한이 새로운 소동을 낳는다…….
> 숙명적으로 만난 두 원수의 자식들
> 불운의 두 연인은 목숨을 잃게 된다.
> 불행하고 가슴 아픈 그들의 반란은
> 죽음으로써 부모의 갈등을 잠재운다(Shakespeare, 『로미오와 줄리엣』, 서막).

전통적 규칙에는 분명히 개인적 소망을 위한 여지가 없으며, 그것이 가족의 소망과 다를 경우 가차없이 억압되었다. 하지만 그러한 규칙들이 결혼에 일정한 안정감과 지속성을 주었다는 것 역시 분명한 사실이다. 두 사람을 결합시키는 것은 가족과 지역 공동체지만 일단 결합이 성사된 다음에는 당사자들도 그것을 유지하는 일에 주력했고, 다양한 범위의 사회적 메커니즘을 통해 영향력을 행사할 수 있었다. 배우자 선택이 집안 배경과 지위에 따라 이루어지는 경우에는 남녀가 중요한 측면에서 관습과 규범을 배우고 동일한 기대치를 공유하고 규칙을 이해할 수 있도록 해주는 안전판이 있었다. 또한 남녀가 가족 농장이나 상점에서 함께 일함으로써 서로 돕고, 함께 좌절과 위험, 가령 흉년이나 혹독한 겨울 등을 이겨내는 과정을 통해 서로 더욱 굳게 결속할 수 있었다.

임호프(Imhof)는 이런 일이 농부 가족에게서 어떻게 일어났는지를 보여주고 있다.

결정적으로 중요한 것은 특정 농장주와 그의 개인적 안녕이 아니라 농장 자체의 복지와 유지이며, 특정 시기 특정 장소에 사는 특정 가족의 생계가 아니라 가족의 계보, 즉 혈통을 이어나가는 것이 중요했다. 이 곳을 중심으로 세대와 세대가 거쳐가고 농장주와 농장주의 계보가 이어진다. 다만 농장주는 하나의 역할을 수행할 뿐이다. 그는 한 사람의 개인이 아니다. 그는 하나의 관념, 중심이 되는 기준점이지 하나의 자아가 아니다 (1984; 20).

블릭슨(Tania Blixen)도 비슷한 방법으로 한 귀족 가문의 상황을 이렇게 묘사한다.

배우자들의 관계는 사적이지 않다. 엄밀히 말해 그들은 사적으로, 혹은 직접적으로 서로를 행복하게 해주거나 실망시킬 수 없다. 그들이 서로를 소중히 여기게 되는 것은 그들이 맺고 있는 관계를 통해서, 그리고 생활 속에서 서로에게 지고 있는 의무를 통해서이다. 로한 공작에게는 부인에 필적할 만한 어떤 여성도 없다. 다른 여성들이 아무리 아름답고 재능 있고 매력적이라 한들 그녀만이 이 세상에서 또 하나의 로한 공작을 탄생시킬 수 있는 유일한 여성인 것이다. 그녀가 받는 대접은 로한 가문을 위한 것이며, 그녀가 도와주는 농부들은 로한의 농부이며, 로한의 불쌍한 백성들이다(1986: 67-8).

현대: 자유의 증대와 안전의 감소

사회사가들에 따르면 농경 사회에서 현대의 산업사회로 변화하면서 결혼한 부부가 서로에게 취하는 태도도 달라지기 시작했다. 가족 집단의 영향력은 상당히 줄어들고 한 평생 같이 사는 사람들의 권리는 강화된 것이다. "서로를 택하는 것은 개인들이지 더 이상 연합하고 동맹하는 가족들이 아니다"(Rosenmayr 1984: 113). 물론 이러한 선택이 언제나 운에 좌우되었던 것은 아니다. 특히 이러한 변동이 일어난 초기에는 사회적 배경, 개인 재산, 교육과 종파가 여전히 결정적인 역할을 했다(예를 들어 Borscheid 1986; Mayer 1985). 낭만적 사랑도 은밀하게 사회적 규칙과 결합되어 있는 것이다. 하지만 연인들의 입장에서 보자면 수세기 동안 밖에서 시키는 대로 따르던 쪽에서 자기 마음대로 선택할 자유를 갖게 된 쪽으로 저울추가 옮겨간 셈이다.

지난 수천 년 동안 적절한 짝짓기에 대한 생각은 네 개의 연속적 단계를 거쳐 왔다. 첫 단계에서는 자식의 소망과는 상관없이 부모들이 알아서 결혼을 성사시켰다. 두번째 단계에서는 부모들이 여전히 다리를 놓긴 하지만 자식들이 거부할 권리를 가졌다. 세번째 단계에서는 자식들이 선택하고 부모들이 거부한다. 마지막으로 네번째 단계인 금세기에 들어서는 자식들 스스로 배우자를 선택하며 그들은 부모들이 어떻게 생각할지 별로 염두에 두지 않는다(Stone 1978: 475).

이처럼 낡은 질서의 붕괴와 함께 마치 뭔가 근사한 것, 즉 외부의 의무와 책임에서 완전히 자유로운 어떤 개인적 행복이 발견된 것처럼 보였다. 이제는 더 이상 미리 정해진 기준에 따라 바깥에 있는 사람들이 남녀간의 결합을 정해주지 않는다. 계급과 지위의 장벽을 이겨내고 마음의 언어만을 유일한 권위로 인정하는, 헌신적인 두 개인 간의 친밀하고 대단히 개인적인 만남이 등장한 것이다. 이러한 이야기는 동화에서처럼 아름답게 끝나도록 되어 있었다. '그리하여 그들은 그 후 행복하게 살았더라.'

> 나를 위해 아침이 밝았다! 오, 어째서 우리 아버지들은
> 우리처럼 쉽게
> 서로를 이해할 수 없단 말인가!······
> 아버님들이 화해를 하시면, 나는 당당히
> 그대를 나의 것이라고 말할 수 있을 텐데······
> 아그네스, 아그네스!
> 어떤 기쁨이 우리를 기다리고 있을까! 그대는 나의 아내가 될거야.
> 오 그대는 우리의 즐거움이 얼마나 될지 헤아릴 수 있는지?
> (Heinrich von Kleist, *Die Familie Schroffenstein*, V, 1)

그러면 이처럼 잔뜩 부푼 희망은 어떤 결과를 가져왔는가? 많은 희망들이 좌절에 부딪혔다. 삶은 동화책 속의 이야기와 크게 다르기 때문이다. 심리학자들은 "이즈음 사람들이 사생활에서 부딪히는 가장 큰 문제는 파트너와 어떻게 지내는가 이다"라고 지적한다(Jaeggi/Hollstein 1985: 뒷 표지). 인구학자들은 통계를 살펴보고는 "이혼 사업이 번창하고 있다"고 선언한다(Schmid 1989: 10). '진정한 관계를 맺는 법', '대화로 끝까지 가보기' '사랑을 던져버리는 법'에 대한 얘기가 분분하다. 좀더 심각한 연구자들은 '연속적 결혼(serial marriage: 한 결혼이 이혼으로 끝나고 또 재혼하고 하는 식으로, 파트너는 바뀌지만 결혼 자체는 끊임없이 이어지는 결혼 — 역자)'과 '할부 단혼(monogamy in instalments: 같은 현상을 이렇게 표현하고 있는 것인데 하나의 결혼이 지속되는 동안에는 단혼이지만 장기적으로 보면 파트너가 계

속 바뀌므로 복혼[polygamy]의 측면도 있다 — 역자)을 얘기한다.

상황은 정말로 역설적이다. 남성과 여성은 더 이상 가족에 복종할 필요가 없어졌고 예전보다 훨씬 자유롭게 결혼하고 싶은(혹은 하기 싫은) 상대를 스스로 결정하게 되었다. 아마 이런 상황이라면 누군가와 함께 산다는 일이 그 어느 때보다도 더 쉽고 더 만족스러울 것이라고 생각할 수도 있을 터이다. 그러나 실제로는 많은 사람들이 바로 이러한 상황으로부터 도망치고 있는 것이다.

함께 공유할 수 있는 세계를 찾아서

현대적 삶의 특성 중의 하나는 종종 복잡하고 상호모순적인 수많은 선택지들이 우리 앞에 펼쳐지고, 우리 모두는 이 선택지들 가운데 어느 하나를 선택해야 하는 데서 찾을 수 있을 것이다. 온갖 새로운 가능성을 동반하고 있는 급속한 사회적 변화, 전통적 결속들의 침식, 새로운 종류의 사회적·지리적 이동 등 다양한 요인들이 일정한 역할을 하고 있으며 시간이 지남에 따라 그 영향은 점점 더 분명하게 드러나고 있다. 바바리아 주의 산골짜기에서 태어난 시골뜨기가 공부하고 일자리를 찾기 위해 함부르크 같은 도시로 이주하고, 이탈리아의 가르다 호수 옆에서 휴일을 보내고, 말년은 마조르카에서 보낼 계획을 구상할 수도 있는 시대가 되었다.

이는 우리 각자가 예전보다 더욱 더 삶의 골목골목을 더듬어 길을 찾아가면서 우리의 정체감을 확립해야 한다는 것을 의미한다. 사회학자나 심리학자들이 확인해 주듯이 우리의 '사랑-삶'은 이러한 사실 때문에 아주 중요해진다. 앞에서 묘사한 대로 우리의 현실관과 자기존중감은 대체로 가정이 어떻게 돌아가느냐에 따라 좌우되기 때문이다.

 이것이 새로운 종류의 긴장을 불러오리라는 데 대해 그리 놀랄 필요는 없을 것이다. 자유롭게 파트너를 고르고 가족, 친족, 혹은 씨족의 명령을 따르지 않고 둘이 함께 하나의 세상을 건설할 수 있다고 하자. 이것은 자유처럼 보일지도 모르지만 실제로 그렇게 하려면 상당한 노력이 필요한 것이다. 이처럼 새로운 체계에서는 커플이 스스로 자신의 인생을 설계하도록 기대될 뿐 아니라 반드시 그렇게 해야만 한다. 버거(Berger)와 켈너(Kellner)는 이러한 과업의 윤곽을 다음과 같이 묘사한다.

> 과거에 결혼과 가족은 그것을 더 큰 공동체와 연결하는 관계망 속에 단단히 결박되어 있었다 ……. 개별 가족의 세계와 외부 공동체 세계 사이에는 장벽이 거의 없었다 ……. 하나의 동일한 사회적 삶이 집, 거리, 마을 전체에 고동치고 있었다. 우리 방식으로 표현한다면, 가족과 결혼 관계는 아주 넓은 접촉망에 기반하고 있었다. 이와 반대로 오늘날의 사회에서는 각 가족이 해당 가족만으로 분리된 하위 세계를 구성하면서 나름대로 고유한 규칙과 관심사들을 갖고 있다.
> 때문에 커플의 어깨는 이전 어느 때보다도 무거워진다. 과거에는 새로운 결혼의 성사가 이미 확립되어 있는 사회적 패턴에 약간의 변화를 주고 말았지만 오늘날 커플은 그들끼리 자기들만의 사적인 세계를 창조해 내야 한다는, 때로는 대단한 노력이 요구되는 과업에 직면하고 있다. …… 단 한 번뿐이라는 결혼의 특성은 이런 과업에 투자하는 것을 특히 위험천만한 것으로 만드는데, 왜냐하면 결혼에 성공하느냐 실패하느냐는 두 사람만의 개성과 이 개성이 갖는 거의 예측 불가능한 앞으로의 발전에 좌우되기 때문이다. …… 짐멜에 따르면 모든 사회적 관계 중 가장 안정적이지 않은 관계 말이다. …… 즉 오직 두 사람으로만 구성되고 두 사람의 노력에 의해 좌우되는 관계에서 두 사람은 다른 관계들의 결여를 상쇄하기 위

해 자기 영역에 점점 더 많은 것을 투자해야만 하는 것이다. 그러나 이것은 이 드라마와 여기에 연관된 위험을 증대시킬 뿐이다(1965: 225).

이 뿐만 아니라 결혼이나 친밀한 관계를 한 사람이 일대기를 이끌어나가는 기준이 될 수 있는 일종의 항성(恒星)으로 만들어주는 사회의 원심력들이 다른 한편으로는 두 파트너가 같은 길을 가는 것에 동의하는 것을 매우 어렵게 만든다. 과거와 달리 결혼 계약서에 사인함으로써(사인조차 하지 않고 함께 사는 경우도 있다) 하나가 된 두 사람은 서로 매우 다른 배경을 갖고 있기 십상인데, 여전히 두 사람이 족내혼의 법을 따르고 관례적 토대(사회적 지위, 종교, 국적이나 인종)에 따라 파트너를 선택하는 경우에도 마찬가지이다. 즉 그들 각자는 서로 다른 인생사를 살아왔고, 이 때문에 두 사람에게서는 우선 순위와 바람들, 의사소통 방식과 의사결정 기술이 서로 다를 것이다. 그러므로 두 사람 모두가 똑같이 동의하는 공동의 기획을 만들어 내는 것은 매우 어려울 수밖에 없다. 버거와 켈너는 이렇게 말한다.

우리 사회에서 결혼은 두 명의 이방인이 함께 만나서 서로를 재정의하는 하나의 극적인 사건이다. …… '이방인'이라는 개념은 물론 후보들이 아주 다른 사회계급 출신이라는 것을 의미하지는 않는다. 실제로 자료에 따르면 상황은 그와 반대이다. 낯설음은 예전의 결혼 후보자들과는 달리 그들이 서로 다른 지역에서 서로 다른 사람들과 '얼굴을 맞대고 자랐다'는 사실에서 비롯된다. 두 사람의 과거의 구조가 비슷하더라도 그들은 공동의 과거를 갖고 있지는 않다(1965: 223).

한 발 더 나아가 보자. 과거에는 배우자를 직접 선택하는 경우 무엇보다 가족의 소망을 거스르는 일이 많았지만 사회적·지리적으로 인구이동이 점점 증가하는 시대에는 자유로운 선택의 원칙이 새로운 의미를 얻게 된다. 대부분의 커플은 여전히 오래된 규칙을 따르고 있지만 지역적·국가적 경계를 넘어서 사회적 지위나 종교 혹은 국적이 전혀 다른 사람을 선택하는 사람들도 많다(예를 들면 Mayer 1985; Schneider 1989). 독일에서는 요사이 12쌍 중 1쌍 꼴로 국제결혼이 이루어진다(Elschenbroich 1988: 364). 이런 경우 특히 두 '이방인'이 함께 살게 될 것이 분명하다. 이들에게 특별히 중요한 한 가지 관심사는 사랑에 대한 우리의 현대적 정의가 요구하는 대로 어떻게 하면 서로가 상대방이 자기를 발견할 수 있도록 도와줄 수 있는가 라고 할 수 있다. 비록 이 때문에 자신의 과거와 뿌리를 직접 마주해야 하는 일이 있다 해도 말이다.

이러한 상황에서 나와 다른 배경을 가진 파트너를 선택하는 일은 다른 문화와 결합하는 것을 의미하는데, 그것은 또한 낯선 세계의 두려움과 희망 그리고 사고방식과 사고의 지평에 얽혀 들어가야만 한다는 것을 의미한다. 유대인과 비유대인의 결혼에 관한 미국에서의 한 연구는 다음과 같은 결론을 제시한다.

> 남녀가 공동의 집단적 배경과 공통의 문화 유산, 사회적으로 비슷하구나 하는 느낌을 공유하는 경우 과거와의 대면은 순수하게 개인적인 일이 될 수도 있다. 말하자면 각자가 상대방에게 보여주어야 할 것은 사적인 기억과 가족의 비밀들뿐이다. 하지만 남녀가 집단적 기억에 대해 공동의 근본적 가정들을 공유하지 않을 때에는 좋건 싫건 자기표현의 가장 미세한 측면마저 한 사람의 문화적 역사에 대한 폭넓은 발언이 될 수밖에 없다 (Mayer 1985: 70).

삶의 일상적인 반경을 한 걸음 벗어나서 파트너를 선택한 이런 결혼들은 현대인들이 어떻게 배우자를 찾는지를 선명하게 보여준다. 즉 이러한 결혼에서는 외부적 영향력은 아무 발언권이 없고, 결혼의 결정은 관련 당사자 두 사람에게만 달려 있는 것이다. 독일에서의 두 문화간의 결혼을 다룬 연구에 따르면 이 결혼들은 "태도의 측면에서 볼 때 매우 현대적이다. 그것들은 낭만적 사랑의 이상에 부합하며 매우 개인주의적이다." 뿐만 아니라 "이런 관계의 낭만적 토대는 기회인 동시에 문제적이다"(Elschenbroich 1988: 366). 기회는 다음과 같이 그려 볼 수 있다.

> 상황이 좋다면, 즉 초기의 대담성, 낙관주의, 실험의식 등이 일부라도 유지된다면, 두 문화간의 결혼은 특히 생기 있고 흥미로울 수 있다. 문화간의 의사소통으로 야기된 문제들이 가족 안에 통합될 수만 있다면 유대감은 더욱 고무되고, 가족의 지평은 더욱 폭넓어질 것이다(같은 글).

하지만 전형적인 결점들이 있다. 이러한 결합에 잠재되어 있는 한 가지 위험은 두 파트너를 결합시켜 줄 어떤 외부적 지원 체계가 없다는 것이다. 결혼을 유지하는 일이 전적으로 커플에게만 맡겨져 있어서 두 사람이 가진 문화간의 거리가 멀어질수록 결혼의 유지는 더욱 더 어려워진다. 초기에는 차이들이 대체로 뒷전으로 물러나고 서로 사랑하고 일치하는 것만이 중요하지만 결혼 생활이 진행되면서 각자의 분리된 세계에서 비롯된 차이들이 불가피하게 표면으로 떠오르지 않을 수 없고, 두 사람은 그것에 직면하게 된다. 배우자를 선택할 때는 깨끗이 사라진 것처럼 보였던 분리선들이 시간이 지남에 따라 수면 아래 잠겨있던 영향력을 드러내며, 따라서 결국 두 파트너는 이것을 받아들여 해결해야만 한다. 유대인과 비유대인 사이의 결혼을 다룬 미국의 연구는 이러한 궁지를 이론적으로 이렇게 묘사하고 있다.

> 사랑에 빠지는 첫 순간에는 현재가 강렬하고 영원하리라는 느낌을 갖게 되기 때문에 이때는 과거나 미래는 아무 상관이 없게 된다. 반면에 사랑

을 유지하려면 이와 정반대로 해야 하는 것처럼 보인다. 사랑을 유지하기 위해서는 과거를 탐색하고 미래의 지도를 그리는 일이 필요한 것이다. 또한 연인들의 자아가 화제가 되는데, 여기서는 여지없이 그들의 문화적 유산들이 얽혀들게 마련이다. 어떤 방식으로든 조상, 가족의 연결망, 역사와 연결되지 않는 자아란 있을 수 없다. …… 결혼 생활 중의 대화는 또한 필연적으로 문화, 역사, 전통에 대한 개인적 감정들간의 대화이기도 한 것이다(Mayer 1985: 72).

두 문화간의 결혼에 관한 독일의 연구는 경험적 자료들을 통해서 이의 전개 유형을 이렇게 추적하고 있다.

인터뷰에서 …… 서로 다른 두 문화간에 결혼한 커플들은 두 사람의 관계의 전형적인 단계들을 이야기한다. 처음 서로에게 빠져드는 기간에는 낙관주의가 넘쳐나고, 축복받은 열린 감정과 자신의 비순응주의에 대한 자신감에 넘친다. 내적·외적 긴장을 거치고 나면 한 걸음 뒤로 물러나 자신의 배경을 다시 한 번 확인하는 단계가 온다. …… 사람들은 자신의 가치 체계가 얼마나 단단히 뿌리 내리고 있는지를, 종종 평생 처음으로 발견하게 된다. 만일 이런 식으로 직면하는 경우가 아니라면 그들 자신의 가치 체계는 언제나처럼 눈에 띄지 않고, 무의식적으로 남아 있게 된다. …… 바로 그런 이유 때문에 그것은 매우 정상적으로 보인다(Elschenbroich 1988: 366-8. 강조는 원문).

공동의 명분을 찾아서

결혼이 확대가족 시대에 갖고 있었던 결속과 의무감을 떨쳐내게 되자 이제 결혼은 홀로 떠도는 것, 즉 정서적 동반자 관계와 여가를 위한 안식처이자 사적인 공간이 된 듯하다. 이것은 이전 어느 때보다 더 자유로와졌다는 것을 의미하지만 다른 차원에서 보자면 외부로부터의 지원이 그만큼 줄어들었다는 뜻도 된다. 여러 세대의 가족을 하나로 묶어 주었던 가족의 '공동 명분'은 이제 사라져 버렸다(Ostner/Pieper 1980). 대신에 이제는 관련된 모든 개인들이 공동의 목표를 협상해내야 한다. "우선 여전히 '프라이버시라는 공허한 형상'에 …… 내용을 채워넣어야 한다"(같은 글: 120). 분명히 이것은 새로운 친밀감을 의미할 수도 있지만 다른 한편으로는 상당한 위험을 내포하고 있기도 하다.

사랑이란 말은 무엇을 의미하는가?

우리의 동반자 관계의 기반은 무엇인가? 언뜻 보기에 대답은 간단해 보인다. 현대적 정의에 따르면 우리는 서로 사랑하기 때문에 함께 있는 것이고, 이와 같은 우리의 동반자 관계는 무엇보다도 정서적인 것이다. 이것은 물론 포괄적이면서 모호한 정의인데, 사랑의 구성요소는 역사적으로 변해왔으며 최근 세기에, 특히 지난 몇십 년 동안 크게 변화해 왔기 때문이다. 현재 존재하는 사랑의 종류는 매우 다양하다. 전통적인 사랑, 현대적인 사랑, 포스트모던한 사랑 — 이것들은 전혀 어울리지 않는 동료처럼 공존하고 있다. 이러한 '동시성의 비동시성'은 온갖 종류의 다양한 규칙과 행동양식은 물론이고 모든 종류의 관념, 기대, 희망들이 '사랑'이란 용어 속에 결합되어 있다는 것을 의미한다(일례로 일대일[monogamy] 관계 대 다중 관계에 관한 입심 좋은 논의들을 보라). 따라서 '사랑'을 만족시켜 줄 수 있는 요구들은 중재와 조정이 필요한 복잡하고 미묘한 문제이며, 그렇기 때문에 이것은 근본적인 오해를 낳을 수 있다.

서구의 현대식 결혼을 위한 공동의 기반, 즉 '두 파트너가 공유하는 정체성'은 대화 속에서 지속적으로 확인되고 갱신되는 것이 정상적이다. 하지만 어떤 사람이 문제를 말로 표현하는가의 여부는 문화에 따라 다르다. 불일치를 처리하는 서구의 부르주아식 방식 — 불일치를 말로 표현하고 서로 이해하려고 노력하는 것 — 은 결코 보편적인 요건이 아니다. 만일 외국인과 결혼한 독일인 배우자가 이전 방식을 주장한다면 완전히 실패할 것이 분명하다. 몇몇 다른 문화에서는 친밀한 관계가 '잘 어울리는' 결혼의 기준으로 간주되지 않는다. 중요한 것은 오히려 서로에게 의지하는 것, 책임을 나누어지고 가족을 부양하며 양성간에 노동을 분담하고 살림을 꾸려나갈 수 있는 실제적인 능력을 공유하는 것이다(Elschenbroich 1988: 368)

문제를 더 복잡하게 만드는 또 다른 요소가 있다. 우리가 '사랑'이라고 부르는 것은 시간이 지나면서 우리 자신의 사적인 관계 속에서조차 알게 모르게 변해 간다. 특히 '낭만적 사랑'이 이상으로 제시될 때가 그렇다. 왜냐하면 초기 단계에서는 대체로 타인과 미지의 것에 담긴 매혹적인 타자성이 조장하는 흥분과 즐거움이 생활에 가득하지만 일 년, 이 년, 시간이 흐를수록 불가피하게 서로를 속속들이 알게 되고, 일상적인 하루하루가 시작되기 때문이다. 이것은 역사를 공유하게 됨으로써 — 지속적이고, 친숙하며, 믿을 만한 — 새로운 의미의 함께 하기가 자라 나올 수 있다는 것을 의미할 수도 있지만 많은 커플들은 이러한 변화를 감당하지 못한다. 그러나 그것은 행운도 운명도 아니며, 단지 이 모델이 갖는 불가피한 부분일 뿐이다. '낭만적 사랑의 덫'이란 첫눈에 반하는 것으로 시작해 이런 형태로는 만족될 수 없는 기대감 속에서 질질 끌다가 결국에는 실망만 남는 그런 사랑을 의미한다.

미국의 저술가인 제프리 울만(Jeffrey Ullmann)은 『독신자 연감 (Singles' Almanac)』에서 당대의 유명인사들이 토로한 황홀한 감정들을 조합해 놓았는데, 그 기록은 그런 감정이 지나간 후 남은 것이 무엇인지도 함께 보여준다.

— 리차드 버튼이 엘리자베스 테일러를 두고 한 말. "당신의 몸은 기적의 작품이다." 얼마 후. "당신은 너무 뚱뚱하고 다리는 너무 짧다."
— 엘리자베스 테일러가 첫번째 남편인 콘래드 힐튼 주니어를 두고 한 말. "그는 나를 한 명의 여자로서 그리고 배우로서 이해해 준다." 얼마 후. "그와 결혼한 후에 나는 장미빛 안경을 잃었다. 몸무게가 줄었고 간신히 유아용 음식만 먹을 수 있었다."
— 리타 헤이워스가 세번째 남편인 알리 칸 왕자를 두고 한 말. "나의 왕자들 중의 왕자." 얼마 후. "알리는 원하는 것은 무엇이든 할 수 있다 나는 그가 진절머리난다." 그리고 네번째 남편인 딕 하임즈를 두고 한 말. "나는 지구 어디든 그를 따라 갈 것이다." 얼마 후. "난 그가 어디에 있는지 모른다 — 그리고 관심도 없다."

누군가와 함께 산다는 것이 무슨 의미인지에 대해 남녀들이 다종다기한 관점을 갖고 있는 것이 공동의 기반을 추구하는 것을 무엇보다 복잡하게 만든다. 남자들은 가정을 꾸리고 "모든 것이 제대로 돌아가도록 하는 일"과 같은 실제적 측면을 강조하는 경향이 있는 (Abendzeitung, 1987년 10월 23일자) 반면 여자들은 정서적인 면을 훨씬 더 강조한다. 그들에게는 감정을 공유하고 친밀해지는 것이 무엇보다 중요하다. 어느 남편과 부인이 함께 한 인터뷰는 이것을 전형적으로 보여준다.

O 부인: 나는 이따금 남편과 더 많은 시간을 보내길 원해요.

O 씨: 그래, 하지만 그게 실제적으로 무엇을 의미하는 거지요? 남편과 같이 있을 때 하고 싶은 게 뭐요?

O 부인: 글쎄요, 뭔가를 그저 함께 하는 거지요.

O 씨: 침대에서 더 많은 시간을 함께 보내는, 뭐 그런 걸 원하는 거요?

O 부인: 그보다는 좀더 전반적인 — 아마도 좀더 대화를 많이 나눈다거나 — 아니면 — 결국 문제가 생기죠 — 함께 앉아서 얘기하거나 혹은 그저 이런 저런 얘기나 수다를 떠는 거지요.

O 씨: 하지만 뭐에 대해서? 뭘 얘기한다는 거요? …… 신문기사, 아니면 일? 당신은 내게 무엇에 대해 얘기하기를 원하는 거지? 그건 다 허튼 소리지, 당신은 도대체 무엇을 얘기하고 싶은 거요?

O 부인: 우리는 서로 얘기를 해야 돼요, 계획들에 대해서. 그리고 바로 그거예요, 당신이 좀더 얘기를 하게 되면, 좀더 말을 한다면, 그러면 —

O 씨: 그래, 계획들이란 게 뭐요, 그건 다 쓸데없는 소리일 뿐이야. 당신의 그 어리석은 수다들 …….

O 부인: 때로는 난 속으로 이렇게 생각해요. 당신은, 당신은 전화를 걸어 줄 수도 있고 또 이런 저런 일도 할 수 있죠.

O 씨: 그런 시절은 다 끝났어. 우리는 전화가 한 대뿐이고 그것마저 고장났지. …… 게다가 그게 다 무슨 소용이지, 실없는 소리일 뿐이야. 결국 그게 다 뭐지? 그저 뭐라 뭐라 떠들고 이런 저런 얘기들 날씨가 어떠냐는 등 …….

O 부인: 오, 여보, 그래요, 하지만 때로는 그건 우리를 연결시켜 주잖아요.[1]

이처럼 남녀가 각자 기대하는 바가 다른 사실은 아마 그다지 새로운 것이 아닐 것이다. 하지만 그들 사이에 잠재된 갈등은 최근에 와서야 표면화되기 시작했다. 스스로를 자기만의 소망을 가진 자율적인 존재로 생각하는 순간 여성들은 이전 세대들이 제공해온 해결책들, 즉 남편에게 순응하고 여자들의 관심사는 희생할 것을 권하는 해결책들을 더 이상 받아들이지 않게 된다. 과거에 여성들은 안락한 느낌, 애정과 따스함을 베풀도록 기대되어 왔지만 이제는 점점 본인들이 그러한 감정의 수혜자가 되기를 원한다. 가정의 중재인이나 위안자 역할에 진력을 내기 시작한 것이다. 이러한 추세는 여성 관련 베스트셀러들을 보면 금방 알 수 있다. 이러한 책들은 사랑, 적어도 여성을 소진시키고 지치게 만드는 그런 종류의 사랑이라면 거부해야 한다고 충고한다. "여자들은 지나치게 많이 사랑한다"는 진단을 내리는 것이다(Norwood 1985). 그것이 바로 양성간의 새로운 '감정의 협약'이 필요한 이유이다(Hite/Colleran 1989: 44f). 만일 이것이 충족되지 않는다면? 바로 "남자를 위해서 모든 걸 포기하지는 말라"는 엄정한 결론이 내려진다(Hite/Colleran 1989).

어려운 결정들: 너무 많은 선택권

산업화 이전 사회에서 결혼은 공동의 명분, 즉 가족과 가족의 생존이라는 철의 사슬로 결합되어 있었다. 배우자 각자는 분명하게 규정된 임무를 갖고 있었고 정확히 그/그녀에게 무엇이 기대되는지를 알고 있었다. 그러나 가족이 더 이상 하나의 큰 경제 단위가 아니게 되자 이 규칙들은 더 이상 통하지 않게 되었다. 그 뒤를 이은 부르주아 가족은 성 역할을 양극화시켰다. 남자는 생계를 담당하고 여성은 가족의 구심점이 되었다. 20세기가 저물어 가는 지금 이러한 표준적 역할들조차 흔들리기 시작하고 있다. 이리하여 독일의 민법(BGB)을 보면 금방 알 수 있듯이 이제 많은 것을 두 사람이 결정해야 하게 되었다(다음 페이지의 표를 보라).

두 파트너에게 가정을 어떻게 운영할 것인가를 선택할 자유가 주

1896년 BGB의 원래 법령 1900년 1월 1일 이후 효력 발생	1976년 결혼법 수정 법령 1977년 7월 1일 이후 효력 발생
# 1354 남편은 결혼생활과 관련된 모든 문제들에 결정을 내릴 자격이 있다. 특히 그는 거주지와 주택에 결정권을 갖는다.	무효
# 1355 여성은 남편의 성을 취한다.	결혼한 부부는 남편이나 부인의 성을 선택할 수 있다.
# 1356 부인은 …… 공유된 가계를 운영할 자격과 의무가 있다.	배우자들은 상호동의에 의해서 가계운영을 조절한다.

어졌다는 사실은 여성의 역할이 종속적이라는 관념을 논박하는 데서 확실히 많은 역할을 했다. 그와 그녀 모두 그들 나름의 권리와 관심사를 가질 수 있게 된 것이다. 하지만 여기서도 역시 이처럼 얻은 것이 있다면 함께 잃은 것도 있다. 말로는 아주 간단해 보여도 일상 생활에서는 서로 다른 생각, 계획, 우선 사항들로 무장한 채 공통의 접근 방법을 찾기 위해 두 사람이 싸우는 일은 치열한 전쟁일 수밖에 없기 때문이다. 결혼에는 예정조화의 법칙, 즉 두 사람이 대체로 같은 결론에 도달하도록 보장해 주는 법칙 따위는 있을 수 없다. 간단히 말해서 더 많은 기회를 갖게 되면 낡은 제한들로부터 해방된 느낌을 만끽할 수 있겠지만 동시에 연인과 사사건건 의견충돌을 일으킬 위험이 도사리고 있어 삶은 하나의 긴 논쟁과도 같은 것이 된다. 입법자들이 제안하는 동의에 이르기란 너무나도 어려운 것이다.

결혼하기 오래 전부터 성(姓)을 선택하는 문제로 커플들이 다투는 일은 드물지 않다(물론 통계가 보여주듯 자기 성을 유지하는 쪽은 대개 남자이다. 하지만 그럼에도 불구하고 수많은 커플들이 이 문제에 대해 결혼 전에 의견을 달리 하고 있으며, 혹은 수많은 커플들이 바로 이 때문에 결혼하지 않는 사실이 은폐될 수 있는 것은 아니다). 또 다른 곳에 좋은 일자리가 생겼을 때에는 어디에서 살 것인지를 결정하는 것이 문제가 된다. 하지만 다른 무엇보다도 최악의 문제는 매일 함께 하는 일상 생활을 어떻게 조직할 것인가 하는 것이다. 온갖 실망과 좌절의 지뢰밭이라고 할 수 있는 이 문제는 단순히 가계를 원만히 운영하는 것에 영향을 미치는 데서 그치지 않고 삶에서의 자신의 역할과 자기 존중감이 타격을 입을지도 모른다는 깊은 두려움을 불러일으키기도 한다.

남녀는 최근 들어 "'남자' 혹은 '여자', '사랑' 혹은 '관계', '모성', '부성'이 여전히 무엇을 의미하고 또 무엇을 의미해야 할지에 대한 가능한 해석들의 총체적 만화경에 노출"되고 있다(Wehrspaun 1988: 165). 양성이 서로에게 반응하는 방식에는 낡은 습관과 새로운 출발이 혼란스럽게 섞여 있으며, 이러한 혼동이 가장 은밀한 부분에까지 침투해 들어가고 있다. 누군가가 벽에 이렇게 낙서를 해 놓았다. "우리는 서로를 사랑하고 싶다. 하지만 어떻게 해야 할지 모른다." 이 말이 모든 어려움을 요약해 준다.

대화로 해결하기: 사랑은 숙제

그러면 무엇을 해야 할 것인가? 외적 기준이 없다면 내적 기준을 찾아야 한다. "이 새로운 사회는 …… 협동과 생존이 가능하도록 해 주는 자신만의 규칙을 만들고 동시에 그것에 복종할 것을 주장해야 할 운명에 처해 있다"(Weymann 1989: 6). 그것은 마치 자기 꼬리를 자기가 잡아당겨 자신을 늪에서 끌어내는 뮌히하우젠 남작 이야기의 현대판 같은데, 이번 경우에는 커플이 그렇게 해야 한다는 점이 다를 뿐이다. 물론 어떤 경우든 서로 상대방의 생각에 맞추어 자기 생각을 조율하는 일이 중요하며, '협상을 통해 관계를 유지해 가는' 시도를 나타내는 신호들이 존재한다(Swaan 1981). 굴곡진 통로와 구불구불한 길들로 가득 찬 참으로 말많은 세상에서 지금 바로 이러한 일이 일어나고 있는데, 사람들은 어떤 때는 서로 맞부딪히다가도 때로는 함께 머물고 또 이따금은 헤어지지만 적어도 무슨 일이 일어나고 있는가에 대해 얘기해 보려고 애쓴다. 그리고 그 결과들이 특히 현대 문학의 형태로 서가를 채우고 있지만 문학은 더 이상 "사랑에 관한 담론이 아니다. 그것은 기껏해야 사랑에 관한 담론에 대한 담론일 뿐이다"(Hage 1987). 이를 잘 보여주는 한 예로 여기 한 고민남의 독백이 있다.

추측컨대 누구나 자기에게 어울리는 연인을 얻는다. 나는 안나를 얻었고, 우리 둘은 지금까지 5년 동안 함께 지내왔다. 그 시간 동안 다른 사람들은 함께 살 아파트를 장만하거나 적어도 아이 하나쯤은 낳았다. 하지만 우리는 아니다. 우리는 각자 자기 일을 한다. 각자의 것을 따로 갖고 있다. 침대, 전화, 영수증, 차, 세탁기. 우리의 관계 양식은 아직 말끔히 해결되지 않았다. 누가 무엇에 신경쓸 것이며 누가 어떤 역할을 할 것인가. 누군가와 함께 사는 것이 독립과 양립할 수 있을까? 우리는 여전히 많은 일들을 처리해야만 한다. 다른 사람들은 그렇게 생각할지 몰라도 우리는 아직도 정식 부부가 아니다. 하지만 우린 우리가 정식 부부가 되어야 할지에 대해 끊임없이 고민한다. 지난 몇 년간 우리가 진정 얻어낸 것이 있다면 건전한 많은 논쟁들뿐이다. 우리는 이것들과 함께 산다. 안나가 매일 밤을 술집에서 보내길 원하는 것에 대해 내가 비난하면 그녀는 나의 소유욕을 비난한다. 휴일을 혼자 보내고 투스카니에서 함께 여름을 보낼 나의 계획을 단지 낭만적 충동이라고 생각한다고 불평을 토로하면 그녀는 내가 그녀를 잃을까봐 치기 어린 두려움을 갖고 있다고 말한다. …… 마치 우리의 관계는 오로지 협정서로만 구성되어 있는 것 같다. 엄청난 양의 작은 활자로 가득 찬 강제적인 계약서의 감정적인 문구들. …… 나는 항상 이렇게 말하곤 한다. 즉 또다시 그녀가 나와 밤을 보내기를 거절한다고 해서 기분상하지 말자. 그녀는 항상 이렇게 말하곤 한다. "나는 내 자신을 위한 시간이 필요할 뿐이예요. 내가 이런 식으로 생각에 잠겨 있을 땐 어쨌든 당신도 나랑 있는 것을 즐길 수는 없지 않겠어요." 하지만 내게 중요한 것은 그저 그녀와 함께 있는 것이다. 그녀는 이것을 이해하지 못한다. "정말 숨이 턱턱 막혀" 하고 그녀는 말한다. 언젠가 한 친구가 내게 "왜 너희 둘은 결혼하지 않는 거지?"하고 물은 적이 있다. "몇 년 동안이나 두 집 살림으로 골머리를 썩이는 것은 바보 같은 짓이야." 아마 그 말이 맞을지 모른다. 하지만 어디선가 보통 부부들은 결혼하고 20년이 지난 후 하루에 서로 얘기하는 시간이 고작 8분 정도일 뿐이라는 글을 읽은 적이 있다. 이런 일이 우리에게 일어나서는 안된다(Praschl 1988).

두 사람이 이렇게 서로를 어떻게 대할까에 대해 끊임없이 이야기하는 것이 제3자에게는 우스꽝스럽게 보일지도 모른다. 하지만 이것은 개인적 혼란의 징후이거나 점점 더 많은 사람들을 감염시키는 자아의 바이러스 같은 것이 아니다. 이런 류의 해석은 그럴싸하기는 하지만 피상적이다. 지금 수많은 개인적 삶에서 일어나고 있는 일은 현대적 사고방식이 광범하게 퍼진 결과로 나타나는 것이기 때문이다.

결혼 생활과 매일의 일과를 규제하는 엄격한 계명과 금지들이 존재했기 때문에 무엇이 옳은 것이고, 무엇이 신을 기쁘게 하는 것이며 무엇이 자연스러운 것인지가 모든 사람에게는 아주 분명했었다. 무엇 때문에 성가시게 허풍과 복잡한 질문과 장황한 설명들에 신경 쓰겠는가? 배우자는 각자의 규칙을 알고 있었고 또한 상대방이 규칙을 알고 있다는 사실을 알고 있었다(복종하지 않으려는 사람들조차 그들이 무엇을 하고 있는지는 알고 있었다. 그들은 관습과 도덕적 태도들을 위반하고 있었고 규범을 거스르는 중이었다). 이런 점에서 볼 때 최근 몇십 년간, 특히 근년 들어 일어난 변동은 대단히 근본적인 것이다.

확고한 규준들이 줄어들수록 우리는 더욱더 우리 스스로의 힘으로 그런 규칙들을 만들어내야 하는 것이다. "무엇이 옳고 무엇이 잘못된 것인가?", "당신이 원하는 것은 무엇이고 나는 무엇을 원하는가?", "우리는 무엇을 해야 하나?"를 질문하면서 말이다.

"현대적 커플 — 말만 많지 사랑은 많지 않다"(Hage 1987). 커플들은 공동의 명분을 만들어내고 추구하기 위해서, 즉 그들의 자유로운 사적 공간을 사랑과 결혼에 대해 서로 양립될 수 있는 개념들로 채우기 위해서 계속 대화해 나가지 않으면 안된다. 이것은 엄청난 노력과 시간, 인내력, 특히 '관계맺기 작업'으로 이름붙일 수 있는 자질들을 요구한다. 이는 매우 어려운 작업이며 종종 거의 헛수고처럼 보인다. 왜냐하면 매번 동의에 이르고 나면 해결해야 할 또 다른 논쟁이 등장하기 때문이다.

실패하지 않으려면 개인은 자신의 행복을 유지하기 위해 뭔가를 해야만 한다. 가족의 요구는 그에게 높은 기대치를 부여한다. '좋은 파트너'가 된다는 것은 활동적이고 사려깊고 공감할 줄 아는 능력을 가졌다는 것을 의미한다. 의견의 불일치는 초기에 즉 눈에 띨듯 말듯 할 때 발견되어야 한다. 이 균열을 메우려면 파트너의 요구를 민감하게 포착하는 것이 필요하다(Vollmer 1986: 217).

외부의 권위가 부재할 때는 커플들이 서로 의사소통할 수 있는 방법을 찾는 것이 점점 중요해진다. 따라서 1960년대 이후 심리학과 심리치료의 모든 분과가 일종의 붐을 이루고 특히 사랑의 메커니즘에 초점을 맞추었던 것도 우연이 아니었다. 그들이 제시한 절대명령은 열린 마음과 '정직'이었다. 파트너들은 각자의 감정을 인정하고 '자기다와져야 하고' 근심걱정이나 금기와 관습 뒤로 숨지 말도록 권유받았다. 1970년에 출간된 한 자조지침서는 다음과 같이 말하고 있다.

우리는 …… 진실한 사랑의 참된 문제들은 개방적이고 자유롭고 비판적이며 진정한, 다시 말해 두 파트너 모두가 자기 자신에서부터 출발해 상대방의 기대치에 맞추려고 자신을 왜곡하지 않고 있는 그대로 파트너에게 보여줄 수 있는 기회를 제공해 주는 관계 속에서만 해결될 수 있다고 확신한다(Bach/ Deutsch 1979: 26 인용).

더 이상 낡은 의무들에 묶이지 않게 되었을 때 나타나는 행동 방식의 부산물인 '열린 마음'이 갑작스레 표어가 되어 새로운 문화가 도래했음을 알리는 신호탄이 되었다. 대중문화는 이를 별 문제가 아닌 것처럼 이야기하고 대중매체는 이를 희석시키지만 특히 젊은이들 사이에서 나타나는 경향이 모든 것을 말해 준다. 즉, 젊은 남녀들은 서로에게 좀더 가까이 다가갈지 아니면 서로를 거부할지를 두고 고민하는 곤혹스런 시기를 통과하고 있는 중이다. 감정 하나 하나를, 동작 하나 하나를 곰곰이 생각해내고, 검토하고, 규정하며, 목록화해야 하는 것이다. 나의 걱정과 너의 애착, 그의 아버지 콤플렉스 등 "파트너들은 두 사람이 진심이어야 하고 위선적이어서는 안되며, 서로에게 거리낌없이 솔직하면서 함께 지내는 것을 배워야만 한다는 가정에서 출발한다"(Hahn 1988: 179).

하지만 그 결과가 언제나 두 사람의 관계에 특별히 도움이 되는 것은 아니다. 거짓말하는 것뿐만이 아니라 진실을 강요하는 것 역시 파괴적일 수 있다. 자기심문이란 단지 아버지들(그리고 어머니들)의 죄로부터 도피하는 방법일 뿐 아니라 위험한 무기이기도 하다. "우리 사이에 진실만이 있기를" 하고 괴테의 희곡 『이피게니와 타우리스(Iphigenie auf Tauris)』(유리피데스의 원작에 대강의 토대를 둠)에서 타오스는 이피게니에게 말한다. 하지만 얼마 있지 않아 그들은 영원히 결별하게 된다. 정신분석이나 종교적 고백과 같은 자기심문의 전통적 양식들이 비교적 성공을 거둔 것은 성직자나 분석가가 고백하는 사람이나 환자와 함께 살지 않는다는 사실과 관계가 깊다(Hahn 1988: 179).

변화의 윤리: 모든 것을 바로잡기

앞서 서술한 대로 현대 생활의 본질적 특질 중 하나는 전통적 질서에서 벗어났다는 데서 찾을 수 있다. 일단 이런 과정이 진행되기 시작하자 그 흐름은 멈출 수 없게 되었으며, '팽창 충동', 즉 진실로 영원한 '변화의 윤리'가 가동되기 시작했다는 것은 주목할 만하다(J. Berger 1986: 90-1; Wehrspaun 1988). 사람들을 가로막는 낡은 장벽들 — 자연법, 신의 말씀, 사회적 관습과 계급적 명령들 — 은 점차 무너져가고 있으며, 그 결과 우리가 그만두어야 할 때를 정해주던 규칙들도 존재하지 않게 되었다. 대신에 더 많은 것을 찾는 것이 규범이 되었다. 더 빨리, 더 크게, 더 아름답게!

이러한 '개선' 정신은 자동차 제조나 노동 조건을 훨씬 넘어 연애 문제에까지 침투해 들어간다. 연구에 따르면 오늘날 함께 살아가기와 관련해 부여되는 기준은 과거보다 훨씬 더 수준이 높다고 한다. 더 이상 서로 함께 지내는 것만으로는 충분하지 않다. 사람들은 더 많은 것을 원하고, 작은 가정에서 '행복과 충족감', 아메리칸 드림, '행복의 추구'를 찾으려 한다. 실망은 피할 수 없다. 결혼에 대한 기대가 높아질수록 이처럼 장대한 꿈에 비교해 자신의 결혼은 갈수록 초라해 보이기 때문이다. 게다가 꿈은 함정으로 변해서 결코 충족될 수 없는 희망을 자극한다. 친밀하며 지속적으로 함께 하는 어떠한 관계에도 분노하고 환멸스럽고 죄의식에 시달리는 순간들이 있기 마련인데, 이는 행복했던 순간들에 대한 추억을 부풀린다. 한 학생이 어떤 글에서 썼듯이 "가족은 전쟁과 평화이다"(Luscher 1987: 23에서 재인용). 행복해지기를 바라는 것이, 그리고 바로 이것만이 개인적 관계의 현실, 곧 우리가 서로 함께 하는 모든 일들에서 생기는 갈등과 협상과 위기들과 충돌한다. 한 경험 많은 심리치료사는 이렇게 서술한다.

[개인의 성장을 권하고 성숙을 약속하는 결혼에 관한 수많은 책들은]결혼의 다른 측면을 전혀 혹은 거의 다루지 않는다. 그 다른 측면 또한 성장의 한 부분으로, 비탄과 파괴적 폭력, 그리고 그것들을 극복하려는 노력들의 심연에는 바로 그러한 것이 자리잡고 있는 것이다. [나는] 가정이 성소(聖召), 즉 재미와 즐거움만이 넘쳐나는 장소라고 [보지] 않는다 — 물론 그럴 수도 있다. 하지만 그보다는 가장 야만스러운 피조물인 인간이 다른 사람들과 비폭력적이고 비파괴적인 방식으로 시간과 공간을 공유하는 것을 배우는 곳이다 …… 함께 사는 사람에게 자신을 완전히 드러내고 동시에 한 사람이 그(그녀)의 개성, 인간사, 희망과 공포를 알아감으로써 그가 만들어 내었던 이미지를 수천 개의 조각들로 깨버리는 일은 …… 오래 걸리고 매우 고통스러운 경험이다. …… [이런 의미에서] 결혼과 가족 생활은 …… 삶의 오물통과 마주하기에 …… 훌륭한 장소이다.
그래서 나는 26년 6개월 동안의 결혼 생활을 하고 나서 결혼의 목표가 행복이 아니라는 결론을 얻었다. 결혼은 훌륭한 면을 많이 갖고 있다. 그것은 성별과 가치관과 관점과 나이가 다른 사람들과 생활을 함께 하는 것을 배우는 곳이다. …… 결혼은 증오심을 극복할 뿐 아니라 증오할 수 있는 곳, 웃고 사랑하고 의사소통하는 것을 배우는 곳이다(Jourard 1982: 177-9).

하지만 현실이 이상에 맞지 않는다면 무엇을 해야 하는가? 과거의 낡은 모델에 따르면 기질이나 성향이 아무리 맞지 않더라도 사람들은 서로 연결되어 있다고 보았다. 그러나 상황을 개선시킬 수 있다는 새로운 믿음은 이와는 정확히 반대방향을 가리킨다 — 즉, 단점들을 참아내고 자신의 기대치를 낮추기보다는 결혼을 그만두는 것이 더 낫다는 것이다. 말하자면, 이제 보통의 커플들이 완벽한 사랑을 추구하는 것을 가로막는 그 어떤 외적 방해물들도 사라졌지만 바로 이렇게 되자 커플들은 자신들의 '완벽하지 못한' 결합에 불만을 가질 수밖에 없는 상황에 처하게 된 것이다.

여기에 바로 이혼율이 급상승하는 이유 중의 하나가 있다. "아주 많은 사람들이 이혼을 한다. …… 왜냐하면 결혼에 대한 그들의 기대가 너무 높은 나머지 변변치 못한 대용품을 참아내려고 하지 않기 때문이다"(Berger/Berger, Jaeggi/Hollstein 1985: 36에서 재인용).

6주가 지나자 세번째 남편은 더 이상 민첩하게 일어나지도 않았으며, 축 늘어지고 유순해졌다. 이제 성적인 것에는 넌더리가 난 그는 사회 생활과 직장, 그리고 저녁에 드 브라이스 가족을 초대하는 것도 좋겠다는 생각을 하기 시작했고, 노상 승진과 관절염에 대해 얘기했다. 이에 그녀는 돌연 자신이 스스로를 속여 왔음을 깨달았고 도덕적 정당함과 고결함 때문에 얼굴을 붉혔다. 자신을 속여 왔다는 느낌은 결코 사라지지 않았다. 그래서 그녀는 그에게 꽤나 관대한 마음으로 말하기로 결심했고, 그녀의 발언을 더 인상적으로 만들기 위해 터번을 머리에 둘러썼다. '친애하는 세번째 거미 씨' 하고 거미는 말했다. 그리고 털이 많은 그녀의 작은 앞발들을 포갰다. "우리 서로를 품위 있게 대하기로 하죠. 그리고 지저분한 폭로 따위는 하지 말고 헤어집시다. 우리의 지난 과거의 행복한 기억을 의미 없는 추한 말로 더럽히지 말기로 해요. 나는 당신에게 진실을 말하려 해요. 진실은, 여보, 더 이상 당신을 사랑하지 않는다는 거예요. …… 나는 여지껏 나를 속여 왔어요. 내 영혼을 다해 당신이 영원한 거미 씨가 될 거라고 믿었어요. 미안해요, 하지만 이걸 아셔야 해요. 내 삶에는 네번째 거미 씨가 기다리고 있고, 내게는 그가 전부라는 것을 말예요"(Cohen 1983: 330-1).

새로운 지평에 대한 이러한 추구는 결혼 안으로부터 촉발된다. 더 많은 기회를 갖게 될수록 더욱더 대안에 대한 충동을 느끼게 된다 (Nunner-Winkler 1989). 따라서 이 맥락에서 보자면 새로운 선택들 — 결별과 이혼 — 이 통계상으로는 사소할지 모르지만 제법 커다란 영향력을 갖고 있음을 알 수 있다. 새로운 선택지들이 사람들의 마음속에 자리하고 있다는 사실만으로도(그리고 대중매체가 이런 관심을 북돋우는 데 일조한다) 이전의 함께 살기 방식에 영향을 준다. 결혼이라는 발상을 지지하는 이는 누구나 진정한 대안이 존재한다는 것을 잘 알고 있으며 의식적인 선택을 정당화하지 않을 수 없게 된다.

유머 작가 플로쓰(Chlodwig Ploth)는 이러한 상황을 다음과 같이 묘사한다.

두 친구가 술집에서 만났다.

A: 야, 이렇게 여기 다시 오니 좋네 그려. 다들 어떻게 지내지? 크뢰거 네는 어떻게 되었나?

B: 오래 전에 갈라섰어. 크뢰거는 작센하우젠에서 다른 여자와 살림을 차렸고 부인은 어디 사는지 모르겠어.

A: 그래, 찌어펠트 네는?

B: 크게 한바탕했지. 찌어펠트는 집을 나가서 지방에서 살고 있네. 마누라는 본하임에서 폴커와 살고 있고, 폴커는 선생이라네. 자네가 그를 알고 있는지 모르겠어. 그래, 자네는 어떤가?

A: 글쎄, 알다시피 더 이상 아무 소용도 없어졌지. 수지는 정말 괜찮은 친구와 저기 다른 데서 살고 있고, 난 카린과 낡은 아파트로 돌아왔다네. 카린은 심리학자야. 자네 둘은 어떤가?

B: 뭐, 아직은 같이 살고 있지만, 정말이지 자주 헤어질까 생각했었다네. 하지만 아들놈도 있고, 그보다는, 자네도 알겠지만, 꽤 자주 말이야, 자네가 이해할지 모르겠지만, 하지만 이따금은 우리도 꽤 잘 지낸다네. 참 이상하지, 그래도 사는 게 다 그런 것 아니겠나. 이해하겠나?

A: 이봐, 친구, 쑥스러워할 건 없다네. 나도 이해해, 그 점에 대해선 걱정말 게나(Nunner-Winkler 1989에서 재인용).

예전 방식대로 살고 있다는 것을 정당화해야 한다는 바로 그 사실이 변화의 소용돌이를 점점 더 가속화시키고 있다. 친숙한 습관을 고수하는 일은 해결해야 할 극단적 문제들이 없는 한에는 아주 쉽지만 선택 행위는 적극적인 논쟁을 통해 정당화해야만 한다. 따라서 이미 결정되어 있는 결혼은 참을 수 없을 정도만 아니라면 그럭저럭 받아들일만 하겠지만 자유롭게 선택한 결혼은 모든 가능성 중에서 '최상의' 해결책이라는 것을 입증해야 한다. 따라서 자기 선택을 정당화해야 하는 것이 행복이란 무엇인가에 관한 각자의 기준들을 자꾸 높여 가도록 만드는 것이다.

일이 두 사람을 갈라 놓는다

지금까지 우리는 오늘날의 커플들이 사랑받고 싶다는 희망으로 함께 결합되어 있는데, 바로 그것이 문제를 야기시킨다는 것을 살펴보았다. 하지만 완벽한 사랑이라는 발상에 내재한 이러한 개인적인 문제들은 또 다른 요인 때문에 더욱 악화된다. 우리가 서로에게 원하는 동반자 관계는 사회적 진공 상태 속에 존재하는 것이 아니라 개인을 넘어서는 힘이 작용하는 환경 속에 존재하기 때문에 종종 이러한 힘들이 우리의 노력을 좌절시키는 것이다. 즉 현재의 고용 조직 방식이 바로 그것이다. 산업화 이전 사회에서는 커플이 하나의 팀으로 결속되었던 데 비해 우리의 작업 조건들은 남녀를 서로 차단시키고 다른 세계로 분리해 낸다.

물론 여전히 부양자/가사 담당자라는 낡은 패턴에 기초한 소위 전통적 결혼들이 남아 있다. 한 사람은 취업 시장의 스트레스 속으로 내보내고 다른 한 사람을 지루한 일상만이 있는 가정에 고립시키는 결혼 말이다. 따라서 두 사람이 각기 속한 서로 다른 두 세계를 연결하는 공통의 언어를 찾는 일은 매우 어렵다. 그리고 언어가 실패하는 그 곳에는 단지 침묵과 소외만이 있을 뿐이다.

그녀는 언제 당신의 숨이 턱에 차 오르는지를 눈치채지 못한다. 그녀는 당신의 팔이 아파 오고 있다고 생각하지 못한다. 물론 그녀는 당신이 열심히 일한다는 사실을 알고 있다. 물론 그녀는 당신이 가정을 부양하고, 모든 요구들을 다 감당하고, 모든 비용을 담당한다는 것을 안다. 물론 그녀는 당신의 근심거리나 우울한 기분을 알고 있다. 그녀 또한 그녀 자신의 근심거리가 있고 기분이 우울해질 때도 있다. 그녀도 자신의 걱정거리를 당신에게 알리지 않는다. 하지만 어느 날 바로 그곳에 서서 당신은 자신에게 이렇게 묻는다. 어떻게 이 상태를 지속할 수 있냐고. 더 이상 활기도, 비상경보도 없고 서로를 따라다니거나 동반하는 일도 없으며, 더 이상 미래에 대해 함께 얘기를 나누거나 하지 않고, 그저 그러려니 할 뿐이고 별다른 마찰 없이 일을 나누어 할 뿐이다. …… 그것이 바로 16년 된 결혼생활의 평화로운 행복이 향해가고 있는 미래이다. 삶은 시금털털하고 걸쭉해져 버린 응고된 우유단지 같고, 당신은 정신은 말짱한 채 그 속에 빠져 있는 파리와 같다(Wassermann 1987: 93).

다른 한편 두 파트너 모두 가정을 떠나 일터로 가고 각자의 삶을 알아서 해나가는, 특히 젊은 층들이 선호하는 다른 종류의 결혼도 있다. 그런데 요즈음 대부분의 전문 직종은 다음과 같은 사람들이 차지하게 될 것이라는 암묵적 가정에 기반해 있다.

다른 반쪽인 한 사람에게서 지원을 받고, 사적인 헌신은 철저하게 무시하며 양적, 질적으로 조직되는 사람. 부수적인 일과 서비스는 그 반쪽인 다른 사람이, 대개 부인이 제공한다. 여성들이 하는 매일의 허드렛일은 남편과 가족에게 음식과 의복, 안락한 가정을 제공하고 다음 세대를 돌보는 것이며, 그럼으로써 여성들은 남자를 매일의 근심거리와 스트레스에서 자유롭게 해주고 남편으로 하여금 자신의 까다로운 전문 직업이 요구하는 역할을 방해받지 않고 수행할 수 있도록 해준다(Beck-Gernsheim 1980: 68-9).

만약 그렇다면, 점점 더 많은 여성들이 자신의 일을 갖게 될 때는 어떤 일이 일어날까? 이것은 간단한 산수 문제이다. 그렇게 되면 두 배우자는 이제 무대 뒤의 일을 맡아주고 애정을 베풀어줄 제3자가 아쉬워진다. 이것이 수많은 가정에서 하루의 힘든 일과 후에 누가 욕실을 청소하고 아이를 데려올지를 두고 성마른 다툼이 일어나는 이유이다. 이는 사적 노동분업에 관한 흔한 다툼의 원인으로 속속들이 조사되어 왔다.

하지만 이것은 사실 문제의 극히 일부일 뿐이다. 왜냐하면 일상 생활뿐만 아니라 이것을 이론화하는 경우에도 우리는 정말 필요한 것은 엄밀한 의미에서의 가사 노동만이 아니라 감정노동이라는 사실을 잊기 쉽기 때문이다. 인간은, 특히 일하는 인간은 빵만으로는 살 수 없다. 감정적 지원 역시 필수적이다. 시장의 명령들 — 속도와 효율성, 경쟁력과 출세 — 은 가정으로 스며들어와 불쾌감과 긴장을 조성한다. (일하는 남편과 가정의 평화를 담당하는 여성이라는 성 역할의 양극화가 19세기에 처음으로 나타난 것은 결코 우연이 아니다). 결국 두 파트너가 헛되이 서로에게서 감정적 지원과 이해를 받기만을 기다린다면 가정 생활은 어려워질 것이다. 이것은 순수한 이기주의나 개인적 약점이 아니다. 그보다는 집합적인 사건으로서, 우리 모두를 지치게 만드는 1과 1/2의 직장 (직장생활을 하는 한 사람과 가정에서의 일상을 책임짐으로써 그를 지원하는 또 다른 반쪽의 한 사람을 일컬음 — 역자)

이 초래한, 수많은 부엌에서 똑같이 벌어지는 한 편의 드라마인 것이다.

나의 일, 너의 일: 계약에 대한 선호

갈수록 무기력해지고 코너에 몰린 듯한 느낌을 받으면서 점점 더 사람들은 조언을 구하고 시장은 이에 응답해서 삶을 꾸리는 방법에 대한 특허받은 비결들로 붐을 일으킨다. 봇물처럼 쏟아지는 책들은 아주 다양하고 다루는 범위도 포괄적이어서 다 따라 읽기도 어려울 지경으로 마치 살아가기와 사랑하기에 관한 철학의 슈퍼마켓을 방불케 한다. 따라서 우리의 관점에서 이렇게 묻는 것도 흥미로울 것이다. 즉 함께 하는 우리들의 삶을 더 수월하게 만들기 위해 이 책들은 어떤 규칙들을 제시하고 있는가?

곧 깨닫게 되겠지만, 이런 질문은 적어도 부분적으로는 잘못 제기된 것이다. 확실히 실망과 침묵, 체념의 장벽을 무너뜨리는 요지를 담은 책은 수도 없이 쏟아져 나왔는데, 왠지 이에 못지 않게 엄청나게 쏟아져 나온 자조 지침서들은 한결같이 동반자 관계 — 함께 지내기 — 라는 주제에 대해 조금도 언급하지 않거나 언급하더라도 부차적인 것으로 밀어두고 말고 있다. 이런 지침서들의 주제는 아주 다르며, 온갖 방식으로 즉 때로는 아주 점잖게 또 때로는 아주 저속하게 변주된다. 하지만 기본 주제는 '우리'에 맞서 '나'를 보호하라는 것이다. 사람들은 "결혼 계약을 할 때 함께 살기의 일상적 측면들을 가능한 많이 규정"하라고 권고받는다(Partner 1984: 85ff).

물론 이때 주된 목적은 지속적인 대화를 통해 함께 하기나 혹은 친밀함을 증진시켜 줄 수 있는 방식들로 삶을 조직하는 것이 아니라 규제를 통해 자신의 이해 관계를 보호하는 데 있는데, 점점 더 많은 커플들이 이 조언을 채택하고 있으며 독일(*Süddeutsche Zeitung*, 1985

년 6월 13일자)과 미국(International Herald Tribune, 1986년 9월 24일자)에서는 이러한 협정을 시작하는 사람들의 수가 급상승했다.

그 남자의 약혼녀는 날씬했다. 그는 그녀가 그래서 좋았다. 그는 그녀가 그 모습을 유지하기를 원했다. 그리고 그는 그녀가 날씬함을 유지하기 위해서라면 힘닿는 일이면 뭐든지 하리라 결심했다. …… 결혼하기 전에 신랑은 신부에게 몸무게가 늘어나면 벌금을 물어야 한다는 계약서에 동의하도록 했다. 몸무게가 다시 줄어들면 벌금을 반환한다는 조건을 달고서. 이것은 그저 재미 삼아 한 약속이 아니었다. 이 커플은 뉴욕의 한 변호사의 입회 하에 협정된 혼전 계약서를 만들어서 그 약속을 못박았다.
계약 결혼을 환영했던 1986년경에는 결혼 이후의 사적 공간의 분할에서부터 이혼하면 전세 아파트를 누가 차지할 것인가에 이르기까지 일체의 것을 법적 문서에 상세히 적어두고 있었다. 배우자들이 휴가 장소를 교대로 선택하고 아이를 교육하는 데 평등하게 참가할 것, 서로 상대방에게 자신의 예전 성적 경험들의 진상을 완전히 밝힐 것 등을 서약하는 혼전 계약서를 심심치 않게 볼 수 있다. …… 변호사들에 따르면 엄밀한 재정적인 문제에서부터 흔치 않은 라이프스타일 항목까지 온갖 종류의 혼전 협정에 대한 요구가 증가하고 있다고 한다(International Herald Tribune, 1986년 9월 24일자).

그렇다면 만일 그렇게 했는데도 시간이 지나면서 차이점들이 나타난다면 어떻게 될까? 그때에도 계약서를 만들 수 있을 것이다. 공통점이 더 이상 없다면 자조(自助)라는 새로운 철학은 그러한 상황에 대처하기 위한 세련된 방식을 제시하게 된다. 그것은 'do ut des'라는 오랜 원칙으로, 번역하면 '내가 당신에게서 싫어하는 것과 당신이 내게서 싫어하는 것을 교환을 통해 없애자'는 의미이다. 이처럼 '상호 행동의 선택을 위한 협정'을 제안하는 자조 지침서들이 이미 나와 있다. 이러한 책에 들어 있는 지침 중의 하나를 보자면 이렇다.

각 파트너는 그/그녀가 상대방에게 원하는 것을 얻는다. 가령 "아침에 찢어진 옷 대신에 멋진 옷을 입기로" 계약한다. 그는 "젊은애들과 술 마시러 가지 않고 제시간에 저녁 먹으러 집에 오기로" 동의한다. 당신은 간단한 행동들로 시작해서 좀더 복잡한 것으로 나아간다("그녀는 섹스할 때 좀더 적극적이어야 한다……", "그는 나에게 키스를 더 많이 해주어야 한다……") (Baer 1976).

일체의 외적 제약에서 벗어나 자유롭게 원하는 사람과 결혼할 수 있는 것, 그것은 역설적으로 새로운 종류의 상호 통제가 필요하다는 것을 보여준다. 모든 것이 개방되어 있으면 모든 것을 협상해야 하고, 공동의 명분이 없다면 각 개인의 사적 관심사는 상대방의 침해로 부터 보호받아야 한다. 위에서 언급한 종류의 자조 지침서들은 이런 경향을 반영하고 심지어는 증폭시킨다. 이를 통해 커플의 함께 하기가 앞으로 어떻게 될 것이냐가 다시 한 번 부정확하게 질문되고 있는 셈인데, 왜냐하면 여기서 중요한 문제는 그런 것이 아니기 때문이다. 적어도 가장 중요하지는 않다.

지금까지 수집된 증거로부터 다음과 같은 그림이 그려진다. 현대의 결혼에서 두 파트너를 연결시켜 주는 것은 서로에 대한 감정이다. 공동의 기반은 전적으로 감정에 달려 있어서 만일 좋은 감정이 사라지는 것 같다면 그때 결혼의 종말이 시작되는 것이다. 결혼에 이처럼 강력한 감정적 속성을 부여하고 우리의 기대를 변화시키게 도와주는 것이 바로 '낭만적 사랑'이라는 개념이다. 과거에는 "평생의 결합이던 것이 특정한 조건하에서만 유지되는 헌신으로 변화되었다" (Furstenberg 1987: 30).

참아내기의 부담

우리 뒤에는 산상(山上)의 시련이 있고
우리 앞에는 광야의 시련이 놓여 있다
(Bertolt Brecht)

요즘 사람들이 서로에게서 보게 되는 주된 매력은 삶에서의 공동의 목표가 아니라 행복의 전망, '제대로 된' 파트너, 꿈의 연인과 최상의 친구를 합친 사람을 만날 것이라는 전망이다. 하지만 꿈이 변하고 생각보다 친구들이 매력적이지 않다면 행복은 저만치 달아나 버린다. 좀더 공식적으로 말하자면, 현대 사회에서 각 개인이 차지하는 공간은 가까운 관계를 불안정하게 만든다.

열린 공간으로서의 가족은 …… 그것이 밥벌이와 직접적으로 관련되지 않는 '사적인' 것으로 남아 있는 한 원칙적으로는 어떤 규정에도 열려 있다는 것을 의미한다. 하지만 또한 반대로 어떤 규정에도 열려 있지 않은 것, 적어도 영원한 규정에는 열려있지 않다는 것을 의미하기도 한다 (Ostner/Pieper 1980: 123. 강조는 원문).

가까운 과거에는 스스로 결정하고 전통적 의무들을 벗어 던지는 것에 희망이 걸려 있었다. 전도는 분명했다. 어떤 형태건 장애물이 일단 극복되면 — 가족의 저항으로부터 계급적인 고려들을 거쳐서 돈이 없는 것까지 — 그때는 진정한 사랑이 승리하게 될 것이었다. 그리고 이러한 사랑이 영원히 지속되리라는 점 또한 전적으로 확실했다. 브론테(Charlotte Brontë)의 『제인 에어(*Jane Eyre*)』의 결론처럼.

이제 결혼한 지 10년이 되었다. 나는 세상에서 내가 가장 사랑하는 사람만을 위해서 사는 것 그리고 그 사람과 함께 사는 것이 무엇인지 안다. …… 나는 나의 에드워드와 함께 있는 것이 전혀 지루하지 않다. 그도 나와 함께 있는 것을 지루해 하지 않는다. …… 내 생각에 우리는 하루 종일 얘기한다. 서로에게 얘기한다는 것은 생각을 더욱 살아 있게 만들고, 귀로 들을 수 있게 한다. …… 우리는 성격이 딱 어울린다. …… 완벽한 일치, 그것이 결론이다(Brontë 1966: 475-6).

현대에 들어와 사랑이 변하고, 과거에는 두 조력자로 이루어진 공동체였던 것이 두 연인의 공동체로 바뀌면서 감정 그 자체가 어려운 과업이 된다는 것이 발견되었다. 현대의 조건에서 사랑은 한 번 일어나고 마는 사건이 아니라 기쁠 때나 슬플 때나 항상 현대 사회가 사랑에 부과하는 온갖 불안감과 좌절들에 맞서 매일 새롭게 싸워 쟁취해야 하는 것이 되었다.

이렇게 하려면 인내와 관대함이 필요하다. 그런 관계는 끈질긴 협상을 필요로 하는데, 때로는 작은 다툼과 일련의 미니 정상회담이 열리기도 하지만 진풍경이 끊이지 않고 사정이 점점 어려워져서 채 몇 년이 지나지 않아 참가자들이 서로의 약점과 출입금지 영역에 도통하게 된다. 사랑은 낡은 족쇄를 벗어 던졌지만 새로운 구역으로부터 공격받게 된 것이다.

걷거나 앉거나 눕거나
그들은 함께 있다.
그들은 잠깐 동안만 얘기를 나눈다. 그들은 침묵을 지킨다.
그것뿐이다. ……

그들은 침묵 속에서 말한다. 그리고 말로써 침묵을 지킨다.
그들의 입은 텅 비어 있고

그들의 침묵의 종류는 19개이다.
(더 많지는 않다 해도)

그들의 영혼과 결속의 모습은
그들을 화나게 한다.
그들은 세 개의 레코드 판이 올려진 전축과 같다.
그들은 사람을 불편하게 한다.
(Erich Kästner, 『어떤 결혼한 커플들(Gewisse Ehepaare)』)

사랑이 귀여운 목가라고? 그렇기만 하다면 좋으련만. 현대가 제공한 자유는 '위험천만한 기회'이다(Keupp 1988). 우리의 감정이 강렬하면 할수록 우리는 감정이 일으키는 실수와 오해, 그리고 감정으로 인한 복잡한 사정으로 인해 더욱 고통받는 것 같다(정상에 오를 수 있다면 마찬가지로 절벽으로 떨어질 수도 있으니, 실연의 아픔이 단지 유행가의 그렇고 그런 가사만은 아닌 셈이다). 남녀가 서로 함께 살아가려고 하다가 겪게 되는 고통은 순전히 그들 자신만의 잘못, 즉 지나친 자아중심성의 부산물이라고만 볼 수는 없다. 그것은 또한 사랑과 결혼에 대한 현대적 개념 규정과도 관련이 있다. 우리의 감정이 기초가 되는 것은 분명하지만 우리가 잘 알다시피 감정은 변덕스럽다. "마음은 몹시 유연한 근육이다"(우디 알렌[Woody Allen], 영화『한나와 그 자매들(Hannah and her Sisters)』의 마지막 장면). 고전적인 문학의 주제는 "그들은 결합될 수 없다"는 것이었지만 현대 문학에서는 "그들은 함께 살 수 없다"이다. 혹은 벨러쇼프(Dieter Wellershoff)가 썼듯이 "옛날에는 연인들이 제도적 장벽에 저항했지만 요즘은 행복이라 불리는 이데올로기의 늪을 헤쳐나가고 있다"(Hage, 1987에서 재인용).

이런 사실로부터 혹자는 자유와 독립과 관련해 이제까지 얻어낸

이득이 소리없이 다시 한 번 손가락 사이로 빠져나가고 있다고 결론 내릴지 모른다. "마치 과거의 절박함이 현재의 절박함으로 대체되고 있는 것처럼 보인다"(Mayer 1985: 87). 그렇지만 우리의 현대식 생활방식이 실망과 갈등을 품고 있다 하더라도 개인의 자유에 대한 엄격한 제약이 있던 앞 세대들이 결코 더 낫지는 않았다. 옛날 식으로 돌아간다고 해서 얻을 것은 아무것도 없음은 분명하다. 우리가 찾아내야 할 것은 자유로우면서도 동시에 지속적으로 서로 함께 사는 새로운 방식이다.

이런 방향으로 내딛는 중요한 첫걸음은 해방의 과정이 '두 얼굴'을 갖고 있다는 점, 즉 이로운 점과 불리한 점 간의 지속적인 변증법을 통해 진행된다는 점을 인식하는 데서 찾을 수 있을 듯하다. 이러한 인식이 아마 다른 한편으로는 역시 참아내기의 부담, 즉 우리가 소유한 것을 위한 싸움의 긴장 속에서 행복을 찾는 일을 더 쉽게 해줄 수 있을 것이다. 『로미오와 줄리엣』의 현대판에서 볼 수 있듯이, "당신 평생의 사랑이라고? 그것은 두 사람이 자신들의 인생 전체를 위해서 서로를 그럭저럭 참아낼 때 이루어진다고 나는 생각해"(Capek 1985). 독립이라는 스산한 세계에서 사랑은 부담스러운 것이면서도 영원한 지원군으로서 그리움의 대상이기도 하다. 시대와 시대적 문제들이 변해감에 따라 사랑은 더 나은 세상을 위한 설계도이자 유토피아로 남게 되었다.

사랑으로 시작된 결혼은 나쁜 신호이다. 나는 사람들이 읽는 이야기에 나오는 위대한 연인들이 과연 여자가 병에 걸려 자리에 누워도 남자가 여자를 계속 사랑하고 아이를 돌보듯이 그녀를 돌봐줄지 궁금하다. 독자는 내가 지금 얘기하고 있는 그 모든 불쾌감을 이해할 수 있을 것이다. 글쎄, 나는 그가 더 이상 그녀를 사랑하지 않으리라고 생각한다. 나는 이렇게 말하고 싶다. 진정한 사랑은 함께 나이 들어 가는 것이라고(Cohen 1984: 18).

4 내 모든 사랑을 아이에게

'사랑, 결혼, 유모차.' 사랑은 당신을 교회로 달려가게 하고 곧이어 아이가 태어난다. …… 1950년대의 세상은 이처럼 간단해 보였다. 이후 많은 것이 달라졌다. 사랑한다고 해서 그 두 사람이 결혼하리라 생각하는 것은 더 이상 당연하지 않으며, 또 결혼하기로 했다고 해도 당연히 아이를 낳으리라고 생각할 수도 없다.

우리는 '아이를 거부하는' 사회에서 살고 있는가? 적어도 다음과 같은 사실만은 분명하다. 고도로 산업화된 나라들에서는 1960년대 이래 출생률이 급격하게 감소해 왔다. 구(舊) 독일연방공화국은 다른 나라들에 비해 오랜 기간 가장 급격한 출생률의 감소를 보여 왔으며, 최근에 와서는 전통적인 '아기'(bambini)의 나라 이탈리아가 이보다도 훨씬 낮은 출생률을 보여준다(표1 참조).

아이에 대한 사랑을 다룬 19세기의 노래와 시는 여기에서 아이에 대한 사랑을 종종 '여성의 본성'과 연결하였는데, 그런 감정들은 이상화되어 일종의 낭만적 아우라를 띠곤 했다. 20세기 후반에 와서 아이에 대한 사랑은 부모노릇을 다룬 잡지와 육아 관련 책들의 주제나, 부모들이 올바른 방법을 취해서 아이를 최상급으로 기르라고 지시하는 가르침과 교육적인 충고에 짓눌린 화제로 변해 버렸다. 애정은 권

55	Kenya
50	Tanzania
47.6	Iran
45	Iraq
40.1	Algeria
37.5	Egypt
33.7	India
32.7	Mexico
29.1	Turkey
23.1	Israel
19.9	USSR
19.3	Brazil
19	China
16.1	Poland
15.8	Romania
15.5	USA
13.8	France
13.6	Great Britain
13.6	East Germany
13.0	Norway
12.7	Netherlands
11.8	Belgium
11.7	Switzerland
11.3	Austria
11.2	Spain
11.1	Japan
11.0	Denmark
10.6	Greece
10.5	West Germany
9.6	Italy

〈표1〉 각 국가별 인구 1000명당 출생률, 이탈리아가 가장 낮은 출생률을 기록(UN 자료, *Die Zeit* 1988년 12월 23일자).

장할 만하지만, 단 적당해야 한다. 이런 경우에도 '지나친 애정이 아이에게 상처를 줄 수도 있기' 때문에 일을 그르칠 수가 있다(Gronemeyer 1989: 27).

아이에 대한 사랑, 이것은 인류 역사 이면에 존재하는 기획의 일부인 영원하고 자연적인 유대인가, 아니면 한 술 더 떠서 유전자에 각인되어 있는 것인가? 그러나 실상은 그보다 더 복잡해 보인다. 우리가 들여다 봐야 할 것은 엄마와 아이의 관계이다. 이 관계가 품고 있는 꿈과 갈망은 무엇이며, 의무와 부담은 무엇인가? 몇십 년 전의 부모노릇은 어떠했으며, 또 지금은 어떤가? 그리고 다가올 미래에는 어떤 모습일까?

아이 바라기

과거에는 결혼과 부모되기가 직접적으로 연결되어 있었다. 하지만 그렇다고 해서 옛날의 남녀가 요즘보다 더 자식을 애지중지했다는 뜻은 아니다. 산업화이전 사회에서 아이는 경제적인 이유에서 긴요했는데, 그들은 집과 들에서 부모를 도왔으며, 나이든 부모를 돌보았고 재산과 성을 대물림했다(예를 들면 Rosenbaum 1982; Tilly 1978). 부유한 계층에서는 아이들이 상속자로서, 그리고 지참금 소유자로서 재정적으로 중요한 요소였다. 따라서 아이들은 대체로 환영받았고 이따금은 열렬히 아이를 원했다는 점, 첫 아이거나 아들일 경우에 특히 더 그랬다는 사실은 놀랄 일이 아니다. 하지만 마찬가지로 자식들이 소용없고 심지어는 경제적으로 부담이 되었던 상황도 있었다. 가령 자식이 너무 많아서 가족의 규모가 지나치게 커졌을 경우가 그러했다.

누구도 자기의 아이에게 지나치게 감정적으로 얽혀들 여유는 없었다. 1800년 경 바바리아의 다음과 같은 이야기는 한 예이다.

농부는 아내가 사랑의 첫 징표를 잉태하면 기뻐한다. 둘째와 셋째가 태어날 때만 해도 그는 여전히 기뻐한다. 하지만 네째 아이 때는 그렇게 기뻐하지 않는 …… 이후 태어나는 자식들을 그는 모두 자신과 나머지 가족들의 입에서 빵을 빼앗아갈 적대적인 생명체로 여긴다. 아무리 온화한 어머니의 마음을 가진 사람이라도 다섯째 아이에게는 무관심해지고 여섯째 아이는 사산되었으면 좋겠다는 말을 큰소리로 공공연히 떠들어대는 것이다(Imhof 1981: 44에서 인용).

민속학자 레오프레히팅(Karl von Leoprechting)도 1855년에 이와 비슷한 글을 썼다.

그런데 이 많은 아이들 중에 단지 몇 명만이 살아남는데, 기껏해야 12명 중 4명 정도를 기대할 수 있을 뿐이며, 나머지는 대체로 아주 어린 나이에 하늘나라로 갔다. 사람들은 죽은 어린 아이들 때문에 슬퍼하는 일이 거의 없었다. 그들은 하늘나라에 사는 아름다운 천사라고 생각했으며, 또 그들에게는 살아남은 아이들만으로도 충분했다. 그러나 얼마 있어 일을 도울 수 있을 만큼 나이먹은 아이가 죽을 때는 그땐 모든 사람이 슬퍼했다(*Bad Tölz-Wolfratshauser Neueste Nachrichten*, 1988년 8월 11일: IV).

20세기 후반의 결혼은 더 이상 불가분하고 불가피한 부모노릇과 연결되어 있지 않다. 이러한 변화는 부분적으로 경제와 관련을 갖는다. 산업화로 인한 부산물로서 경제적 단위인 가족이 해체되자, 아이를 갖는 것의 재정적 이점들은 점차 사라지고, 대신에 그에 따른 비용이 증가했다. 그 이후 '축복받은 자식에서 짐스러운 자식으로' 라는 말로 요약되는 격심한 변화가 있었다(Bolte 1980: 66). 지난 20년간, 그리고 지난 몇 년 동안 이러한 변화는 더욱 더 대단한 기세를 얻어 왔다. 그것은 대체로 한 아이를 기르는 비용이 급격히 증가해왔다는 점, 그것도 수입과 인플레이션 비율, 혹은 물가지수보다 현격히 빠르게 증가했다는 점 때문이었다.

의미있는 경험으로서의 자식과 자아

오늘날의 남녀는 어떤 물질적 이점을 염두에 두고 아이를 갖기로 결심하는 것이 아니다. 부모의 정서적 욕구와 긴밀히 연결되어 있는 다른 동기들이 아주 중요한 역할을 한다. 우리 아이들은 주로 '심리적 효용성'을 갖고 있다(Fend 1988: 160). 다른 연구들이 제시하는 자료들이 이를 뒷받침한다.

아이들은 어떠한 경제적 이익도 가져다 주지 않는다. 사정은 정반대이다. 오늘날 부모들은 자신의 아이들에게서 어려운 문제들에 대한 실제적인 지원이나 도움을 기대할 수 없다. 그러기에는 사회가 우리의 라이프스타일을 개인화하는 쪽으로 너무도 강력하게 치우쳐 있다. 실제로 남겨지는 보상이란 아이들의 정서적 가치이다. 그것은 책임져야 하는, 뭔가 맡겨져 있으며 정서적으로 없어서는 안된다는 소중한 느낌이며, 그리고 무엇보다 다음 세대 속에 구현되고 인간의 형상으로 다시 표상되는 자기 자신을 본다는 것이다(Hurrelmann 1989: 11-12).

이러한 '심리적 효용성'은 어떻게 표현되는가? 우리가 잘 알고 있는 일련의 동기들이 있는데, 그것은 아마도 아이가 부모사이를 가깝게 해 준다거나 상향이동에 대한 그들의 희망이 좌절되었을 때 그 자리를 채워줄 것이라는 점이다. 인구학 보고서에 따르면 아이를 갖는다는 것은 점점 뿌리내림과, 의미로 가득한 삶에 대한 희망과 연결되어 있는 동시에 아이와의 긴밀한 관계에 기반을 둔 '행복에의 요구'와도 연관을 갖는다는 것을 뜻한다(Münz 1983: 39).

아이를 바라는 마음은 자아와 관련되어 있고 현재와 연결되어 있다. 부모들은 …… 출산, 양육과 육아 그리고 아이의 부양을 통해 그들 자신을 위한 뭔가를 얻고자 한다. …… 자신의 아이를 통해 자기자신을 발견하려는 소망은 갈수록 확산되어 간다. …… 아이를 갖는 일이 더 이상 봉사나 일종의 헌신 혹은 사회적 의무로는 받아들여지지 않는다는 사실이 대다수 부모들에게서 전형적으로 나타난다. 대신에 아이 갖기는 자신의 이익을 추구하는 삶의 한 방식으로 인정받고 있다.

여기서 우리는 역사적 추이 이면에 놓여진 기본적인 패턴에 한 가지 유사점이 있음을 알려주는 신호를 볼 수 있다. 산업화 이전 사회에서 현대로 넘어오면서 결혼관계에서 뚜렷이 나타났던 변화는 마찬가지로 부모와 자식 간의 관계에서도 분명히 나타난다. 두 경우 모두 가족단위의 생존이라는 공동의 명분은 사라졌다는 점이다. 두 경우 모두 개인간의 관계는 덜 경제적으로 되었으며, 그 대신에 더욱 개인적이고 사적으로 되었는데, 이에 따라 모든 희망과 이해관계들의 변화가 수반되었다. 또한 두 경우 모두에서 관계맺기는 개인화된 세계에서의 모든 당사자들의, 비대할 정도는 아닐지라도 점증해가는 정서적 필요에 대체로 의존해 있다(강렬한 감정에 내재된 모든 보상과 공포까지 포함해서). 사회화에 관한 연구에서 지네커(Jürgen Zinnecker)가 지적하고 있듯이, 삶의 객관적 기반이 무너져 갈수록 세대간의 관계에서 더욱 더 '상상적인 것'이 뚜렷해진다. 성인은 어린시절이나 청년기를 '실현되지 못한 유토피아적 꿈의 영사막'으로 사용한다(1988:129). 이런 경향은 부모와 자식 간에 상호작용하는 방식에서 볼 수 있으며, 또한 그보다 오래 전에 부모노릇과 연결되어 있는 소망에서도 나타난다(Beck-Gernsheim 1988a: 128ff 참조).

고도 산업사회에서 사람들은 항상 합리적이고 효율적이고 신속하게 규율에 따라 행동하고 또 성공하도록 길들여진다. 아이는 이와는 반대로 삶의 '자연적' 측면을 나타내는데, 이런 점이 바로 그렇게도 큰 호소력을 갖는 것이다. 특히 젊은 여성들과 몇몇 젊은 남성들이 인터뷰를 통해, 그리고 그들의 삶을 이야기하면서 생생하게 묘사하는 하나의 약속을 아이는 제시한다. 아이와 함께 하면 그들은 자신의 재능을 발견하게 되고 고도로 기술적인 삶속에서 그들이 오매불망 그리워하던 욕구들을 얼마간 표현할 수 있을 것이다. 그것은 인내와 침착, 염려의 욕구이고, 세심하며, 애정어리고, 열려있고 가까워지고자 하는 욕구인 것이다. 여성들에게 엄마노릇은 책임있고 진지하게 행동하기를 요구하고, 일반적으로 감정을 방해물로 간주하는 일의 세계로부터 도피할 수 있는 대안을 여성들에게 제시해 주는 듯 하다. 전적으로 아이에게 자신을 바치는 것은 삶의 인지적 측면을 거스르는 것을 그리고 영혼을 파괴시키는 그 모든 삶의 뻔한 일과에 대한 살아 있는 평형추를 발견하는 것을 의미한다. 어떤 여성은 이렇게 말한다. "아이에게서 얻는 그처럼 생기있는 에너지와 즐거움을 또 어디에서 찾을 수 있겠는가?"(*Boston Women's Health Collective 1971*: II, 644).

다소 "'부자연스러워진' 환경 속에서 (어린) 아이의 자연스러움"이란 주제가 표본조사들에서 등장하기 시작했다(Höpflinger 1984: 104). '새로운 여성들'(과 남성들)에게 상당한 호소력을 갖는 것이 바로 이 자연스러움이다. 이들은 1970년대에 독일의 학교에 도입된 심리 이념과 교육적 목표 하에서 성장해 왔는데, 스트레스가 많은 사회에서 살아가기 위해 지불해야 할 대가, 즉 결국에는 '다방면에 걸쳐 축소된 인성'을 초래하는 굳은 마음과 억눌린 감정에 몹시 민감해져 있다. 따라서 아이는 '진정한 사람들, 믿을 만한 관계'와의 접촉을 약속해주는 것 같다(Häsing/Brandes 1983: 208에서 인용). 여기서 하나의 대안이 자연스레 제시되는 것 처럼 보인다. 향수어린 눈으로 사람들과 그들의 성장과정을 보는 방법이 그것이다. "아이들은 손상되지 않고 생생히 살아 있는 채 이 세상에 태어나지만, 우리의 심장은 돌부스러기와 먼지로 변해간다"(같은 글에서 인용). 이러한 '새로운 부모' 세대를 관찰한 어떤 사람은 이렇게 쓴다.

엄마와 아빠는 자아가 없는 척하지는 않는다. 그들 역시 아이들에게서 상당한 보상을 기대한다. 아이를 기르는 일은 일종의 거래의 문제이다. ……그들은 아이를 통해 성장하기를 원한다. 아들과 딸은 부모가 자발적이고 감각적이며 방해받지 않고 창조적인 인성을 가지려는 그들의 목표를 달성하도록 도와 주어야 한다. 부모가 아이를 기르는 것이 아니라, 반대로 아이가 부모를 기르는 것이다. 정말로 진정한 의미에서 아들과 딸은 부모의 자아이상을 구현하고 있다(Bopp 1984: 66과 70).

여기에는 또 다른 요인이 있는데, 그것은 우리가 살펴보았듯이 자유로운 개인이 된다는 것에는 그것대로 걱정스러운 면이 있다는 사실이다. "현대 유럽인은 자유를 선고받았다. 그는 고향을 상실했다"(Weymann 1989: 2). 아이를 갖고 돌보고 부양하는 일은 삶에 새로운 의미와 중요성을 부여해 줄 수 있고, 사실상 개인의 사적 존재의 핵심이 될 수 있다. 다른 목표들이 임의적이고 상호교환될 수 있는 듯하고 내세에 대한 믿음은 사라지고 현세의 희망이 덧없어진 바로 그 곳에서, 아이는 단단한 발판과 가정을 발견할 기회를 준다.

이러한 동기들은 종종 사회적 계층의 아래쪽에 위치한 사람들에게서 직접 표현된다. 가족계획에 관한 스위스의 한 연구에 따르면 아이를 인생에서 가장 중요하고 주된 목적으로 생각하는 태도가, 특히 교육을 거의 받지 않은 사람들 사이에 널리 퍼져 있다고 한다(Höpflinger 1984: 146-7). 하층 가족에 대한 독일의 한 연구도 동일한 추세를 지적하고 있다(Wahl 1980: 34-8). "가족과 아이를 갖는다는 것은 당신에게 어떤 의미를 갖는가?"라는 질문에 대해 다음과 같이 답변한다.

"삶이 뭔가 중요한 의미를 갖게 된다."

"내가 어디에 있는지, 무엇을 위해 일을 하는지를 알게 된다."

"내가 속한 곳을 알고 싶다."

"누군가가 나를 필요로 한다면 삶이 더 멋있어질 것이다. 밤낮 종일토록 혼자 산다면 아무것도 보여줄 것이 없다. 가족과 함께라면 내가 이룬 것이 무엇인지를 알 수 있다. 무엇을 위해 살아왔는지를 알게 된다."

하지만 아이들이 삶의 본질이 되어가는 것이 사회적으로 불리한 처지에 있는 집단에만 해당되는 것은 아니다. 관련 인터뷰들을 살펴보면 '새로운 여성들'과 남성들도 거의 유사한 발언을 하고 있음을 곧 발견하게 된다. 가령 한 여성 작가는 이렇게 말한다. "나는 아이와 나만의 가족을, 누군가 나를 원하고 필요로 하는 사람을 원했어요"(Dowrick/Grundberg 1980: 80에서). 새로운 사회적 경향들을 묘사하는 작가들은 어린 아이의 모습에서 삶의 의미를 찾으려는 격렬한 추구에 관해 — 때로는 아이러니컬하게, 때로는 힐난조로 — 언급한다. 새로운 부모들은 뭔가 정박할 곳을 찾고 있으며, 세상의 지도가 끊임없이 변해가고 있는 동안 어딘가 속해 있다는 느낌을 갖기 위해서 '핏줄을 얻으려고' 아이를 가지려 하는 것이다(Dische 1983: 32). 어떤 만화는 아이를 부모의 신념추구 수단으로 삼는 '아이를 가지려는 기묘한 욕구'를 그리고 있다(Roos/Hassauer 1982: 70).

한 여성은 과거를 회상하면서 아이를 갖기로 결심했을 때의 상황을 묘사한다.

> 나는 아이를 가졌죠. …… 나 자신에 대해 도무지 확신을 가질 수 없었던 때였어요. 대학에서의 학업은 거의 끝나가고 있었지만, 일자리를 구할 수 없을 게 뻔했죠. 내가 속해 있던 정치 서클은 비교조적 좌파였는데, 그곳의 분위기는 우울함과 절망감에 쌓여 있었죠. 함께 있던 사람들은 각자 제갈길을 갔고, 남자 친구는 금발 여자에게 빠져 있었어요. 80년대에 팽배했던, 미래는 없다는 식의 태도가 이미 프랑크푸르트의 보켄하임 구역의 거리와 술집들을 하나씩 점령해가기 시작했죠. 나를 헌신할 무엇과 준거점들이 점점 상실되어가는 것이 나를 행복/태평함과 당황/두려움 양쪽을 왔다갔다 하게 했어요. 나는 자유롭다는 것이 아름답지도 매력적이지만도 않다는 것을 알게 되었어요. 오히려 자유는 아주 혼란스러울 정도로 양면을 갖고 있죠. …… 내가 아이를 가진 또다른 이유는 …… 공허가 두려워서였어요. 공허가 내 앞에 뻥 열려 있었고 나의 미래도 불확실했죠. …… 가정을 갖기 시작하면서 나는 내 힘으로 대안적 세계를 만들기를 원했어요. 바로 그거였죠. 나는 나를 두렵게 만드는 자유로부터 도망친 거예요(Häsing/Brandes 1983: 180-1).

아이를 사랑하기 위해서 아이를 갖지 않는다?

물론 아이를 갖는 것을 어렵게 하는 강력한 장애들도 있다. 가령 대부분의 사람들이 원하는 '나만의 인생'은 과거에는 남자들에게만 영향을 주었던 개인화된 사회의 한 양상이었는데, 이제는 여성들에게도 확산되고 있다. 하지만 이렇게 되기 시작한 지 채 얼마 안가 곧 뒤를 보살펴 줄 사람이, 아무 조건 없이 아이를 돌볼 준비가 되어 있는 사람이 전혀 없다는 것도 아주 명백해 진다. 그러나 이보다 더 강력하게 아이 갖기를 어렵게 하는 이유는 부모에게 요구되는 것들이 급격히 많아졌다는 것인데, 이것은 연구자들이나 공무집행자들이 지금껏 간과해 왔던 문제이다. 부모노릇은 갈수록 점점 더 많은 책임을 요하는 일이 되었다('오직 최고만이 있을 뿐'이라는 제하의 내용을 볼 것. 226쪽). 그리고 이것은 아이를 갖겠다는 결심을 더욱 어렵게 한다 (Beck-Gernsheim 1988a: 149ff.).

아이에게 '최적의 조건'을 제공하기를 기대하면 할수록 부모는 아이갖기를 계획하고 있는 중이라도 더 더욱 오래 기다리게 된다. 이런 사정은 전계층에 걸쳐 해당되며 더 이상 사회적 사다리를 올라서는 일에 관심을 갖는 중간계층에 제한된 일이 아니다. "특히 하층계급의 경우, 아이를 갖고 교육시키는 데 드는 비용을 출세와 성공의 시각에서 보기 시작했다"(Fuchs 1983: 348). 필요조건의 목록은 용돈과 아이의 방에서부터 휴가, 장난감, 운동에 이르기까지 길어졌고, 아이가 학교에 가거나 직업훈련을 받는 오랜 기간 동안 드는 잡비 역시 만만치 않게 되었다. 이러한 기준들은 대중매체가 유포하고 있으며, 폭넓게 전체 대중의 마음을 사로잡고 있다. "우린 아이 가질 여유가 없어요"는 커플 자신의 생활수준에 대해 뭔가를 드러내 주는 것 못지 않게, 그것은 또한 그들이 아이에게 제공하기를 원하는 생활수준, 아니 실은 전문가의 충고에 따라 아이에게 제공하지 않을 수 없다고 느끼는 생활수준을 드러내 준다. 새로운 규칙은 "현대인은 그들이 재정적으로 여유가 있는 정도만큼만 아이를 가질 수 있다. 그들은 그들 자신의 책임을 잘 인식하고 있다"는 것이다(Häussler 1983: 65).

물질적인 것은 단지 한 측면일 뿐이지 가장 중요한 것은 아니라고 생각할 수 있다. 전문가의 충고는 훨씬 더 많은 측면들을 포괄하고 있고, 거의 모든 사람들에게, 무엇보다 교육을 받아 의식화된 중간계급 여성들에게 영향을 미치며, 일반인들에게는 TV와 잡지를 통해서 알려진다. 이 권위자들에 따르면 아이는 적합한 주거와, 이웃에서부터 안정되고 애정어린 가정에 이르기까지 올바른 환경을 필요로 한다. 그리고 자조지침서들이 강조하는 바에 따르면 무엇보다 중요한 것은, 아이를 기르는 일은 '위대하고 책임있는 임무'라는 사실이다 (*Boston Women's Health Collective* 1971: II, 644).

그렇게 많은 책임이 있다면 결과는 분명하다. 관찰자들의 보고에 따르면 잠정적인 엄마와 아빠들은 '아이의 이익을 위해서 …… 최대의 안전'을 확보하려고 최선을 다한다(Roos/Hassauer 1982: 189). 그들은 머리 속에 필요조건들의 목록을 담고 다니는데, 목록은 전보다 더욱 길어졌다. 안전한 일터, 좋은 주택, 진보적인 학교와 적절한 양육. 여기에 환경문제까지도 포함된다. 많은 사람들은 오존층이 엷어지고 숲이 죽어가는데 아이를 갖는 것을 도대체 어떻게 정당화할 수 있는지를 스스로 묻는다.

(대중적인) 과학에 대해서 한발 앞서가고 자신의 책임을 매우 의식하는 젊은 여성들은 종종 그들의 애정생활을 엄격하게 테스트한다. 과중한 부담을 감당하면서 아이가 요구하는 안정감을 제공하는 것만으로 충분한가? 이전보다 더욱 그들은 스스로를 엄하게 추궁한다. 만일 내 아이의 인성이 내가 얼마나 잘 돌보는가에 따라 좌우된다면 나는 그것을 제대로 할 만큼 충분히 정서적으로 성숙되어 있는가? 이는 최근의 심리학적 사고를 의식하고 있는 남녀들 사이에서 널리 발견되는 새로운 양심의 문제이다. 나는 양육이 요구하는 개인적 조건들에 적합한가? 나는 아이가 제대로 발전하는 데 필요한 내적 자질들을 갖고 있는가?

만일 그 대답이 부정적이라면 — 그들이 아이를 원하든 않든 간에 — 결과는 틀림없이 아이를 갖지 않기, 혹은 적어도 아직은 안된다는 것이다. 다음의 동거에 관한 경험적 연구의 결과물을 보자.

많은 사람들은 '그저 나중에' …… 관계의 문제들이 해결되고 혹은 개인적으로 더 안정감을 느끼게 될 때에 가서야 아이를 가져야 한다는 생각을 갖고 있다. …… 사람들은 충분히 성숙되었다고 느끼고 싶어한다. 그것은 "나 자신을 감당할 수 없다면 어떻게 아이를 감당할 수 있겠는가"라는 생각 때문이다. …… 이런 생각은 종종 엄마노릇에 대한 불안감과 연결되어 있는데, 여성들에게 엄마노릇은 자신의 성격을 중대하고도 예외적으로 시험하는 것으로 받아들여진다 (Nichteheliche Lebensgemeinschaften 1985: 77).[1]

아이를 갖고 키우는 것의 기준이 높아짐에 따라 이에 대한 의사결정의 새로운 패턴을 인식할 수 있다. 그것은 '책임있는 선택: 아이 갖지 않기'(Ayck/Stolten 1978)로 알려져 있는데, 말하자면 아이를 사랑하기 때문에 아이를 갖지 않는다는 것이다. 이른바 특이한 나선형 효과가 진행중이다. 즉, 아이들이 줄어들수록 더욱 아이들 하나하나가 소중해지고 그 아이에게 더 많은 권리가 주어진다. 아이가 더욱 중요해지고 비용이 들수록, 사람들은 이 거대한 과업에서 갈수록 뒷걸음질치고 아이 없이 지내기로 결정하게 되는 것이다. 아이크(Ayck)와 쉬톨텐(Stolten)은 『책임질 수 없어 아이를 갖지 않는다(*Kinderlos aus Verantwortung*)』의 서문에서 이렇게 진술한다.

이 책은 아이와 함께 하는 삶을 비판하기보다는 오늘날 아이에게 제공되는 것을 비판할 목적을 갖는다. 그들은 보호와 음식, 마실 것 이상을 요구하는데, 그들의 이러한 심리적 요구들은 종종 무시된다. …… 의식적으로 아이를 갖지 않는 것은 하나의 도전이다. 아이를 갖지 않는 일은 새로운 도덕적 태도와 새로운 형태의 사회적 책임의식의 표현이다(1978: 12, 18, 25).

아이 갖기 계획

최근에는 아이를 갖거나 갖지 않거나 하는 결정이, 자신의 삶의 즐거움과 박탈감에서부터 부모노릇의 의무와 기쁨에 이르는 일련의 전체적인 요소들의 영향을 받는다. 로스와 하사우어(1982)의 책 제목인 『아이를 원하기: 찬반양론(*Wanting a Child: Pros and cons* 1982)』이 보여주듯이, 결정되는 것이 무엇이든지 항상 그에 대한 찬반 논의들이 존재하기 때문에, 이는 희망과 두려움을 생생하게 만든다. 이에 대한 연구들은, '찬반양론에 대한 숙고가 전형적인 종류의 불안전함, 양면성과 모순들을 분명하게 함'(Urdze/Rerrich 1981: 94) 확인해 준다.

결정이 필요하다고 간주되는 상황은 종종 오래 질질 끄는 과정으로 변하게 된다. 이는 특히 새로운 여성들(그리고 때로는 남성들)에게 해당되는데, 이들은 정보도 많고 자신의 강점과 약점을 잘 알고 있으며 올바른 이유에서 올바른 결정을 내리고 싶어한다. 이는 다시 계급, 지위, 성적 정체성에 관한 전통적인 사상들이 더 이상 사람들을 탄탄히 놓인 길로 인도해 주지 않는 사회의 한 특성이다. 우리는 우리가 어떤 유형의 학교교육을 원하는지, 어떤 훈련을 받을지에서부터 어디에서 살 것이며 누구와 함께 살지에 이르는, 장단기 전략들을 계획함으로써 우리 자신의 일대기를 스스로 구성하지 않을 수 없다는 것을 발견하게 된다. 이와 관련된 여성관련 서적들이 보여주듯이, 이처럼 미리 계획해야 할 필요성은 갈수록 여성의 생활과 어머니노릇에 대한 그들의 태도에 개입해 들어온다. 여성을 위한 한 안내서는 올바른 절차를 제시하고 있다. 장래의 어머니는 무엇보다도 "모든 것을 신중하게 생각해야 하고" 그런 후 "정말로 확실한 결정을 내려야 한다"(*Boston Women's Health Collective* 1971: II, 640).

이 주제에 대한 자서전과 연구들을 훑어보면 이런 충고를 따르고 있음이 드러난다. 한 경험적 연구는 이렇게 보고한다. "인터뷰에 응한 많은 여성들은 자발성의 부족을 토로한다. 그들은 아이를 갖는 일은 과거에는 자연스러운 것이었지만 이제는 의식적으로 결정을 내려야만 한다는 인상을 갖고 있었다"(*Nichtebeliche Lebensgemeinschaften 1985: 78*). 솔직한 감정을 생각해 보거나 일기를 쓰고 여자친구들과 대화하고, 그리고 전보다 더 많이 파트너와 대화함으로써 새로운 여성들은 엄마노릇하기에 대한 합당한 이유를 찾아내려고 애쓰고 있으며, '정보를 갖기' 원하고 '예방하고' 혹은 필요하다면 '자신을 무장하고,' 심지어는 '자신을 방어할' 수 있기를 원한다. 다시 말해서 그들은 '전부 알기를' 원한다(Sichtermann 1982: 7-11).

이것은 확실히, 양면감정으로부터 탈출구를 찾고자 결정을 내리는 긴 여정에서 그들이 자신들의 경험을 글로 씀으로써 서로를 도우려고 하는 한 가지 이유인 셈이다.

우리에게 이 책을 만드는 작업은 중요한 일이었다. 이 책은 이제는 넌더리가 난다는 느낌에서 생겨났다. 우리는 3, 4년 동안 아이를 갖는 것에 관해 얘기를 해 왔다. 우리 두 사람은 그에 대해 토론했고 친구들, 동료와 우리 나이 또래의 다른 사람들과도 얘기를 나누었다. …… 이제 책이 완성되었다. 이로써 우리의 일대기에서 한 단계가 일단락되었다. 아이문제는 우리에게 구체화되어 갔다(한 대학강사, Bach/Deutsch 1979: 26에서 인용).

내 남자 친구는 언제나 나에게 아기를 원하는 이유들을 써보라고 말했다. 나는 3년간 그렇게 했다. 하지만 정말로 그럴듯한 이유를 찾을 수 없었다. 그저 그런 사소한 것들 뿐이었다(그래픽 디자이너, Hahn 1988: 179에서 인용).

예전에는 세상에서 가장 자연스러웠던 일이 이제는 일부 인구집단에게는 매우 복잡한 것이 되었다. 이제 더 이상 어느 것도 자연발생적으로 일어나지 않는다. 모든 것은 머리에서부터 나온다. 새로운 여성은 그녀가 하는 일에 대해 질문하고 그것을 문제시하지 않으면 안 된다고 생각하기 때문이다. 만약 아이들이 있다면 그들은 환영받겠지만, 아이를 바라는 일은 더 이상 단순한 소망이 아니며, 그것은 한 무더기의 찬반양론의 문제임을 의미한다. 아이들은 계획에 따른 결과물이며, 그라스(Günter Grass)가 표현한대로 '고안된 출산'이요 '두뇌출산'인 것이다.

인터뷰와 자서전에서 튀어나오는 주요 용어들마저도 징후적이다. 그것들은 "자기 자신을 관찰하고 원하는 것을 진단하기"(Kerner 1984: 153), "어느 부분에서 스스로를 속이고 있는지 찾기"(Dowrick/Grundberg 1980: 100), "아주 끝까지 생각해보기"(Kerner 1984: 153)를 말한다. 당연히 쌍둥이를 임신한 부모들은 "쌍둥이에게서 정신분열증 환자가 나올 확률이 높다는 말을 즉각" 떠올린다(Häsing/Brandes 1983: 152). 어쩌면 이는 극단적일지도 모른다. 하지만 좀더 살펴보자. 블루 칼라 노동자와 세일즈를 하는 그의 부인 사이의 대화는 아이를 하나만 갖는 것에 관한 '논쟁'으로 이어진다(Urdze/Rerrich 1981: 84). 또 다른 세일즈 여성은 임신 첫 몇 달 동안 그녀가 임신에 관해 구할 수 있는 '거의 모든 것을 읽었다'고, 특히 '다양한 출산방법에 대해서'(Reim 1984: 172) 읽었다고 말하는데 이와 같은 이론과 논쟁의 전체적인 네트워크는 아이에 관한 주제를 중심으로 엮어져 있다. 그라스는 이렇게 묘사한다.

현대식 동화에서 튀어나온 자랑할 만한 커플. 아름다운 커플. 고양이는 있어도 아이는 없다. 아이를 가질 수 없거나 뭔가 잘 되지 않아서가 아니다. 그녀가 '정말로' 아이를 원할 때 그는 '아직은'이라고 말하기 때문이다.

한편 그가 "나는 이론적으로는 아이를 상상할 수 있어"라고 말하면, 그녀는 자극을 받은 듯 "나는 그럴 수 없어. 더 이상은 아니야. 책임을 진다는 것은 사물을 정신차려 보는 것을 의미해. 당신은 어떤 미래를 아이에게 주고 싶은 거지? 미래는 없어. 아이들은 이미 충분할 뿐 아니라 지나치게 많아. 인도, 멕시코, 이집트, 중국에 말이지. 통계를 한 번 봐"(Grass 1980: 12).

아기를 맞을 준비

마침내 아이를 갖기로 결정한 — 종종 오랫동안 시간 계획을 한 후의 일이지만 — 사람들은 어떻게 해나가는가? 아이를 기대하는 즐거움은 흔히 다른 감정들로 채색된다. '미리 생각하는 일'은 계속된다. 태어날 아이를 처음 생각할 때조차 커플들은, 그리고 특히 여자들은 지난 몇 년간 잡지 시장의 큰 부분을 차지해 버린 대중화된 과학적 정보의 포화 속에 놓이게 된다. 다음은 20세기 후반에 부모로서 자신의 삶을 꾸려나가는 방법에 대한 안내서에서 일부 추려낸 것들이다.

임신 전 여자가 (때로 남자도) 해야만 하는 일

100년 전의 의과학자들 덕택에 우리는 적절한 영양섭취가 아이의 성장에 중요하다는 것을 알고 있다. 이런 생각은 지난 세기에 완성되었고 그래서 우리는 이제 적당한 영양섭취는 더 이른 시기에, 즉 엄마가 될 계획이 있으면 아이를 갖기 몇 년 전부터 시작되어야 한다는 것을 알게 되었다. 1969년에 나온 한 자조지침서는 이렇게 충고한다. "임신중에 여성이 무엇을 섭취할 것인가를 상당히 강조했었다. 오늘날 우리는 이보다 더 나아가서 그들이 …… 가장 최상의 건강상태일 때만 임신을 계획하라고 충고한다"(Schonfelddt 1969: 8). 상담 매뉴얼인 『ÖKO-TEST: 유아자문위원(*Ratgeber Kleinkinder*)』(1988년 5월에 처음 출판되었는데, 1989년 4월까지 총 63,000부를 인쇄했다)에서 우리는 다음과 같은 글을 읽게 된다.

> 엄마의 생활방식이 …… 모유의 질에 결정적인 영향을 미친다. …… 채식 위주로 식사하고 유기농산물을 섭취한 여성들의 모유는 질적으로 더 나아진다. 임신기간 동안 잠시 식습관을 바꾸는 것으로는 충분하지 않다. …… 오염물질들은 수 년간 신체에 축적되어 있기 때문이다(25-6).

미래에 태어날 아이의 건강을 위해 최선을 다하려면 제대로 먹는 것만으로는 충분하지 않다. 의학이 새로운 지평을 향해 큰 걸음을 내딛음에 따라 고려해야 할 새로운 요소들이 등장한다. 한 건강 상담가는 이렇게 제안한다. "임신 초기부터 최상의 건강상태를 유지하기 위해서는 임신 전에 철저한 건강검진을 계획하는 것이 좋다"(Beck 1970: 238). 혹은 일찌감치 "임신을 계획하기 전이라도 유전자 상담을 받는다면 훨씬 좋다"(*Junge Familie: Das Baby-Journal*, 1988/5: 38). 가능한 최상의 조건에서 임신을 계획하려면 전문가의 조언을 받는 것은 권장할 만한 것이다.

사례는 더 있다. 널리 읽히고 있는 한 여성 잡지에는 '임신 카운트다운'이란 표제하의 상세한 프로그램이 들어 있다. "아직 태어나지 않은 당신의 아이를 보호하라"는 모토하에, 첫 단계는 임신 전 몇 달간 시간을 갖고 치과의사, 부인과의사를 방문하는 것인데, 여기에는 고양이를 기르고 있는 사람의 경우는 톡소플라즈마의 위험이 있기 때문에, 그리고 아시아계와 아프리카계 미국 여성과 유태계 여성, 지중해 지역 출신의 여성들은 특별한 유전적 민감성 때문에 받아야 할 특별한 테스트가 포함되어 있다(*McCall's*, 1986년 1월호: 42). "계획을 통해 더 나은 아기를"이란 표제의 유사한 프로그램은 임신 6개월 전에 시작하는 이상적인 '임신 전 관리'를 제안하는데, 그 제안은 두 파트너 모두의 검진과 다양한 혈액검사와 혈압검사, 균형잡힌 식사에 대한 정보, 알콜과 흡연, 약물을 삼가고 스트레스를 피하는 것 등을 포함한다. 이러한 노력의 목표는 다음과 같이 묘사된다.

더 나은 아이를 가질 수 있는데 무엇 때문에 평범한 아이를 갖겠는가? 더 나은 아이는 머리에서 발끝까지 균형이 잘 잡혀 있다. 그들은 훌륭한 자세를 갖고 있다. 안짱다리도, 평발도, 등이 굽지도 않았다. 민첩하고 성격이 밝으며 침착하고, 모든 면에서 완벽하다. 턱이 반듯해서 이도 고르게 자란다. 잘 생긴 두개골은 그 속에 든 뇌가 반듯하게 자랄 수 있을 만큼 충분한 여유를 갖고 있다(*Observer*, 1987년 4월 26일자).

태어나지 않은 아기: 다치기 쉬운 생명체

임신 준비기에 적용되던 지침들은 그 '대단한 사건'이 가까워질수록 더욱더 많이 적용된다. 온갖 종류의 예방조치들과 보호처리가 요구된다. 이때 주요한 추진력은 의학적 진보, 특히 산전 연구 분야에서의 진보이다. 인간의 생명이 언제 어떻게 시작되는지에 관해 19세기의 여성들은 매우 부정확한 관념을 갖고 있었다. 그러나 지난 10여 년간 이루어진 임신과 출산 사이의 9개월간에 대한 아주 상세한 연구는 전에는 막연했던 태아의 원시적 상태에 대해 이제 총천연색 사진으로 첫 세포분열의 시작부터 태어나지 않은 아이의 모습까지를 볼 수 있게 만들었다. 우리는 태아가 어떻게 성장하고 영양섭취와 신진대사가 어떻게 기능하며 어떤 외적 요소들이 모체 안에서 일어나는 일에 영향을 미치는지를 추적할 수 있다. 이것이 핵심이다. 그런 영향들을 통제할 수 있으려면 태아를 품고 있는 여성들은 일련의 지시를 받아야 한다. '주의! 임신한 여성들에게 일어나는 위험!'(*Ratgeber aus der Apotheke*, 1989년 3월 15일자: 14).

하지만 찬찬히 들여다 보면 문제가 되는 것은 여성의 건강이 아니라 아이의 건강이라는 사실이 드러난다. 수많은 음식이 태아에게 해로운 것으로 지목되고 결국은 엄마에게 금지되는 음식의 블랙리스트가 작성되는 것이다.

당연히 임신중인 엄마는 알콜, 커피, 검은 홍차와 니코틴을 삼가야 한다(Bruker/Gutjahr 1986: 54).

육류와 소시지를 자주 섭취하면 좋지 않은 결과를 초래한다(*ÖKO-TEST, Ratgeber Kleinkinder*. 25).

임신한 여성은 연성치즈와 반연성치즈, 살균처리가 되지 않은 치즈를 먹어선 안된다. 온갖 종류의 치즈에서 외피를 벗겨내서 딱딱하고 얇게 조각낸 가공된 치즈로 바꾸어야 한다. 마찬가지로 날고기와 돼지고기, 소시지도 먹어선 안된다. …… 덜 익은 고기도 역시 삼가야 한다(*Ratgeber aus der Apotheke*, 1989년 3월 15일자: 14).

엄마의 젖은 반드시 제대로 영양소를 갖추어야 하기 때문에 이런 조언들은 아이가 태어나도 그치지 않는다. 그런데 엄마는 생선을 섭취할 것을 요구받는다.

모유에 포함되어 있는 생선기름의 대사 산물들은 …… 생후 첫 몇 달 동안 아이의 뇌가 빨리 발달하는 데 필요하다. 베버 교수는 "오메가-3 지방산이 부족하면 중추신경계와 눈에 이상이 생긴다"고 경고한다(*Eltern*,

1988/4:15)

기꺼운 마음으로 따르지 않는 임산부는 압력을 받게 되고 일어날 위험들은 상세히 제시된다.

아이는 완전히 무방비 상태이다. …… 임산부는 특별히 민감한 생명체를 몸속에 품고 있는 것이다. 엄마에게 위험하지 않은 세균들이라도 태어나지 않은 아이에게는 치명적인 질병을 초래할 수도 있다. …… 리스테리아에 감염되었을 때, 정상적이라면 임산부는 단지 약간의 독감 증세만을 보일 뿐이다. 하지만 임신중이 아니라면 해롭지 않을 이러한 세균들이 태어나지 않은 아기에게는 심각한 결과를 초래할 수 있다. 간, 비장, 부신, 폐와 위장에 작은 혹이 생길 수도 있고, 순환기나 호흡기에 이상이 생길 수도 있다. 리스테리아는 뇌에도 영향을 미쳐서 발작이나 수막염, 조산 혹은 선천적 결함을 낳을 수도 있다. 병에 걸린 아이 중 대략 40%가 출산 후 사망하며 많은 아이들이 영구적 정신지체아가 된다. …… 톡소플라즈마 역시 일반적으로는 엄마에게선 발견되지 않지만 …… 아이에게는 해로울 수 있다. 이에 따른 위험은 병세가 약한 경우에는 발작과 더딘 성장에서부터 심각한 정신지체와 눈의 이상, 심지어는 시력상실에까지 이른다 (*Ratgeber aus der Apotheke*, 1989년 3월 15일자: 14).

이상적인 예비 엄마는 뱃 속에서 자라고 있는 아이에게만 관심을 집중하고, 따라서 그에 따라 삶도 바꿀 것이 요구된다. TV 드라마를 보는 것마저도 아이의 앞날에 해로운 것으로 판명될지 모르며 따라서 보지않는 것이 상책이다.

아이들은 엄마의 자궁 속에서 『달라스』와 『다이너스티』를 골라본다. 나중에 그들은 이런 연속극 없이는 살 수 없게 된다. 태어나기 전이라도 그들은 특정한 영화로 조종되고 프로그램화되어 그것에 탐닉하게 된다. 그러므로 아이를 갖게 되었다면 TV 연속극을 보지 않는 것이 낫다(*Junge Familie: Das Baby-Journal*, 1988/5: 38).

지역의 대학과 성인 교육 프로그램, 교회, 생태학적 집단, 지역기관과 국가기관들, 그리고 자칭 타칭 전문가들, 이 모두가 임산부를 위해, 그리고 때로는 예비 아빠를 위한 조언을 내용으로 한 강의와 강좌를 제공하고 있다. 다루는 주제들은 갈수록 풍성해져 간다. 한 대중잡지의 언급에 따르면, "대부분의 임신 강좌들은 운동과 호흡법, 임신과 출산과정에 대한 의학적 설명들에 머물지 않는다. 이제는 태어나지 않은 아이까지 포함되며, 엄마와 아빠는 그 아이에게 필요한 것이 무엇이며 어떻게 아이를 보호할 수 있을지를 인식하게 된다." 이러한 발언에 뒤따르는 보고에는 '예비 부모들이 태어나지 않은 아이와 접촉할 수 있는 세 가지 새로운 방법'이 제시되는데, 이 세 방법은 '산전 발 마사지', '심리-촉각 접촉'과 '산전 대학'이다(*Eltern* 1985/9: 15).

출산의 '이유'가 특별한 쟁점인 것만큼 '어떻게' 출산할 것이냐도 쟁점이 된다. 19세기에는 대부분 아이를 집에서 낳았고 그것은 당연한 일이었다. 그런데 20세기에는 병원 분만이 우리 사회에서 하나의 규범이 되었다. 하지만 이제 세기말이 되자 어떤 것도 당연히 받아들여질 수는 없게 되었다. 전문가들은 TV나 매체를 통해 어디가 출산의 최적 장소인지를 토론한다. 주 병원들, 개인 부인과 전문 클리닉, 집에서 출산을 돕거나 병원으로 출장오는 경험 많은 산파. 제공된 선택의 범위는 어리둥절할 만큼 넓고, 그러니 마찬가지로 정말로 책임 있는 부모들은 무엇이 최상인지를 알아야 한다.

이에 대해 출판시장이 반응을 보였으니 얼마나 행운인가. 출산계획 분야에서 세계적인 명성을 누리고 있는 작가 키칭어(Sheila

Kitzinger)는 '스스로 출산계획 세우기'를 도와준다(1980: 156ff). 관련된 세부사항들과 가능한 복잡한 상황들을 고려하라, 전자 심장모니터를 사용하는 것에서(사용할지의 여부와 어떻게 사용할 것인가) 경막마취와 전신마취 여부를 결정하기 위한 신톡시논 주사의 사용(언제 그리고 어떤 조건 하에서)까지(아마도 무모하게 부모노릇을 시작하기 전에 먼저 의학을 공부해야 할 것이다). 일간지에서도 '최적의 준비'를 도와주는 '포괄적인 점검목록'을 싣는다(*Starnberger Neueste Nachrichten/Süddeutsche Zeitung*, 1989년 2월 21일자: IV). 그런 후 "클리닉의 분위기와 서비스 정도를 직접 가서 보라"고 제안한다. 이를 위해 "클리닉의 개별 견학을 약속하고 산모병실과 분만실을 방문하고 의사나 산파를 방문"할 수 있다. 묻고 싶은 질문들은 아마도 "분만과정을 모니터하는 기계장치로는 어떤 것을 비치해 두었는가(초음파, 심음도, 태아두피 전극장치)이거나 또는 정기적으로 이 기계들을 사용하는가"일 것이다.

임신은 자연적인 사건일지 모르지만 20세기가 저물어가는 지금 자연은 더 이상 우리가 부여한 의미대로 존재하지 않는다. 자연은 대체로 전문가의 손에 놓여 있다. 경험적 지식은 평가절하되는 경향이 있어서 여성은 경험있는 친구와 이웃에게 귀를 기울이고 싶어하지 않는다. 그보다는 "즉시 의사에게 문의를 하고 그가 제시하는 것을 따르고 그밖의 다른 것들은 하지 않아야" 한다. 이 점에 대해서는 의심할 여지가 없이 분명하다. "의사는 임산부에게 아버지나 남편보다 훨씬 더 중요하다"(Schönfeldt 1985: 31).

여담: 사랑, 책임감, 불확실성에 휘말려서

이 모든 제안들은 새로운 아이를 탄생시키기 위해 필요한 간단한 지침과 규칙들의 목록에서 일부를 뽑은 것에 불과하다. 이것들이 이용할 만하다고 해서 반드시 따라야만 하는 것은 아니며, 아직까지 우리는 실제 행동에 관한 어떠한 신뢰할 만한 데이타도 갖고 있지 않다. 하지만 현대 부모들 — 특히 엄마들 — 이 그들의 부모와 조부모보다는 훨씬 더 전문가의 조언을 들을 태세를 갖추고 있다는 사실은 증거를 통해 알 수 있다(Rolff/Zimmermann 1985; Schütze 1981; Zinnecker 1988). 모든 길잡이 책과 안내서, 강의와 강좌들도 영향을 주고 있으며(Bullinger 1986: Reim 1984 참조), 요즈음의 부모들을 '부모노릇 매니아' 라는 신종 바이러스에 걸린 사람들로 묘사하는 힐난조의 발언들도 많다(예컨대 Kursbuch, 1983/72와 1984/76).

그렇다고 모두 이 병에 걸렸다는 것은 아니다. 표적집단의 면면은 대강 다음과 같다. 가장 감염되기 쉬운 부류는 고등교육을 받았고 도시에 살며 첫 아기를 꽤 나이들어 낳고자 하는 중간계급 여성들이다. 다른 여성집단들도 역시 영향받기 쉽지만 차이점은 사회계층과 교육수준에 따라 서로 다른 전문가에게 의존한다는 점인데, 심리학 교과서에서 페미니즘 문헌을 거쳐서 저녁반 강좌, 교회 팜플렛, 잡지에 이르기까지 그 취향이 다양하다.

따라서 '새로운 부모되기' 는 극소수에만 한정되지 않으며, 만일 전형적인 특질들만을 추적해 본다면 아마도 그 범위가 광범할 듯 하다. 우리 사회의 교육수준이 점점 나아짐에 따라 — 독일 고등학교 학생의 1/4 이상이 대학에 갈 자격이 주어진다 — 그리고 더 많은 여성들이 이에 포함됨에 따라 이런 경향은 갈수록 뚜렷해진다. 점점 더 많은 사람들이 — 특히 젊은 사람들이 — 도시나 도시 근처에 산다. 작고 외떨어진 마을이나 소도시에 사는 사람들의 수는 예전보다 줄어들어 간다. 또한 많은 수의 아이를 낳는 가정도 줄어들고 있으며, 한 아이 가정을 훨씬 선호한다. 그래서 결국은 많은 여성들은 '노산모(老産母)' 가 될 때까지 어머니되기를 미루고 있다.

광범위한 '부모되기 매니아' 라는 그림은 얼핏 그럴 법해 보이지만,

이 그림은 그 이면의 원인들을 들여다 보지 않고 단지 현상만을 기술하고 있을 뿐이다. 이 그림 속에 나타나지 않은 내적인 논리를 가정해 볼 때만이, 왜 현대적 조건 하에서 아이를 사랑하고 함께 사는 일이 모순의 덤불 속으로 끌려들어가는 것인지를 추적해 볼 수 있다. 여기에는 대결해야 할 몇 가지 요인들이 있다.

불안전감: 부모와 자식의 관계를 규정해 주고 서로가 상대방에게 기대하는 것, 빚지고 있는 것을 정의해 주었던 확실성이 점차 사라져 갔다. 현대인은 안락한 둥지와 자연스럽고 정당하다고 간주되어 온 둥지의 안전한 법칙들로부터 자신이 추방당했다는 것을 발견하게 된다. 그들을 새로운 길로 몰아세우는 주된 일격은 기술적 진보에서 온다. 혁신적 발명들이 등장하는 급격한 속도는 부모들의 전통적인 우월한 지식을 무용지물로 만들어 버린다. 쟁점이 산전 진단이든 아니면 모유속의 독성이든 간에 증조모의 옛이야기는(그것이 여전히 남아 있다고 해도) 아무런 도움이 되지 않으며, 우리는 우리자신의 감정이나 자연의 목소리 혹은 심지어는 상식에도 의존할 수 없게 된다.

책임의 원칙: 부모노릇에 적용되는 전통적 원칙으로부터의 해방은 부모의 주도권이라고 불리는 과업을 넘겨받는 것을 의미한다. 우리는 말 그대로 아이의 생명을 창조하고, 할 수 있는 한 모든 일을 개선하도록 기대된다. 부모가 된다는 것은 세상을 더 나은 곳으로 만드는 보상적 형태의 일로 이해되어 간다. 혹은 다르게 표현하자면 세상이 나빠질수록 더욱 더 부모들은 그들의 아이를 위험으로부터 보호해야 할 것으로 기대된다(가령 체르노빌 사건 이후 오염되지 않은 분유를 찾는 일). 국제적인 규모로 일어나는 환경 위험들은 가족의 사적인 부엌과 침실까지 침투해 들어와서, 하루의 일과를 가득 채우는 더 많은 의무와 활동이 된다.

상호모순된 조언: 사람들은 불안전감, 이상, 책임감, 그리고 위험에 처한 환경들 모두를 한꺼번에 감당해야만 하기 때문에, 올바른 대답을 알고 있을 것이라는 확신이 생기는, 쇠퇴해가는 전통적 설명들을 대신해서 믿을 만한 설명들을 제공해 줄 사람이라면 누구라도 그에게 의존하게 된다. 이 부분에서 과학적 연구와 안내서가 개입해 들어오게 된다. 하지만 그들이 주는 영향은 종종 독자들의 불안전감을 없애기는커녕 더 증폭시키는데, 그것은 전문가, 자칭 권위자, 정신과의사들이 서로 충돌하고 경쟁함에 따라 서로 모순되는 의견들이 분분하게 일어났다 사라지곤 하기 때문이다(모유는 건강에 이로운가 아닌가, 아이가 원할 때 수유할 것인가, 아니면 계획된 시간에 맞추어 할 것인가). 이것은 우연의 산물이 아니고 구조적 요인에 의한 결과이다. 왜냐하면 과학에 앞선 지식이 거의 모두 언젠가는 잘못된 것으로 판명되는 마당에 이 첫째 원칙인 과학마저 오류가능성을 시인하고 있기 때문이다.

도망치려는 시도: 출구인 듯 보이는 것 — 자신이 선택한 대로 행동하는 것으로 돌아가기, 자연으로 돌아가기, 자발적이고 진정해지는 법을 재발견하기(안내서들이 제시하는 또다른 대중적 충고) — 도 동일한 딜레마로 되돌아가는 경향을 보인다. 현대적 생활은 상당한 정도의 불확실성을 특징으로 한다. 따라서 지식 없이 살아가려는 모든 시도는 이해할 만한 것이면서도 동시에 헛된 것이다.

증폭제로서의 사랑: 아이를 기르는 행동은 정서적으로 상당한 정도의 긴장감을 요구한다. 아이, 그 나약하고 작은 생명체를 사랑하는 것은 곧 아이를 보호하는 것을 의미한다고 부모들은 계속해서 듣는다. 이러한 절대명령은 부모들의 가장 약한 곳, 즉 그들의 아이들에게 투자하는 희망과 바람을 자극해서 전문가의 조언에 귀를 닫아버리기

어렵게 만든다. 조언을 따르지 않는 경우 일어날 일에 대해 무시무시한 그림을 그리기 때문이다. …… 무슨 일이라도 일어난다면 어떻게 될까? 과연 우리 자신을 용서할 수 있을까? 지침을 따르는 것이 더 안전할 듯하다.

이 모든 것들을 조각조각 맞추어 보면 한쪽 부모가 사랑과 그 시녀인 희망과 두려움을 갖고 품었던 아이에 대한 감정들이 어떻게 역설을 낳게 되는지를 대략적으로나마 파악할 수 있을 것이다. 현대적 사고에 따르면 부모들은 자식에게 책임이 있으며 이에 대해서는 또한 어떤 실수나 수정의 여지도 없다. 성인 파트너를 사랑하는 일에는 대체로 이것 저것 시험해 볼 여지가 있지만(혹은 모든 방법이 실패한다면 이혼도 가능하다), 아이를 사랑하는 일은 비대칭적 계약으로서, 모든 결정을 일방적으로 부모가 감당해야 하며, 부모의 실수 하나하나가 아이에게 주어지는 인생의 기회를 망쳐놓기 쉽다(이렇게 교육전문가들은 말한다). 따라서 아이의 복지에 대해 책임을 느끼지만 어떻게 책임을 다할지 불확실한 상태를 아이에 대한 사랑과 연결짓는 것은 그 자체로 신랄함과 재난으로 넘쳐나는 곤경이며, 그런 점에서 특히 아이가 없는 사람들에게 부모되기가 제정신이 아닌 것처럼 보이는 것은 당연한 논리적 귀결이라 할 수 있다.

의무적인 산전 진단

지금은 기술의 시대이다. 그리고 임신은 더 이상 자연스런 사건으로 받아들여지지 않는다. 임신은 예방조처와 의학적 모니터를 요구하는 문제적인 상황이다. 임신이 소위 위험요인의 영향을 받는다면 — 책들이 알려주는 대로 위험요인은 무수히 많다 — 산전 진단이 요청된다. 한 대중잡지의 커버스토리는 과학자들이 밝혀놓은 지식들을 알기 쉬운 언어로 바꾸어놓은 내용으로 가득한 가운데서, 이렇게 진지하게 묻는다. "임신중 초기 검사? 당신의 아이는 건강하게 태어날 것인가? 어떤 종류의 테스트인가? 그리고 언제 해야 하는가? 위험하지는 않은가?"(*Eltern* 1989/6: 커버스토리) 혹 어떤 장애가 발견될 때는, 부모들은 어려운 결정에 봉착하게 된다. "이처럼 약삭빠른 시대에는 사소한 질병과 사소한 장애라도 한 사람의 인생에서 발전, 통합, 출세와 자기존중감에 큰 영향을 미칠 수 있다"(Roth 1987: 100-1). 이 문장은 인간의 유전자 연구자와 전문가들의 예방의학 회의에서 발언되었던 것이다.

따라서 다음과 같은 의문이 제기된다. 책임있는 부모라면 아이가 장애자가 되도록 놔둘 것인가? 아이가 이 세상을 불리하게 시작하는 것을 허용할 수 있는가? 그렇다면 대답은 책임감과 나아가 사랑에서 비롯된 낙태일 것이다. 독일연방회의에서 유전공학 위원회의 전(前) 위원이었던 다엘레(Wolfgang van den Daele)는 최근의 추세를 이렇게 묘사한다.

> 산전 진단 결과에 대한 여성(혹은 부모들)의 반응은 종종 '이것 아니면 저것'의 방침을 따르는 것으로 나타난다. 대체로 그들은 단순한 질병이나 그저 질병에 걸릴 위험만 있어도, 혹은 그 피해가 클지 사소할지 명확하지 않더라도 낙태를 선택하는데, 그 결과 건강한 태아를 죽이게 될 가능성은 꽤 높게 된다. ...... 염색체 이상이 발견되는(가령 XYY 같은) 경우는 거의 심각한 상태가 아닌 것이 분명한데도, 이런 경우도 '예방 차원에서' 이상 있는 태아를 낙태하는 이유가 될 수 있다(1985: 145-6).

산전 진단은 안전에 대한 새로운 사고방식을 유도한다. 그것은 확실히 부모들 자신의 이해관계, 장애아 때문에 겪게 될 스트레스에서 스스로를 보호하고자 하는 소망을 고려하는 것이지만 그와 똑같은 정도로 역시 '아이의 이익을 위해서'이기도 하다. 태어나지 않은 아이의 유전자 비밀이 밝혀지기 전까지는(고작 몇 년 전까지만 해도 그랬다는 것을 기억해야 한다) 그것은 인간의 개입을 넘어서는, 간단히 말하면 운명의 문제였다. 그런데 이제 유전자 기술이 많은 비밀들을 밝혀낼 수 있게 되자 비밀들은 결정을 내려야 하고 가능하다면 예비 부모들이 피해가야 할 문제로 바뀌었다.

점점 더 많은 진단법을 사용할 수 있게 됨에 따라 부모들도 더 많은 책임감을 갖게 된다. 실험실에서 발견된 것은 그들이 어떻게 행동해야 하는지를 재규정한다(그리고 은밀하게 명령한다). 양수 진단 후 다운증후군이 있는 아이를 낳게 되리라는 사실을 알게 된 한 여성은 이렇게 말한다.

> 우리가 정말 다운증후군의 아이를 기르기 위해 우리의 생활을 완전히 바꾼다고 하더라도 다른 엄연한 현실들이 가로막고 있었어요. …… 우리가 나이들면 누가 다 자란 이 아이를 맡아 줄까요? 국가가 정신지체자에게 제대로 된 인간적인 서비스를 실제로는 전혀 제공하지 않는 사회에서 어떻게 우리가 혼자서는 살아갈 수 없는 다운증후군 아이의 미래를 책임질 수 있나요? 양심 때문에 우리는 국가의 피보호자가 될 아이를 낳아 기르기로 선택할 수는 없었어요(Rapp 1984: 319).

지금의 임신은 불과 10년 전에 비해 판이하게 달라졌다. 그때는 일단 임신을 하기로 결정하거나 혹은 우연한 임신을 받아들이게 되면 그 임신을 끝까지 유지할지에 대해 계속 결정을 내려야 하는 상황에 처하지는 않았다(Hubbard 1984: 334).

그런데 변화는 산전 진단과 함께 생겨났다. 이제는 '잠정적 임신'이란 것이 존재한다(Rothman). 예비 어머니는 그녀의 임신을 내심

일정하게 유보한다. 실험실의 테스트가 완결되고 결과가 나올 때까지 ― 양수검사의 경우 20주째를 의미한다 ― 많은 여성들은 어떤 희망도 중지하고 감정을 조절한다. "왜냐하면 아무도 어떤 상황이 일어날지 모르기 때문이다." 이런 상황에서는 실험실에서 "모든 것이 정상입니다, 걱정할 필요 없어요"라고 신호를 보내고 난 후에야 즐거운 기대감이 생겨날 수 있다. 다음은 산전 진단의 결과에 대한 한 현장 연구에서 인용한 것이다.

> 양수검사로 인해 강요된 상황 속에서 여성이 임신에 대해 갖는 태도는 단지 잠정적일 뿐이다. 그녀는 임신을 무시할 수는 없지만, 그렇다고 진심으로 받아들일 수도 없다. …… 대부분의 여성들은 그럭저럭 근심걱정을 몰아내기는 하지만, 여기에는 대가가 따른다. 그것은 점차로 태아와 맺게 되는 유대감이다. 여성은 거리를 유지해야만 한다. …… 뱃속의 생명체가 결국 아기가 될 수 없고 그저 유전자적 사건일 뿐이며 궁극적으로는 낙태될 태아라면, 어떻게 그녀가 자기 몸속의 아기와 사랑하는 관계를 만들기 시작하고 아이를 위해 계획을 짜기 시작하고, 그의 엄마라고 느끼기 시작할 수 있단 말인가?(Rothman 1988: 101-3)

한편에서는 유전자 연구가 진행되고 있고, 새로운 개입 방식을 사용할 가능성이 생겨나고 있다. 당분간은 출산 전으로 개입이 한정되어 있지만, 곧 임신 전까지 개입할지 모른다. 십중팔구 미래의 전망은 대체로 이러할 것이다(Beck-Gernsheim 1988b). 즉 자손의 유전자 구성을 골라내거나 포기하거나 의도적으로 혼합하는 일이 가능하게 될 것이다. 이렇게 해서 탄생한 유전자 구성은 테스트 튜브 안에서 유전자 벽돌로 만든, 최상급의 결과를 보증하는 일종의 건축물이 될 것이다. 아마도 우리는 더 이상 예전의 자연스운 임신법에 의존할 필요가 없게 될 것이고, 대신에 최적의 유전자적 생산물을 만들기 위해 엄격한 기준을 통과한 정자와 난자를 이용하기만 하면 될 것이다. 가능성의 범위는 매우 크지만, 그것들을 하나하나 시험하기 위해서 사랑은 만반의 태세를 갖추고 있을 것이다. 오래 전에 존 로크는 "자연을 부정하는 것은 행복으로 가는 길"이라고 말했다(Rifkin 1987: 30에서 재인용). 이것이 재생산기술의 시대에 부모가 된다는 것에 대해 의미하는 바를 수츠(Yvonne Schütze)는 다음과 같은 말로 설명한다. "그러면 아이에 대한 사랑은 당연히 부모가 아이의 유전적 자질을 위해 얼마나 많은 일을 기꺼이 할 수 있는가로 측정될 것이다"(1986: 127).

아이 바라기: 환자로서의 부모지망자들

만일 우리가 아이를 갖고 싶어하는데도 아이가 생기지 않는다면 어떤 일이 일어날까? 최근 연구에 따르면 필사적으로 임신을 시도하고 아이를 갖기를 원하지만 성공하지 못하는 사람들의 수가 계속 늘어나고 있다. 어림잡아서 전체 커플의 대략 10-15%가 수정단계에 문제가 있다. 그저 잘 되지 않는 것이다(Michelmann/Mettler 1987: 44). 그래서 현대 의학이 이들에게 소위 가능한 서비스를 제공하는데, 이미 부인과의 상례가 된 호르몬 처치에서부터 시험관 수정이나 급속 냉동시킨 난자와 정자은행을 사용하는 인공 배란에 이르기까지 그 방법이 다양하다.[2] 사용되는 방법이 재래의 것이든 독특한 것이든 모두 하나의 목표를 갖는다. 커플이 열렬히 원하는 아이를 생산하는 것.

이런 노력이 성공할 가능성은 얼마나 될까? 의학 전문가들이 임신하도록 도와줄 때 어떤 장애와 부담을 감당해야 하는걸까? 그에 대한 전망과 일어날 수 있는 부작용을 좀더 꼼꼼히 살펴보자.

우선 체온을 재고 호르몬 처치를 받는 등 불임처치의 표준적인 준비된 일부 과정이 있다. 이때부터 성생활은 대체로 — 그리고 '이상적인' 경우에는 완전히 — 의학적 통제하에 들어간다. 그것은 경쟁적인 스포츠나 의무적인 운동으로 전환되어(언제 하고 혹은 언제 하지 않는가, 그리고 어떻게, 어떤 자세로 하는가) 지시에 따라 하게 된다. 이것은 성관계를 단순한 생물학적 행위로 환원시키고, 그것의 '잉여적' 측면들, 에로틱하고 자발적이고 감정적인 것들은 억압해 버린다. 스릴은 없어지고 자신에 대한 감정은 파트너에 대한 감정만큼이나 상처를 입는다. 다음의 문제에 대한 두 가지 설명을 보자.

불임치료의 주된 문제는 사랑의 행위를 질서로 규제하는 데 있다. 그것은 사랑의 행위에서 모든 자발성을 없앤다. 나는 배란기에만 그를 원하게 되는 단계를 겪었다. 다른 날에는 아무 소용이 없는 듯 했다.

섹스가 잡일처럼 여겨지는 단계에 이르렀다. 그것은 정말 아무 의미가 없었다. 다소 성가시고 특별히 흥분되지도 않았다. 얼마간은 경직되었다. 나는 섹스에 관한 모든 것을 계획했다(Pfeffer/Woollett 1983: 28).

좀더 복잡한 처치법으로 옮겨가면, 섹스를 규제하는 것말고도 씨름해야 할 다른 요소들이 있다. 그 과정들은 건강을 위협하거나 정서적 긴장을 초래하는 것은 물론이고 종종 너무 길고 시간을 낭비하며 비용이 많이 들고도 제약이 많다. 다음은 시험관 수정의 여러 단계들에 관한 생생한 설명이다.

주기의 7일째 되는 날까지 똑같은 일이 매일 반복된다. 적어도 정상적인 일과 정도는 허용된다. 아침에 알약을 복용하고 에스트로겐 수치를 결정하기 위한 정맥혈을 채혈하고 엉덩이에 호르몬 주사를 맞는다. 오후 3시에 클리닉에 전화를 해서 저녁 호르몬 할당량을 확인한다. 남편이 내게 주사를 놔준다. 그는 피부과 의사이다. IVF 팀은 실험실에서 보고된 환자의 호르몬 수치를 두고 토론을 하고 나서 그들의 운명을 결정한다. 처치를 그만할 것인지, 아니면 더 자극을 줄 것인지…….

처치가 진행되어 갈수록 채혈은 점점 고통스러워진다. 바늘을 찌를 때마다 내 몸이 침범당하는 것 같다. …… 하지만 호르몬과 함께 희망도 투여된다. 남편과 나는 더욱 신경이 예민해지고 긴장되어 간다. 10일째부터 우리는 더 이상 관계를 가질 수 없었다 …….

주기의 8일째에서 13일째 사이에 많은 것이 결정된다. 우리는 집에 앉아서 소포의 지름과 호르몬 수치에 대해 이야기하고 천자(centesis)할 날, 배아 이식할 날, 우리가 꿈꾸는 아이가 태어날 날을 잡는다. …… 우리는 희망에 들떴고 우리의 희망은 매일매일 초음파실의 어둠침침한 곳에서 자라고 있었다. 우리는 전적으로 그것에 좌우되고 있었다.

그리고 나면 극단적으로 고립되고 긴장된 시기가 온다. IVF 처치가 우리의 생활을 송두리째 지배했지만, 우리는 이 모든 노력이 무의미하게 될지도 모른다는 두려움에 끊임없이 시달렸다. 나는 아침에 검사하기 위해 눕기 전에는 언제나 소포가 사라졌거나 줄어들었을까봐 조마조마했다. 매번 스크린에 검은 점처럼 거품이 나타나는 것을 보게 되면 안도했다. 마침내 배란일이 돌아왔다. "오늘 저녁 11시에 배란을 유도하기 위해 주사할 것입니다." 나는 점점 침착해져 갔지만 남편은 갈수록 긴장되어 갔다. 36시간 안에 난자가 제거되면 나머지는 그의 책임이었다. 절대적으로 그는 기능을 해야만 한다. 임상 용어로는 "파트너가 신선한 정자 샘플을 제공한다."

다음 이틀간 난자가 제거되고 정자가 생산되고 배아가 옮겨지는 모든 일들이 벌어지며, 당연히 이 모든 일은 클리닉에서 계속적인 의학적 모니터 하에서 진행된다. 그리고 나면 환자는 집으로 돌아가게 되지만 그때도 지시사항이 있다. 나는 아주 정상적인 생활을 해야 한다. 스포츠와 사우나, 무거운 물건을 드는 일을 해서는 안되며, "2주 동안 성관계를 갖지 마세요"(Fischer 1989: 48-56).

이상은 아주 전형적인 경험의 서술이다. 처치가 성공했는가의 여부에 따라 무엇보다도 영구적인 긴장과 염려의 상태가 야기된다. 배란이 되었는지, 수정가능한 난자가 천자과정에서 발견되는지, 수정된 난자에서 세포분열이 일어나는지, 호르몬 수치가 충분히 높은 상태인지, 착상이 성공적인지 …… 인지 아닌지의 연속이다. 정상적일 경우에는 보이지 않고 주목받지 않은 채 여성의 몸 안에서 일어나는 일이 여러 개의 분리된 가시적 단계들로 나누어졌다. 이러한 과정에서 여성들이 어떤 느낌을 갖게 되는지에 관한 연구가 보여주듯이(Hölzle 1989; Klein 1987; Lorber/Greenfield 1987; Williams 1987) 그것은 여성들에게 처치는 정서적으로 매우 강력하게 영향을 주며 정서적인 애착을 낳게 한다. 각각 새로운 단계가 완성되어 가면서 커플은 그들의 목표, 즉 아이를 갖는 것에 가까이 다가가게 된다. 다음 인터뷰를 보자.

그들은 현미경을 통해 존과 내가 유리접시에 든 우리의 배아들을 보게 해주었기 때문에 나는 정말로 그것을 믿게 되었다. 그렇다, 우리는 우리의 아이를 가질 수 있다, 저기에 그들이 있다. …… 잊지 말아야 할 것은 내가 정말로 그것들을 아이로 생각하지는 않는다는 점이다. 하지만 이 세포들은 아이가 될 잠재력을 갖고 있다. …… 우리의 아이 …… 처음으로 추상적인 희망이었던 '아이'가 현실로 다가왔다(Klein 1987:8).

처음으로 희망이 가시적 형태를 취한다. 이것은 여성 당사자들의 입장에서 보면 우연한 것도 어떤 비이성적인 반응도 아니다. 반대로 기술적 절차 그 자체에 내재되어 있는 것이다. 우리가 눈으로 확인한 것을 잊는 일은 쉽지 않다. 비록 처치가 성공하지 못했다 하더라도,

그러면 이런 생각을 하게 된다. "우리는 거의 성공할 뻔 했다, 첫 단계들은 잘 진행되었다. 아마 다음 번엔 더 잘할 수 있을 거야. 여기서 포기할 수는 없어." 그리고는 다시 한번 처치를 시작한다. 기술적 가능성은 은밀하게 유혹하는 힘이 있는 것이다. 이 주제에 관한 연구에서 다음과 같은 문장을 읽을 수 있다. "시험관 수정 및 이에 대한 경험이 갖는 내적 특성의 일부인 정서적 강렬함 때문에 …… 곧바로 여성들은 기꺼이 추가 처치를 시도하게 된다"(Williams 1987: 2). 이 점은 위에 인용된 인터뷰에도 예시되어 있다. 이미 강력한 감정을 일으켜 놓은 유리접시의 내용물을 보고 난 후에 "그 후 당신이 받는 것은 이런 전화내용이다. '안됐군요, M 부인, 다음 번을 기대해 봅시다.' 그러면 당신은 못견디게 갈망하게 되고 다시 한번 서명하게 된다. 당신은 그것에 아주 가까이, 인생에서 한 번도 경험해 보지 못한 정도로 가까이 있는 듯이 여겨지기 때문이다. …… 그렇게 해서 당신은 다시 한 번 노력해야만 했다"(Klein 1987: 8).

감정의 청룡열차

그러한 상황에서 많은 여성들은 아찔한 감정의 혼란상태를 경험한다. 이것 역시 우연한 일이라기보다는 그들에게 제공된 처치의 산물이다. 처치는 아주 상이한 단계들로 구성되기 때문에, 각 단계의 위험과 기회를 평가해 보아야 한다. 엄격한 실험실 결과들은 마술적 메시지가 된다. 여기 한 여성이 ZIFT 처치 동안에 그녀에게 일어난 일들을 묘사한다(ZIFT란 시험관 수정과 관련된 방법으로, 세포분열 단계보다 앞선 배아 이전 단계의 수정란을 난관에 투여하는 것이다).

나는 처치과정 이전에 수정약을 복용하는 2주 동안 낙관적인 마음으로 임신에 임했고, 2주가 지난 후에는 안에서 자리잡았을지도 모르는 배아가 잘못될까봐 두려움에 숨이 막혔다. …… 믿을 수 없을 만큼 흥분되었다. 진행과정은 악마적인 사랑을 하는 상황과 비슷했는데, 피부를 잡아당기고 학대하는 것은 어떻게 해 볼 도리가 없었다. ZIFT 첫날에 나는 내 난소에서 11개의 난자를 얻어냈다는 사실을 알았고 나는 흥분되었다. 어떻게 내가 잘못될 수 있겠어? 하지만 밤이 되자 나는 절망감에 휩싸였다. 난자들이 전혀 수정되지 않으면 어떡하지? 애당초 남편과 내가 절망적이리만치 어울리지 않아서 우리의 정자와 난자가 몸 밖에서는 구애를 하려고 들지 않으면 어떡할까? 아침이 되어 수정란이 생기지 않으면 어쩌지?

간호원이 일찍 전화를 걸어서 수정란이 생겼다고 말해주었다. 네 개의 난자가 수정된 것이다. "와서 받아가세요" 그녀는 말했다. 초대를 받은 내 가슴은 몹시 뛰었다. 나는 마치 특별한 누군가를 만나러 가는 것처럼 조심스럽게 옷을 갈아 입었고 머리도 감았다.

내가 그들 중 어느 하나라도 놓치지 않고 붙잡을 수 있다면. 그리고 내 안에서 그들이 분열하고 자랄 수 있다면. ZIFT의 어려움을 알고 있었지만 나는 희망을 가졌다. 아니, 그런 표현만으로는 충분치 않다. 그들이 나를 마취시키고 배 한가운데를 아주 작게 가르고는 세 개의 배아(네번째 것은 만약을 대비해서 냉동되었다)를 나의 건강한 도뇨관을 통해서 한쪽 난관으로 떨어뜨릴 때는 희망에 들떠서 거의 제정신이 아니었다. 그 배아들이 해야 할 일은 기다림에 애탄 나의 자궁으로 이동하는 것이었다. 이제 무엇이 그들을 막을 수 있을까?

그런데, 무엇인가가 그렇게 했다, 어떤 무엇인가가. 내 배아들은 자리잡지 못했다. 사라져 버렸다. 이 사실이 명확해졌을 때, 시술하고 난 뒤 2주 동안 내 자신도 한동안은 슬픔으로 태아처럼 위축되어 버렸다. 그건 절대 죽음이 아니며 유산도 아니고 오로지 임신미수였다. 하지만 나는 마치 내가 그들을 알고 있었던 것처럼 나의 배아들을 위해 슬퍼하고 있었던 것이다(Fleming 1989).

그녀의 반응은 특이하지도 극단적이지도 않다. 전지전능한 것처럼 보이는 처치 기술과 마주했던 여성들은 최고의 즐거움과 비참한 심정 사이를 오락가락한다. 그들은 자신의 내면 깊숙한 곳의 소망을 이루기 위해서 의사들이 하라는 대로 별 수 없이 끌려다니고 있다고 느낀다. 이 분야의 개척자들조차도 이런 상황은 분명히 위험하다는 사실을 깨닫기 시작하고 있다. 처치에서의 기술적 진보가 매력을 잃게 되는 측면은 자신을 "재생산 프로그램의 환자로 인정하면서 목표에 거의 도달했다고 느꼈던 수천의 남녀들이 겪게 되는 희망과 실망, 신체적이고 정신적인 고통이다"(Bräutigam/Mettler 1985: 64).

유혹은 여전하고

문제는 남아 있다. 이 모든 노력들이 얼마나 성공적일까? 통계는 냉정하다. 시술에 응했던 커플들 중 아이를 갖지 못한 비율은 아주 높다. 그렇게도 처절한 희망이 많이 집중되는 시험관 수정의 경우 특히 그렇다. 이 경우 성공률은 극히 낮아서 공식적인 평가에 따르면 10-15%에 이를 뿐이다. 비판자들은 이 수치조차 낙관적일지 모른다고 지적한다(Fuchs, 1988에 요약되어 있다). 이 분야의 전문가들에 따르면 최근의 높은 실패율을 고려할 때 시술을 위한 불임 클리닉이 빠르게 확산되어 가는 현상이 "아이가 없는 커플들에게는 오히려 치명적일" 수 있다는 것이다(Bräutigam/Mettler 1985: 65).

시술이 성공적이지 않은 경우라도 이것이 아무런 결과도 낳지 않는 것은 아니다. 의학적 개입은 불임 남녀들의 고통을 덜어주지 않는다. 도리어 이 때문에 고통받는 남녀는 다수이며, 이들은 점점 증가하는 듯하다. 그들은 그들이 겪은 의료절차들과 그리고 항상 자신에게 결함이 있고 치료가 필요하다고 규정되는 것에 수반되는 긴장감때문에 병원성 질환을 앓고 있다. 그들의 자기존중감과 자기확신은 종종 흔들리고, 파트너와의 생활도 갈수록 악화일로를 걷고, 친구와 지인들과의 접촉도 제한되는데, 이것이 그리 놀랄 일은 아니다. 왜냐하면 빡빡한 의료 일정이 외부적 관심이나 삶의 다른 영역들에 관심을 기울일 시간을 전혀 주지 않기 때문이다(Pfeffer/Woollett 1983). 아이는 그들이 생각하고 관심을 갖는 전부이지만, 태어나지는 않는 것이다.

그렇다면 좋다, 어떤 이는 이렇게 반박할지도 모른다. 왜 반복되는 치료를 그만두지 않는가? 하지만 생물학적인 것뿐만 아니라 사회적으로 함축된 의미까지를 생각해 본다면, 그것이 보기보다 훨씬 어려운 일임을 알 수 있다. 의학적 진보는 대중에게 공개되고 있으며, 연구의 부수효과는 얼마 안가서 불임이 재규정되고 확대되는 것으로 나타난다. 따라서 그렇게도 많은 치료법을 사용할 수 있다면 왜 다른 방법을 시도해보지 않겠는가? 사회학자 로트만(Barbara Katz Rothman)은 이렇게 말한다.

> 불임을 위한 온갖 새로운 처치들은 불임자들에게 또 하나의 새로운 짐을 지운다. 그것은 충분히 노력하지 않았다는 부채감이다. 얌전히 그만둘 수 있을 때까지 도대체 얼마나 많은 위험한 실험시약을 복용하고, 얼마나 많은 외과시술을 받고, 그리고 몇 개월이나 — 혹은 수년간이나 — 의무적인 체온 측정과 강박적인 섹스를 해야 하는가? 도대체 언제쯤이 이 커플이 '모든 것을 시도해 보았고' 그래서 마침내 그만둘 수 있는 때란 말인가? (1988: 28)

과거에는 불임이 운명의 문제였을지 몰라도 이제는 적어도 어떤 의미에서는 의도적인 결정의 문제로 변하고 있다. 그런 점에서 아주 최신의 방법들(끊임없는 시리즈물)을 시도해 보지 않고 포기하는 사람들은 모든 책임을 감수해야 한다. 결국 그들은 계속해서 시도할 것이다. 로트만을 다시 인용해 보자.

어떤 지점에서 불임이 그냥 당사자들 잘못이 아니고 그들로서는 어찌할 수 없는 불가피한, 도저히 헤어날 길 없는 운명이 되는가? 어떤 지점에서 그들은 그들의 생활을 정상적으로 해나갈 수 있게 되는가? 시도해 볼 다른 의사가 하나라도 더 있거나 해볼 수 있거나 해볼 수 있는 다른 방법이 하나라도 더 있을 때, 불임의 사회적 역할은 어떤 의미로는 언제나 선택된 것으로 간주될 것이다(1988: 29).

여기서 발견하게 되는 패턴은 친숙한 것이다. 기술적 진보는 언제나 새로운 기회와 새로운 문제에 대한 새로운 해결책을 제공해 왔지만, 이것은 동시에 사람들에게 제공된 기회를 이용하라는 정서적·정신적 압력, 때로는 사회적 압력을 가해 왔다.

바로 이런 배경에서만 우리는 인터뷰에서 자주 나타나는 의미들을 이해할 수 있다. 시술이 성공적이지 않은 커플들은 실패했음에도 불구하고 그들이 시술받았던 것을 후회하지 않는다고 말한다. 이것은 그러한 시술이 야기하는 긴장이 얼마나 큰지를 감안한다면 매우 역설적으로 들린다. 하지만 바로 이런 노력이 그들의 결정을 정당화하고 심지어는 그들을 다소 안심시킨다. 그들은 사회가 그들에게 기대하는 것을 수행했으며, 바로 그 사실이 그들에게 중요한 것이다. 그들은 아이를 사랑하는 것을 단념하지는 않는다.

만일 내가 이 모든 일을 겪지 않았더라면 나는 내가 어떤 시도도 기꺼이 하지 않으려고 했다는 것 때문에 모든 것이 나의 실수라고 느꼈을 것이다. 이제는 나를 포함한 그 어느 누구도, 나를 똑바로 쳐다보고 "당신이 진정으로 당신의 생물학적 아이를 원했다면 당신은 가질 수 있었을 거예요"라고 말할 수는 없을 것이다(*MS*, 1989년 1-2월: 156의 인터뷰).

부모와 아이: 전혀 새로운 영역

이제껏 묘사한 것과 같은 복잡한 상황은 물론 예외이다. 아이를 원하는 커플들은 대부분 실제로 얻게 된다. 그런데 그 다음에는 어떤 일이 일어날까? 성공적인 임신과 원만한 출산 다음에, 즉 아이를 갖고자 하는 열망이 결국 결실을 낳은 후에는 무엇이 뒤따르는가?

우선 아이는 대단한 기쁨의 원천으로 부모들에게 새로운 전망을 열어 주고 그들의 마음 속에 강렬한 감정을 일깨우며, 부모의 삶을 목적과 의미로 강화시키고, 그들에게 하나의 정서적 닻을 제공해 준다. 이런 모든 것들은 단지 희망하는 것에 머물지 않고 아이와 함께 살면서 실제로 얻게 되는 것임을 많은 연구들은 증명한다(Beck-Gernsheim 1989: 25ff.). 지난 시절에 가족이라는 하나의 경제 공동체를 갖는 것과 비교하면 현대의 부모되기는 정서적 만족이라는 면에서 대단한 소득을 선사하는 것이다.

하지만 이것은 그림의 한 면에 불과하다. 예전과는 달리 부모에게는 상당히 많은 것들이 요구되며 그들의 과업에는 훨씬 더 많은 노력이 필요하게 되었다. 농촌사회의 일상생활에서 아이들은 단순히 하루의 일과를 공유할 뿐이며, 그외 특별한 관심이나 보호를 받지는 않았다. 그들은 아직 완성되지 않은, 완전하지 않은 사람으로서 그들만의 욕구도 거의 없는 것으로 간주되었다. 따라서 어린 시절은 중요하지 않은 과도기였고, 많은 관심을 기울일 만한 것이 아니었다. 중세는 바로 이와 같았다.

중세가 현대와 다른 온갖 특징들 가운데 아이에 대한 관심이 상대적으로 부족했다는 것만큼 두드러진 것은 없을 것이다. …… 전체적으로 아기와 어린 아이들은 첫 5년에서 6년간은 별다른 관심을 받지 못한 채 내버려져

서 살아남거나 죽는 것으로 보인다(Tuchmann 1978: 49, 52).

18세기와 19세기로 가는 내내 인구의 많은 영역들에서

아이들은 아주 당연한 사실처럼 그저 자라났다. …… 대체로 그들을 신중하게 키운다고는 도저히 말할 수는 없었다. …… 부모들은 아이들에게 일을 시킬 때 특히 엄격했다. …… 일단 아이가 자신의 일을 끝마치고 나면 부모는 일반적으로 그들을 감독하고 가르칠 만한 시간도 그리고 싶은 마음도 없었다. 아이는 대개 방임되었다(Schlumbohm 1983: 67-72).

산업화 이전 사회에서 부모들은 그들에게 열려진 선택지가 매우 적었기 때문에 부모노릇에 거의 관심을 기울이지 않았다. 세상을 풍미하던 가치관에 따르면 아이에게 일어나는 일이란 신의 손에 달린 것이었다. 이러한 태도는 아이가 18, 19세기에 점차로 그들 나름의 권리를 가진 인간으로 여겨지기 시작하고 나서야 비로소 변화했다. 그러나 19세기 말까지 종교적인 믿음과 전통적 태도는 흔들림없이 여전했고, 따라서 많은 사람들에게 아이 기르기는 당연지사였고, 세대를 거쳐 정해져 내려온 규칙을 따르는 것일 뿐이었다. 20세기가 되어서야 비로소 종교는 영향력을 상실했고, 전통은 밀려났으며, 계급과 지위에 기반한 공동 생활의 패턴은 무너지고, 사람들은 공동선이라고 불렸던 어떤 것으로부터 등을 돌리게 된다. 현대인들은 그들의 운명을 자신의 손에 쥐게 되었고, 여기에는 그들 자식의 운명도 포함되었던 것이다. 이제 전문가들이 기대하고 충고하는 것은 아이에게 가능한 최상의 출발점을 제공해야 한다는 점이다.

오직 최고만이 있을 뿐: 현대의 절대명령

아이가 책임있는 시민으로 자라기 위해서는 특별한 관심과 보호가 필요하다는 생각이 19세기에 시작되었지만, 그와 같은 생각은 1950, 60년대에 이르러서야 대단한 추동력을 얻게 된다. 심리학, 의학, 교육 분야에서의 새로운 진보들은 아이의 미래가 어떤 모양새일지를 보여주었다. 한때는 운명의 일격으로 참아내야 할 것이었지만 이제는 교정할 수 있게 된 것이다. 1960년대의 심리학 연구는 일생의 첫 몇 년간의 중요성을 강조했으며, 그때 제대로 돌보지 않는 것은 아이가 발전할 기회를 잃게 만드는 것이나 마찬가지로 보았다. 또 동시에 많은 사람들은 더 잘 살게 되었고, 따라서 그들은 예전에는 매우 제한된 소수에게만 가능했던 특별한 지원을 아이들에게 제공할 여유가 생겼다. 한편 정치가들은 이전에는 교육 혜택을 받지 못했던 부류의 사람들에게 교육의 기회를 제공하려고 앞다투어 경쟁했다.

이러한 모든 요소들이 부모들에게 그들의 본분을 다하라는 압력을 가하는 데 일조했다. 더 이상 아이를 그저 있는 그대로, 아이의 신체적·정신적 특성이나 결함들을 있는 그대로 받아들이는 것만으로는 충분하지 않았다. 아이 그 자체가 부모들의 노력이 집중되는 중심이 되었다. 이제 가능한 한 결점을 교정하고(사시, 말더듬이, 오줌싸개는 이젠 그만) 특기를 갖게 하는 것(피아노 레슨 붐에, 휴일에는 어학을 배우고, 여름에는 테니스학교, 겨울에는 스키학교)이 중요해진 것이다. 아이들의 능력을 증진시키라고 매혹적으로 제의하는 완전히 새로운 시장이 형성되고, 곧이어 이런 선택지들은 부모들에게 새로운 의무로 나타나기 시작한다. 만일 그녀의 치아를 바로 잡아주거나 그의 다리를 길게 만들 수 있다면, 또 눈 치우는 일 이상의 것을 습득하게 하고 프랑스어를 배우게 할 수 있다면, 아마도 이 모든 것들을 하지 않을 수 없다고 부모들은 느끼게 될 것이다.

혹자는 이것들은 그저 부모들에게 권장되는 지침일 뿐이지 아이를 기르는 현실을 나타내는 것은 아니라고 반박할지 모르겠다. 그렇다면 문제는 새로운 기준들이 실제로 아이와 함께 살아가는 일상생활 속에서 나타나는가이다. 가용한 데이터는 일관된 그림을 제공해 주지는 않지만, 부모들이 이 모델들을 다양한 방식의 행위로 바꾸고 있음을 제시한다. 여기 몇가지 세목들이 있다. 부모들이 과학적 진보들에 대해 얼마나 많이 알고 있는지, 그리고 이것이 단지 교육받은 중간계 층에 한정되는 것만이 아니라는 사실은 알게 되면 누구나 놀랄 것이다. 하층계급 가족들에 관한 한 연구에는 이런 글이 있다. "대소변 가리기, 영양섭취 문제와 다양한 발달단계들에 관한 부모들의 지식은 일반적으로 말해서 과학적 토론에 견출 수 있을 정도이다" (Wahl u. a. 1980: 150). "아이들이 자신들보다 더 잘 살아야 하고 따라서 이것을 실현하기 위해서 열심히 일하"는 것은 특히 하층계급 가족들에게 중요해지는데(1980: 41), 이를 위해서는 상당한 정도의 물질적, 개인적 희생이 따르게 된다. 노동계급 여성에 대한 한 조사는 이렇게 쓰고 있다.

이 모든 것들 — 영아기, 체벌, 유년기 근심과 소망에의 공감 등에 대한 태도들 — 은 노동자 가족의 양육 분위기에서 뭔가가 변했음을 보여준다. 즉 좀더 아이를 중심에 놓는 태도와 실천으로 변했음을 보여준다(Becker-Schmidt/Knapp 1985: 52).

이것들이 모두 아이에게 이로울 수도 있지만, 그렇지 않을지도 모른다. 언제쯤이면 지나친 관심이 성가시다고 느껴질까? 분명한 것은 부모들, 특히 엄마가 새로운 요구들을 들어주기 위해 끊임없이 노력해야 한다는 것이다. 그녀의 첫 과업은 최신 정보를 따라잡는 일이다. 아이에 대해 알고 있는 것과 알아야 할 것 사이의 간격은 어느 때고 벌어질 우려가 있다. 한편으로 오늘날의 젊은 성인들은 일반적으로 아이를 기르는 것에 대해 별로 아는 바가 없다. 즉 이전 세대의 같은 또래 사람들과 비교할 때 훨씬 뒤쳐진다. 그것은 간단히 말하면 예전에는 기준으로 삼을 수 있었던 아이들이 그들 주변에 별로 없기 때문이고 부모 자신이 형제자매가 많은 집에서 자라는 경우가 거의 없기 때문이다. 그래서 처음으로 만나는 어린 아기가 바로 자신의 첫 아기일 수 있는 것이다. 다른 한편, 젊은 부모들은 자신의 아이들에 대한 미니 전문가가 되기를 요구받는다. 인간이 어떻게 발달하는가에 관한 지난 20년간 축적된 지식이 매체를 통해 대중적 형태로 유포됨에 따라 '좋은' 부모들은 아이를 위해서 이러한 진보를 이용하는 사람으로 간주된다. 교육학계에서 '육아의 과학화'로 알려져 있는 이러한 추세는 정확히 다음과 같은 것을 의미한다. 부모들의 일에는 갈수록 많은 요구들이 생기고, 이를 위해서 부모들은 더욱 더 노력해야 한다는 것이다.

육아는 항상 쌍방 관계이기 때문에, '아이에 대한 과학의 정복'(Gstettner 1981)은 엄마에 대한 정복(그리 흔치는 않지만 아빠에 대한 정복)이기도 하다. 이론들의 그물이 아이에게 던져지지만 엄마들이 그 안에 붙잡힌다.

양육이나 교육에 대한 문제이든, 혹은 아이가 무엇을 입을지, 누구와 휴일을 보낼지, 그리고 언제 어디로 갈지, 혹은 무엇을 먹을지, 아이가 너무 작거나 크지는 않은지, 너무 시끄럽거나 너무 조용한 것은 아닌지, 너무 구부정하거나 너무 꼿꼿한 건 아닌지, 문제가 무엇이든 간에 충고는 언제나 동일하다. 의사에게 문의해 보시오. 의료면이 없는 잡지는 없으며, 사실 『부모(Eltern)』나 『우리 아이(Unser Kind)』같은 간행물은 판매부수가 어머어마하다. 경험은 중요하지 않고 부모나 조부모의 한 마디는 더 이상 현대 이론가들의 수준에 미치지 못한다. 아이를 기르는 일은 과학으로 선포

되었고, 따라서 연구하고 배우고 무엇보다도 가르쳐질 수 있게 되었다(Sichrovsky 1984: 38-9).

왜 엄마들은 파업을 하거나 전문가의 충고에 신경쓰기를 그만두지 않는 것일까? 어려운 점은 바로 그들이 TV와 지역 신문, 학교 보고서를 통해 가정에 침투하는 절대명령의 포화 속에 놓여 있다는 것이다. 메시지에는 아이들의 요구를 무시하면 아이에게 해를 줄 것이고 아마도 아이가 삶에서 성공할 기회를 망칠 것이라는 후렴이 반복된다. 유동적인 우리 사회에서 출세가 절대적으로 중요한 것이기 때문에 '인생에서 출세하지 못하는 것'이 무엇인지는 누구나 다 알고 있다.

적절한 보살핌을 받지 못한 아이는 대처 능력이 없을 것이다 — 안내서와 잡지를 채우는 이 메시지는 틀림없이 부모들에게 전달된다. 부담을 맡기를 거절하면 혹독한 처벌을 받게 된다. 처벌받을 각오를 하고서만 부모들은 모든 이론들을 무시할 수 있다. 그러나 이것을 더 어렵게 만드는 것은, 그 처벌이 가장 소중한 그들의 사랑하는 아이에게 타격을 가하기 때문이다. 아이를 위해 일하는 것은 그저 그런 일이 아닌, 특별한 것이다. 일과 사랑은 뗄 수 없이 결합되어 있으며, 사랑이 커 갈수록 일은 더욱 받아들일 만한 것이 되는 듯하다. 소아과 의사 매튜스(Sanford Matthews)는 이렇게 말한다. "그녀의 아이가 그의 완전한 잠재력 — 정서적·체력적·지적으로 — 에 도달하지 못할 것이라는 일말의 암시에도 그녀의 영혼은 완전히 시들어 버린다. 그 결과 그녀의 촉각은 언제나 자신의 수행력을 증가시키기 위해 곤두세워져 있다(*McCall's*, 1983년 11월: 196에서 재인용-)".

이러한 상황 속에서는 오직 '비정한' 엄마들, 아이를 가질 '자격이 없는' 사람들만이 새로운 규칙에 따르기를 거부할 수 있다. 문화적으로 규정된 기준들은 저항하기가 어렵기 때문에, 대부분 엄마들은 그들이 더 열심히 할 수 있었을지도 모른다는 생각으로 괴로워하면서 아주 안하기보다는 차라리 너무 많이 하려고 한다. 또 교육이론들은 사람들이 느슨해지고 있다고 하는데, 이 때문에 부모들은 더욱 전문가에게 문의하도록 다시 내몰린다. 이로써 하나의 원이 완성되는 것이다.

물론 필요한 것은 정보만이 아니다. 그보다 중요한 것은 그것을 어떻게 적용하는가이다. 이것이 함축하는 바는 자라나는 아이의 엄마는 여러 다른 방식으로 그녀의 '육아 노동'을 한다는 것인데, 그 이유는 그녀가 아이는 말 그대로 '만들어질' 수 있다고 믿기 때문이다. 이러한 발상을 좀더 면밀히 살펴보자. 누가 만드는가? 자연이 제공했던 것을 교정하거나 금지하기 위해서 그 어느 때보다도 훨씬 더 많은 전문가들이 불려온다. 이 전문가들은 면역처방에서 심리치료적 운동을 처방하는 일에 이르기까지 그들의 전문적인 의무를 수행한다. 하지만 그들은 실제로는 불려올 수 없다. 환자가 그들에게 가야 한다. 어린 아이가 혼자 갈 수 있는가? 누가 그 준비며 후속 조치들을 수행하는가? 누가 아이를 치과에 데려가고 물리치료를 받으러 데려가며 아이와 대기실에 앉아 있을 것인가. 누가 하나의 실천에서 다음 실천으로 아이를 이끌고, 숙제를 점검하고 철자 틀린 것을 바로잡아 줌으로써 학교에서의 학습 진도를 관리해 줄 것인가? 대부분의 경우 그것은 엄마이다.

그녀는 실제로는 그보다 더 많은 일을 하는데, 전문가가 직접 개입하는 일이 필요하지 않은 매일의 정상적인 시간 동안에도 아이에 대한 개선의 분위기는 더욱 교묘히, 하지만 골고루 지배하기 때문이다. 이러한 영향하에서 엄마는 아이를 도와주는 사람의 역할을 한다. 미국의 한 여성잡지의 말을 빌면 "자극되지 않은 시간은 아기의 시간을 낭비하는 것이다"(*Lois Davitz in McCall's*, 1984년 6월: 126). 다방면의 자극을 위해서 엄마들은 (흔치않게 아빠들은) 동물원을 좇아다니고 서커스에 가고, 수영장에 데려가거나 파티를 열고, 친구와 외출시킨다.

많은 면에서 자연스런 유년기는 끝났으며, 그것은 '단계화된' 유년기로 대체되어 가고 있다. 여기에서도 역시 일에 저항하는 것은 어려운데, 단계화는 단순히 부모의 개인적 기호가 아니기 때문이다. 그것은 '지위를 유지하기 위해서 일하는 것'의 필수적인 한 부분이다 (Papanek 1979). 사람들이 그들의 노력으로 사회에서의 자신의 위치를 확보하지 않을 수 없다면 이러한 충동은 육아에까지 미치게 된다. 아이를 갖는 것만으로는 충분하지 않다. 아이는 길러내야만 하고 부모들은 사회적 등급 위로 올라가려는 열망만큼이나 밑으로 떨어지는 것에 대한 두려움과 싸우고 있는 자신을 발견하게 되는 것이다. 『미국과 미국인(America and Americans)』이라는 제목의 책에서 스타인벡(John Steinbeck)은 이것을 다음과 같이 신랄하게 묘사한다.

> 이제 더 이상 아이가 부모와 닮고 그들처럼 살아야 한다는 생각조차 용인될 수 없다. 그는 더 잘나고, 잘살아야 하며, 더 많이 알고, 더 잘 차려입어야 한다. 그리고 가능하다면 아버지의 장사를 물려받지 말고 전문직을 가져야 한다. 이러한 꿈은 감동적일 만큼 국민적 차원이 되었다. 아이는 이제 부모보다 더 잘나야 한다고 요구되기 때문에 자세를 똑바로 해야 하고, 지도받고, 떠밀리고, 찬사받고 훈련받으며 입바른 소리도 들으며 강요받기도 해야 한다(1966: 94).

요약하자면, 고도로 산업화된 사회에서는 아이를 돌보는 물리적 일이 다소 쉽게 되었다고 할 수 있다(가정용 기계들, 가공음식, 종이 기저귀). 하지만 이에 대한 대가로 해결해야 할 새로운 문제들이 예기치 않게 생겨나고 있다. "우리 시대는 유년기의 신체적·도덕적·성적 문제들에 강하게 얽매여 있다"(Ariès 1962: 560). 이것들은 다른 차원에서도 얘기할 수 있다. "요즘 가족은 역사상 유례없이 육아의 압력에 시달리고 있다"(Kaufmann u. a. 1982: 530). 신이 내려주신 선물이든 때로 원치 않았던 짐이었든 자식은 이제는 무엇보다도 '돌보기 힘든 사람'인 것이다(Hentig 1978: 34).

사랑의 교과목

아이를 가능한 한 최고로 기르라는 지상명령은 일상생활에도 상당한 영향을 미친다. 씻기고, 먹이고, 어르고, 껴안아주고, 놀아주는 그 모든 일들은 한 가지 동기를 감추고 있다. 하나하나의 행동은 그 행동 그대로라기보다는 배워가는 과정으로서 창조성을 자극하고 정서계발을 도와주고 아이의 학습의욕을 높여주는 것이어야 한다. 아주 오래전인 1783년에, 육아에 관한 한 책은 이렇게 충고한다.

> 사람들은 아이들과 놀아주기를 좋아한다. 그러나 이런 놀이는 단순한 놀이 이상의 더 유용한 것이 될 수 있다. …… 왜 엄마는 자신이 보여주고 싶은 대로 아이들의 관심을 이끌면서도, 어떤 규칙에 따라 차례차례 하나씩 이끌어주지는 않는가? 왜 아이의 손을 이끌어서 정해진 방식대로 만지고 밀고 잡아당기고 쥐고 잡고 놓고 하는 등의 행동을 가르치지는 않는가? 이것은 일찍부터 아이들이 신체적으로 능숙해지는 것을 도와주는 자연스런 방법이 아닌가? …… 간단히 말해서 아기들이나 어린 아이들과 함께 하는 모든 놀이와 농담은 반드시 언어기관과 신체의 다른 부분들을 운동시킬 수 있도록 의도적이면서도 지식을 갖추고 행해져야 한다 (Basedow, Ostner/ Pieper 1980: 112에서 재인용).

지난 30년 동안 이러한 가르침은 부모노릇의 규칙들을 실어나르는 데 아주 효과적인 대중매체 덕분에 모든 가정에 침투했다. 아무도, 아주 외딴 산간 마을조차도 예외가 아니다. 조언 칼럼과 광고들은 사회의 모든 계층들에게 전달된다. 그 결과는 "유년기를 가족 내의 교육적 계획으로 변모시키는 광범한 경향"으로 나타났다. "교육받고 교양 있는 중간계급 가정에서 당연시되었던 아이 중심문화는 하층과 노동자계급 엄마에게도 가르치기 쉬운 형식으로 전달되고 있다"(Zinnecker 1988: 124). 부모들에게 아주 인기있는 잡지는 이렇게 단언한다.

> 다양한 감각들이 지력과 독창성을 기른다. …… 아이를 학습시키는 방식을 찾아라. 만일 아이에게 온갖 종류의 인상들과 자유로이 움직일 수 있는 기회를 준다면 아마도 아이가 독립적이고 활동적인 사람이 되는 데 도움이 될 것이다(*Eltern*, 1988년 7월: 150).

일상생활만이 수단화되는 것은 아니다. 애정과 즐거움의 가장 자발적인 신호들까지도 프로그램에 포섭된다.

> 태어나지 않은 아이는 특히 …… 아주 어린 단계에서 분위기, 자극, 촉각을 흡수한다. …… 부모와의 의도적인 접촉과 그들의 **사랑스런 보살핌**은 **아이의 발전에 원동력이 되어준다**. …… 손을 아주 가볍게 배 위에 올려놓고 아이를 큰 애정을 갖고서 안고 있다고 생각해 보라(*Eltern* 1985/9: 17. 강조는 필자).

모성적 사랑은 전문가가 제공하는 것으로 변해가고 있으며 대중잡지뿐 아니라 과학 저술에서도 감정은 아주 중요한 것으로 지적된다. 다시 말하면 아이를 사랑하는 일은 의무이다. 아래의 글은 젊은 부모들을 위한 안내서에서 발췌한 것이다.

> 그 목적은 사랑스런 보살핌과 관심이 아이의 지적·정서적 발전의 토대이며, 아이가 얼마나 여기에 의존해 있는지를 보여주는 것이었다. …… 아

이의 욕구를 성장시키기 위해서는 …… 한 사람의 믿을 만한 보살핌과 사랑이 필요한데, 아이가 밀접한 유대를 형성할 수 있는 사람, 무엇보다 아이의 엄마가 바람직하다(Das Baby 1980: 3, 23).

따라서 모성적 사랑은 절대적으로 필요한 것이지만, 일이라고 생각하지 말아야 한다. 기껏해야 사랑의 노동 정도일 뿐이다. 뿐만 아니라 가르침을 너무 열심히 따르는 것이 잘못될 수도 있다. 1969년 소아과 전문의이며 정신분석가인 위니코트(D. W. Winnicott)는 엄마들에게 이렇게 말한다.

자, 즐기세요! 자신이 중요한 사람이라는 생각을 즐기세요. 당신이 새로운 구성원 한 명을 생산하는 동안 세상은 다른 사람들에게 맡겨 두세요. 당신 자신에게 도취되고 자신과의 사랑에 빠져보세요. 아이는 당신의 아주 가까운 일부입니다. …… 이 모든 것을 당신 자신을 위해서 즐기세요. 하지만 아이를 돌보는 귀찮은 일에서 얻을 수 있는 즐거움은 아이의 입장에서는 정말 중요한 것입니다. …… 엄마의 즐거움은 바로 여기에 있어야 합니다. 그렇지 않으면 전 과정은 죽은 상태가 되고, 쓸모없고 기계적인 것이 됩니다(Schütze 1986: 91에서 재인용; 강조는 필자).

엄마의 사랑은 중요하지만 또한 확실히 힘든 것이기 때문에 여기에는 미궁과도 같은 규칙들이 있다. 엄마가 아이에게 해로울 정도로 "소유욕이 있고, 희생적이고, 적대적이고, 지배하려 들고, 순종적이고, 애정을 갈망하거나 마음내키지 않아 하는" 사랑에 대해서는 경고한다(Schmidt-Rogge 1969, Schütze 1986: 123에서 재인용). '애정 지표'는 적정한 수준을 유지해야 하고 폭발적인 잠재력을 통제할 수 있게 맞추어져야 한다(Grossmann/Grossmann 1980, Schütze 1986: 116-7에서 재인용). 잠재의식마저도 여기에 포함되며 가장 깊은 감정들에까지 처방이 내려진다. 이것은 많은 준비가 필요한 어려운 과업이다. 적당한 시간에 적당한 정도로 적당한 감정을 갖는 복잡한 일과 비교해 보면 자발적인 반응들은 아득한 옛날에나 있었던 일처럼 보인다. 호만(W. E. Homan)(1980)의 책 제목이 이를 간결히 표현한다. '아이들은 사랑이 필요하고 부모들은 조언이 필요하다.'

사랑의 라이벌

기대는 높고 부모들은 자신이 돈과 인내심, 시간과 에너지 자원을 무한히 갖고 있지 않다는 사실을 알게 된다. 자신의 아이가 필요로 하는 것을 만족시키려면 어른들은 그들 자신의 요구와 권리, 관심 수준을 낮추어야 하고 때로는 상당한 희생도 치르게 된다. 그 결과는 무엇보다도 매일의 일과를 담당하는 사람, 대부분의 경우 엄마들이 느끼게 된다.

아이들이 주변 환경에 요구하는 것에 대해 우리의 인식이 증대될 수록 …… 점점 아이의 이익을 위해 적어도 한쪽 부모에게 일방적으로 희생을 요구하는 결과를 낳는다. 이것이 부모, 특히 엄마의 관심사가 전적으로 포기되지는 않지만 인생의 후반으로 밀려나게 되는 과정이다(Kaufmann u. a. 1982: 531).

양쪽 부모 모두 압박을 느끼기 때문에 그들의 관계는 변해간다. "아이들은 결혼을 결합시킨다." "아이는 서로에 대한 우리 사랑의 징표이며 맹세이다." 이 말들은 아이를 갖겠다는 바람과 흔히 연결되는 생각들이다. 하지만 실제로는 어떤 일이 일어나는가? 부모되기는 복잡한 과업이 되었으며, 결혼은 균형잡힌 행위이자 탄력성의 테스트가 되었다. 딜레마는 분명하다. 아이에게 에너지를 쏟아부을 수록 파트너에게 남겨지는 것은 점점 적어진다. 결국 아이를 중심으로 살아가는 가족생활의 결과는 다음과 같이 표현되는 것이다.

아이에게 쏟아붓는 강렬한 정서적 접촉과 시간 때문에 커플의 관계는 축소된다.
전형적으로는 이럴 것이다. 부모가 모두 직업을 갖고 있다면 그들의 사용 가능한 자유로운 시간을 아이에게 할애한다. …… 일하는 커플들에게 이것은 파트너끼리 서로 얘기할 여유는 없다는 것을 의미한다. 둘 중 한 사람이 아이를 돌보는 데 매달리면 다른 사람은 이 시간에 외부의 접촉들을 유지하는 등의 일을 할 수 있다. 이것이 아이와 연관되지 않는 일을 하고자 하는 욕구를 만족시킬 수 있을지는 모르지만, 아이가 태어나기 전에 한몫했던, 함께 시간을 보내고 싶은 바람은 소홀해질 수밖에 없다. 만일 한쪽 부모만 일을 한다면 — 대개는 아빠 — 그렇다 해도 상황은 크게 다르지 않다. 여자는 하루종일 아이와 시간을 보내기 때문에 저녁에는 아이와 관련되지 않는 뭔가 다른 일을 하고 싶어한다. 하지만 남편과의 대화는 대체로 아이가 어떻게 하루를 지냈는지를 이야기하는 것에 한정된다 (Schütze 1988: 107-8).

육아에 관한 모든 책들 가운데는 아이에 대한 지나친 부모노릇의 위험을 다루고 있는 책들이 있다. 사정은 이렇다.

아이가 태어난 후 부모는 아이를 돌보는 일에 매달리기 때문에 서로에 대해 관심을 가질 만한 기력이 남아 있지 않다. …… 모든 기대는 아이를 위한 것으로 한정될 수밖에 없다. 흔히 파트너와 함께 이야기할 시간도 에너지도 남지 않는다. 모든 것이 아이의 필요에 종속되어야만 한다. 부모를 위해 남아 있는 것이라곤 아이가 남긴 찌꺼기뿐이다. 아주 오랜 동안 생활을 유지하는 일이 더 급선무라서 부모들은 저녁에 녹초가 되어 잠자리에 들었다가 일어나는 것 외에는 아무것도 할 수 없었다. …… 부부 각자만이 아니라 그들의 관계도 매일의 일과에 묻히고 어떤 의미에선 일과 그 자체가 된다. 더 이상 어떤 최고점의 흥분은 없다. 흥분되거나 기분좋은 것은 그들 사이에서 전혀 혹은 거의 일어나지 않는다. 출산 후 첫 며칠의 강렬한 감정은 무미건조한 상태로 변한다. 어떤 커플들은 그들이 여전히 서로를 사랑하는지조차 알지 못한다. 그들은 분명히 함께 있다. 하지만 아이를 위해 그들이 공유하는 관심을 제외하고는 서로 함께 할 일이 거의 없다(Bullinger 1986: 57, 39, 56).

인터뷰와 설명에서 우리는 부부의 관계가 육아 전문가의 야심적인 이상들이 우세한 곳에서는 언제나 뒷자리로 물러나는 것을 알 수 있다. 반복된 후렴구는 이것이다. 아이를 갖는 일은 무척이나 풍요로운 일이며 부모 모두에게 새로운 공동 역할을 제공한다. 하지만 그 뒤에는 '그러나'가 뒤따른다.

첫 몇 달 동안 우리는 행복에 겨웠고 모든 것이 자극적이고 흥분되었다. 한편으로는 언제나 너무 피곤했고 우리 자신에 대해서 얘기할 기회를 가질 수 없었다. 하지만 우리는 사정이 좋아질 거라고 생각했다. 그러나 아무것도 변하지 않았다. 아이를 갖는 일은 너무 힘겨웠다. 우리는 언제나 피곤하고 지쳐 있어서 우리 사이의 관계에는 신경쓸 여가가 없다(Reim 1984: 101에서 재인용).

따라서 긴장이 증가하고 두 사람 다 과민해지고 서로 이야기할 시간이 적어짐에 따라 갈등이 커지는 것은 놀랄 만한 일이 아니다.

아이는 자라났고 남편과 내가 부모로서의 역할에 대해 점점 자신감을 가지게 되었지만 서로에 대한 감정은 일시적으로 뒷전으로 밀려났다. ……

우리는 아이가 11개월이 되어서야 어떻게 우리가 우리 자신에게 관심을 가질지, 그리고 아이의 일말고도 우리에게 일어난 일에 어떻게 책임질지를 곰곰이 생각하기 시작했다(Reim 1984: 19에서 재인용).

"결혼이 그 의미를 바꾸어서 아이를 사회화하는 것으로 되어간다면 …… 파트너 사이의 갈등은 불가피하다"(Nave-Herz 1987: 26). 좋은 측면들 — 시간을 갖고, 인내하고 에너지를 찾고, 감정을 나누는 것 — 은 아이에게로 집중되는 경향이 있다. 새로운 조건에서는 더 이상 아이들이 부부를 결합시키지 않으며, 설사 그렇다 해도 그것은 부분적일 뿐이다(Chester 1982).

사랑이 지나칠 때

아이들은 어떤가? 그렇게도 열렬히 집중된 희망과 기대에서 아이들이 얻는 것은 무엇인가? 이에 대한 대답은 논란거리인데, 좀더 세련되게 표현하면 이 문제는 여전히 연구자들 사이에 논쟁점이 되고 있다. 대부분의 저자들은 전근대 사회에서 근대사회로 넘어가면서 아이들에게 새로운 기회가 열렸다는 사실을 인정한다. 개인 잠재력은 발견되고 더 계발될 수 있게 되었으며, 계급, 성별, 지위는 더이상 장애가 될 수 없고, 전적인 방치와 혹독한 무관심은 과거의 일이 되었다. 만일 유럽의 덜 발전된 지역에서 과거에 유년기가 어떠했는지를 묘사한 글을 읽는다면 — 지루하고 혹독하고 억압적이며 견디기 어렵고 지치게 하는 — 이처럼 도저히 목가적일 수 없는 시대가 끝나버린 것을 아쉬워하지는 않을 것이다(Ledda 1978; Wimschneider 1987). 그렇지만 과보호받는 것 또한 그만큼 단점이 있다는 의혹이 서서히 생겨났다. 이런 유의 생각은 다음과 같다.

양육에 대한 이론들은 유년기를, 여러 단계에 대한, 그리고 또 있을 수 있는 결함에 대한, 주의깊은 감독과 주시를 요구하는 프로그램으로 만드는 경향이 있었다. 아이는 언제나 어른이 필요한 의존적 생명체이기 때문에 아이의 신체적이고 정서적인 욕구나, 현재와 미래의 욕구들은 규정되어야 하고 보살핌을 받고 조정받아야 할 것으로 간주된다. 이에서 사랑이란 미명 아래 부모들은 그러한 권력을 휘두름으로써 얻는 자신의 즐거움을 감출 수가 있다. "적절한 잡지와 책들로 무장한 채, 부모들은 정서적인 분출로 아이들을 괴롭히면서 유아원을 교훈적인 온실로 변화시킨다"(Gronemeyer 1989: 27). 금세기 초에 엘렌 키(Ellen Key)는 이렇게 묘사한다.

> 아이는 항상 이 일은 그만두고 뭔가 다른 일을 해야 하며, 뭔가 다른 일을 발견하거나 그가 하고 있거나 찾고 있거나 원하는 것과는 다른 어떤 것을 원해야 한다. 아이는 언제나 자신이 좋아하는 대로 따르기보다는 그와는 다른 방향으로 끌려간다. 이 모든 것은 사랑과 관심과 판단하고, 도와주고 충고하는 것에서 얻는 기쁨에서 진행되며, 인간이라는 작은 물질 덩어리를 '모범적 어린아이'의 시리즈물에 나오는 완벽한 본보기로 갈고 닦기 위한 목적을 갖는다(Liegle 1987: 29에서 재인용).

현 상황은 역설적이다. 부모노릇에 관한 대중적인 과학적 글이 여전히 인쇄되어 쏟아져 나오고, 나오는 책마다 새로운 제안을 담고 있지만, 전문가들은 그들이 예전에 옹호했던 태도에서 이미 천천히 뒷걸음질치고 있다. 몇몇 저자들은 그들이 "교육적 측면을 포기하고" 있다는 점을 인정한다(Honig 1988). 한때는 마치 적절한 부모노릇이 확신 있고 자율적인 아이를 만들어내는 것처럼 보였다. 이제는 점차 이에 대한 의심의 목소리가 커져가고 있는 것이다. "아이 양육자의 입장에서 자기를 포기한 사랑은 이제는 무자비한 것으로 여겨지고, 아이들에 대한 열성은 완벽한 형태의 통제와 훈육으로, 즉 조련으로 여겨진다"(같은 글 71).

이러한 비판적 입장은 가족 심리치료의 경험뿐 아니라 경험적 연구의 결과에 의해서도 뒷받침된다(가령 Lempp 1986; Richter 1969). 어른이 — 특히 엄마가 — 계속해서 자신을 포기하는 경우가 결코 늘 아이를 위한 것이 되지는 않는다. 심리학자들이 알고 있는 바에 따르면, 억눌린 욕구는 사라지지 않고 어딘가에서 표면화되어 다소 숨겨진 적의를 띠고 아이와 파트너에게로 향하게 된다. 자신의 모든 기대를 아이에게로 투사시키고 아이를 온갖 격려로 괴롭히는 것은 매우 쉽다. 종종 아이들은 "엄마의 자기존중감을 지탱시켜 주는 역할을 억지로 강요"받는다(Neidhardt 1975: 214). 이 모든 것들은 소규모 핵가족의 숨막히는 분위기 속에는 사랑과 함께 적대감이 감돈다는 것을 의미한다.

현대적 가족이 어린 아이에게 엄청난 관심을 쏟아붓는다 해도, 거기에 이기적인 이유가 없는 것은 아니다. 이러한 행위는 '소유욕'에 대한 암시 그 이상의 의미를 제시한다(Ariès 1962: 562). 앞에 놓인 미래와 함께 아이는, 나름의 일대기와 야심, 실망과 두려움을 가지고 있고 굉장한 성공을 해서 정상에 오르고 말겠다는 오랜 꿈을 지닌 부모와 대면하게 된다. "내 아이는 나보다 더 잘 되어야 한다"고 생각하는 사람이 있다면, 그것은 아이를 생각하는 것만이 아니라, 대부분은 그/그녀 자신을 생각하고 있는 것이다.

그렇다면 만일 큰 기대가 충족되지 않게 된다면 어떻게 하나? 대부분 부모들은 틀림없이 조용히 후퇴해서 아이를 계속 사랑할 것이다. 하지만 때로 이렇게 되지 않기도 한다. 오늘날의 가족에는 종종 간과되고 잊혀지며 억압되는 다른 측면도 있는데, 그것은 바로 가족의 성원들이 아이를 때리는 일이 점점 증가한다는 사실이다. 어린 아이와 청소년들이 신체적으로 학대받고 성폭행당하고 정서적으로 거부되는 숫자가 갈수록 늘어나고 있다. 이러한 현상에 대한 최근 조사자료를 토대로 하면 그 숫자는 적어도 30만에서 40만의 어린이와 청소년들이 이런 취급을 당하고 있다고 추산할 수 있다. 이것은 독일에서는 18세 이하 1,100만 명의 어린이와 청소년들의 대략 3%에 해당된다.

이러한 현상 이면에는 분명히 여러 이유들이 있을 것이다. 하지만 분명한 것은 부모들의 선한 의도들이 정확히 그와 반대되는 결과를 맺게 된다는 점이다. 좌절된 희망은 실망과 공격으로 변하게 된다. 이에 대한 조사에서 나온 결론은 이러하다.

부모들은 '나의 아이에게 최상의 것을' 원한다. 그리고 종종 바로 이런 이유로 부모들은 아이가 정말로 원하고 필요로 하는 것이 무엇인지 깨닫지 못하고 있음에는 주목하지 못한다. 한 아이만 있는 가정의 추세는 …… 이러한 현상을 재촉한다. …… 요즘 부모들은 공개적으로든 (대개의 경우) 은밀하게든 자신의 아이가 학교에서 우수한 성적을 얻고 전문직에서 출세하도록 아이를 몰아댄다. 청소년들이 부모의 기대에 따라 살지 못하는 가족들에서는 미래의 계획에 대한 긴긴 싸움이 일어나고 갈등과 긴장이 일어날 가능성이 높다. …… 좋지 못한 성적이나 반항적인 행동은 아주 빡빡한 취업시장에서 자식이 발판을 마련할 기회를 빼앗아갈 수도 있다고 우려하는 부모들은 신경이 예민해지고 성급해지는데, 이것이 곧바로 양쪽 세대에게 서로를 공격하는 행위를 초래할 수 있다(Hurrelmann 1989: 12).

같은 연구들은 또한 우리 사회에서 아이를 갖는 것 이면에 있는 특별한 동기들을 조사한다. 다시 한번 상기해 보자. 아이들은 더 이상 일손이나 상속자의 자격으로 필요한 것이 아니다. 그들을 가짐으로써 얻는 보상은 다른 무엇보다도 정서적 가치에 있다. 전문가들이 익히 알고 있듯이, 이것은 다음과 같다.

강렬하지만 마찬가지로 매우 불확실하고 위기로 가득한 보상이다. ……
산업화 이전 그리고 산업화 초기 사회와 비교할 때 오늘날 부모와 자식의
관계는 매우 긴장되어 있고 격렬하다. 하지만 양측 모두, 부모와 자식에게
는 갈수록 이 소중한 자산인 서로의 관계를 다루기가 어려워진다(같은
글).

우리는 이러한 사실들에서 핵가족이 과도하게 정서적으로 되어가
고 소규모 가족 내의 분위기는 위험할 정도로 과열되어 있다고 결론
내릴 수 있을 것이다. 많은 성인의 파트너 관계에서도 이러한 온실효
과가 나타나지만, 그래도 이 경우에는 압력이 너무 높이 올라갈 때에
대처할 만한 안전밸브가 있다. 적어도 결별을 생각해 볼 수 있는 것
이다. 그러나 아이와는 이혼할 수 없다는 사실이 바로 결정적인 차이
점이다. 어떤 합법적인 탈출통로도 제시될 수 없으며, 사회는 "부모
는 아이를 사랑한다"고 단정적으로 진술해 버린다.
　이러한 사실을 꼼꼼히 생각해 본다면 사랑이 있는 곳에 종종 적대
감이 있다는 사실은 이해할 만하다. 물론 이것이 처음에는 낯설어 보
이고 어울리지 않는 것 같고 불편하게 느껴지기는 하지만 말이다. 사
랑과 적대감은 우연에 의해서가 아니라 사회적 변화의 결과로서 연
결되어 왔다. 걱정스러울 정도로 높은 희망들과 결합된 사랑은 사라
져 버리기 쉽고 급속히 쓰디쓴 실망과 잔인함으로 빛바랠 수 있다.
우리는 대부분 이러한 통찰을 억누르고 싶어한다. 가족 연구들조차
오래도록 눈을 감아 왔지만 우리는 경찰 기록이 말해주는 것을 받아
들일 준비를 해야 한다. 사랑은 우리의 위대한 성과 중 하나이며 남
자와 여자, 부모와 자식 간의 관계의 기반이지만, 우리는 사랑의 어두
운 측면이 없이는 사랑을 얻을 수 없다. 사랑의 어두운 면은 때로는
잠시 동안 나타나기도 하지만, 때로는 몇 년간 좀체로 사라지지 않는
다. 실망과 쓰라림, 거부와 증오심. 천국에서 지옥으로 가는 길은 대

부분의 사람들이 생각하는 것보다 훨씬 짧은 것이다.

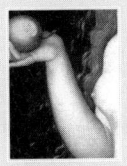

5 이브의 두번째 사과 또는 사랑의 미래

그러면 이제 다시 한번 사적인 것이 근본적인 것이라고 생각하는 사람들이 추앙하고 있는 현대의 숭배물들을 찾아가 보기로 하자. 사랑, 결혼, 가족이라는 말로 찬미되고 은폐되고 신성화되는 우상들 말이다. 이 모든 문제에 등을 돌리고 다른 대륙과 문화로 도망갈 수만 있다면 얼마나 좋을까. 그러나 낯선 곳으로 도망칠 수도, 어깨를 으쓱하고 그냥 떠나버릴 수도 없다. 사랑을 연구하는 것은 헤아릴 수 없는 수많은 '진정한 나' 속에 감추어져 있는 비밀스런 신들을 탐구하는 것과 같다. 우리는 지금 내면이라는 소용돌이치는 안개, 감정이라는 플라톤의 동굴, 애정이라는 내밀한 방, 미움과 절망이라는 희생의 제단으로 향하고 있다. 모든 남녀가 자기를 찾을 수 있다고 생각하는 장소로, 다시 말해 복지 국가와 취업 시장이 설계하고 건축한 사랑의 궁전과 오두막으로 말이다.

지금 여기서는 바로 미래가 우리의 관심사이다. 미래는 아마 우리가 현재를 좀더 잘 이해하고, 모퉁이에 서서 다음 세기를 엿보는 데 도움을 줄 것이다. 사람들은 어떻게 될까? 사람들이 그렇게도 열렬히 서로에게 투사하며 자아의 거울 속의 암실에서 찾아 헤매는 사랑은? 아마 이런 진단을 내릴 수 있을지도 모르겠다. 즉 결혼과 가족 생활에서 행복을 추구하는 것은 하늘 위에 구름 사다리를 놓고 구름 속에서 뻐꾸기 둥지를 꾸미려는 것이나 마찬가지라고. 오늘도 그렇지만 내일도 여전히 사람들은 일상 생활을 함께 꾸려나가기 위해 온갖 소망에 기대겠지만 현실은 정반대 방향으로 나아가 이제 시장을 완전히 장악하고 모든 것을 동원해내게 된 테크놀로지 사회가 사적인 삶을 지배하게 될 것이다. 남녀 모두 철두철미한 이해 관계와 계약, 돈벌기 그리고 억지로라도 다른 사람이 기대하는 대로 살기 위해 발버둥쳐야 하는 사회 속에서 거의 혁명적인 방식으로 자아를 상실해 나갈 수밖에 없을 것이다. 그렇다면 차라리 자기 이름을 써넣으면 자기가 주인공이 되는 동화를 믿는 쪽이 더 나을지도 모르겠다. 이름을 써넣어 주세요! 황새가 가져다 주는 아기나 산타 클로스의 선물꾸러미만으로도 가족의 행복이 보장될 수 있으니 말이다. 많은 시간을 들여 매일마다 공중누각을 세우려고 노력하는 가족이야말로 행복하니 말이다.

　사랑과 가족이 비상업적, 비계산적, 비착취적 등 모든 아님의 장소인 것이 사실이라 해보자. 또 이 아님이 이미 낡아빠지거나 괜한 겉치레 또는 별반 중요하지 않은 장식이 아니라 결정적이고 현대적인 것으로서 계급 체계나 정치적 유토피아 같은 표지판들이 사라지고 있는 탈전통 사회의 사적 영역에서 하나의 지향점을 제공하는 형식이라고 해보자. 이 모든 이야기가 본질적으로는 다 맞다면 현대의 핵가족은 역사적으로 볼 때 극히 허약한 구축물로서 이러한 가족 형태를 창조했고 그것에 안정성을 주는 것처럼 보였던 바로 그 동력 즉 산업화, 시장 경제, 화폐, 테크놀로지, 법률 등의 진전에 따라 붕괴 위기에 처하는 것처럼 보인다. 철저한 현대화는 '현대적' 핵가족의 토대를 지양하는 것이다(1장 「산업 사회: 봉건제의 현대적 형태」, 62쪽을 보라).

　물론 가족은 '필수불가결' 하고, 더 나아가 '본질적인 기능' 을 수행하고 있다고 주장할 수도 있으리라. 그러나 세상 만사에 대한 남성들의 꿈을 이론적으로 영구화하려 하면서 사회학자들이 던지는 이러한 최고의 찬사조차도 그리 많은 도움을 줄 것 같지는 않다. 불확실성과 온갖 위험이 난무하는 이 세계에서 많은 사람들이 모든 희망을 걸려 하지만 이처럼 허약한 '본질'이 어떻게 될지는 그리 깊이 생각해보지 않고도 쉽게 알 수 있기 때문이다. 그저 미래 속으로 선을 그어 현대의 전개 양상을 그대로 연장시키기만 해도 충분할 것이다. 아무 것도 변하지 않고 따라서 전혀 생각지 못한 일은 전혀 일어나지 않는다면 무슨 일이 일어날까? 이것이 가장 일차적인 질문이다. 사랑의 혼란은 이제 말끔이 정리되어 현대화 노선 즉, 평등, 세세한 계약서, 접근권과 법이론 등에 맞추어 적절히 조직화될까?

가장 전망 좋은 고지에서 (원래 우리의 사유는 미래의 현상을 선취하는 힘이 있으므로 현실을 미리 질러가 살펴보자면) 미래를 엿보면 사랑하기는 예컨대 사과나무 키우기나 부기(簿記)와 큰 차이가 없을 것처럼 보인다. 아래의 미래의 시나리오 뒤에 들어 있는 기본적인 이론적 발상은 다음과 같다. 즉 사랑이라는 세속적 종교는 다른 종교와 마찬가지의 운명을 겪고 있다는 것이다. 다시 말해 사랑은 신비로움을 잃고 합리적 체계로 변형되는 중이라는 것이다. 아마 다음과 같이 될 가능성이 가장 클 것이다. 즉 (유전) 공학자와 법률 문서가 승리할 것이다. 앞으로는 시장의 힘과 개인의 충동이 혼합된 사회가 등장해 안전하고 계산가능하며 의학기술적으로 최적화된 '사랑'(또는 결혼이나 부모되기)이라는 이상이 사람들을 사로잡게 될 것이다. 이미 이러한 일이 진행되고 있음을 보여주는 여러 징후들이 나타나고 있다.

헛된 희망에서 깨어나기: 핵가족으로 되돌아가기

가족의 미래를 논할 때 사람들은 흔히 잘못된 전제에서 출발한다. 아버지-어머니-아이라는 친숙한 유형의 핵가족을 '무 가족'이라는 모호한 개념과 비교하거나 아니면 다른 종류의 가족이 핵가족을 대체하고 있다고 가정하는 것이다. 그러나 만약 지금까지의 우리의 분석이 옳다면 특정한 유형의 가족이 다른 유형의 가족을 대체하고 있는 것이 아니라 함께 살거나 따로 사는 형태가 엄청나게 다양해지고 나란히 병존하게 될 것이다. 특히 개인들은 삶의 과정에서 다양한 형태를 경험하게 될 것이다. 독신, 결혼 전의 동거나 결혼, 다른 사람들과 함께 살기, 한두 번 이혼한 후 여러 가지 방식으로 부모되기 등.

하지만 아래와 같은 한가지 추세만큼은 그리 예측하기가 어렵지 않을 것이다. 즉 어제를 내일의 모델로 삼아 핵가족으로 되돌아가자는 환상이 강력하게 나타날 것이다. 결혼과 가족으로부터 도망치는 것은 많은 경우 과도한 이기주의의 징후이며, 정공법으로 이것과 싸우고 이를 통해 여성을 우리 속으로 다시 몰아넣어야 한다는 것이다. 주부와 내조자라는 주어진 역할 밖에서 '내 인생'을 살려고 하기 때문에 여자들의 사적·정치적 노력은 자연히 회의나 저항에 마주치게 된다. 이른바 가족이라는 것을 구하기 위한 조치들은 표준적인 가정 규범을 지향하고 있다. 밥벌이하는 남편과 가정을 지키는 아내와 두세 명의 아이들이 있는 가정. 그러나 이것은 19세기 초에 와서야 존재하기 시작한 규범이다. 하지만 해방과 자유를 얻기 위해 끊임없이 노력해 왔음에도 불구하고 여자들은 부엌으로 돌아가야 한다는 주장을 뒷받침해주고 있는 강력한 요인들이 여전히 작동하고 있다.

대다수 여성들은 경제적 독립과 직업적 안정성에서 멀리 떨어져 있다. 사실 기혼 여성을 포함해 일에 종사하는 여성들의 전체적인 숫자는 계속 상승해 1988년 (독일의) 기혼 여성들은 거의 두 명 중에 한 명 꼴로, 미혼 여성은 57.6%가 고용되어 있었다. 남성의 경우 다섯 명 가운데 네 명 이상이 고용되어 있었다.[1] 다시 말해 모든 여성 중 적어도 절반이 여전히 남편의 재정적 부양에 의존하고 있는 것이다. 실업의 증가와 노동 시장의 축소는 전통적인 양성의 역할을 존속시키고 재고착시키는 경향이 있다. 여성들은 지금 임금 노동에서 방출되어 남편을 내조하는 일로 되돌아가고 있으며, 많은 여성들은 특히 아이를 갖고 싶을 때 이런 선택을 하게 된다. 여성의 전통적인 역할을 고착시키는 두 가지 요인, 즉 실직과 출산은 삶의 패턴을 양극화하는 데 아주 효과적일 수 있는 것이다. 그리하여 젊은 여성들은 남성들만큼 좋은 자격을 갖추지 못하는 한 교육이나 직업의 사다리에서 다시 맨 밑바닥에 처하게 될 수밖에 없다.

과거와 미래를 정치적으로 뒤섞어 버리는 이같은 처사는 특히 제도권에서 어머니의 역할을 과장함으로써, 특히 사회적으로 일하는 엄마를 나쁘게 이야기하고 어머니에게는 죄책감을 떠안김으로써 훨씬 더 위력을 떨친다. 탁아 시설을 설치하지 않거나 아이를 맡기고 찾는 시간을 고정시킴으로써 어머니들이 일과 아이 돌보기를 조정할 수 없게 하는 것도 동일한 결과를 낳는다. 이 때문에 사적이고 공적인 영역에서 여성의 권리를 쟁취하기 위해 치루는 전투는 정말 치열하게 전개된다. 남자들은 교활하게도 모성을 찬미하는 노래를 부르지만 정작 남자 자신은 직업이냐 아이냐의 양자택일에 직면하거나 승진시켜 달라고 애원하지 않아도 된다. 일자리 갖는 것을 어렵게 만들거나 불가능하게 만드는 유아원의 고정시간제는 심지어 어머니의 의사에 반하면서까지 구질서를 복구시켜 주는 작지만 아주 효과적인 지렛대이다. 이것은 여성들이 일자리를 찾지 못하도록 함으로써 '실업 수준을 낮추는' 도구가 되는 것이다.

그러나 취업 시장의 문을 닫아걸면 가족을 구할 수 있다고 상상하는 사람들은 이러한 일에 어떤 사람들이 관련되어 있는지를 간과해 왔다. 좋은 일자리에 대한 열렬한 관심이 좌절되고 남편의 재정적 부양에 매달려야 함을 깨닫게 되었을 때 젊은 여성들이 어떻게 반응할지는 전혀 알려지지 않았다. 또 이에 따라 그만큼 많은 수의 젊은 남성들 중 얼마나 많은 사람들이 기꺼이 밥벌이의 멍에를 짊어지을지도 (또는 온갖 직업적 문제를 감안할 때 짊어질 능력이 있을지도) 불분명하다. 아무튼 기대와 앞을 가로막고 있는 냉엄한 현실 간의 불일치(여성들은 평등한 교육 기회를 통해 이를 체계적으로 깨달아가고 있다)는 여성들의 사적인 세계로 스며 들어가 온갖 언쟁과 좌절로 분출되고 있다. 현대 사회가 부부의 어깨 위에 짊어지워 놓은 사적인 고투와 고통이라는 짐이 고스란히 그들에게 돌아가게 되리라는 것은 어렵지 않게 예측할 수 있다. 얼핏 보기에 취업 시장에 존재하는 장벽들은 핵가족을 지지하는 것처럼 보이지만 실제로는 이혼 법정의 복도와 결혼 상담소의 대기실을 가득 채우고 있을 뿐이다.

이와 동시에 여성들은 다시 한번 가난해질 수밖에 없는 운명으로 내몰리고 있다. 여성들을 일자리에서 쫓아내어 부엌으로 돌려 보내려는 사람들은 이혼이 점점 더 증가하는 상황에서 이것은 여성의 사회보장 체계에 구멍을 내는 것이라는 점을 인정해야 한다.

이러한 사실은 사적·공적 생활에서 성의 구질서를 복구하려는 시도가 근본적인 오류임을 확연히 보여준다. 이것은 한편으로 성별과 무관하게 평등한 권리를 부여하고 개인적 성취에 따라 성공 여부를 결정해버리는 현대의 민주주의 사회의 법률적 입장과 상충된다. 다른 한편으로 가족 생활에서 일어나고 있는 대격변은 사적인 문제로 잘못 규정되고 있으며, 사회적 변화와의 모든 연결 고리는 무시되거나 부정되고 있다.

파경에 이른 결혼을 어떻게 재결합시킬지를 놓고 흔히 제시되는 몇 가지 제안을 살펴보기로 하자. '가족 훈련'에 참여하거나 배우자를 선택할 때 전문가의 도움을 받아라. 충분한 카운셀링을 받는다면 결혼의 어려움은 사라질 것이다. 결혼 생활을 진정으로 위협하는 것은 포르노나 합법적 낙태나 페미니즘이므로 이것들을 중지시키기 위해서라면 무슨 일이든 해야 한다 등. 이처럼 사회적 맥락과 역사적 발전은 철저하게 무시되는 것이다.

베버에게서 하나의 이미지를 빌리자면, 현대화라는 것은 싫으면 다음 모퉁이에서 내려버릴 수 있는 마차가 아니다. 정말로 가족의 상태를 1950년대로 되돌리려는 사람들은 시계를 거꾸로 돌려야 할 것이다. 그렇게 하려면 어머니에게 출산 장려금과 보조금을 주거나 가사 노동의 이미지를 화려하게 꾸며 간접적으로는 여성들을 일자리에서 쫓아내야 할 뿐만 아니라 공개적으로 여성들에게 기회와 교육을 제공하지 말아야 할 것이다. 임금 격차는 계속 벌어지고 법률적 권리는 철회되어야 할 것이다. 아마 보통 선거권과 함께 정말 골치 아픈 문제가 시작되었다고도 볼 수 있을 것이다. 어쨌든 여성들은 정보를 얻을 수 없어야 할 것이다. 텔레비전에 자물쇠를 채우고 신문을 검열해서라도 말이다. 요컨대 남녀가 평등하게 공유하게 된 현대의 모든 성취는 영원히 남성의 전유물로 재정의되어야 할 것이다.

평등하다는 것은 스스로 살아간다는 것을 뜻한다: 일과 가족의 모순

또 다른 가능성은 여성들이 사회의 모든 영역에서 진정 평등한 존재가 되는 것이다. 만인은 평등한 권리를 갖고 있다는 현대의 보편 원리가 철저하게 관철되고, 가사 노동, 의회, 공장, 경영을 지배하고 있는 가부장적 분할이 극복된다면 말이다. 여성 운동에서 진행되는 여러 논의를 보면 흔히 남녀를 평등하게 대우하라는 요구가 '남성들이 움직이는 세계'를 바꾸라는 요구와 연결되는 것을 볼 수 있다. 이러한 투쟁은 경제적 안정, 권력 획득, 의사 결정의 공유를 요구하는 것인 동시에 또한 공공 생활에 더욱 '여성적인' 태도와 가치를 도입하려는 운동이기도 하다. 그러나 평등이 정확히 무엇을 뜻하는지는 규정되지 않고 있다. 만약 노동 시장에서는 만인이 동등하게 대접받아야 한다는 의미로 평등을 이해한다면 독신자들의 사회가 나타날 뿐이다.

현대적 삶의 이면에 자리잡고 있는 논리는 외톨이를 전제하고 있다(Gravenhorst 1983: 17). 시장 경제는 가족, 부모되기, 파트너 관계에 대한 욕구를 무시하기 때문이다. 사적 개인으로서의 삶을 전혀 존중하지 않고 노동 시장이 아주 유연하기를 바라는 사람은 시장을 앞세워 가정 파탄을 조장하고 있는 셈이다. 결혼이 '여자는 집에서 살림을 하고 남자는 바깥에서 일을 한다'와 동의어인 이상 일과 가족이 양립할 수 없다는 사실은 은폐될 수 있었다. 그러나 이제 부부가 가사도 나누어 맡아야 하게 되자 이러한 사실이 커다란 소동을 일으키며 표면 위로 떠오른 것이다. 시장 논리에 따라 평등을 요구하는 것은 파트너들을 라이벌과 개체로 만들어 현대 생활에서 좋은 것을 놓고 서로 경쟁하게 하는 효과를 낳는다. 독일 등지에서 독신자 가정과 독신 부모의 수가 급증하고 있음을 볼 때 이것은 단순히 공론(空論)에 불과한 것이 아니다. 이것은 또한 사람들이 그러한 상황에서 영위하리라 예상되는 삶의 방식을 고려해 보아도 아주 분명해 보인다.

삶을 혼자서 꾸려나가는 데는 몇 가지 원초적인 위험이 따르기 때문에 반드시 예방책을 세워야 한다. 모든 경우의 수를 찾아서 철저히 대비해야 하는 것이다. 우정의 망을 만들고 보호해야 한다. 물론 우정은 그 자체로서 삶의 커다란 기쁨 중의 하나이며 짧은 만남이 주는 매력도 과소평가해서는 안되지만 말이다. 그러나 그렇게 하려면 당연히 소득을 가져다 줄 수 있는 직업과 자부심 그리고 사회적 지원을 갖고 있어야 하며, 따라서 이것들 또한 돌보고 보호해야 한다. 이처럼 사적인 우주는 그 나름의 특성, 강점, 약점을 가진 사람의 자아 주위에서만 창조될 수 있는 것이다.

하지만 이러한 노력이 성공적일수록 이것이 모든 가까운 파트너 관계에 대해 극복할 수 없는 장애가 될 위험도 더 커지게 된다. 이러한 관계를 아무리 열렬히 갈망하더라도 말이다. 외톨이 삶은 누군가를 사랑하고 누군가에게서 사랑받고 싶은 깊은 갈망을 불러일으키지만 이와 동시에 이 누군가를 진정한 '나만'의 삶 속에 통합하는 것을 어렵거나 불가능하게 만든다. 외톨이 삶은 타인이 부재할 때에만 가능하다. 그/그녀에게 남겨진 공간이 없어야 하는 것이다. 따라서 모든 것은 고독감을 피하는 것을 중심으로 계획되어야 한다. 매번의 접촉이 각각 한 사람의 시간, 일상 습관, 잘 짜여진 일정표, 사교 생활로부터 자기 자신으로 되돌아오기 위해 세심하게 계획된 계기 등과 관련해 서로 다른 요구를 하는 것이다. 모든 것이 아주 활동적인 외양 뒤에서 어슬렁거리는 홀로됨의 두려움을 덜도록 계획되어야 하는 것이다. 하지만 이처럼 교묘한 균형은 진정한 관계에서는 위험에 처하게 된다(누구나 그러한 관계를 열망하는데도 말이다). 독립을 성취하려는 모든 노력은 결국 친밀성을 사보타지하는 것임이 드러나고 외로운 사람은 자기만의 밀실의 문을 걸어잠그는데, '나만의 삶'을 방어하기 위해 외벽에다 또 한 줄 벽돌을 쌓는 것이다.

독신자가 영위하는 이런 삶의 형태는 사회적 변화의 기묘한 부수효과가 아니다. 그것은 시장 경제가 삶의 모든 것을 지배하는 사회의 삶의 원형이다. 시장 논리에 따르면 우리는 어떤 사회적 결속도 갖고 있지 않으며, 따라서 이 논리를 철저하게 받아들일수록 깊은 우정은 그만큼 더 유지할 수 없게 된다. 그리하여 역설적인 사회적 행동이 나타나게 되는데, 사회적 접촉 수준이 높을수록 깊은 관계는 형성되지 못하게 되는 것이다.

이러한 고찰은 현재로서는 사실의 기술이기보다는 추측일 뿐이다. 하지만 이러한 전망이 점점 더 많은 사람들에게 해당되고 있음은 부정할 수 없으며, 양성이 평등한 권리를 요구하는 이상 이러한 양상이 전개될 것으로 쉽게 예측해 볼 수 있다. 일부 여성운동을 포함해 모든 사람들은 당연히 한때 남성들에게만 주어지던 것들이 이제는 여성들에게도 확대될 것이라고 기대하고 있으며, 여성들은 직업 세계에서 남성들만큼 유능하다고 주장할 것이기 때문이다. 하지만 이러한 길은 평등한 두 사람이 서로 협력하는 행복한 세계가 아니라 분열과 의견의 불일치로 나갈 뿐이라는 점을 깨달아야 한다.

결혼 생활 이후의 결혼: 이혼 뒤의 확대연속가족

예를 들어 22세기 사람이 20세기에서 21세기로 전환하고 있는 우리의 중기 산업시대를 되돌아본다면 아마 웃음을 지으며 당혹스러워할 것이다. 정치적 압력 집단이 너무나 많구나, 사람들은 투표도 하고 제안하고 연합하고 음모를 꾸몄구나. 모든 것이 대 미디어들에 의해 속속들이 까발려졌구나. 하지만 막상 진정 새로운 시대는 관심밖으로 밀려나 그저 무시되기만 했을 뿐이구나. 하루하루가 아무 일 없이 흘러가는 가운데 은밀하게 진행된 이러한 변화가 각종 위원회에서 유권자 모임까지 바쁘게 돌아다닌 정치인들은 거의 눈치채지 못했지만 근본적이고 심층적인 결과를 초래했구나. 사람들이 계속 정부와 정치인들만 쳐다보고 있을 때 막상 결정적인 요인들은 슬쩍 뒷문으로 스며 들어와 세계를 뒤엎은 것은 얼마나 희한한가?

왜 이런 일이 일어났는지를 설명하기는 어렵다. 그 이유를 찾으려면 산업 사회가 강변해온 몇 가지 확실성을 옆으로 제쳐두어야 할 것이다. 비유하자면 달리는 기차에서 좌석의 재배치 문제를 놓고 다투는 사람들이 설사 기차가 얼마나 빨리 달리고 있는지 또 어디로 향하고 있는지 모른다고 놀랄 일은 아니기 때문이다.

산업 사회와 자본주의 사회의 산물인 우리는 변화를 정상적인 것으로 생각하게 되었다. 따라서 정치적으로 무엇이 실행 가능한가에만 집중함으로써 — 좌석을 이동함으로써 — 더 큰 차원이 있다는 것을 잊는 경향이 있다고 해서 놀랄 일은 아니다. 하지만 정말 기묘한 것은 이런 것이다. 즉 단지 좌석을 재배치하고 있을 뿐인데도 기차가 어디로 갈지, 어디를 돌아갈지, 어디서 설지를 결정하는 데 일조하고 있다고 생각하는 것이 그것이다.

혁명적 발상들이 슬쩍 정상적인 것이 되도록 만들어주는 뒷문은 어떤 것들인가? 이 뒷문 가운데 하나에 대해서는 이미 앞 장에서 언급한 바 있다. 노동 시장에서의 평등이 그것으로, 이것은 고전적 산업 사회가 강제한 성별 제한과 무관하게 모든 사람이 노동 시장에 참여할 수 있음을 뜻한다. 다음 장에서 우리는 몇몇 다른 뒷문과 마주치게 될텐데, 여기서는 먼저 이혼을, 즉 옛 시대와 새 시대 사이의 회전문이라고 할 수 있는 이혼 문제를 살펴보기로 하자.

이혼 그 자체는 전혀 새로운 것이 아니다. 새롭기는커녕 이혼은 현대적 사고 방식의 전형을, 즉 존재하는 것은 우리의 지평 위에 있는 다른 모든 것처럼 취소될 수 있고 변화될 수 있다는 사고 방식의 전형을 보여줄 뿐이다. 여기서 한발 더 나아가 '결코 취소할 수 없는 자유로운 선택'이라는 교회의 결혼관과 달리 결혼은 모순적 성격을 드러내 왔으며 혼인 서약은 파트너들에게 이제 다시 동의의 문제가 되었다고 말할 수 있을지도 모르겠다. 그래서 어쨌단 말인가?

다른 한편 이혼이 정상적인 것이 됨에 따라 길고도 고통스러운 적응 과정으로 들어가는 문이 열리고 있는데, 이 문들은 남녀 양성과 여러 세대가 서로 어떻게 사느냐에 따라 계속 변경되고 재배열될 것이다. 처음 단계에서는 이런 사실이 은폐될텐데, 물론 충분히 그럴 만한 이유가 있다. 그리고 이처럼 전혀 중요해보이지 않는 이것을 어떻게 평가하냐에 따라 새로운 원칙이 관철되는 방식이 달라질텐데, 이것은 얼마 후 이 세상에서 가장 정상적인 것이 될 수 있다. 즉 외견상으로는 정상적인 행위의 극적인 결과를 가리기 위한 우리 현대의 표어 중의 하나가 되어 버릴 것이다. 아무튼 변화는 또한 사적으로도, 즉 이러저러한 사람과 이들의 결혼과 가정에 영향을 미치는 개인적 운명의 일부인 것처럼 일어날 수도 있는데, 따라서 이들의 결혼이나 가정 생활을 돋보기처럼 크게 확대해 슬로우 모션처럼 또렷이 보여줄 수 있는 것이다. 거시적인 구조적 변화는 직접 보거나 실험할 수는 없다. 이러한 변화는 통계학의 안경을 통해서만 알 수 있으며, 몇십년 후에야 그것이 정상적인 사회적 달걀에서 부화되어 나왔음을 깨달을 수 있다.

사회적 신화와 근시안적인 심리치료사들에 따르면 부부 관계는 이혼과 함께 (이에 따른 고통을 다스리기 위한 적당한 시간 후에) 끝장난다. 이러한 견해는 법률적(성적·공간적) 분리가 완료되면 결혼의 사회적·감정적 현실도 끝장난다고 잘못 보고 있다. 가족 연구[2]는 그동안 아주 게으르지만 이제 가족이 핵세포라는 고정관념에서 깨어나 소스라치게 '결혼 생활 이후의 결혼'(nachehelichen Ehe)이라는 다른 현상을 발견하고 있지만 여전히 그 반대인 '결혼 생활 내의 이혼'(innerehelichen Scheidung)[3]은 무시하고 있다. 팔을 잃고도 계속 사용하려는 사람처럼 이혼한 사람들은 헤어진 후에도 오랫동안 결혼 생활을 계속 한다. 전처나 전 남편이 여전히 커다란 정신적 공간을 차지하고 있는데, 이것은 그/그녀의 상실에 대한 그리움과 비탄이 차지하는 공간만큼이나 크다.

결혼을 성, 사랑하기, 함께 살기와 같은 것으로 보는 사람들만이 이혼은 결혼의 종말이라는 헛소리를 할 수 있다. 물질적 부양 문제, 아이들, 오랫동안 함께 한 생활에 주목한다면 이혼은 분명 심지어 결혼의 법률적 종말조차 될 수 없으며 오히려 이혼 상태의 '별거 결혼'이라는 새로운 단계로 전환된다.

이 단계에서 이혼한 부부는 이별했음에도 이별을 가로막는 차원들과 맞닥뜨린다. 이혼을 가로막는 이러한 측면들, 즉 배우자들이 영혼의 살갗을 피가 나도록 긁어대도록 만드는 이러한 측면에는 아이들은 도저히 분리할 수 없는 공동의 존재라는 사실과 부부로서의 정체성을 잊을 길이 없다는 사실이 포함된다. 그리하여 무엇을 빌미로 하건, 어떤 형식이건 부정적인 동거라도 하자는 생각이 함께 살 때만큼이나 따로 살 때도 사람들의 마음을 사로잡을 수 있는 것이다.

지난 번 만났을 때 당신은 나의 벌어진 상처에 맨홀 뚜껑처럼 꼭 들어맞는 말을 했죠. …… "난 우리 관계가 언젠가 다시 정상으로 되었으면 해." …… 오 맙소사, 그런 식으로 말하다니?! 이제 대답하고 싶어요. 당신 맞은편에 앉아 있을 땐 대답할 수 없었으니까요. 마비될 것만 같았어요. 들어보세요. 난 당신과 같은 희망을 갖고 있지 않아요. 차갑고 불 꺼진 현재 속에서는 다시는 당신을 보지 않겠어요. 언젠가 우리가 마치 사랑의 대전쟁을 치룬 두 노병처럼 언젠가 만날 평화를 이야기할 수 있는 사람들이 되는 게 당신에겐 바람직하고 기분 좋은 일일지도 모르겠죠. 용기와 관용을 치하하는 명예 훈장을 서로에게 수여하면서 말이죠. 한때는 천국과 지옥까지 서로를 쫓아다니다 이제는 정원에서 평화롭게 앉아 있는 운좋은 두 탈주병들. 잔디의 스프링클러가 한 곳에서 맴도는 잠자리처럼 돌아가고, 나는 당신 아이들과 놀면서 당신 직장 문제에 대한 이런저런 이야기를 듣겠죠. 그러다가 그렇지 않아도 힘든데 내 고독과 가난이라는 문제까지 덧붙여 괜히 미안해하면서 말이죠. 당신 아내는 우리에게 차를 내온 다음 사려 깊게도 금방 사라지겠죠. …… 당신은 알아야 해요. 이러한 상상이 나를 오싹 공포에 사로잡히게 만든다는 걸! 시간이 다른 모든 것을 극복하듯 우리도 정복하리라는 생각을 난 혐오해요. 왜 아무도 시간에 맞서지 않죠? 시간은 사람들이 늘 생각하는 것만큼 전능하지 않아요. 아무것도 해결해 주지 못하죠. 그저 전투 없는 전쟁터만 남길 뿐이에요. 내가 있는 곳, 있던 곳, 있을 곳에는 결코 풀이 자라나지 않을 거예요. 그리고 내가 당신을 간직하기 위해 이렇게 영원히 계속 글을 써야 한다고 해도 한 순간도 주저하지 않겠어요. 난 당신과 너무나 가까우니까요. 이것이 내가 우리를 지키고 당신에게 이야기하고, 그 옛날의 기쁜 삶을 누릴 수 있는 방식이에요(Strauss 1987).

이혼이라는 법률적 행동이 옛날의 결혼과 새로운 결혼을 구분하는 기준이라고 생각하는 사람은 여러 종류의 결혼이 가족의 각종 경계선과 겹치고 교차한다는 것을 알지 못한다. 이혼한 사람들은 부양비, 아이들을 공유해온 삶을 포함한 수많은 차원에서 여전히 서로 묶여 있는 것이다.

누가 누구에게 지불하는가? 한 사람이 한 결혼을 떠나 다른 결혼으로 들어가는 마지막 순간에 밥벌이하는 사람이라는 개념은 무너진다. 하나의 결혼에 대해서는 좋았을 수도 있던 것이 둘 혹은 그 이상의 결혼에 대해서는 결코 좋지 않은 것이다. 그래서 노동과 소득이 전과 동일하다고 가정할 때 재혼 후에 한 사람은 그저 결핍을 공유할 뿐이다(Lucke 1990).

부모되기는 나뉘어질 수는 있지만 끝날 수는 없다. 아버지와 어머니는 이혼 후 따로 살아도 여전히 부모이며, 이것이 일상 생활에서 무엇을 뜻하는지는 다시 협상해야 한다. 따라서 가족은 (깨어질 수도 있는) 결혼과 이혼 상태의 부모되기(이것은 어머니되기와 아버지되기로 나누어진다)로 나뉘어진다. 후자는 (보통) 법정의 도움을 필요로 하는데, 그렇지 않으면 적대 관계가 해소될 수 없기 때문이다. 헤어진 부모 사이에서 아이나 아이들 문제를 형식적으로는 제쳐놓을 수 있다 하더라도 어머니와 아버지에게는 여전히 '공동의 기반'이라는 찌꺼기가 남게 되는데, 그리하여 그들에게는 결코 끝날 수 없는 가족생활이 느슨하고 은밀한 형태로 계속될 수밖에 없는 것이다. 따라서 관련된 개인들에 따라 어떤 일이든 초래될 수 있지만 헤어진 부모가 됨으로써 받게 되는 진짜 충격은 예를 들어 두 사람 중 하나가 이사하기로 결정하자마자 즉각 느껴지며, 이에 따라 양자는 그들 관계를 재협의하지 않을 수 없게 되는 것이다.

사회적 이별과 법률적 이별은 관련된 성인들에게서보다는 아이들에게 훨씬 더 동일시될 수 없다. 이혼한 부모는 공간적으로든 법률적으로든 적어도 새로운 삶을 시작하겠지만 아이들은 이중 생활을 시작해야 되는데, 그에 따라 아이들은 서로 부정적으로 관계맺는 두 가족 사이에서 정서적·물리적으로 스스로를 분리해야 한다. 이리하여 아이들에게는 모든 것이 모호해진다. 비밀 유지가 강요되며 이에 따라 부모에게 따로 진실된 마음을 표현해야 한다. 부모들이 자기 목적을 위해 아이들을 무기로 이용하는 사태 속에서 아이들은 부모들이 다른 부모에 대해 느끼는 질투심까지 함께 떠안아야 한다.

이혼한 부모의 아이들이 일종의 다(多) 가족에 어떤 식으로 묶이건 또는 이혼이 장단기적으로 아이들에게 아무리 커다란 영향을 미치더라도 아이들은 결혼의 연속성과 분리불가능성을 상징한다. 비록 원래 가족에게는 더 이상 주소가 남아 있지 않지만 말이다. 아이들은 부모와 끝끝내 헤어질 수 없는 것이다. 아이들은 기껏해야 누구와 대부분의 시간을 보내야 할지만을 결정할 수 있을 뿐인데, 이것은 결국 다른 쪽 부모를 거부한다는 것을 의미한다. 그리고 서로 얽혀 있지만 비우호적인 두 가족과 함께 사는 방식을 찾아내려고 노력할 수 있을 뿐이다.

따라서 이혼은 언제나 제한적이며, 또 특정한 방식으로만 가능하다. 이혼은 성인들을 위한 것이지 아이들을 위한 것은 아니며, 따라서 가족 전체를 위한 것이 아니다. 아이들의 눈에는 부모가 여전히 가족의 핵이다. 가족 생활을 영위할 곳이 없더라도 마찬가지다. 부모가 되는 일은 아무튼 새로운 핵가족이나 가족의 흔적 바깥에서 이루어져야 한다. 몇시간이고 공원이나 카페에 앉아 있는 것을 생각해보라(우연인지 이것은 사방을 언제든지 쉽게 떠날 수 있으며, 따라서 어디서 함께 살지를 정해야 하는 맞벌이 부부의 생활과 비슷해 보인다).

이것은 이혼을 가족의 붕괴와 동일시하는 것이 성인들의 바람을 반영하고 있는 편견일 뿐이라는 것을 잘 보여준다. 이러한 편견을 이해할 때만이 이혼은 결혼과 가족을 쪼개듯이 결혼과 부모되기 사이에도 쐐기를 박는 것이라는 것을 깨달을 수 있다. 이혼은 결혼과 가족의 결합을 무너뜨리지만 가족을 파괴하지는 않는다. 아이들에게 가족은 여전히 현실이다. 새로운 핵가족 속에서 부딪칠지도 모를 온갖 적대적인 관계에도 불구하고 어떻게든 아이들은 생물학적 부모와 가깝게 지내려고 하기 때문이다.

결혼은 취소할 수 있고 다시 할 수도 있지만 가족은 그렇지 않다. 새로운 파트너 관계와 새로운 가족의 경계선을 조용히 넘나드는 아이들 속에서 가족은 여전히 유지된다. 따라서 부모가 헤어진 후 새로운 핵가족 속에서 어머니나 아버지와 함께 사는 아이들에게는 가족의 이미지가 근본적으로 모호하게 된다. 또는 그러한 아이의 가족 이미지는 적어도 가족의 다른 구성원들의 생각과는 일치하지 않는다. 이런 아이들은 다른 두 가족에 동시에 속하기 때문이다. 이러한 이중적인 가족은 거의 해소할 수 없는 감정적 혼란을 가져올 수도 있지만 이와 동시에 사회적·물질적 이익을 가져다 주고, 삶을 계획하는데 도움이 될 수도 있을 것이다.

결혼을 둘러싸고 있는 현실과 가족 생활 간에 점점 벌어져 가고 있는 이러한 간극은 조부모 세대를 보면 훨씬 더 분명해진다. 이혼 문제가 잘 해결되지 않으면 부모의 부모들은 아무런 잘못도 없이 손주들을 뺏길 수 있다. 이것은 통상 당연한 것으로 치부되는 사회적 접촉의 경우에 특히 그렇다. 하지만 이와 동시에 조부모는 아이들과 마찬가지로 이혼이 쪼개 버린 가족의 잔재를 상징하고 있다.

마지막으로 이혼이 정상적인 것이 되면서 소규모 핵가족 구성원들 간의 관계도 변해왔다. 이것은 생물학적 부모와 사회적 부모가 다른 사람들에게서 아주 분명하게 나타나며, 그래서 원래 누가 누구의 자식인지를 제삼자가 분간하기가 어렵다. 이혼율이 증가하면서 실제로 생물학적 부모와 사는 아이들이 예외적인 경우가 되고 있다 (Gross/Honer 1990). 혼합 가족에서 자라나는 경우가 훨씬 더 흔한 것이다. 즉 상이한 결혼 관계에서 태어난 아이들이 새롭고 일시적이며, 더 이상 핵가족이 아닌 가족을 이루며, 마치 다른 사회 계층이나 출신인 듯한 '형제' '자매'와 함께 산다. 따라서 장기적으로 이혼은 원형적인 소가족에서는 결합되어 있던 생물학과 사회의 고리를 체계적으로 느슨하게 한다. 나아가 출산 의학이 정교한 방법으로 혼외 수정법을 자동화시킴으로써 사회적 부모와 법률적 부모와 생물학적 부모 간의 고리를 끊듯이 광범위한 이혼 역시 이와 똑같은 일을 하고 있다고 말할 수 있으리라.

반복되는 이혼 때문에 양성 관계와 세대들간의 관계가 깨어지고 복잡하게 뒤섞이고 있는 현상에 대해서는 누구나 한마디씩 할 수 있을 것이다. 한편으로는 상호관련되어 있는 확대 가족의 네트워크가 형성되는데, 이 가족의 구조는 외부에서는 꿰뚫어보기 어렵다. 어떤 의미에서 이혼은 개인주의의 열망과 상충될 수 있으며 개인주의를 고립시킨다. 지금까지 지배적인 견해가 무엇이건 이혼이란 단지 한 가족에서 다음 가족으로의 이동을 의미할 뿐이기 때문에 이혼이 사생활에서 일어나고 있는 변화에는 아무런 영향도 미치지 못한다는 견해는 결코 사실이 아니다. 이런 견해는 가족 내부와 가족들간의 여러 가지 중복적인 차원들을 무시할 때만, 그리고 이른바 핵가족의 소위 핵에만 주목할 것을 고집할 때만 설득력이 있을 뿐이다.

경험을 내세우는 숱한 소망 섞인 생각들은 수백만의 이혼이 사회구조와 가족 구조에 얼마나 커다란 격변을 일으키는지를 간과하고 있다. 계속 핵가족을 중심으로만 생각하여 무수한 자료를 들이밀며 핵가족은 변하지 않았다고 주장하는 가족 연구는 언젠가 맹목적 경험주의의 다른 기묘한 생산물들과 함께 폐기 처분되고 말 것이다.

이브의 두번째 사과: 강요된 남성 해방

여성 해방이 모든 이의 입에서 오르내리다 못해 세상사에 아무런 관심조차 없는 가족들의 모임에서조차 밤새 열띤 논쟁으로 분출하고 있는 반면 남성들이 이전까지의 역할에서 벗어나고 있다는 이야기는 거의 화제도 되지 않는다. 물론 누구나 중년에는 위기를 겪는다. 또 장발의 남자들, 섬세한 남자들, 독신남 집단들, 동성애 클럽들이 존재한다. 지금 은행 광고에서는 아이 기저귀를 갈아주는 아버지가 주연을 맡고 있다. 그리고 이제 페니스와 직업과 로켓 간에 아무런 필연적인 관계도 없다는 것 역시 분명해졌다. 이것에 대해 다시 뭐라고 한마디 하는 것은 이 주제에 관해 무수히 쏟아져 나와 있는 문헌을 그대로 반복하는 것일 뿐이리라(Simmel 1985; Ehrenreich 1984; Goldberg 1979; Pilgrim 1986; Theweleit 1987; Brod 1987; Hollstein 1988).

하지만 이렇게 깊이 금간 남성적 껍질이 과연 제거될 수 있는지 또 어떻게 제거될 수 있는지는 여전히 불명확하며, 또 어떤 남자가 자기에 대해 그리고 생활 속의 자기 역할에 대해 생각해 본 후 강제적인 남성성 또는 이와 반대로 사전에 규정되는 부드러운 여성성(이것은 여성의 소망을 전혀 잘못 이해하고 있는 것이다)을 모두 피하려면 어떤 사람이 되어야 할지도 마찬가지다. 설상가상으로 이 문제를 검토하려는 시도도 거의 없었는데, 아마 이것은 우연이 아닐 것이다. 아마 여성 해방을 모방하거나 반대로 뒤로 물러나 이 운동의 기묘함과 과잉됨을 무조건 거부하는 것은 남성들이 아직 스스로에 대한 입장을 분명히 하지 않았다는 표시이리라.

여성운동을 불타오르게 하는 남성 이미지는 가부장적 압제자, 섹스 기계, 과학에 눈먼 환경파괴자에서 기죽은 남편, 정서적 절름발이, 정자 기증자, 애나 똑같은 가족의 부속품 사이를 왔다갔다 하고 있다. 이처럼 이상화된 부정적 모습을 일부라도 명확하게 하기 위해서는 아래와 같은 사실을 강조할 필요가 있다. 즉 헤겔이 발전시키고 마르크스가 세련화시켰으며 지금 여성운동이 남성과 여성에게 적용시키고 있는 주인과 노예 이론은 일련의 이유 때문에 전혀 정확하지 않으며, 또 그런 적도 전혀 없다는 것이다.

전통적인 성 분할에 따르면 남편은 집에서 일할 필요가 없다는 의미에서만 주인일 뿐 집에 임금을 가져오는 노예가 되어야 한다. 바꾸어 말해 그가 가족 속에서 차지하고 있는 허깨비 같은 지위는 종속적인 임금 노동자가 되는 것을 감내해야 비로소 얻을 수 있는 것이다. 많은 경우 전설적인 가부장들은 그저 묵묵히 또는 투덜투덜대면서 자기 관심이나 의구심은 억누르고 상급자의 요구에 알아서 기어 왔으며, 여전히 지금도 그러하다.

월급을 주는 조직에 대한 복종, 직업적 이기주의, 경쟁과 출세에 대한 관심의 이면에는 가족에 대한 관심이 자리잡고 있다. 전통적인 관점에서 보자면 그의 '가족 감정'은 가정에 대한 헌신이 아니라 역설적이게도 집안 살림의 물질적 형태를 이루는 직업에 스스로를 종속시키는 데서 나타난다. 그의 운명은 일종의 이타적인 자기억압이라고 할 수 있는 것이다. 그는 자기 이익이 아니라 집에 먹여 살려야 할 굶주린 입이 있기 때문에 연이은 고난을 감내하는 것이다.

남성의 권력과 욕망은 노동 세계의 미치광이 같은 경쟁에서 유래하는 것이다. 전통적인 사회 구조에서 남성은 지속적으로 성적 만족을 느낄 수 있도록 해주는 길로 곧장 달려나갈 수 없었다. 오직 부부의 침대 속에서만 그리 비밀스럽지 않은 충동이 재촉하는 욕구를 합법적으로 해소할 수 있었다. 하지만 부부의 침실로 이르는 길은 공장의 문을 거쳐야 했는데, 이 과정에서 남성들은 신체적·상징적 부담을 떠안아야 했다. 남성의 이상적인 행동은 성적 충동에 저항하고, 그것을 승화시켜 내고, 세계를 정복할 수 있는 기능을 습득하며, 얼굴이 없는 익명의 고용주에게 맞춰 구성된 조직 기구 속에서 자리를 찾는 일 등으로 이루어져 있다. 그러고 나서야 비로소 소외된 인성, 부드러움, 사랑, 성적 욕구를 추구하고 발달시킬 수 있다. 남성 문화는 억압하고 억압되는 문화이다. 왜냐하면 남성 문화는 추상적일 것을 전제하며, 일에서의 성공을 최우선으로 치기 때문이다. 이것은 서로에 대한 남녀의 관심과 정반대이며 자발적인 사랑과도 반대되는 것이다. 결국 매일매일 진절머리나는 일을 하는 것 빼고는 아무것도 남지 않는 것이다. 남자는 남자이다. 일은 일이다. 그뿐이다.

주인-노예 개념이 양성 관계에는 얼마나 부적절한지는 다음과 같은 사실을 보면 잘 알 수 있다. 즉, 주인에게는 노예가 필요하지만 여성 해방의 시대에 남자는 더 이상 여자에게 의존하지 않으며, 좀더 정확히 말해 더 이상 아내에게 의존하지 않는 것이다. 양성 사이에서 진행되어 온 권력 투쟁에서 남성이 사용할 수 있는 카드는 아주 패가 좋다. 섹스와 사랑이 더 이상 결혼과 물질적 부양에 속박되지 않아도 되게 된 것이다. 남성은 원한다면 "사랑과 섹스는 예스, 결혼은 노"라고 말할 수 있다. 그런데 이렇게 하는 가운데 그는 여성 해방의 대의를 촉진하는 셈이다. 직업 없는 여자를 평생 먹여 살리는 일을 하고 싶지 않은 사람은 파트너가 직업을 갖도록 해야 하는데, 따라서 두 가지 일을 동시에 진행시켜야 하는 것이다. 즉 여자 쪽 파트너의 재정적·사회적 독립이 하나요, 가족을 유지하기 위해 다른 사람들에게 부림을 당해야 하는 오랜 멍에에서 스스로 해방되는 것이 다른 하나이다.

여기서 남성 해방이 수동적으로 이루어졌다는 것이 분명해지는데, 따라서 그것에 대해 아무 말이 없는 것이다. 남성 해방은 남성에게 강요된 부정을 향유하는 것이다. 남성들은 여성들이 주부와 어머니 역할에서 탈출하듯이 애써 적극적으로 탈출해서 노동이나 과학, 정치와 같은 또다른 세계를 추구할 필요는 없다. 이미 자기 뒤에 이 모든 것을 갖고 있기 때문이다. 그는 가만히 있어도 된다. 그런데도 성적 자유와 직업적 인정을 요구하는 투쟁에 힘입어 여성들은 남성들을 이전의 의무에서 해방시켜 왔다. 아마 남성 해방은 여성 해방이 전혀 의도하지 않은 하나의 결과일 것이다. 남성들은 혼자서만 밥벌이하는 역할을 강탈당했다? 좋다, 그렇다면 이것은 여성들이 더 이상 재정적 부양을 기대할 수 없다는 것을 의미한다. 여성들도 성(sexuality)을 깨달아가고 있다? 좋다, 그렇다면 이것은 섹스는 결혼 속에서만 가능하다는 원칙을 고수하던 여성들이 그러한 입장을 버리고 있음을 의미한다. 사방에서 모든 것에 적극적인 여성들이 계속 늘어가고 있다. 우정, 성, 사랑, 애정은 더 이상 결혼 반지에 속박되지 않으며, 이것은 여성들에게도 적극적인 관심사가 되어 있다.

이렇게 보면 남성들은 여성들이 스스로를 해방할 때 자기만 해방하지 말고 남성 해방의 대리인으로서 그렇게 해 달라고 격려하고 있다고 말할 수 있으리라. 물론 남성들은 자신들이 객관적으로는 이렇게 영리하다는 것을 전혀 모르고 있지만. 남성들은 여성들이 전통적인 역할에 반란을 일으키도록 격려함으로써 어리벙벙하고 마음씨 좋은 구경꾼으로서 남성들의 자기 해방에 참여하고 있는 것 같다. 남성들 자신의 해방, 즉 혼자서만 밥벌이할 필요가 없게 되는 것은 마치 저절로 굴러들러온 호박덩굴처럼 일어나는 것이다. 최근에 두번째로 이브가 또 한번 사과를 선물한 셈이다. 여성들에게 다시 일자리를 가져다 줌으로써 지금 늙은 '성주(城主)'의 역할이 부활되고 있다고 말하면 어떨까. 또 여성 해방에 분노하는 속 좁은 남성들은 분명 자기 자신의 상황을 전혀 통찰하지 못하고 있다고 말할 수 있으리라.

이처럼 선물로 주어진 남성 해방(남성들은 이러한 행운이 불운과 함께 하고 있다는 것을 아직 깨닫지 못하고 있다)에는 당연히 홈집이 있다. 즉 여성 해방은 남성 없이 진행되고 있을 뿐만 아니라 실제로는 남성들을 겨냥하고 있는 것이다. 또 이것은 뭔가 전혀 다른 어떤 것에 이식되어 있는 해방없는 해방이기도 하다. 남성들은 더 이상 존재하지 않는 세계의 한가운데에 자신들이 앉아 있음을 발견하고 있다. 그들의 머리 주위로는 페미니스트들의 총구에서 피어오르는 화약 냄새가 휘감겨 오르고 있다. 대들보가 내려앉고 있다. 남자들의 남성성을 기념하는 콘크리트 기념비가 무너지고 있다. 그리고 남자들은 귀를 막고 눈을 감으며, 삶은 이전과 하등 다를 바 없이 행복한 척하는 것이 제일 잘하는 짓이라고 생각하고 있다. 필요하다면 힘을 동원해서라도 말이다. 감추어놓은 힘이 얼마나 많은가. 역공을 취해 남자들을 그토록 심하게 다룬 데 대해 여성들에게 보복할 시간은 아직 충분한 것이다.

밥벌이를 해야 하는 남성들의 짐이 여성들의 반란과 함께 사라졌다는 사실은 중요하지 않다. 여성들 스스로도 밥벌이를 하기로 했기 때문이다. 성공하자, 가능한 한 많이 벌자, "자, 해보지" 등과 같은 남성들의 강박관념이 남성들 자신의 즐거움까지 포함해 모든 참된 즐거움을 불가능하게 만들고 있다는 사실도 그리 중요하지는 않다. 남자들은 원래 그렇기 때문이다.

분명 한때는 모든 것 — 출세하라, 참아라, 더 멀리, 더 높이, 더 빨리 — 이 하나로 수렴되었지만 이제 이 모든 것이 갑자기 텅빈 공허로 돌변해 버리고 말았다. 가장 잘 알 듯 하면서도 거의 모르고, 멋진 제복을 입었지만 인위적으로 만들어진 저 멍텅구리 남자의 실체를 발가벗기고 발견하고 실감해야 할 것이다. 이제 뭔가를 알거나 느낀다는 것은 대륙횡단 여행처럼 온갖 모험을 거쳐야 비로소 스스로 체득할 수 있는 것이 되리라.

따라서 이것은 남성들이 거칠게 되거나 삶을 감당할 수 없게 되어 가정과 직장의 메커니즘들을 뒤집어엎을 수도 있음을 말해 준다. 모든 것을 뒤엎고 일상사를 의문시하고 조사하고 질문하고 양보하지 않고 저항적으로 되고, 사사건건 맞서기를 고집할 수도 있으리라. 그렇지 않으면 다만 썩고 상하고, 늘 그랬듯이 기생충이 되고 말 수도 있을 것이다. 그리고 가사 노동이라는 것도 지나치게 청결에 신경을 쓸 일은 아니게 된다. 남자가 침대 밑의 먼지까지 신경써야 하는가? 아마 약간 더러운 것이 좋을 것이다. 양말에 구멍이 하나 정도는 뚫어져 있는 것이 어울릴 것이다. 아마 치즈 샌드위치 부스러기와 더러운 포크에다 아무데나 내팽개친 반바지는 오히려 예술에 가까울 것이며, 예술가인 보이스(Joseph Beuys)라도 이러한 조합을 부러워했으리라. 아마 그의 「끈적거리는 방구석」은 아름다움과 가사에 대한 남성들의 생각을 서투르게나마 잘 표현하고 있다고 볼 수 있을 것이다. 착수하라, 시도하라, 더러운 시트를 쌓아두어라, 싸워라, 웃어라, 질서로부터 고작 몇 센티미터밖에 떨어져 있지 않은 곳에서 잠복하고 있는 혼돈 속으로 들어가라. 그러나 살아라, 그저 살기 시작하라, 결코 다시 멈추지 마라. 남성들은 이런 식으로 앞으로는 현실에서는 이러한 세계에서 살겠지 하는 희망적인 관측을 하고 있지만 그들은 이런 세계가 더 이상 존재하지 않는다는 사실을 전혀 모르고 있다.

아무튼 이것만큼은 사실일 것이다. 즉 이른바 '젊은 성인 남성들'

은 직업 훈련을 받지 않은 여성과의 결혼을 점점 더 꺼리고 있다. 또 대부분의 남성들이 여성 해방에 대한 태도와 전략을 바꾼 것 또한 사실이다. 즉 남성들은 개방적이고 아주 관용적인 척 하는 것이다. '즐거운 나의 집'이 흘러간 옛노래가 되었지만 벌써 구질서를 대체할 수 있는 새로운 중심점이 발견되어 고정되었다. 즉 아이, 그리고 아울러 '없어서는 안될' 어머니가 그것이다. 여성 문제를 어머니와 아이 문제로 바꾸어놓음으로써 ─ 그리고 이를 통해 여성들의 적극적인 참여를 유도한다 ─ 많은 남성들은 이제 다시 소파에 기대어 편안하게 지낼 수 있게 되었다고 생각하고 있다.

결국 부모되기가 분열되어 어머니되기가 아버지되기와 대립될 때는 앙갚음이 시작되는데, 이것은 아무리 늦어도 이혼 전에, 또는 이혼할 때 그리고 이혼 후에 진행된다. 이 때가 되면 남자들은 문득 부성애를 다시 발견하곤 그동안 가족과 함께 하지 않았던 것 때문에 타격을 받는다. 이것은 법적으로는 아무 문제가 없는 것이고, 또 결혼 중에는 완전히 정상적인 것이었는데 말이다. 지금까지 아주 기분좋게 누려 왔던 불평등이 역전되면서 아버지는 이 역전된 불평등의 희생양이 된다. 이제 법률적으로나 실제적으로나 어머니가 모든 것에 대해 발언권을 갖게 되며, 아버지는 어머니가 허용하는 것만 해야 한다. 그러나 법률은 보통 거의 아무것도 허용해 주지 않는다.

아버지가 되기는 어렵지 않지만 이혼한 아버지가 되기는 확실히 더 어렵다. 모든 것이 이미 너무 늦어 버렸을 때 아이로 상징되는 가족은 모든 희망과 구체적인 노력의 중심이 된다. 아이에게 많은 시간과 주의를 쏟게 되는데, 마치 결혼 중에도 틀림없이 그랬다는 듯이 말이다. "정말 그 애와 더 많은 시간을 보내고 싶었지만"하고 말이다. 남자는 이혼하면서 아버지로서의 감정에 직면하게 된다. 또 해방이 무엇을 의미하는지를 해방의 목적이 달아나는 순간에야 뒤늦게 깨닫고서 비탄에 빠지는 것이다.

이제 모든 것이 그에게 등을 돌린다. 서서히 그는 가족과 떨어져 사는 삶이 어떤 대가를 요구하는지를 깨닫게 된다. 어찌할 수 없는 외로움, 의지할 곳 없음을 느끼며, 법률이 정한 시간말고는 아이와도 만날 수 없게 되며, 새로 깨닫게 된 부성을 전혀 부당하게 가두고 있다고 여겨지는 온갖 장벽들. 그의 분노, 고통, 쓰라림은 때로 이제 그가 낡은 사고 방식과 존재 방식을 떨쳐내려고 애쓰고 있음을 예고해주는 충격파가 되기도 한다.

엄밀히 말해 거의 모든 측면에서 늙은 아담은 불필요한 존재가 되었다. 남자다워야 한다는 낡은 생각은 이제 박물관에 전시되어야 할 어떤 것이 되었다. 하지만 문제는 그가 아직도 말끔히 포기하지 않은 데 있다. 남성들이 존재의 주춧돌인 노동권을 가질 수 있도록 여성들을 일자리에서 쫓아내야 한다는 것이다. 그러나 아기를 만드는 일에서도 남편들은 정자 기증자, 의사, 시험관의 연합에 의해 경주에서 밀려나지는 않을까 두려워해야 하게 되었다. 성기에만 집착하는 남자들의 뻔한 섹스 이야기에 대한 여성들의 관심은 나비처럼 훨훨 날아가 버렸다. 남성들은 계속 허구를 먹고 살 수도 있겠지만 허구가 붕괴되고 어쩔 수 없이 사라지게 되면 자유로이 새로운 존재 방식을 추구할 수 있으리라. 물론 그가 이것을 알아차리지 못했거나 기회를 잡지 못했다고 해서 최근에 두번째로 이브가 건네준 사과가 더 맛있지는 않을 것이다.

결혼식 하객인 이혼: 결혼 계약서

핵가족에 만연해 있는 문제는 개인적인 문제인 것처럼 느껴지지만 동시에 일반적 성격을 갖고 있기도 하다. 사람들이 얼마나 까다로워졌는지에 대해서는 많은 이야기가 있었지만 이와 정반대 사실도 진실이다. 이미 심한 긴장 앞에 노출되어 있는 핵가족은 거기에다 또 온갖 공적 의무라는 큰 짐까지 떠안아야 하는 것이다. 이것은 끔찍한 일처럼 보일 수도 있지만 핵가족이 나라의 쓰레기 더미 취급을 당하면서 온갖 방식으로 오용되고 있는 것 또한 분명한 사실이다. 예를 들어 교사 부족을 메우기 위해 아이들을 집에서 가르쳐야 하는 사실을 언급할 수 있으리라. 또 오염된 공기와 물 그리고 음식물에 들어 있는 온갖 유해 물질은 가족을 부양해야 하는 부모의 일, 특히 어머니의 일을 크게 증가시키고 있는 사실도 예로 들 수 있을 것이다. 왜냐하면 어머니는 법이라는 명분을 내세워 서로 공모하고 있는 당국, 전문가, 산업체들이 주방에 쏟아내고, 내던지고 뿜어내는 모든 것을 식단에서 제거해야 하기 때문이다. 아이를 언제 얼마나 낳을지도 일일이 계획해야 하고, 직업과 사회보장 조항에 일일이 맞추어 아이들을 키워나가야 한다. 실업 급여가 바닥나면 가족이 생계를 떠맡아야 하는 것은 두말할 나위가 없다. 노동할 의사와 능력이 있는 가족의 구성원들이 시장이 요구하는 만큼 이동할 뜻이 없어 집에서 멀리 떨어진 일자리를 받아들이지 않겠다고 하는 경우에는 공식적으로 책임을 회피하고 있다는 혐의를 받아 몇몇 권리를 잃게 된다.

　현대의 약장에는 이러한 '작은 질병'을 다스리고 이 가족 속의 '감기'를 다스리는 약이 있는데, 협약, 계약, 대책, 상담이라는 약을 복용시키는 것이다. 문제는 가정의 평화를 가져와야 할 이 저울이 그러나 불확실성을 갖고 있기 때문에 계획, 추측, 논쟁이 불가피하다는 점이다. 이 약은 오히려 그것이 고친다고 주장하는 질병의 일부임이 드러나고 있다. 가족은 이제 더 이상 정서적 안식처가 아니며 어떤 사람의 다른 자질을 자랑해 보이는 곳도 아니다. 그것은 바깥 세계와 똑같이 규격화되어 있을 뿐이다. 연인들 사이의 계약은 사랑의 값어치를 떨어뜨린다.

혼전 협약은 결코 현대의 새로운 발명품이 아니다. 귀족들 사이에서는 부와 권리의 분배에 관한 복잡한 약조를 맺는 것이 관습이었다. 하지만 이것은 오늘날처럼 파트너들간의 관심사가 아니라 가문의 책임이어서 신부의 아버지는 결혼지참금을 준비하고 신랑과 그의 가족은 결혼을 유지할 수 있는 재산을 제공해야 했다. 이러한 결혼 협약의 의미와 제반 사항은 현대의 결혼 협약에서는 거의 찾아볼 수 없다. 지금은 이혼의 결과를 조절하고 일상 생활의 규범을 세우는 것이 핵심적인 문제가 되어 있기 때문이다.

현재 혼전 계약서를 작성하는 것이 일종의 붐을 이루고 있는데, 이것은 사람들이 결혼에 대해 얼마나 불편해 하는지를 잘 보여주고 있다. 이런 서류에 예비책이 많이 들어있을수록 심연으로 떨어지지는 않을까 하는 서명자들의 두려움은 더 커지게 되어 있는데, 역설적이지만 이러한 협약은 이러한 심연에 다리를 놓아 주기로 되어 있는 것인데도 말이다. 이혼은 더 이상 예외가 아니라 규칙이 되었으며, 모든 사람들은 이혼이 본인이나 사랑하는 친지들에게 언제라도 닥칠 수 있는 가능성에 직면하고 있다. 이혼한 경험이 있는 사람이라면 누구나 다시 다음 번 항해에 나설 때는 침몰한 정기선의 생존자처럼 구명조끼를 입을 것이다. 이 구명 조끼가 바로 양 당사자들이 서명한 혼전 협약이라고 할 수 있을 것이다. 하지만 이것도 배가 침몰하는 것을 막을 수는 없으며, 그저 쉽게 예상되는 손실을 아주 덜 참혹스럽게 만들어줄 수 있을 뿐이다.

이미 성인으로서 이혼의 비참함을 겪거나 아이 때 부모가 이혼한 씁쓰레한 경험을 한 사람들이 마치 정치인들이 제휴 관계를 맺는 것처럼 새 파트너와 협상을 시작한다고 해서 과연 놀랄 일인가? 끝은 새로운 시작의 후견인이 될 수도 있기 때문이다. 물론 몇몇 문제는 뻔히 예측 가능할 것이다. 심지어 커플이 혼인신고를 하러 등기소에 가기도 전에 결혼 시절과 결혼 후에 나타날 수 있는 온갖 까다로운 문제들이 쏟아져 나온다. 누가 무엇을 갖고 누가 누구에게 지불하는가가 주된 문제지만 고통스럽지는 않으나 (종종 아직 태어나지도 않은) 아이들에 대한 싸움도 미리 한바탕 치루어야 하며, 그래서 이혼할 경우 각자가 무슨 권리를 가질지를 명기하고 이 영역에서 일어날 수 있는 모든 다툼을 차단하기 위해 자녀 양육 방법에 대해서도 협약을 맺는다. 그리고 같은 취미를 가질지 말지, 휴가를 가는 것, 그리고 특히 까다로운 문제로 각자의 잠재력을 개발 하는 것 등에 관한 계약이 체결된다. 계약을 맺는 사랑하는 파트너들이 다음과 같은 방침에 따라 서로의 야망을 후원하는 데 동의하는 것은 흔한 일이다. 즉 내가 당신이 출세하는 것을 도와주면 당신도 내가 가사에서 벗어나 적절한 훈련을 받을 수 있게 해 주어야 한다는 방침 말이다.

어떤 이들은 이보다 훨씬 더 상세한 내용까지 나간다. 구두를 닦는 것부터 아침밥을 짓는 것에 이르기까지 가정을 어떻게 꾸려갈 것인가? 섹스 행위에서는 무엇이 가능하고 무엇이 불가능한가? 누가 이사 준비를 할 것인가? 아이들은 언제 낳을 것인가? 누가 아이들을 돌보며 누가 두 가지 일을 함께 할 것인가? 이 모든 것과 훨씬 더 많은 것이 공증인이 공인해준 구속력 있는 협약서를 통해 명기될 수 있다. 마음의 눈으로 보면 우리는 커플들이 부부 싸움 중에 온갖 오해를 해결해 주기를 바라며 이러한 서류를 자세히 뜯어보는 모습을 그려볼 수 있을 것이다.

사랑이 아주 냉정하게 그것이 어떻게 끝날지를 규정하는 것은 뼈아픈 일인 동시에 상당히 역설적인 일이기도 하다. 두 파트너는 일단 이혼하기로 합의하면 통찰력을 발휘해 본인들이나 다른 사람들, 특히 아이들 앞에서 이혼을 야단스럽게 만들지 않기로 약속한다. 이혼을 '삶의 자연스런 파생물'로 보고 이혼을 앞에 놓고 다투기를 원하지 않는 것이다(Partner 1984: 128). 어떤 이들은 심지어 결혼식 자체보다 훨씬 더 큰 파티를 열어 이혼을 축하하기도 한다. 이러한 '우호적 이혼'이라는 이 허위-문명적인 생각 뒤에 정말 어떤 감정이 숨어 있을지 의아할 정도다.

계약 결혼 — '감정의 계약' — 은 분명히 이 문제에 대한 한 가지 대답이 될 수 있지만 이것 또한 이러한 계약 자체의 해소를 촉진하는 요소들을 내포하고 있다. 전에는 결코 교환될 수 없었던 이익들이 이제 다른 사람들에게 공개적으로 제공되는데, 이 때문에 파트너들은 이해 관계의 불일치가 해결하기 어려운 것임이 드러나자마자 서로에 대해 사용할 수 있는 무기를 손에 쥐게 된다. 내가 아는 한 이런 종류의 자발적 계약 아래 시작된 결혼의 과정과 지속 기간을 연구한 것은 아직 없다. 그러나 이런 결혼은 다른 결혼보다 끝내기가 훨씬 더 쉬울 것이라고 생각할 수 있으며, 바로 이 때문에 당사자들은 결혼을 더 일찍 끝내자고 생각하게 된다. 이리하여 결혼은 서로의 욕구를 일시적으로 충족시키기 위한 소작지로 바뀌는 것이다.

가족을 '치유하고' 구하기 위해 사용할 수 있는 수단으로는 이와 다른 시혜도 있는데, 현대 사회는 이를 이용해 자해로 인한 상처를 미봉하기도 한다. 예를 들어 주부들에게 저급한 직무를 보상하기 위해 번지르르한 임금을 지급하라고 외치기도 한다. 독일에서 결혼하는 것은 특수한 훈련을 받지 않아도 얼마든지 손에 넣을 수 있는 극소수의 직위 중의 하나이다. 아마 우리는 결혼 자격증 수여로 끝나는 훈련 과정을 설치해야 될지도 모르겠다(이것은 실직 교사들에게 일자리를 제공하고, 부부 싸움에도 새로운 특질을 부여할 것이다. 그리하여 두 명의 서투른 심리치료사들은 심리학적인 반半-진실로 서로에게 우아하게 상처를 입힐 수 있게 될 것이다). 그럼에도 불구하고 진짜로 가족의 토대를 구성하고 있는 난관 중의 하나에 빠진 사람이라면 누구나 결혼 카운셀러의 동정심이나 각종 광고지에 의지할 수 있을 것이다.

패턴은 항상 똑같다. 냉혹하고 험난한 바깥 세상의 정반대가 되어

주기로 한 곳, 즉 가족은 예측가능하고 관리가능한 곳으로 바뀌고 있는 것이다. 이런 일은 가족 생활에 대한 무슨 정치적 개혁 과정에서 일어난 것이 아니라 결혼하는 데 따른 '안전상의 위험'이 이에 대한 보험으로 상쇄됨에 따라 아주 느리게 차츰차츰 이루어져 왔다. 이것은 아주 당연하다. 정치적 참여도 유토피아에 대한 대망(待望)도 모두 더러운 접시를 깨끗이 닦아내지는 못하며, 파트너의 저항을 물리치고 다른 파트너가 목표를 성취할 수 있도록 도와주지도 못한다. 이혼이 늘어날수록 계약도 많아지고, 따라서 더 많은 이혼이 일어나는 식의 연쇄 반응이 일어나는 것이다. 결국 사랑은 한때 거처와 안식처가 되어 주던 곳과 대립하게 되고, 변덕스럽게 되며, 스스로 소진되어 가는 것이다.

조립식 블록처럼 된 부모되기: 유전 공학과 자식 설계

최근까지 가족은 자연의 산물, 즉 사회적·물질적 유전 관계를 결정하고 친족 관계를 수립하는 등의 혈연 관계였다. 그런데 이제 인간 본성의 자연적 기초가 출산 의학, 기관 이식, 유전 정보의 해독을 통해 기술적으로 변화될 수 있기 때문에 이 가족에 새삼 관심이 집중되고 있다. 역설적이게도 자연이라고 알려진 우리의 환경이 계속 시들어가고 위기에 빠지게 된 사실에 훨씬 더 커다란 주의가 기울여지는 바람에 비자연적 세계를 산출하고 있는 생명 과학의 믿을 수 없는 승리는 거의 제대로 간파조차 되지 않아 왔다. 그런데 지금 자연과 가족 간의 오래된 연결 고리가 끊어지고 있는데, 그 결과는 겨우 질문의 형태로 단지 추측될 수 있을 뿐이다. 바로 지금 이러한 일이 일어나고 있는 것이다. 전체적으로 볼 때 이에 대한 사고 방식은 크게 두

가지로 나누어 지고 있다.

첫번째 생각에 따르면 어머니되기와 아버지되기에 개입한다는 원리는 전혀 새로울 것이 없다. 계몽주의 이래 인간은 자연을 길들이려 노력해 왔다. 이를 위해 테크놀로지를 사용하는 것도 본질적으로 다르지 않다. 설령 우리가 지금 인간이 만들어지는 방법에까지 영향을 미칠 수 있게 되었다고 해도 말이다. 테크놀로지의 진보는 항상 상당한 위험 요소를 내포하고 있지만 또한 인간의 발전을 위한 새로운 가능성을 열어주기도 한다. 테크놀로지 옹호자들은 주로 선천적인 질병을 배아 발생 전에 치료할 수 있으며, 더 많은 불임 부부들에게 자기 자식을 갖게 할 수 있다는 것을 장점으로 내세운다. 더욱이 자연적인 부모되기는 사회적·법률적 부모되기와 오랫동안 결합되어 있었지만 아이가 생물학적 부모와 함께 성장할 확률은 점점 더 작아지고 있다.

다른 견해는 나도 동의하고 있는데, 세상은 언제나 그러했다고 주장하며 일반화 속으로 도망치는 것은 당혹스러운 문제에 대답하지 않고 새로운 기법을 동원해 문제를 은폐하려는 구실일 뿐이라는 것이다. 물질들이 서로 구분되지 않고 그래서 그것이 인간의 것인지 동물의 것인지가 도저히 구분되지 않는 실험실, 또 마취제 없이도 한 사람의 성격을 바꿀 수 있으며 굳이 배아 발생 전의 세포로 무엇을 하고 있는지 설명하지 않아도 되는 실험실에서는 새로운 차원이 아직 눈에 드러나지 않을 수도 있다. 그러나 사회학적 관점에서 보면 이처럼 새로운 차원이 얼마나 많은 사회적 함의를 갖고 있는지가 확연하게 드러난다. 이중 나선, 게놈(genome) 분석, 유전자 교정법, 양성 수정과 단성 수정 등이 갑자기 완전히 새로운 가능성을, 즉 이전의 모든 사회에서 지배적이었던 어머니되기와 아버지되기의 인류학적 상수(常數)들을 제거할 수 있는 가능성을 열어주고 있다.

이처럼 획기적인 변화는 아마 세포와 세포핵을 다루는 생물학과 화학에서는 그리 잘 드러나지 않겠지만 이 새로운 테크놀로지가 가족과 친족 체계에 초래하거나 앞으로 초래할 결과들 속에서는 아주 분명하게 드러난다. 한때 동일한 것이었던 사회적 부모되기와 생물학적 부모되기는 일련의 단계로 나뉘어지고 있는데, 이것은 자연적 과정으로부터 시작해 조립식 블록처럼 다양한 구성 요소를 결합해 나간다. 입양이나 이혼도 다른 방식으로 생물학적 부모되기와 사회적 부모되기의 고리를 끊고 있지만 지금까지 가족 단위 안에 철저히 봉쇄되어 왔던 인간의 잠재력을 증폭하고 선별하고 있는 의도적인 기술적 조작이 수반되고 있는 점에서 이와 근본적으로 다르다.

이러한 사태 전개는 가족 사회학에 대해서는 양날을 보여준다. 사회적 부모되기는 생물학적 구속에서 풀려나와 자유롭게 떠다닐 수 있다. 즉 부모가 되는 것과 아이를 갖는 것이 두 가지 분리된 현상이 되어 서로 독립적으로 조직될 수 있는 것이다. 생물학적 측면은 정자와 난자를 결합하고 선별하는 것과 관련되는 반면 부모가 되는 것은 그 나름대로 존재하며 재정의되어야 한다. 기술적으로는 재생산과 가족을 분리하는 것이 가능할 것이다. 병원에서 처리하거나 일정한 기준에 따라 선발된 특정한 여성 집단에게 대리 분만을 시킴으로써 말이다. 이 말은 과학적 허구로 들릴 수도 있겠지만 우리가 어떤 방향으로 나가고 있는지를 잘 보여준다.

다른 한편 부모되기가 더 이상 유전적 구성에 제한되지 않게 되면서 우리의 상상은 우리 곁에 음울하게 달라 붙어 있는 반면 현실은 먼 곳으로 달아나게 될 가능성이 열리게 된다. 머지 않아 아이의 성별을 결정하거나 아이의 외모와 있을 수 있는 질병을 미리 예측할 수 있는 것이 당연한 일이 될 것이다. 배아 이식, 시험관 아기, 쌍둥이나 세 쌍둥이를 가지기 위한 약, 정부 감독 하에 전문가가 운영하는 전문 영업소에서 냉동 보존된 배아의 구매 — 이중 일부는 이미 정상적인 것이 되었으며 다른 것도 시간 문제일 뿐이다.

아기가 시험관에서 양육될 수 있다면 모성이란 무엇을 의미할까? 모성을 항상 자기 실존의 일부로 간주해 온 여성들에게 이것은 어떤 영향을 미칠까? 이 신생아의 아버지, 형제, 자매, 삼촌은 과연 누구일까? 이미 자기 배아를 냉동 보존할 수 있게 되었으며, 그리하여 직업 상황이 안정된 후에 낳거나 (미국에서는 이미 일어난 일이지만) 어머니에게 배아를 이식해서 임신과 출산을 맡김으로써 어머니와 할머니가 같은 사람이 되고 그 아이가 어머니의 자매가 될 수도 있게 되었다. 왜 그럴 수 없겠는가? 누가 이런 시도를 (최종적으로) 중지시킬 수 있겠는가? 이것이 누가 봐도 두 가지 이점을 약속해주는데도 말이다. 여성들은 자기 직업에 충실할 수 있으며, 아이들을 인구 수치에 따라 조절해 시장을 만족시키고 연금 수혜자를 먹여 살리기에 충분한 수의 임금 벌이가 존재하도록 보장할 수 있을 것이다. 아, 머리가 어지러워진다.

바로 이 지점에서 이 문제들은 우리의 통제에서 벗어나기 시작한다. 재생산 의학에 종사하는 의사들은 외친다. "당신은 자유롭게 선택할 수 있다! 당신이 결정할 일이다. …… 우리가 하고 싶은 것은 다만 고통을 덜자는 것뿐이다. …… 당신은 할 일이 없다. …… 강제도 없다. …… 이 테크놀로지는 그 자체가 아주 중립적이며, 중요한 것은 단지 일에 신중을 기하는 것뿐이다. 어떤 일이 있어도 남용은 막아야 한다. 우리의 법률체계와 책임감 있는 과학자들이 이것을 보장해줄 것이다."

잠시, 전혀 그럴 듯하지 않은 이 예측이 사실이라고 가정해 보자. 이 테크놀로지의 밀물을 막는 법률이 있다고 생각해 보자(사실은 전혀 없다). 갑자기 양편이 상호 선의와 존중 속에서 아무도 상대방에게 호통치지 않는 이상한 분위기에서 찬반 토론을 한다고 상상해 보자. 전혀 비현실적인 이러한 접근법은 환자에게 선택할 권리를 부여한다는 구실 아래 탈-가족 사회의 새로운 밑그림을 그려 보여준다. 멈출 수 없는 현저한 의학적 진보가 가족 생활의 새로운 설계에 기름을 부을 것이며, 유전학에 대한 일련의 새로운 입법이 이를 축복해 줄 것이다. 그 결과 부모되기가 자연적 과정과의 연결 고리를 잃어버리고 생물학이 제 마음대로 날아올라 과연 어디서 경계선을 그을 것인지 그리고 사회는 언제 스스로를 보호하는 노력을 해야 할지를 결정하기가 점점 더 어려워지는 시대가 올 것이다.

사실 이러한 혁명은 전혀 정부의 개입 없이, 법률 초안 없이, 의회에서의 어떠한 논쟁이나 투표도 없이 그저 의학적 진보의 이면에서 일어나고 있는 것이다. 이것은 환자 진찰에 급여를 지불하는 우리의 공공 의료보험체제로부터 재정적 지원을 받고 있다. 이것만큼은 아주 분명하다. 즉, 유전 공학자와 연구자들은 이 결과에 책임이 없는 것이다. 지금 이용가능해지고 있는 광범위한 성과를 이용할지 않을지를 결정하는 것은 오직 사회뿐이기 때문이다.

사회는 이렇게 하고 싶을 것이다. 먼저 실제로 선천적 질병으로 고통받고 있는 사람들이, 다음에는 퇴행성 질병을 앓고 있는 사람들이, 다음에는 민감한 사람들이, 다음에는 건강을 해쳤다고 생각되는 사람들이. 마지막으로 아마 거의 모든 사람들이. 이것은 다른 모든 서비스와 상품에서의 최적 보상 범위와 일치한다. 일단 이것이 시장에 등장해 대중들의 마음 속에 들어가서 개인적 소망과 욕구를 일깨우게 되면 수요가 발생하고 사용되는 상품이 된다. 윤리는 소비자의 욕망에 대항할 지탱력을 갖고 있지 않다. 혹시 자기가 아프거나 불구가 되지 않을까 하는 두려움이 먼저이고 우생학에 대한 두려움은 그 다음이다. 목구멍이 포도청이지 도덕적 고려는 그 이후인 것과 마찬가지다.

위대한 공적, 다방면에서의 현대화는 다음 세대에서만 이용될 수 있을 것이다. 그러나 그때는 이것을 피할 수 없다. 다음 세대에 대한 한 세대의 책임은 다음 세대가 성장할 수 있는 최적의 조건을 제공하는 것에 국한될 수 없다. 부모의 의무는 수정란이 자궁에 착상될 때 시작된다. 모든 혈우병 환자는 보험료 납부자들의 공동체에 짐이 되므로 발생기의 모든 태아는 32개 세포 단계에서 유전자 검사를 받을 것이다. 바람직하지 못한 경향이 진단되면 낙태시킬지 아니면 개선, 즉 태아 요법을 할 것인지를 선택할 수 있다. 하지만 왜 선천적 질병에서 멈춰서겠는가? 결국 부모의 소망이 고려되어 태아에게 전달될 수 있다. 아이가 금발일지 갈색 머리일지, 약간 땅딸막하거나 작을지 등 이 모든 것이 미리 결정될 수 있다. 아무튼 다른 누군가와 만나 전통적인 체위를 거치는 독신자도 이러한 기술 서비스를 마음껏 이용할 수 있을 것이다(Gabbert 1988: 87, 89-90)[1]

유전학적 파라다이스에서 이러한 사태는 사람들의 생각, 믿음, 두려움에 따라 곧게 펴질 — 만년의 칸트가 언젠가 인류에 대해 묘사했던 — '휘어진 막대기'에 그치지 않는다. 사랑과 재생산, 부모되기와 애정을 분리하고 나아가 각자에 고유한 영역과 제도를 나누어주는 것이 아주 매혹적으로 보일지도 모른다. 이것은 결혼해서 운에 따라 아이를 갖는 옛 방법으로는 인구 감소 '문제'를 해결할 수 없는 사회에서는 특히 더 호소력이 있을 것 같다.

소실점과 시험적인 정체성: 남성과 여성의 역할을 넘어서

당신과 우리 둘다 뭔가를 자유롭게 원할 수 있다고 해보자. 그렇게 되면 우리는 원하는 대로 할 수 있을 것이다. 우리는 어떻게 이처럼 당혹스러운 상황에서 빠져나올 수 있을까?
우리가 "꿈을 잃어버린 불행", 즉 유토피아를 상실했다는 것은 우리가 상상력을 결여하고 있음을 아주 분명하게 보여준다. 우리는 소망하는 법을 잊어 버렸다. 우리는 전통을 그리고 전통이 표상하는 희망을 벗어던져 버렸으며, 지금은 희망의 기억, 또다른 길에 대한 기억, 초월적인 목표까지 벗어던지고 있다. 다른 이들은 이를 위해 대상(隊商)과 국민 전체를 움직이고 있는데도 말이다. 유토피아, 나아가 긍정적 유토피아를 연구하는 것은 어줍잖은 일이 되었다. 첫째, 유토피아는 사라져 버렸고, 둘째, 유토피아는 디스토피아(dystopia)가 되었으며, 셋째, 계몽된 평균적 유럽인들은 무엇을 소망하기에는 너무나도 계몽되어 버렸다. 아니 잃을 것이 어디 있는가, 우리를 정말 위협하는 상실이 어디서 다른 모든 것을 그늘지게 하고 있단 말인가?

오늘날 희망이 없고 너무 늦었다는 느낌이 사방에 만연해 수많은 사유의 시도를 마비시키고 있다고 해서 상상력을 이용하지 말아야 할 무슨 이유라도 있단 말인가? 희망이 없다고 느끼려면 비밀스럽게 모든 것이 이용될 수 있어야 한다는 믿음이 전제되어야 한다. 왜냐하면 희망이 없다고 생각하되 전혀 다르게, 탐구적으로 그렇게 생각하는 것은 해방적 효과를 가질 수 있기 때문이다. 계엄령하에서도 약탈이 있을 수 있듯이 패배주의가 공인된 상황에서는 다른 세계에 대한 전망으로 대응하는 상상력, 그리고 사실에 입각하라는 엄격한 요구에 억제되지 않는 상상력에 기댈 수 있는 것이다. 그러나 사람들은 계속 좁게만 생각하고 있으며, 이것이 창조적 발상에 조종(弔鐘)을 울리고 있다.

당신이 당신의 삶을 다른 누군가와, 그것도 두 사람 모두에게 이롭게 공유할 수 있으려면 무슨 일이 일어나야 하는가? 무엇이 실행가능한가를 생각하지 말고 아주 자유롭게 대답해 보자.

유토피아도 일정한 순서에 따라 조직적으로 서술되어야 한다. 두 가지 측면을 구분할 만하다. 우선 이 절에서는 서로 사랑하려는 시도를 뒤엎는 외적 요인들, 즉 불평등, 이동, 자아 추구를 살펴 보기로 하자. 다음 절에서는 탈전통적 사랑에 고유한 혼란을 살펴 보기로 하자

(이것이 사랑이라는 세속적 종교를 다루는 6장의 주제이다).

단순한 문제에서부터 출발해 보기로 하자. 같은 철로를 달리기로 되어 있는 두 개인의 일대기를 어떻게 조직할 것인가? 조금 다르게 표현하면, 현대 사회는 유목 사회이고 우리는 일상 생활, 휴가, 직업 생활에서 늘 이동 중에 있으므로 우리를 좀더 안정된 리듬으로 되돌려 놓을 수 있는 브레이크를 찾아야 한다. 경제 성장을 제한하는 것과 비슷하게 이동성을 제한해야 할 것이다. 따라서 덜 바쁘고 더 자기충족적으로 되는 방법을 되찾는 것은 우리의 사회 생활을 개선하는 거대한 일보일 수도 있을 것이다.

하지만 이것은 (교통량 따위를 조절하는 것과 함께) 아주 사회민주적이고 아주 혁명적인 어떤 것을 최고 의제로 올려놓는다. 우리는 노동을 소득과 분리시켜야 한다. 부유해진 사회라면 적어도 이전의 모든 사회와 시대에서 비롯된 명령을 포기하는 것을 꿈꾸어야 하며, 생존을 위해 노동해야 하는 것으로부터 사람들을 해방시켜야 한다. 이 방향으로 가기 위한 첫번째 단서는 시민들의 연금과 급부에 관한 논쟁에서 찾을 수 있는데, 사회 보장과 급료 봉투를 분리해서 적어도 가끔씩은 사람들이 일할지 말지를 결정하게 하자는 주장이 그것이다. 이렇게 되면 사람들이 일자리를 위해 가족에 반대되는 결정을 내리도록 강요하는 에움길이 단축될 수 있을 것이다. 적어도 함께 살기를 시도할 수 있는 곳은 마련될 것이다.

두 파트너가 종종 방향 감각을 잃게 되는 사적인 영역에서는 성적 불평등이 단지 관련 당사자들에 의해 조정될 수 있는 피상적 쟁점이 아니라는 사실이 종종 간과된다. 이처럼 근본적인 불평등은 사실 산업 사회의 태생적인 특징이며, 가정 안팎의 노동에 대한 산업 사회의 태도를 반영하고 있다. 사실 우리 사회는 현대적 변화와 반동적 구조 간의 모순에 기초해 있으며, 이러한 모순은 단순히 사람들에게 가족이나 직업이냐를 선택하게 하는 것만으로는 제거될 수 없다. 현재의 위계질서를 영구화시키는 압력을 받는 한 양성은 결코 평등해지지 못할 것이다. 유일한 출구는 산업 사회의 전체 구조를 다시 생각해 만족스러운 사생활에 대한 사람들의 욕구를 고려할 수 있도록 이 구조를 재조직하고 성 장벽을 넘어 새로운 균형을 찾는 방법뿐이다. "핵가족으로 되돌아가자"거나 "모든 사람이 직업을 갖도록 하자"는 거짓된 대안 대신 제3의 대안을, 즉 사회적 동물인 우리의 욕구가 인정되고 충족될 수 있도록 시장 요건을 제한하고 완충시킬 수 있는 제3의 가능성을 찾아야 한다.

이러한 원리는 제1장에서 소묘된 해석과는 정반대되는 것으로 이해될 수도 있다. 가족이 개인들의 공동체가 됨에 따라 제2의 역사적 일보 속에서 생산과 사적인 욕구는 가족 내에서 분열된다. 틀림없이 돌출되게 되어 있는 어려움들은 부부가 협약을 맺어 함께 사는 동안 이 두 기능을 결합할 수 있을 때만 해결될 수 있다.

이사 준비를 예로 들어보기로 하자. 우선 이사에 따른 몇 가지 해로운 효과를 덜 수 있으리라고 생각할 수 있다. 지금까지 이사하는 사람은 개인(보통 남성)이며, 아내를 포함한 가족은 그의 뒤를 쫓아간다는 것이 언제나 당연시되어 왔다. 부부에게 주어진 유일한 대안은 장기적인 결과에도 불구하고 아내의 직업을 포기하거나 가족을 쪼개는 것 — 이것은 종종 이혼을 향한 첫걸음이 되기도 한다 — 인 것같다. 사회는 이것이 개인적인 문제라고 말한다. 유용한 대안은 협력적 이동일 텐데, 이러한 노선에 따르면 당신이 그/그녀를 원한다면 당신은 그/그녀의 배우자에게 훌륭한 제안을 마련해야 한다. 고용 사무소는 전체 가족을 위한 직업 상담과 직업 소개를 마련해 주어야 할 것이다. 기업과 정부는 가족의 가치에 대해 빈말만 늘어놓지 말고 여러 조직을 포괄하는 협력적 고용 모델을 제공함으로써 실제로 가족의 가치를 지키기 위해 공헌해야 할 것이다. 이와 동시에 (예컨대 파트타임으로 일하는 아카데미의 취업 시장에서처럼) 몇몇 영역에서는 앞으로 (계속 집에서 살아도 되는) 일자리들이 축소되지는 않을지를 점검할 수 있을 것이다. 가족이나 인간 관계를 이유로 이사하지 않으려는 것을 인정해 주는 법률 조항도 있을 수 있을 것이다. 또한 어떤 직업의 만족도를 평가할 때는 가족에 대한 위험 요인도 고려해야 한다.

물론 현재의 대량 실업을 고려하면 사람들이 덜 이동해야 한다고 말하는 것은 더할 수 없이 비현실적인 것처럼 보일 것이다. 이와 비슷한 효과가 이와 다른 식으로도 나타날 수 있을텐데, 예컨대 노동의 압력을 없애는 것이 그것이다. 이것은 모든 사람에게 최소한의 소득을 제공하기 위한 사회적 지원이 증가할 것임을 뜻하며, 그리하여 노인과 병자에 대한 보호와 고용 시장을 분리시키게 될 것이다. 엄지 손가락을 죄는 고문 기구(노동의 압력을 은유함 — 역자)를 이처럼 느슨하게 하는 것은 오랜 전통을 갖고 있다(복지국가의 각종 보장책, 노동일 축소). 대량 실업으로 인해 수백만의 여성들이 일자리를 찾아 나서야 했지만 유연 생산(lean) 조직은 더 적은 직원으로 생산성을 향상시켜 왔기 때문에 이 주제는 조만간 틀림없이 정부의 의제에 오를 것이다.

그러나 가족 편에 서서 시장의 역동성을 후퇴시키는 것은 절반의 해결책일 뿐이다. 사람들은 다시 함께 사는 방법을 찾아내야 할 것이다. 더 이상 어떤 규칙도, 과거로부터 물려받은 어떤 지침도 없으며, 따라서 일어날 가능성이 있는 모든 것은 관련 당사자들에 의해 합의되어야 한다. 이러한 합의에는 한 사람이 개인적으로 원하는 관계를 갖게 되면서 그에 저절로 따르는 관계들을 재보고, 이 관계들이 전통적인 가족 관계 속에 설치되어 있는 장벽과 올가미 없이 자기 자신에 대한 추구를 지원할 수 있는 지지 체계로서 어떤 잠재력을 갖고 있는지를 찾아내는 것이 포함될 것이다.

우정과 같은 재미없는 개념도 부활되어야 한다. 사랑처럼 매혹적이고 위험한 것이 아니라 정직하게 생각을 나누는 두 사람 사이에서

의도적으로 추구되는, 따라서 더 오래 지속되는 신뢰할 만한 파트너 관계로서의 우정 말이다. 헨리 밀러(Henry Miller)의 말대로 "친구는 당신에게 인드라 여신처럼 수천 개의 눈을 갖게 해준다. 당신은 친구를 통해 무수한 삶을 산다"(Schmiele 1987: 162에서 재인용).

우정은 그저 당신 뜻대로 되지 않으며 당신이 젊더라도 쉽게 오지 않는다. 우정은 시장 속에서 이루어지는 우리의 일대기를 위협하는 원심력에 맞서 조심스럽게 보호되어야 한다(이 점에서 부부가 모두 직업을 갖는 결혼과 비슷하다). 우정은 어려운 순간에 서로를 받쳐 주고 건설적 비판에 자기를 열어둠으로써 재삼 재사 새로워져야 하며, 공동의 생명선처럼 작용하여 서로의 혼란과 약점의 짐을 나누어 져야 한다. 지인(知人) 관계는 이보다는 더 느슨한 형식인데, 이런 식으로 서로를 얽는 것은 한계와 의심으로 가득 찬 개인의 일대기에 대해 안전망을 만드는 데 도움이 된다. 바꾸어 말해 개인으로서 살아가는 데 적합하고 삶의 비참함과 광기를 피하기 위한 어떤 가까운 관계를 형성하려고 노력해야 할 것이다. 한 가지 사항은 특기할 만하다. 즉 가까운 동시에 독립적으로 되는 것, 사람들에게는 다른 사람들과 함께 있는 것 이상으로 홀로 있는 것이 필요하다는 사실을 감안해야 하는 것이 그것이다.

개인들의 사회가 되면서 옛날 식의 함께 살기로 돌아가는 것은 불가능해지고 있다. 대신 우리에게는 독립적이면서도 함께 살 수 있는 새로운 형식 — 두 파트너가 함께 시험하고 도시 계획가, 건축가, 지주도 수용할 수 있는 — 이 필요하며, 그럼으로써 각 파트너는 각자의 외딴 구석으로 침잠하거나 아니면 이와 같은 정도로 다른 사람과 함께 있기를 추구하면서 집단의 압력과 표준적인 삶의 패턴을 없애 나갈 수 있을 것이다.

아마 이것은 어떤 탈산업적 계몽의 첫번째 징후일 텐데, 이것이 산업주의의 몇몇 파괴적 특징들을 제거해줄 것이다. 자기의식, 공유, 인간에 대한 사랑, 신체, 자연과 다른 생물들, 동일한 파장 찾기, 자신의 발견, 홀로 시간 보내기, 논쟁, 허드렛일 하기 등과 같은 가치들에 새로 초점이 맞추어지고 있다. 그리고 인생이라는 항해를 동반해 주고, 후원해 주고, 비판해 주는 친구 찾기. 이것들 가운데 특별히 새로운 것은 전혀 없지만 이것들은 산업화가 우리에게 착륙시킨 굳게 고정된 가족 생활 패턴에 심각하게 도전하고 있다. 자기를 찾고 이와 함께 기획되고 시험적인 정체성을 찾는 것이 이전의 가족 역할에서 주어지던 엄격한 규범, 즉 좋은 남편이자 아버지, 좋은 아내이자 어머니, 착한 아이가 되는 것과 어떻게 결합할 수 있겠는가?

한편으로 우리는 어쩔 수 없이 이동하고 빈번히 일에 파묻히면서도 이웃이나 종족이나 지역 사회가 아니라 가족을 사생활의 중심으로 만들고 있다. 하지만 다른 한편으로 정해진 역할에서 빠져나오기는 어렵다. 이 역할로 인해 가족 생활은 안정감을 부여해주는 힘이 되며, 뭐가 필요할지를 미리 예측할 수 있고 각자의 특질을 존중받을 수 있는 곳이 되기 때문이다. 이러한 점에서 가족은, 우리가 우리는 누구인지(이것은 우리는 어디서 왔는가하는 물음과는 반대된다)를 찾지 못하도록 방해하고 있는데 이러한 추구는 실험과 인내심에 따라 크게 달라질 것이다. 가족은 새로운 영역을 탐험하고 자아의 미지의 대륙을 찾아 방황하며 우리 모두의 마음 속에 존재하고 있는 다른 자아들을 탐색하는 보이 스카우트단이 아니다.

따라서 자기 가족을 결혼과 교환하는 것은 한가지 덫에서 빠져나올 수는 있지만 곧장 다른 덫에 빠지고 마는 얕은 수에 불과해 보인다. 가족이 성인들로 하여금 아이 같은 사람이 되어 허물을 벗고, 그리하여 마침내 가족 생활이 모든 가족 구성원을 위한 발견 프로그램이 되는 것을 가로막는 한에서는 그럴 수밖에 없을 것이다. "우리는 아이들의 권리를 원한다! 케케묵고 낡아빠진 어른들에 맞서 차별을 타도하라!"라는 외침은 이러한 방향으로 나갈 것을 촉구하고 있다. 가족을 개방적으로 만들어 가족 구성원들이 홀로 있기를 꿈꿀 수 있게 하는 것, 이와 동시에 정체성 위기와 결혼의 소용돌이보다 오래 갈 수 있는 우정의 망을 키우는 것은 기대가 지나치게 부푼 결혼을 구제하고 이혼의 공황과 혼란을 가라앉힐 수 있는 두 가지 방법이 될 수 있을 것이다.

핵가족은 은근히 택하기 쉬워 보이는 프로그램이었고 지금도 그렇다. 이것은 모든 질문에 대한 대답인 것처럼 보였으며, 그래서 이러한 질문들이 제기되지 않았거나 적절히 대답되지 않았기 때문에 나중에야 복수를 당하게 된다. 훌륭한 전범으로 수용되고 공적으로 인정될 수 있는 새로운 모델, 즉 함께 살아갈 수 있는 새롭고도 생기있는 모델을 싹틔울 수 있을 때에야 비로소 사회는 이처럼 복잡하게 뒤엉킨 가능성들의 출구를 찾을 수 있을 것이다.

부르주아 가족이 탈-부르주아 가족으로 대체될 수 있으리라고 상상하는 것은 분명 잘못일 것이다. 이미 우리는 다양한 탈-부르주아 가족을 갖고 있으며, 남녀가 다투고, 스스로 재조직하고, 여러 세대에 걸쳐 자기 자신의 역동성과 신조 — 때로는 색안경 — 를 발전시킴에 따라 가족은 더 이상 존재하지 않거나 겨우 존재하게 되었다. 하지만 이러한 추구가 구체화 단계에 이른 것 같지는 않다. 미래에 적합한 새로운 생활방식의 창조는 아직도 거의 바뀌지 않은 옛 방식(일정하게 가사를 분담하는 동시에 일정하게 직장도 포기하는 것. 이러한 일은 종종 상호 동의하에 이루어지기도 한다)의 완강한 방어 때문에 저지되고 있는 것 같다. 사람들은 진보가 이루어졌다고 열광하지만 자세히 보면 실제로 진보가 이루어지지 않았음을 인정하는 것이야말로 언젠가 삶을 자기 손안에 넣을 수 있는 그날을 향해 나가기 위해서는 반드시 거쳐야 할 최초의 어려운 일보라고 할 수 있다.

우리는 진정한 문제들에 직면하기는커녕 일상 생활의 세세한 일에 붙잡혀 있었다. 자유 속에 빠져 헤어나오지를 못하고, 지나간 기쁨의

짤랑거리는 색바랜 찌꺼기에 빠져 있으며 사소한 승리 따위에 탐닉하며, 성장(盛裝)과 춤과 오락의 잔치판에 취하고, 우리 안팎의 사소한 해방 지대와 정점을 둘러싼 논쟁과 싸움에 빠져 지내고 있는 것이다. 함께 살기 위한 더 나은 방식을 가리키는 지평과 꿈들은 산업 사회 이전에 존재했던 현실과는 전혀 관계가 없다. 이것들은 산업 사회의 산물로 사생활, 결혼의 어려움, 부모되기, 가족, 섹슈얼리티, 성 정체성 따위는 모두 단지 개인적인 문제일 뿐이라고 산업 사회가 주장한 결과이다. 또 다른 세계를 위한 우리의 꿈, 이념, 설계는 결코 현재의 권력이 우리더러 가지라고 부추기는 투사도나 환상이 아니다. 차라리 우리가 개별적으로 저지르고 그로부터 고통받고 있는 실수들은 우리가 살고 있는 실제 상황을 반영하고 있다고 하는 쪽이 더 나을지도 모르겠다. 즉, 우리가 철저한 갈망 속에서 지금까지 발견된 어떤 탈주로를 통해서도 피할 수 없는 일상적 갈등에 시달리도록 만드는 바로 그러한 상황 말이다. 적어도 이런 의미에서는 이 실수들은 정당하다. 향수에 어려 사생활의 매력을 미화하는 것은 수많은 개인들이 자기 일대기를 스스로 쓰기 시작한 사실 앞에서 무익한 것임이 증명되고 있다.

사랑은 언제나 삶의 사적인 측면에서 출발하고 작고 사소한 일로 찾아오지만, 그래도 세속성을 초월하는 것처럼 보인다. 위에서 보거나 밖에서 보면 사랑은 늘 일상 생활의 사소한 일들에, 즉 남편이 되고 아내가 되는 습관들에, 그리고 아울러 나와 너의 초상과 이것이 은폐하고 있는 일반적 태도에 묶여 있다. 사랑은 사랑하는 사람 속에 인격화되어 있는 물려받은 역할에 묶여 있으며, 그/그녀를 넘어 우리 모두에게서 새롭게 재등장하고 있는 역사와 정치의 힘에 묶여 있다.

사랑은 이렇게 시작하는 법이다. 즉 방황하고, 길을 잃고, 시도하고, 시시덕거리고, 해내고, 식식거리는 질투의 뱀구덩이 속에서 일어날 때, 뚫고 지나간 불길이 아무 자국도 남기지 않는 것에 놀랄 때, 고독이 친구와 기억, 책 속의 이상한 세계들에 대한, 그리고 마치 수면에 비춰지는 하늘을 보고서야 비로소 저기 저곳에 있음을 깨닫게 되는 호수에 대한 아늑하고 반짝이는 관조를 선물해 준다는 것을 발견할 때 사랑은 다가오는 것이다. 이러한 체험들은 아주 사적이고 개인적이어서 함께 나누기 어려우며, 한 사람의 지각과 감수성 그리고 세계의 색깔을 변화시키는 새로운 차원을 제공해준다. 이것은 적어도 우리로 하여금 정말 무엇이 중요한 것인지를 묻도록 자극해 주리라. 사물을 보는 이러한 방식, 사랑하고 사랑받는 데 따르는 불확실성과 의미는 우리 시대의 사활적인 문제에 대해 어떻게 말해야 하는지를 발견하는 데 도움을 주지 않을까? 점차 제멋대로 날뛰는 테크놀로지와 우리 주위에서 온통 죽어가고 있는 자연 앞에서 무엇을 해야 할 것인가 하는 문제에 대해서 말이다.

6 사랑, 우리의 세속적 종교

전통 뒤에는 무엇이 올까? 아무것도 없을까?

사랑에 관해서는 모든 것을 알고 있다고 주장할 만큼 경솔한 사람은 없으리라. 따라서 이 책을 마무리하기 위해 전통이 해체된 비종교적이고 개인화된 우리의 세계에서 사랑의 의미를 생각해 본 몇 가지 견해를 검토해 볼 필요가 있을 것이다.

오직 두 가지만이
수없이 많은 가면을 썼었지
나, 우리, 그대 속에서
그러나 모든 것을 겪어냈지
왜?라는 물음 때문에
……
장미건 아니면 눈이건 또는 대양이건
한때 활짝 피었던 모든 것은 이제는 져 버리고
오직 두 가지만 남았다네. 공허
그리고 상처입은 자아만이(Gottfried Benn 1962: 178f).

이 시에서처럼 오직 두 가지만이, 즉 공허와 상처입은 자아만이 남은 상황을 가정해 보기로 하자. 이 공허, 이 텅빔은 무엇을 뜻하는가? 전통의 부재는 우리가 정말 진공 속에 있음을, 지금부터 미래로 펼쳐지며 영원히 계속될 것만 같은 진공 속에 있음을 뜻하는 것일까? 그리하여 수많은 '구심들'과 '신들'이 온갖 모습으로 나타나게 될까? 아니면 믿을 건 나밖에 없게 되는 건 아닐까? 또는 소비주의로 도피해 버릴 수도 있지 않을까? 계속 음식을 먹어치우거나 머나 먼 해변에서 휴가를 보내면서 말이다. 아니면 이 모든 것에다 우리가 아직 포착하지 못한 탈전통의 몇몇 징후들을, 즉 상처입은 개인들이 다른 사람과 함께 혹은 다른 사람 없이 사는 방법을 규정하는 몇몇 징후들을 합친 것을 뜻하는 것일까?

이를 다른 식으로 질문해 보자. 즉 교회가 텅비어 껍데기만 남았다고(그렇다고 해서 교회를 없애버리는 것은 기독교도답지 못한 짓이리라) 가정해 보자. 여기서 '텅비었다'는 말은 그저 옛 것을 부정한다는 뜻일까? 또는 굳이 그때와 지금을 비교하면서 생각하기를 고집해 상상력의 부족을 드러내고 있는 것은 아닐까? 아니면 이제는 사라져 버린 것을 대체할 것이 아무것도 없다는 뜻일까? 끝났어, 그게 전부야, 막 내려? 하지만 그 다음에는?

아마 공허함 아래에서, 텅빔을 가로지르는 틈새에서 얼핏 화려한 과거의 의미의 제국들 그리고 삶에 의미를 부여해주던 이 제국의 규칙들과는 전혀 무관한 새로운 종류의 작은 파라다이스를 볼 수 있을 것이다. 즉 전통에 기대지도, 따라서 규약화되거나 제도화될 수 없으며 스스로를 정당화할 필요가 없는 작은 유토피아를 말이다. 이것은 그저 개인의 상태에 맞추어져 있을 뿐이다. 이 마지막 장에서 우리는 적절할지는 모르겠지만 시험적으로나마 탈기독교적 현대 사회에서의 삶의 의미를 찾아 볼 생각인데, 우리는 아주 간단하게 또 전혀 비사회학적이게도 사랑을 탐구해 볼 생각이다. 누구나 미래를 들여다

보면 온갖 영예와 지고함, 심원한 가치를 갖고 있으며, 또 지옥과 천국을 왔다갔다 하도록 하고 어떤 때는 인간의 모든 것을 의미했다가 다른 때는 동물적인 본질을 드러내기도 하는 사랑이 삶에 만족감과 의미를 주는 주요한 원천이 될 것이라고 추측해 볼 수 있을 것이다.

제안과 질문. 남녀를 대립시키고 가족 구조를 미리 결정하던 계급 체제가 사라지고 있는 지금 양성은 새로운 방식의 친화적 공존이 새로운 규범이 되기를 갈망하고 또 이를 기대할 수 있을까? 계급 투쟁이 역설적이게도 평등과 연대의 이념을 낳았듯이 우리도 양성 간의 전쟁에 힘입어 새로운 가능성을 생각해 내고, 파라다이스를 재정의하며 해방되고 자유롭게 함께 사는 날을 향해 나가려는 정치적·사회적 자극을 일깨울 수 있을까? 아니면 새로운 현실과 함께 새로운 신경증이 등장하고 있는가? 우리의 개인적 삶이 앞으로는 더 이상 종교적 신념, 사회 계급, 굶주린 배 채우기, 핵가족의 기둥 되기에 중심을 두지 않고 다양한 삶의 방식과 사랑의 방식을 시험해 보면서 우리는 누구이고 어디로 가고 있는가를 찾는 데 중점을 두게 되면 어떤 일이 벌어질까? 이것은 그저 현대적 의상을 걸친 소돔과 고모라일 뿐인가? 이것은 우리의 사생활을 넘어 다른 영역들, 그러니까 과학, 정치, 노동 시장, 기업에도 영향을 미칠 것인가? 아니면 우리 자신의 이익과 잠재력에 너무나 많은 주의를 기울이다가 결국에는 막다른 골목에 부딪혀 친밀성은 가짜가 되고 연인 관계도 소 닭 보듯이 할 수밖에 없게 되어 결국 함께 살기는 불가능하다는 것을 알지만 그래도 서로가 상대방 없이는 살 수 없기 때문에 심각한 좌절감을 맛보게 되는 것은 아닐까?

베버(1985)는 '자본주의 정신'이 프로테스탄트적 금욕주의의 의도치 않은 부산물임을 지적했다. 이제 자기 의무를 다한다는 프로테스탄트/직업 윤리는 사라지고 있고 가족 생활의 익숙한 패턴은 붕괴되고 있으며, 다음 전쟁은 사랑 그 자체를 위한, 사랑을 명분으로 내건 전쟁일 가능성이 높다고 가정해 보자. 이러한 전쟁의 부수 효과는, 즉 사랑과 온갖 낭만적 생각과 심리치료적 노력으로 꽉 차 있는 단지에서 튀어나올 수 있는 원치 않는 악마는 무엇일까? 여기에서 정치적 사고나 행동을 위한 발판을 찾을 수 있을까? 이러한 질문들에 대해서는 직접 대답하기보다는 다음의 세 단계로 나누어 이를 논의해 보기로 하자.

(1) 왜 사랑은 신흥 종교의 지위로까지 격상되고 있는 것일까? 사랑과 종교를 비교하면 무엇이 명료하게 드러나거나 설명될 수 있을까? 이러한 비교는 어떤 점에서 적절하고 또 어떤 점에서 부적절한가? 이에 대답하려면 먼저 몇몇 용어들을 정의해야 하는데, 왜냐하면 이 용어들이 하도 여러 가지 의미로 쓰이는 바람에 같은 말이 때로는 사랑, 결혼, 사랑하는 관계의 해체를 의미하다가도 다른 때는 이를 우상화하기도 하기 때문이다. 우리의 명제는 이렇다. 즉 성별, 가족, 직업적 역할을 확립시킨 산업 사회의 구조는 무너져내리고 있으며, 사랑에 관한 현대적 형태의 의고주의와 무정부주의가 등장하고 있지만 이러한 새로운 형태가 나가는 길 위에는 수많은 기쁨과 장애물이 놓여 있다는 것이다. 이처럼 사방에서, 바로 지금 여기에서의 개인적 행복과 만족을 추구하고 있는데(하지만 그래서인지 이것은 순식간에 증오와 절망과 고독으로 전변될 수도 있다) 이제 수백만이나 되는 사람들이 하나같이 행복을 찾아나서고 있기 때문에 이것은 이혼율과 재혼율에, 중복 가족과 연속 가족에 흔적을 남기고 있다.

(2) 이에 대한 반론, 반명제는 "세상은 언제나 그랬다"는 것이리라. 즉 역사가들은 추적할 수는 없어도 이런 식의 사랑은 항상 존재해 온 것이 분명하다는 것이다. 하지만 우리가 사랑에 이러한 희망을 투여하는 것은 현대적 현상이며, 우리 시대에 특유한 것임을 보여줄 작정

이다. 물론 낭만적 사랑이 20세기의 하반기가 되기 오래 전에 발명된 것은 사실이다. 예컨대 서로를 사랑하는 것이 자기표출의 궁극적 형식이라는 생각은 18세기와 19세기에는 현실과 환상이 뒤섞인 가운데 계속 찬양되었으며, 온갖 고뇌와 환희 속에서 남김없이 표현되었다. 하지만 지난 수십 년 동안 이처럼 시적으로 고양된 애증의 낭만주의가 현대적으로 분장한 온갖 통속적 대중운동으로 변화되어 문화적 삶의 모든 구석으로까지, 심리치료사들의 저서, 이혼법, 사람들의 마음 속으로까지 스며 들어가고 있는 새로운 현상이 나타나고 있다. 이제 사랑을 위해 결혼한다는 것이 더 이상 가족의 구성, 물질적 안정, 부모되기 등을 뜻하지는 않게 되었다. 그것은 오히려 모든 측면에서 자기 자신을 발견하고 자기 자신이 되는 것, 자기의 개인적 길을 따라 아주 멀리까지 과감히 나가되 파트너의 끊임없는 후원과 동료애에 기댐으로써 이 두 세계가 가진 최상의 것을 얻는 것을 뜻한다.

(3) 자기 자신의 사회적 환경을 창조하거나 찾아내야 하는 개인들에게 사랑은 삶에 의미를 부여하는 중심축이 되었다. 아무도 순종이나 낡은 습관에 대한 존중을 요구하지 않는 오늘의 세계에서는 진실, 도덕(성), 구원, 초월, 진정성이 그렇듯이 사랑도 오직 1인칭 단수로서 존재하는데, 이 현대적 유형의 사랑은 고유의 내적 논리에 따라 그 자체 속에, 사랑을 하는 개인들 속에 뿌리를 내리고 있다. 사랑은 그 자체와 자체에 고유한 주관적 관점에서 자라나오기 때문에 쉽게 전체주의적으로 바뀔 수 있다. 즉, 외부의 어떤 권위도 거부하고 오직 감성적이고 자발적인 이유에서만 뭔가에 대해 책임지고 타협하고 공정해지려고 한다. 유일한 의무는 정직해지는 것이다. 사랑하지 않는다고 해도 죄가 아니며 규칙을 깨는 것도 아니다. 비록 이 때문에 빼앗고 때리는 것보다 다른 사람에게 더 깊은 마음의 상처를 준다고 해도 말이다. 따라서 사랑은 물론 단순히 애정이나 친근함을 찾는 한

방식에 불과한 것은 아니다. 그것은 또한 친밀성이라는 날카로운 칼로 연인을 공격할 수 있는 구실을 주기도 하기 때문이다. 짐작컨대 사랑은 이전에는 국가, 법률, 교회가 강요하던 낡은 속박과 제약에서 벗어나게 된 여러 희망과 행위의 청사진이 되었고, 또 이 가운데 고유의 내적 논리, 갈등, 역설을 전개하고 있다고 할 수 있을지도 모르겠다 — 이 점에 대해서는 나중에 더 살을 붙여 논의해야 할 것이다. 심리학자들은 통상 개인과 이들의 성장 과정을 바라보면 모든 소란스러운 관계들을 가장 잘 이해할 수 있다고 주장하고 사회학자들은 직업 기회와 여성의 권리와 같은 외적 요인들 속에서 그 이유를 찾지만 우리는 그 뿌리가 다른 곳에 놓여 있다고 생각한다. 그토록 많은 감정적 격동이 휘몰아치는 근본적인 원인 중의 하나는 급속하게 변하는 감정 위에 세워져 있는 생활 형태 속에서 '내 자신'이 되고 싶은 두 파트너의 희망이 본질적으로 서로 모순되기 때문이다.

결혼, 가족, 가까운 관계의 해체와 우상화

이리하여 결국 이 책을 읽는 독자들은 일종의 모순에 처하게 되는데, 어떤 장에서는 이러한 모순이 거의 드러나지 않았지만 다른 장에서는 좀더 분명하게 드러난 바 있다. 따라서 이제는 이 모순을 해명해 보아야 할 차례가 된 셈이다. 독자들은 결혼과 가족 생활이 해체되고 있음을 보여주는 뚜렷한 증거들이 또한 이 두 제도가 여전히 얼마나 중요한지를 보여주는 다른 뚜렷한 사례들과 상충되고 있음을 발견할 수 있을 것이다. 분명히 결혼의 종언을 보여주는 듯 이혼율이 계속 증가하고 있지만 다른 한쪽에서는 재혼율 또한 계속 상승하고 있는데, 이것은 결혼이 여전히 얼마나 매력적인지를 잘 보여준다. 출생률 감소를 보고서는 자식을 갖고 부모가 되는 일이 이제는 우선 순위에서 밀려났다는 결론을 내리려는 사람은 수천의 여성들(남성들)이 불임에서 탈출하려고 온갖 방법을 강구하는 사실 앞에서 다시 생각해 보아야 할 것이다. 많은 사람들이 '사실혼'을 선호한다고 해서 가족의 온갖 관습에 대해 근본적으로 회의한다고 할 수 있을까? 가족 연구자들은 아니라고 대답한다(물론 그렇다고 대답하면 자기 직업을 잃게 되기도 하지만 말이다). 결혼 전에 동거하거나 결혼하지 않고 함께 사는 커플이라고 해서 제멋대로 또는 비정상적인 삶을 사는 것은 아니며, 이들의 결혼 생활은 결혼한 커플과 거의 아무런 차이도 없다.

  결혼이 이처럼 일시적이고 부실한 토대 위에 세워져 있었던 적도 없었다(3장을 보라). 좋은 직업을 가진 남녀는 경제적으로 독립해 있어 가족의 부양을 받지 않아도 된다. 이러한 남녀의 결합은 더 이상 어떤 정치적 목적이나 봉건 사회에서처럼 왕조의 유지나 재산의 소유에 이바지하지는 않는다. 이전부터 아주 당연한 것으로 물려받아 온 결속은 느슨해졌고, 함께 같은 일을 하는 부부는 오히려 예외가 되었다. 요컨대 확고하고 미리 정해져 있던 모든 것이 사라지고 있다. 그 대신 이전 사회에서는 다양한 직업이나 종종 도시의 다른 부분에서 찾던 것을 이제는 사랑하는 사람과 함께 하는 삶의 대우주―소우주 속에서 추구하고 또 찾고 있다. 낭만적 사랑, 애인 두기, 편안한 애정, 성인으로서의 족쇄와 따분한 생활로부터의 해방, 죄를 용서받는 것, 가족의 역사와 미래의 계획에서 안식처를 찾는 것, 부모로서의 자부심과 기쁨, 그리고 불가사의한 용(龍)의 모습을 지닌 다른 모든 양립 불가능한 것들을 말이다.

  역사적으로 볼 때 사람들이 과거와 같은 정치적·경제적 확실성과 도덕적 지침을 잃은 시대에 왜 이처럼 한결같이 자기의 사적인 행복만을, 무엇보다도 사랑을 위한 결혼만을 추구하는지 의아스러울지도 모르겠다. 사회는 대체로 사랑과 결혼을 분리하는 것이 방법이라고 말하는 것 같은데도 말이다. 사랑을 위한 결혼은 겨우 산업혁명이 시작되고 나서야 존재하기 시작했으며, 따라서 산업혁명의 발명품이었다. 그러나 사회 현실과는 정반대로 사랑을 위한 결혼은 가장 바람직한 목표로 간주되고 있다. 결혼은 안정성을 잃었지만 결혼이 부와 권력을 전하는 수단에서 단지 감정적 결합과 자기를 찾으려는 욕망에서만 자양분을 얻는 (우리가 알고 있는) 환상의 동화로 변한 결과 그것은 전혀 매력을 잃지 않았다. '나쁜' 현실에도 불구하고 또 '나쁜' 현실과는 반대로 가족과 사랑하는 관계는 소득, 교육 수준, 나이와 관계없이 사회의 모든 수준에서 (물론 사소한 행태적 차이만을 보이며) 계속 이상화되고 있다. 노동계급의 태도를 연구해 보면 이런 증거를 얻을 수 있다.

> 면접원: "당신에게는 가족과 아이를 갖는 것이 무엇을 뜻합니까?"
> 쉴러 씨: "삶에 어떤 의미가 있다는 것이죠."
> 쉴러 부인: "당신이 왜 사는지, 무엇을 위해 일하는지를 알 수 있게 해주죠."
> 셸러 씨: "내게는 가족이 전부입니다. 그 외에는 모든 것을 포기해도 좋아요."
> 탈러 부인: "가족과 아이가 중심이고, 가장 중요하죠."
> 부모들의 삶에서 이처럼 단호한 어조로 삶에서 핵심적인 것으로 묘사되는 것도 거의 없을 것이다. 가족과 아이를 갖는 것만이 삶에 주관적 '목적'을 부여하는 것이다(Wahl et. al. 1980: 34-5).

이러한 사실은 역설적인 동시에 불가사의하다. 가족은 해체되는 동시에 받들어 모셔지고 있다. 사람들의 행동 방식으로부터 신념에 관한 어떤 결론을 이끌어낼 수 있다면 사랑하는 한 쌍이라는 우리의 이상적 이미지 속에서 제7천국(옛날에 하늘은 7층으로 이루어져 있고 맨

위층에는 신과 천사가 산다고 했다. 극도의 쾌락을 느낄 때 "제7천국에 있다"는 표현을 쓴다고 한다 — 역자)과 정신적 고통은 아주 가까운 이웃인 것처럼 보인다. 아마 이들은 같은 성의 다른 층 — 탑방과 고문실 — 에 살고 있으리라. 무엇보다도 수많은 사람들이 만사를 제쳐두고서라도 아이를 갖기를 열망하고 있음에도 불구하고 출생률은 계속 떨어지고 있는 사실에 대해서는 어떤 설명이 있어야 할 것이다. 마찬가지로 가족 생활이 그렇게 매력을 갖고 있다고 하는데도, 즉 동반자 관계, 부모되기, 사랑이라는 가정의 파라다이스 속에서 개인의 구원을 약속하고 있는데도 왜 이혼율은 급격히 증가하는가? 무엇 때문에 양성은 서로의 목줄기를 쥐어뜯으면서도 참된 사랑을 찾고 파트너와 함께 개인적 성취를 이루는 것에 그토록 큰 희망을 걸고 있는 것일까? 또는 무엇 때문에 이러한 희망에 그토록 높은 기대치를 부여함으로써 뻔히 실망하는 일을 반복하는가?

한편으로는 부부로서의 삶을 이상화하지만 다른 한편으로는 수많은 남녀가 이혼하는 이 양 극단적인 사태는 새로운 신념의 두 측면을 표현하고 있는데, 이 신념은 뿌리뽑힌 고독한 사람들의 사회에서 빠르게 추종자들을 찾아가고 있다. 그들의 희망은 사랑에 있다. 사랑이라는 이 강력한 힘은 그 자체에 고유한 규칙에 따라 사람들의 기대, 불안, 행동 패턴 속에 자신의 메시지를 새겨 넣고, 사람들이 결혼하고 이혼하고 재혼하도록 이끌고 있다.

마치 사랑은 가족 안의 현실적인 삶이나 혹은 사랑을 통해 더 커다란 행복을 누리려는 사람들과는 분리된 자기만의 다른 세계를 차지하고 있는 것같다. 사랑의 교리에 따르면 참된 사랑을 위해 결혼, 가족적 결속, 부모되기, 그리고 결국 자기에게 기대고 있는 사람들의 안녕까지 희생시키는 사람은 죄를 짓고 있는 것이 아니라 단지 사랑의 규칙을 따르고, 마음의 요청에 응답하고 자기와 다른 사람들이 뭔가를 성취하도록 노력하는 것일 뿐이다. 그 또는 그녀는 죄가 없다. 따라서 사랑을 아주 높이 평가하지 않는 질서를 고수하는 것은 잘못일 것이다.

많은 사람들은 삶의 어떤 위기는 다른 위기들과 크게 다르지 않다고 믿는다. 하지만 실은 아이를 가진 가정에서 이혼은 다른 어떤 삶의 위기와도 비교할 수 없는 파멸을 가져온다. …… 이럴 때 말고 달리 언제 우리가 누군가를 죽이고 싶은 압도적인 충동을 느끼겠는가? 달리 언제 아이들이 부모들에 맞서는 무기로 사용되는가? 다른 위기들과 반대로 이혼은 사랑, 증오, 질시 등 가장 기본적인 인간의 열정을 표면에 떠오르게 한다. ……. 대부분의 위기 상황 — 지진, 홍수, 화재 — 에서 부모들은 본능적으로 만사를 제치고 아이들을 안전한 곳으로 대피시킨다. 하지만 이혼이라는 위기 상황에서는 아이들이 어머니와 아버지에 이어 두번째 자리로 밀려난다. 부모 자신의 문제가 우선 순위를 차지하는 것이다. 이혼 소송이 진행될 동안 부모들은 거의 모든 측면에서 아이들을 무시한다. 이리하여 집안의 질서가 깨지고 아이들은 내동댕이쳐진다. 따로 사는 부모는 아이들과 보내는 시간이 더 적고, 아이들의 욕구에도 덜 공감하기 마련이다. 이 격렬한 공황 상태에서는 벌거벗은 이기주의가 승리한다(Wallerstein/Blakeslee 1989: 28-9).

사랑에 대한 우리의 믿음이 이처럼 캘빈주의와 놀라울 정도로 비슷하다는 점에서 그것이 종교적 성격을 갖고 있다는 것은 분명하다. 캘빈주의는 신도들에게 신을 기쁘게 하려는 너희들 자신의 욕망에 세상을 복종시키라고 격려, 아니 강요했는데, 이것은 전통과 단절하라는 메시지를 담고 있었다. 그런데 사랑에 대한 현대적인 방식의 숭배도 이런 생각을 다시 취해 순수함과 참된 사랑을 찾아야 하는 개인의 의무를 배반하지 않기 위해 가족적 결속과 단절하라고 우리에게 고무 또는 강요하고 있다. 다른 누군가를 사랑하기 때문에 아이들을 포기하는 것은 사랑의 위반이 아니라 사랑의 증거이다. 사랑을 이상화하는 것은 모든 거짓된 형태의 사랑과 단절하라는 이야기와 마찬가지다. 이것은 사랑이 이미 우리에게 행사하고 있는 엄청난 힘을 보여주는 동시에 아울러 일상 생활의 판에 박힌 범사와 다투면서 이러한 이상에 맞추어 사는 것이 얼마나 모순적인가를 잘 보여준다.

사랑 속에서 궁극적인 것을 소망하고 희망하는 이런 태도는 하나의 믿음, 종교적인 정신 상태를 구성하는데, 이것은 행동, 즉 사람들이 실제로 행하는 것과는 분명히 구분되어야 한다. 기독교에서와 마찬가지로 사랑에도 바리새인, 배교자, 무신론자, 이단자들이 있다. 그리고 사랑에 냉소적인 사람도 사랑에 과도하게 집착했다가 환상에서 깨어난 실망한 사람임이 드러나는 경우도 종종 있다. 믿음과 행위 간에는 많은 모순이 있기 때문에 이 두 수준을 명확히 분리하는 것이 필요하다. 여기서 우리가 주장하고 있는 바는 사랑에 대한 우리의 지식, 우리의 믿음과 관련되어 있을 뿐 행동과는 거의 관련되어 있지 않다. 행동은 정반대의 것을 보여주거나 기껏해야 믿음을 왜곡되게 나타낼 뿐이다.

나아가 믿음과 확실성의 반비례 법칙이라 이름할 수 있는 현상이 있다. 사랑하는 사람과 편안하게 일상 생활을 보내는 사람이라면 누구나 이러한 믿음이 얼마나 중요한지를 잊고 지낸다. 항상 불확실한 일들에만 주의가 집중되며, 불확실한 일들이 불쑥 일어나 확실성이 사라질 때야 비로소 우리의 개인적 삶을 설계하는 데서 사랑의 역할이 얼마나 중요한지가 고통스러울 만큼 뚜렷해진다. 아무리 이러한 역할을 부정하려 해도 말이다.

그렇다면 사랑이 궁극적인 대답을 가져다 준다는 이러한 유사 종교적인 믿음은 행동 방식에서 드러나지 않는다면 과연 어떻게 표현될까? 어떤 사람들은 이렇게 말할 것이다. 내게는 사랑을 포함해 우선적으로 중요한 몇가지 일이 있는데, 사랑은 동성애건 이성애건 17

년간이나 결혼 생활을 하는 중에 다시 한번 열정적인 것에서부터 모성적이고 동료애적인 것에 이르기까지 수많은 모습과 크기로 다가온다고 말이다. 앞에서 이야기한 대로 사랑이 우리에게 얼마나 많은 것을 얼마나 강력하게 요구하는가를 잴 수 있는 잣대 중의 하나는 이혼율인데, 이것은 얼마나 깊은 헌신이 포기되고 있는지를 분명히 보여준다(1장을 보라). 하지만 이와 동시에 모든 연구는 그래도 하나같이 가족과 결혼에 대한 열망만은 전혀 흔들림이 없는 것을 보여준다. 비록 '즐거운 나의 집'이라는 간판이 얼마 동안 약간 비뚤어지게 걸려 있었다고 해도 말이다. 신혼초에 이혼한 후 재혼하는 수치 역시 높다(연방통계청 1988: 71과 표 3.23). 이혼한 부모의 아이들은 행복한 가족을 만들기 위해 각별히 노력하지만 유감스럽게도 현실은 종종 이것이 쉽게 도달할 수 없는 목표임을 보여준다(Wallerstein/Blakeslee 1989: 38-9).

이것들 중 어느 것도 일상 생활에서 실제로 일어나고 있는 일을 반영하고 있지는 않으며, 따라서 삶이 이러저러한 것이었으면 하는 바람과 닫힌 공간에서 실제로 다른 개인과 함께 사는 것이 얼마나 다른가를 분명하게 보여주지는 않는다.[1] 베버(1985)는 내면적 금욕의 징후를 찾기 위해 캘빈주의적 믿음을 담은 기록들을 연구했지만 이제 우리는 참된 사랑에 대한 믿음의 징후를 찾기 위해 자조 지침서, 심리치료서, 이혼소송서 등을 참조해야 할 것이다.

신흥 종교로서의 사랑

사랑에 대한 우리의 믿음의 본질은 사랑을 종교와 비교함으로써 가장 잘 알 수 있을 것이다. 양자는 완벽한 행복을 얻을 수 있다는 것을 약속하는데, 이 행복을 성취하는 노선이 아주 비슷하기 때문이다. 사랑과 종교는 모두 일상의 고통에서 빠져나와 일상성에 새로운 아우라(aura)를 줄 수 있다고 말한다. 이리하여 식상하고 낡은 태도들은 내팽겨쳐지고 세계는 새로운 의미로 가득 차게 되는 것처럼 보인다. 종교의 경우 모든 에너지는 다른 무한한 현실, 즉 유일하게 참된 현실이자 모든 유한한 삶을 포괄하는 현실로 향한다. 그런데 사랑의 경우 이처럼 모든 일상적 경계선을 열어젖히는 것이 성적 열정 속에서 감각적·개인적으로 일어날 뿐만 아니라 자신과 세계에 대한 새로운 지각 속에서도 일어난다. 연인들은 서로를 다르게 보고, 그래서 달라지고 다르게 되어 서로에게 새로운 현실을 열어준다. 각자의 역사/이야기(history)를 드러내는 가운데 연인들은 스스로를 재창조하고 미래를 새로운 모습으로 그려나간다. 사랑은 '두 사람을 위한 혁명'(Alberoni: 1983)이다. 두 사람의 앞길을 가로막고 있는 온갖 적대적 현실과 도덕률을 극복하면서 연인들은 진정 두 사람의 사랑을 증명한다. 연인들은 자기 감정에 고무되어 새로운 세계, 즉 지상의 세계이지만 동시에 두 사람만의 왕국 속에 살게 되는 것이다.

'원형적 도전 행위'(Alberoni)로서의 사랑. 현대적 사랑은 바로 이것을 약속하는 것처럼 보이는데, 이러한 사랑이 없다면 자칫 실용적 해결책과 편리한 거짓말이 횡행할 세계에서 그것은 진실해질 수 있는 유일한 기회를 마련해주는 것이다. 사랑은 자기 자신을 찾는 것이자 진실로 나와 네가 접촉해 몸을 나누고 생각을 나누며 뒤에 아무것도 감추지 않고 서로가 만나 고백하고 용서받으며 과거와 현재를 이해하고 확인하며 후원하려는 갈망이다. 또 가정에 대한 갈망이자 현대 생활이 낳는 의심과 불안에 대항할 수 있는 신뢰에 대한 갈구이기도 하다. 아무것도 확실하거나 안전하지 않다면, 심지어 오염된 세계에서 숨쉬는 것조차 위험하다면 사랑이 모든 것을 해결해줄 수 있으리라는 잘못된 꿈을 꾸게 되는 것이다(갑자기 이러한 꿈이 악몽으로 뒤바뀌기게 되더라도 마찬가지다).

 우리는 언제나 외견상으로는 견고해 보이는 일상적 현실의 경계선들을 뛰어넘고 있다. 추억은 나를 어린 시절의 나 자신으로 되돌려 보낸다. 나는 구름을 신기해 하며 구름 뒤에 감추어져 있는 이야기를 상상한다. 책을 읽으며 다른 시대로 상상의 여행을 할 수도 있을 것이다. 내 머리 속에는 전혀 만난 적이 없는 저 세상의 다른 누군가의 삶에서 나온 장면으로 가득하다. 결코 들어 본 적이 없는 목소리가 나의 내면의 귀에서 속삭인다. 그런데 이러한 삶의 특별한 체험 가운데 사랑은 각별한 위치를 갖고 있다. 질병이나 죽음과 달리 사랑은 적어도 이 시대 우리 문화 속에서는 억압되지 않고 추구된다. 사랑은 의식적인 또는 실용적인 조작에서 벗어나 있다. 또 사랑은 명령에 따라 만들어질 수도 없는 것이다. 사랑을 찾는 사람들은 지금 여기에서의 구원을 구하고 있는 것이며, '내세'는 현세 속에서 자기 목소리와 몸과 의지를 갖고 존재하고 있다. 종교는 우리에게 사후에도 삶이 있다고 말한다. 그러나 사랑은 죽음 전에 삶이 있다고 말한다.

 버거가 지적하듯이 사랑의 극단적 측면들을 무질(Robert Musil)처럼 예리하게 묘사한 작가는 없을 것이다.

 성적 갈망은 남녀가 쓰고 있던 사회적 가면을 갑자기 벗겨내어 두 사람의 예의바른 행동 아래 감추어져 있던 놀라운 동물적 측면을 드러냄으로써 삶의 매끄러운 일상을 격렬하게 무너뜨린다. 울리히(무질의 소설 『특징 없는 인간Der Mann ohne Eigenschaften』의 주인공)가 보나데아와의 거친 만남 후에 말하고 있듯이 사랑은 사람들을 '광란하는 바보'로 바꾸며, 성적 체험은 이런 능력을 발휘해 '또다른 수준의 의식이 지배하는 섬'처럼 정상적 현실 속으로 '침입해 들어온다.' 이와 관련해 같은 대목에서 울리히가 성을 실생활의 다른 파괴적인 요인, 특히 연극, 음악, 종교와 비교하고 있는 것은 상당히 흥미롭다(Berger 1983: 235-6).

사랑은 자본주의 안에 있는 공산주의이다. 노랭이라도 사랑하는 사람에게는 모든 것을 주며, 이는 그를 한없이 기쁘게 한다.

사랑에 빠진다는 것은 사랑을 성취하리라는 아무런 보장도 없이 새로운 형태의 존재를 향해 스스로를 열어놓는 것을 의미한다. 이것은 틀림없이 응답이 있으리라는 아무런 확신도 없이 행복에 보내는 광상곡이다. …… 그리고 사랑하는 사람에게서 정말 응답이 온다면 그것은 오히려 분에 넘친 것, 전혀 얻으리라고는 생각조차 못했던 기적의 선물로 보이게 된다. …… 신학자들은 이러한 선물을 독특한 이름으로 불러왔다. 은총이라고. 따라서 다른 사람이 즉 나의 연인이 그/그녀 또한 나를 사랑한다고 말하고 그리하여 두 사람이 모두 서로에게 사로잡혀 버리는 순간이야말로 시간이 멈추어 서는 환희의 순간이 되는 것이다(Alberoni 1983: 39-40).

사랑은 유토피아이다. 그러나 위로부터 또는 문화적 전통이나 설교로부터 만들어지거나 설계되는 유토피아가 아니라 아래로부터, 성적 충동의 힘과 지속성으로부터 그리고 개인의 깊은 소망으로부터 자라나는 유토피아이다. 이러한 의미에서 사랑은 외적 의미와 전통에 방해받지 않는 종교이다. 그 가치가 연인들이 서로에게 깊이 이끌리고 주관적으로 서로에게 헌신하는 데 있는, 그리고 아무도 신도가 될 필요는 없으며, 따라서 개종할 필요가 없는 종교말이다.

이처럼 사랑에 대한 우리의 믿음은 사랑이 전통을 결여하고 있는 것과 관련되어 있다. 이 믿음은 모든 신조에 실망하고 난 다음에 생기며, 효과적인 주체적·문화적 세력을 이루기 위해 위원회를 조직하거나 정당에 가입할 필요가 전혀 없는 믿음이다. 이것은 부분적으로 나마 금기에서 해방된 성의 결과이자 우리에게 지당한 것으로 전해져 내려온 온갖 다른 믿음에 대해 광범위하게 환멸을 맛본 결과이기도 하다. 현대의 사회 구조에 걸맞게 사랑을 관장하는 외적인 도덕기관은 존재하지 않으며, 오직 연인들이 서로를 어떻게 느끼는가만이 중요해진다.

확고한 가르침을 결여한 종교는 대개 사라지지만 교회와 목사 없는 종교인 사랑이 영원히 존재하리라는 것은 현재 온갖 사회적 규제에서 해방된 성적 욕구의 엄청난 힘만큼이나 확실하다. 사랑은 조직될 수 없는데, 이것은 결국 사랑은 독립적이며 또 사랑은 문화적으로 온갖 곁가지를 침에도 불구하고 사랑의 유일한 장소는 사랑하는 사람들의 마음 속에 있다는 것을 의미한다. 그리하여 사랑은 비전통적·탈전통적 종교가 되지만 우리 자신이 이러한 종교의 사원이고 우리의 소원 자체가 기도문이기 때문에 우리는 이것을 거의 알아차리지 못한다.

옛날에 법을 부여하던 것들, 즉 교회, 국가, 전통적 도덕이 물러나게 되면서 사랑까지도 옛날의 표준적인 패턴과 확립된 규약들을 벗어던질 수 있게 되었다. 그 결과 개인적 선호도와 가치로부터 규범을 만들어내는 일종의 실증주의가 등장하게 되었다. 하지만 이것이 삶에 목적과 의미를 부여하는 힘으로서 사랑이 가진 지위를 낮추지는 못한다. 반대로 그것을 확인해주고 있다. 여기서 교회와 성경, 의회와 정부는 하나로 통합된다. 즉 사랑은 각자에게 자신의 삶을 형성하고 조직하는 법을 안내해 주는 양심의 문제라는 것이다. 이것이 적어도 우리가 공유하고 있는 이상이자 우리의 바람이기도 한 것이다. 비록 이 해결책이 실제로는 대개 표준적인 것이기 일쑤지만 말이다.

사랑 문제에서 연인들을 인도해줄 수 있는 것은 각자의 직관이기 때문에 이 사랑과 관련된 전 과정은 순환적이며, 따라서 이 과정에 대한 토론 역시 마찬가지다. 심리치료사들은 이처럼 얽히고설킨 개인적 고통과 체험을 일반적인 방식으로 밝혀보려고 하지만 다른 모든 것을 정당화하고 설명해주기로 되어 있는 가장 기본적인 공식 ― 나는 나이다 ― 조차 쿤데라(Milan Kundera)가 『우스꽝스런 사랑

(*Laughable Loves*)』(1974: 92)에서 역설적으로 지적하듯이 어떤 것을 그 자체를 통해 정의하려는 특별한 시도일 뿐이다. 바르트(Roland Barthes)는 사랑의 언어를 분석하면서 이러한 순환성을 잘 보여준다.

사랑스럽다/사랑스럽다

사랑에 빠진 주체는 사랑하는 존재에 대한 자기 욕망의 특별함을 제대로 이름하지도 못한 채 그저 사랑스럽다는 어리석은 이 말에 의지하고 만다. …… 여기에 커다란 수수께끼가 있지만 나는 이것을 풀 열쇠를 결코 갖지 못할 것이다. 나는 왜 아무개를 욕망하는가? 나는 왜 아무개를 끊임없이 갈구하고 욕망하는가? 내가 욕망하는 것은 아무개의 전부(실루엣, 모습, 분위기)인가? 그렇다면 이 사랑하는 몸 속의 무엇이 나를 미혹하는 물신(物神)의 소명을 갖고 있는가? 그것은 믿을 수 없을 정도로 사소한 부분이 아닐까? 너무 시시한 게 아닐까? 손톱이 깎인 모양, 약간 비스듬히 부러진 이빨, 타래진 머리칼, 말을 하다가 담배를 피다가 손가락을 펼치는 모양새? 이 모든 몸의 주름살들에 대해 나는 *사랑스럽다*고 말하고 싶다. 사랑스럽다는 것은 이런 뜻이다. 이것은 독특하기에 나의 욕망이다. "그거야! (내가 사랑하는 것은) 바로 그거라구!" 하지만 내가 내 욕망의 특별함을 더 많이 경험할수록 나는 더욱 더 그것에 이름을 줄 수가 없다. 과녁의 정확함은 이름의 동요와 상응한다. 욕망에 특유한 것, 욕망에 고유한 것은 말로 적절하게 담을 수 없다. 이렇게 언어가 실패하고 나면 오직 하나의 자취만이 남는다. '사랑스럽다' 는 말.

…… 사랑스럽다는 말은 피로, 언어의 피로가 남긴 헛된 자취이다. 나는 말에서 말로 뛰어다니며 내 이미지의 고유성을 '다른 말들로' 옮기려고 분투하지만 단지 내 욕망의 적절함을 부적절하게 표현하고 만다. 하나의 여행이지만 이 여행의 목적지에서 나의 최종적 철학은 동어반복을 인정할 ─ 그리고 실행할 ─ 수 있을 뿐이다. 사랑스러운 것이 사랑스러운 것이다. 다시 말해 나는 당신이 사랑스럽기 때문에 사랑한다, 나는 당신을 사

랑하기 때문에 당신을 사랑한다(Barthes 1978: 18, 20-1).

하지만 이렇게 사랑을 고귀하고 신성한 것으로 여기게 된 것은 단지 우리가 우리 자신에게 도취되어 있기 때문만은 아니다. 그렇게 많은 사람들이 약간 돈 것처럼 사랑의 광란으로 빠져드는 이유를 이해하고 싶다면 교육, 과학의 진보, 세계 시장, 기술적 위험처럼 전혀 다른 영역을 더 탐구해 보아야 할 것이다. 외부 세계는 통계, 수치, 공식 등 추상물의 탄막으로 우리를 둘러싸고 있는데, 이 모든 것은 우리가 얼마나 위험에 처해 있는지를 알려주지만 이것들 중에서 우리가 이해할 수 있는 것은 거의 없다. 따라서 사랑은 일종의 반란으로 우리를 둘러싸고 있는 막연하고 이해할 수 없는 존재에 저항할 수 있는 힘과 접촉하는 방식 중의 하나이기도 하다.

특별하고 강렬한 체험, 즉 특수하고 감정적이고 열중하게 하고 피할 수 없는 체험을 가능하게 해주는 것이야말로 사랑의 가치라고 할 수 있다. 다른 종류의 사회적 접촉들이 힘을 잃어가고 있는 지금 정치는 너무나 구태의연해지고 계급은 통계학 속으로 사라져 버렸으며 심지어 직장 동료들조차 서로를 위한 시간을 거의 내지 못하고 있다. 교대 근무제와 유연 노동시간이 그것을 금하기 때문이다. 사랑, 그리고 특히 그것이 부추기는 온갖 충돌 — '누가 요리할 것인가라는 영원한 쟁점' 부터 '어떤 종류의 섹스를 할 것인가' 까지, 부모 되기에서부터 자기를 표출하느라 서로를 괴롭히는 일까지 — 은 독점권을 갖고 있다. 즉, 사랑은 당신이 진정 당신 자신과 다른 누군가와 접촉할 수 있는 유일한 곳이다. 당신 주위의 삶이 비인간적인 것으로 보일수록 사랑은 더욱 매력적이게 된다. 사랑은 온갖 감동에의 신성한 몰입일 수도 있다. 사랑은 숲속의 조깅이 사무원에게 주는 것과 똑같은 안식을 숫자만 가르고 앉아 있어야 하는 직장인에게도 가져다준다. 즉 그것은 당신으로 하여금 다시 살아 있음을 느끼게 해주는 것이다.

전통이 짧은 사회는 수많은 우상을 만들어 왔다. 텔레비전, 맥주, 풋볼, 모터 사이클, 고급 프랑스 요리 — 삶의 매 단계들마다 이러한 우상이 끊이지 않고 제공되어 왔다. 당신은 여전히 다른 누군가와 공동의 기반을 확고히 공유하기 위해 이러저러한 클럽에 가입하거나 아니면 평화 시위에 참여하거나 또는 멀리 있는 친구와 우정을 나눌 수도 있다. 또는 옛날의 신들에게로 되돌아가거나 아니면 새로운 신들을 찾거나 또는 유물을 닦거나 아니면 운수를 점칠 수도 있을 것이다. 심지어 계급투쟁을 계속할 것을 주장하며 자유의 노래를 부를 수도 있을 것이다. 비록 한때 존재했다고 볼 수도 있던 이 황금 시대가 이제는 이미 끝났음을 누구나 알고 있지만 말이다.

사랑이 이러한 다른 도피로들과 구분되는 이유는 사랑은 만질 수 있고, 특별하고, 개인적이고, 바로 지금의 일이기 때문이다. 감정의 분출은 연기하거나 건네줄 수 없으며, 양성은 원튼 원치 않든 반응하지 않을 수 없게 된다. 아무도 지금부터 사랑에 빠지자, 지금부터 사랑에서 빠져나오자고 결정할 수는 없지만 매 순간마다 덧문을 지나 새로운 차원으로 들어가고 있음을 발견하게 되는 것이다.

따라서 사랑은 대용품이나 피뢰침이 아니며 정치적으로 바람직한 수출 품목이나 텔레비전 광고도 아니다. 그러나 지금 널리 번지고 있는 사랑의 붐은 현재의 삶의 조건을 반영하며, 하나부터 열까지 개인의 욕구를 일일이 통제하는 시장이 사람들에게 강요하는 익명적이고 조립된 패턴을 반영한다.[2]

계급과 빈곤, 종교, 가족, 애국(주의)과 같은 과거의 낡은 범주들에 이어 어떤 새로운 테마가 나타나고 있다. 이것들은 종종 불확실성, 불안, 성취되지 않았고 또 성취될 수도 없는 갈망(이것은 종종 포르노그라피에서 날카롭게 제시되지만 즉각 표준화되어 버리고 만다), 페미니즘, 심리치료 등으로 가장되지만 점차 자체에 고유한 광채와 리듬을 발전시키고 있으며, 승진되거나 아니면 좌천되거나 하는 일 또는 최신 컴퓨터를 구하거나 아니면 일한 만큼 제대로 급료를 받고 있지 못하다고 느끼는 등 삶의 온갖 부침보다 훨씬 더 유혹적인 전망을 열어 나가고 있다.

"사랑받는다는 것은 '당신은 죽지 않아도 된다'는 말을 듣는 것을 뜻한다"(가브리엘 마르셀[Gabriel Marcel]).[3] 우리네 삶이 얼마나 유한하고, 외로우며 연약한지를 뼈저리게 느낄수록 이 빛나는 희망은 그만큼 더 즐겁고 매혹적인 것으로 보일 것이다. 질병과 죽음, 개인적 재난과 위기가 찾아오면 과연 사랑의 맹세가 진실인지 아니면 그저 거짓에 불과한지가 드러나는데, 바로 이러한 점에서 사랑이라는 세속적 종교는 다른 종교들과 마찬가지로 삶에 의의와 의미를 준다고 주장할 수도 있을 것이다. 혹은 달리 표현하면 죽어간다는 생각만으로도 정상적인 삶이 산산이 부서지고 아주 의심스러운 것으로 되는 고통과 공포의 순간에 사랑은 새로운 차원을 획득한다. 깨어지기 쉬운, 조심스럽게 만들어놓은 껍질이 (적어도 일시적으로나마) 활짝 열려 왜? 무엇 때문에?와 같은 질문들을 낳는다. 너무나도 그리운 함께 함의 기억을 먹고 사는 질문들을 말이다.

종교가 구속력을 잃으면서 사람들은 사적인 성소(聖所)에서 위안을 구하고 있다. 사랑한다는 것은 친밀성과 섹스 속에서의 안주를 초월하는 희망과 관련되어 있다. 침대에서 사랑을 나누는 것과 자리에 누운 서로를 돌보는 일은 전혀 다른 것이다. 사랑이 약함, 노령, 실수, 과실, 나아가 범죄까지도 이겨낼 수 있을 때 사랑의 힘은 증명된다. '어떤 운명이 닥치더라도'라는 약속이 실제로 지켜질지는 다른 종교도 똑같이 마주치게 되는 또 다른 질문이다. 질병은 새로운 종류의 헌신을 낳을 수 있다. 사랑하는 사람에게 사랑을 퍼부음으로써 우리의 실수와 약점을 덮을 수 있다는 희망 뒤에는 사랑이란 고백 행위이며 종종 무정한 사회에 저항하는 몸짓이라는 믿음이 숨어 있다.

우리의 삶에 목적을 부여한다는 점에서 사랑과 종교는 비슷하다는 생각은 사랑 자체가 죽을 때는 끝나게 된다. 그렇지만 사랑하는 관계가 끝나는 것은 이 신흥 종교에서는 무의미하며, '사랑을 위해' 상호 이해 속에서 헤어질 때만 연인들은 약간의 의미를 얻을 수 있다. 아마 미래 세대에게는 연인을 바꾸는 것이 직업을 바꾸는 것과 비슷해질 것이고 사랑의 변동은 사회적 변동과 비슷해질 테지만 당분간 이혼 법정에서 벌어지는 언쟁은 이와는 반대의 방향을 가리킬 것이다.

사랑을 믿는다는 것은 현재, 지금 여기, 당신과 나, 우리의 상호 헌신, 우리의 삶의 방식 등에 지배된다는 것을 뜻한다. 지연(遲延)은 말도 안되고, 신의 도움을 호소하거나 내세까지 행복을 연기하는 것도 말도 안된다. 설혹 우리가 현세에서 실패하더라도 우리의 불일치와 서로에 대한 부푼 기대가 틀림없이 해결되고 성취되고야 말 그런 자비로운 천국은 결코 우리를 기다리고 있지 않다. 사랑은 가차없고, 현찰 지불을 요구하는 것이다.

그러나 사랑을 믿는다는 것은 당신이 연인을 사랑한다는 것을 뜻하지 이웃을 사랑한다는 것을 뜻하지는 않으며, 따라서 사랑의 느낌은 언제나 증오로 바뀔 위험에 처해 있다. 헤어진 연인들은 집을 잃고 주거 허가까지 잃을 수 있다. 그들은 요양소에 갈 권리도 없다. 그러므로 사랑받지 못한다는 것은 필연적으로 거부된다는 것을 뜻하는데, 이 문제에 대해 이혼으로 황폐화된 사람들을 위한 강력한 보호 단위처럼 행동하고 있는 심리치료사들은 엄청나게 많은 책을 쓰고도 남을 것이다. 사랑에 대한 믿음은 두 집단을 낳는데, 지금 이 두 집단은 크게 동요하고 있다. 한쪽에는 양적으로는 안정적이지만 다양한 정체성을 가진 현재의 연인들이 있다. 다른 한쪽에는 헤어진 연인들이 있는데, 현재의 연인들이 연인을 계속 바꾸면서 이들의 숫자가 꾸준히 증가하고 있다. 사람들은 내부자와 외부자, 축복받은 사람과 축복을 잃은 사람들의 망 속으로 얽혀들어 가면서 한때는 가까운 관계였지만 이제는 모든 관계가 미약해져 가는 바람에 만족감을 가져다 주는 궁극적인 사랑을 찾아 나서고 있다.

하지만 이처럼 사랑과 종교는 비슷하지만 커다란 차이도 있다. 사랑은 사적인 우주이지만 종교는 존재하는 신들과 굳게 맺어져 있다. 연인들은 스스로가 그들 자신들의 교회이고 그들 자신이 목사이며 그들 자신이 성경이다. 비록 성경을 해독하기 위해 때로 심리치료사들에게 의지하더라도 마찬가지다. 그들은 그들 자신의 규칙과 금기를 만들어내야 한다. 물론 사적인 사랑의 체계는 무수히 많이 존재하지만 커플이 서로에 대한 믿음을 숭배하는 목사처럼 행동하기를 그치자 마자 즉각 이 체계들은 마술적인 힘을 잃고 해체된다.

사랑은 연인들이 서로에 대한 낯설음을 극복하고 두 사람의 관계를 역사적인 것으로 만들기 위해 사용하는 상징들을 재료삼아 둥지를 만든다. 이 둥지는 함께함의 중심점으로 장식되며, 둘이 함께 하고 있는 꿈을 담은 날으는 양탄자로 바뀐다. 이런 식으로 물신, 희생 제의, 식전(式典), 향연(香煙), 일상적 의례는 사랑이 이루어지는 가시적 맥락을 창조한다. 이 사적인 신념은 공식적으로 재가받고 관리되는 대신 개별적으로 양식화되고, 발명되고 장식된다. 미키마우스와 곰인형을 껴안는 것, 노란색은 어느 것이나 사랑을 뜻한다는 데 동의하는 것, 둘만의 은밀한 세계에서 사용할 별명과 별칭을 만드는 것, 이 모든 것은 사랑이 끝날 수도 있고, 그러면 모든 것이 상실되고 잊혀질지도 모른다는 성가신 두려움에 저항하려는 노력을 대변하고 있다.

종교의 지평은 이 세상과 저 세상, 시작과 끝, 시간과 영원, 산 자와 죽은 자 속에 자리잡고 있으며, 따라서 변하지 않는 것, 시간이 건드릴 수 없는 것으로 찬양된다. 이와 반대로 사랑의 지평은 좁고 특별하며, 나와 너의 작은 세계로 이루어지지 그 이상은 아무것도 없이 배타적이고 누가 봐도 이기적이며, 논리상 부당함과 잔인함 사이의 어디쯤엔가 위치해 있으며 독단적이고 법의 범위 밖에 있다. 사랑의 절대적 명령은 다른 소망들을 가로지르고, 사랑의 원리들은 사랑을 표준화하려는 모든 시도에 저항한다.

하지만 바로 이때문에 사랑은 개인화의 위험에 저항할 수 있는 최상의 이데올로기이기도 하다. 이는 사랑이 다름을 강조하지만 모든 외로운 개인들에게 함께함을 약속해주기 때문이다. 사랑은 낡아빠진 지위 상징이나 돈이나 법률적 고려에 의지하는 것이 아니라 오직 진실하고 직접적인 느낌에, 이 느낌이 타당하다는 신념에, 그리고 이 느낌이 향해 있는 사람에게 의지한다. 연인들 자신이 입법자이며, 서로에게서 기쁨을 느끼며 자체의 법을 제정한다.

사랑의 역사: 민주화된 낭만주의

물론 이러한 식의 생각에 대해서는 "세상은 언제나 그랬으며", 아무리 멋지고 또는 혼란스럽더라도 출산, 성적 욕망, 억압, 열정, 친밀성, 증오, 폭력은 역사가 시작된 이래 인간의 한결같은 드라마였다는 식으로 반대 견해를 밝힐 수도 있을 것이다. 이것을 증명하기는 쉬워 보인다. 우리가 존재하고 또 앞으로도 계속 존재하는 한 성교육 문제는 모든 시대에 언제나 대중들의 관심사였다는 결론을 내릴 수 있기 때문이다. 흑인이든 황인종이든 백인이든 아니면 11세기 회교도이건 15세기 기독교도든 고대 그리스의 노예이건 아니면 압제 하에 있건 또는 민주주의 하에 있건 사람들이 다른 사람들에게 행하는 방식은 본질적으로 아무것도 변하지 않았다. 생물학자, 심리학자, 극작가(플라우투스[Plautus], 셰익스피어, 클라이스트[Kleist], 베케트[Beckett], 핀터)들처럼 다양한 증인들이 모두 한번쯤은 똑같은 이야기를 했는데, 즉 사랑은 언제나 삶의 비밀스런 핵심이었거나 아니면 결코 그렇지 않았거나 둘 중의 하나였다는 것이다. 이에 따르면 어느 쪽이건 우리의

쪽이건 우리의 이론은 거짓이 된다.

따라서 우리의 논점을 좀 더 정확히 할 필요가 있다. 우리의 관심의 초점은 성적 행동의 생물학적 효과나 이것을 둘러싸고 성장해 온 대규모 사회적 제도들이 아니다. 우리의 주제는 우리 문화 속에 자리 잡고 있는 상징적 세계로서의 사랑이며, 이 세계가 빈곤, 출세주의, 기술적 위험, 환경 의식과 같은 다른 상징 세계와 어떤 관계를 맺고 있는가에 있다. 중세의 전사(戰士) 사회나 계급 체제에서는 사랑이 일정한 역할은 했어도 주도적인 역할을 하지는 않았지만 우리가 보기에 요즘은 상황이 그 반대이며 미래에는 훨씬 더 그러할 것이다. 바꾸어 말해 사회가 번영함에 따라 사람들의 삶은 계급적 고려나 기존의 권위에 그만큼 덜 구속되며, 사람들의 주의는 감정적 충족에 대한 열광적 추구에 집중된다.

사회학자들 사이에서 유행하는 생각과는 정반대로 사랑만이 삶에 목적과 의미를 부여한다는 믿음은 사회의 근대적 변화가 낳은 논리적인 결과인 것처럼 보인다. 약간 거칠게 표현하면(이것은 이 명제를 취약하고 따라서 논박당하기 쉽게 만들겠지만) 역사적으로는 종교, 계급, 사랑이 차례로 삶에 목적과 의미를 부여해 왔다. 물론 이것은 서열과 같은 순서를 갖고 있거나 진보같은 것을 시사하는 것은 아니다. 그것은 각각 나름대로의 범위를 가지면서 자체의 원리와 지평을 변화시켜 왔다는 의미로 이해되어야 한다. 삶이 산산이 부서지고 있다고 느끼는 개인들은 교회나 신의 보호나 계급을 찾지 않는다. 그 대신 그들은 신뢰할 수 있는 사람, 즉 자신과 같은 세계를 공유하고 있으며 후원과 이해를 약속해 주는 사람을 찾는다. 물론 비동시적인 것들과 중복되는 영역들이 수없이 많지만 초점이 입장을 변화시켜 왔다. 이에 상응해, 베버의 말을 빌리면 '선도적인 가치', 곧 문화적으로 중요한 요소나 부적절한 요소를 집어내거나 지워버리는 '빛'에도 변화가 일어난다.

이것은 산업자본주의가 단순히 전통적 가치와 믿음을 기생적으로 먹고 산다는 뜻이 아니다.[4] 그것은 산업주의가 사라지기 시작하면서 새로운 태도와 새로운 목표가 확립되고 있다는 뜻이다. 산업주의에 대항하는 하나의 움직임이 나타나고 있는 것이다. 사랑에 대한 믿음이 그것이다.

여기서 우리는 서로 경쟁적인 태도들과, 심리학자와 정신과 의사들이 세계를 해석하는 다양한 방식과 동맹할 수 있다. 사랑의 의미가 무엇이냐고 묻는 것은 유년기 초기에 겪은 개인적인 반응과 체험에 국한되는 것이 아니다. 그것은 우리의 삶을 틀지우고 있는 사회 구조들, 즉 노동 조건과 생활 조건, 가족의 이상, 성 역할에 대한 고정관념, 그리고 사람들의 개인적 욕구와 소망을 조직하고 방향을 잡아주는 가치들과 같은 사회 구조들을 포함하고 있다.

이 책에 들어 있는 생각은 사랑이 역사의 경과 속에서 의미의 변화를 겪었다는 이론을 지지하고 있다. 우리의 생각은 에로스 편에 있다. 우리의 문화에서 섹스와 에로틱한 사랑 사이의 관계는 현실과 잠재성 간의 관계와 같다. 실생활이 가져다 주는 축복이나 저주는 우리의 갈망을 짓누르며, 열정은 짐꾸리기와 다름없어 보이고 접시 위의 질긴 고기가 아니라 메뉴판의 매혹적인 설명과 다름없어 보인다. 과학의 '현실주의적' 관점에 따르면 열정적 사랑에 대해서는 항상 도착과 가깝거나 방종 바로 옆에 있는 자리를 할당해야 마땅했다. 사회학자와 자본가들은 모두 쉽게 사랑이 자기 의무를 회피하고 있다고 의심하는데, 현실주의적 관점을 고집한다면 이것은 당연한 일일 것이다. 연인들은 다른 누구보다도 행동을 세계관에 맞추고, 이를 통해 현실을 변화시킨다. 하지만 다른 세기와 다른 문화가 우리 시대와 같은 과학적 지혜 없이도 장삼이사에게 예약석을 마련해 두고 또 우리는 전혀 상상조차 할 수 없는 방식으로 사랑의 기예(技藝)를 세련화시켰다는 것은 놀라운 일이다.

얼핏 한번 생각해보기만 해도 사랑이 얼마나 다양한 형태를 띨 수 있는가를 알 수 있을 것이다. 문화사와 사회사를 보면 열정적 사랑 하나에도 수백 가지 형태가 있음을 알 수 있다(북경 오리구이처럼 독특한 사랑이나 멋진 핸드백처럼 드물게나 찾아볼 수 있는 사랑은 논외로 하겠다). 초기 인도, 중국, 아라비아에서 사랑은 기예의 한 형태였으며, 플라토닉한 사랑도 있었다. 육체의 죄악은 기독교 수도사들이 조장한 것이었다. 통상 가까이 다가갈 수 없는 고귀한 연인을 향한 양식화되고 세련된 궁정식 사랑도 있었다. 모든 것을 다 태워버리는 이탈리아 르네상스기의 열정도 있었다. 아무런 제약도, 권위도 인정하지 않은 이러한 열정은 결국 귀부인에 대한 열정이 되어 유럽의 지배 계급에 의해 궁정에서 수용되고 문인들 사이에서 모방되어, 이 사랑에 고유한 양식은 이 시대 내내 그리고 그 이후까지 에로틱한 환상을 물들였다.

물론 이 모든 것은 사방을 경계하고 비난하는 교회의 눈 앞에서 일어났다. 나이와 교육면에서 신과 가까웠던 교부들은 풍문과 성경에서 배운 것에 기대어 부부의 침실에서 일어나는 일을 분류하는 어려운 과제에 전념했다. 우리가 갖고 있는 증거는 대개 그들에게서 나온 것이며, 따라서 중세의 사랑, 출산, 체면, 예절, 금지된 체위 등의 요점에 관한 사회적 보고서는 성직자들의 노여움으로 물들어 있다. 따라서 모든 사람들이 고백을 통해 양심을 정화하기 전과 정화한 후에 무엇이 일어났는지 궁금해할지도 모르겠다.

옛날의 유명한 사람들을 이렇게 찾아다니다 보면 적어도 가능성 — 옛날에는 현실이었던 — 의 범위는 드러난다(문헌들은 이러한 가능성을 보고할 가치가 있다고 생각했다). 아마 이제 우리는 우리가 종종 두려워하는 뿌리뽑힌 조형적 인간보다는 플라톤이 권하는 아름다움의 목격자 쪽에 더 가까워지고 있는지도 모르겠다. 푸코는 1984년에 죽기 직전에 (『성의 역사』를 완성하고) 이렇게 말했는데, 아마 그가 옳을지도 모르겠다. "도덕이란 규칙의 규약을 준수하는 것이라는 생각은 사라지고 있다. 그리고 이처럼 모든 도덕적 규약이 사라짐에 따라 실존의 미학적 규약을 추구할 수 있을 것이고 또 그렇게 해야 할 것이다." 푸코는 법, 도덕적 훈계, 엄격함, 욕구의 위계 대신 고대의 '삶의 기예', '실존을 양식화하기', 그리고 '자신의 삶을 아름답게 만들 수 있게 해주는 개인적 특질을 발전시키기' 라는 개념을 제안한다 (Schmid 1986: 680에서 재인용). 얼마나 올림피아적인 계획인가! 미래의 우리 이웃들은 고대 그리스인일 것이다! 아니면 아마 아랍인들, 르네상스기의 연인들, 음유시인들, 또는 우리가 아직 전혀 모르는 제4, 제5, 제6의 집단들일 것이다.

과거로부터 끌어온 풍부한 증거를 왜곡할 위험을 무릅쓰면서까지 나는 사랑과 결혼의 관계에서 나타나는 세 가지 주요한 시기(우연히도 종교로서의 사랑이 출현한 것과 들어맞는다)를 구분하고 싶다. 첫번째 시기는 고대와 중세 전체를 포괄하고 18세기말까지 이어지는 긴 단계이다. 이 단계의 기본적인 전제는 사랑과 열정은 결혼에 반하는 죄악이라는 것이었다. "아내를 첩처럼 사랑하는 것보다 더 수치스러운 일은 없다"(세네카, 성 제롬[St. Jerome]의 재인용, Flandrin 1984: 155). 따라서 이것은 적어도 귀족과 지배 계급에게서 결혼의 의무나 권리로부터 아무런 방해도 받지 않는 첩과의 사랑은 고상할 수도 있었음을 의미했다.

두번째 시기는 18세기 말에 영국에서 시작되었다. 산업주의의 과실 위에서 성장한 새로운 중간 계급은 귀족들의 '방종한 도덕'을 비난하면서 사회에 청교도적 태도를 강요했다. 그 결과 욕망은 지하로 내려갔고 변태는 심리학자와 의사들의 치료를 받아야 할 '일탈적 성행동'의 범주로 떠밀려 들어갔다.

세번째 시기는 여기서 논의하고 있는 단계이다. 중간 계급의 엄격한 도덕은 도리어 금지된 기묘한 행동에 대한 은밀한 관심을 일깨웠고, 그리하여 온갖 이국적인 환상들이 널리 퍼져 나갔다. 이러한 상황에서 사랑은 아주 유혹적인 것으로 여겨진다. 사랑은 성욕을 자극할 뿐만 아니라 새로운 종류의 자유를 주는 것처럼 보였기 때문이다. 낭만주의의 토대가 되었고 개인들에게 중간 계급의 규범에 맞서 자기 운명을 추구하고 삶의 기쁨과 슬픔에 맞설 수 있도록 해준 온갖 대담한 발상들(이것들은 한때 기묘함과 무분별함의 영역에 속해 있었다)은 이제 공동의 재산이 되었다. 사랑은 자아들의 만남이자 당신-나를 중심으로 한 현실의 재창조이며 어떤 금지도 부과되지 않는 범속화된 낭만주의로서 지금 대중적인 현상이 되고 있다. 사랑이라는 세속적 종교로 말이다.

사랑, 수도사, 산업사회 이전의 질서

아리에스(Philippe Ariès)와 플랑드랭(Jean-Louis Flandrin)은 두 사람의 아주 자극적인 연구서에서 "우리 사회와 다른 거의 모든 사회에서, 우리 시대와 다른 거의 모든 시대에서 결혼 내의 사랑과 결혼 밖의 사랑 사이에는 커다란 차이가 있었다"(Ariès 1984: 165; Flandrin 1984).

자기 아내에게 과도한 사랑을 표시하는 사람은 …… 수치스럽게 행동하고 있는 것이다. 과도한 사랑은 연인들이 결혼 밖에서 느끼는 고삐 풀린 열정이기 때문이다. 도리를 아는 사람이라면 열정적으로가 아니라 도리에 맞게 아내를 사랑해야 한다. 욕망을 절제해 부인과의 성교에 몰두하지 않도록 해야 한다(세네카, Ariès 1984: 169에서 재인용).

이처럼 결혼 생활을 엄격하게 꾸려나간 이유를 읽어 보는 것도 상당히 매력이 있을 것이다. 심지어 그 현명한 몽테뉴(Montaigne)조차

에세이에서 "결혼은 경건하고 신성한 결합이며", 따라서 성적 욕망은 "어떤 엄격함에 의해 조절되는 진지하고 신중한 쾌락", 즉 "말하자면 조심스럽고 세심한 관능"이 아니라면 적절치 못하다고 지적하고 있을 정도였다(Flandrin 1984: 161). 즉 몽테뉴조차 신학자들의 영향력 아래 있었던 것같은데, 신학자들은 출산을 결혼의 주된 목적으로 생각했으며, 따라서 이를 통해 전적으로 친족과 허약한 부계(父系)에 의존하고 있는, 상속인은 반드시 남자로 할 것을 의무화한 권력 구조를 뒷받침했다. 그러나 이처럼 중요한 과제를 담당해야 했던 기혼 부부는 말로만 따로 살았을 뿐이었다. 그들은 고해 신부의 무시무시한 모습뿐만 아니라 국가와도 다투어야 했기 때문이다. 이리하여 이러한 전투와 정치에서 확실히 승리하려면 남자 아이가 필요했다. 권력, 궁정, 재산을 적들에게 넘겨야 할지도 모르는 것이 두려워 모든 사람들은 남자 아이를 낳기 위해 온갖 수고를 마다하지 않았다.

아들을 보지 못하는 것이 전쟁에서의 패배와 동일한 것이었음을 생각하면 교회가 부부의 성교를 단 하나의 목적만을 가진 도덕적 행동으로 바꾼 것은 오히려 자비로운 것이었다. 사회 질서가 사람들의 감정, 즉 사랑과 욕망에만 기대고 있었다면 사회 질서는 통제할 수 없는 충동에 권위를 이양하고 사랑과 전쟁을 뒤섞었을 것이다.

이러한 태도를 고려하면 결혼을 아이를 낳고 기르기 위한 제도로 만들기 위한 교회의 개입은 아주 합리적인 것이었거나 적어도 그 시대와 어울리는 것이었다. 몇몇 양상은 요즘의 우리들에게는 불가사의하게 여겨지지만 그 이후 국가가 사회 질서를 보호하는 일을 헌법에 따라 선출된 기관과 차별화된 법률 체계에 위임했기 때문에 지배 체제는 성교의 결과와 그만큼 더 무관하게 되었다는 것은 기억할 만한 가치가 있다.

하지만 수도사와 신학자들이 그들의 미묘한 과제를 얼마나 교묘하게 수행했는지를 보면 누구나 놀랄 것이다.

너무 지나치게 욕망에 몰두해 육욕을 충족시키기 위해 아내를 마치 전혀 자기 아내가 아닌 듯이 열정적으로 공격하고 나서도 아내와 성교하고 싶어하는 사람은 죄악을 저지르고 있는 것이다. 자기 아내에게 너무 끌려드는 남자는 간통을 저지르고 있다고 말한 피타고라스 학파의 섹스투스(Sextus)의 손을 들어준 성 제롬은 바로 이 점을 지적하고 싶었던 것이다. …… 남자가 아내를 창녀처럼 이용해서도 안되고 아내가 남편에게 첩처럼 접근해서도 안되는 것은 바로 이 때문이다. 모든 예절과 존중을 다해 결혼의 이 신성한 성례전을 이용해야 하는 것이다(Benedicti 1584, Flandrin 1984: 155에서 재인용).

이러한 정당화 역시 흥미롭다. 다름아니라 수도사들은 훨훨 타오르는 열정이 반드시 집 안에만 머무르지는 않으며 그것은 다른 곳에서 기쁨에 넘친 작은 연옥들을 불밝힐 수 있다는 것을 알고 있었던 것이다.

더욱이 이 남편들은 아내들에게 수천 가지 음탕한 술책, 수천 가지 음란한 계략, 새로운 체위와 온갖 흉칙한 사랑의 기교와 함께 아렌티노(Arentino)가 그린 것과 같은 무시무시한 자세를 가르친다. 아내의 몸 속에서 일어난 불이 백 가지 다른 불을 붙여 그들은 갈보처럼 된다. 아내들이 일단 이런 식으로 길여지면 남편들에게서 도망쳐 나와 다른 기사들을 찾지 않을 수 없게 된다. 이로 인해 남편들은 절망에 빠지고 아내를 죽이려는 유혹에 사로잡힌다. 그러니 그것이 어찌 잘못된 일이 아니겠는가(Brantôme, Flandrin 1984: 161에서 재인용).

수많은 텍스트에는 이처럼 교화적인 내용과 음탕한 내용이 뒤섞여 있다. 저자들은 자기가 무엇을 말하고 있는지, 무엇을 비난하고 있는지를 알고 있으며, 그래서 전혀 스스로를 억제하지 않는다. 이것은 교회가 성에 대해 공식적으로 반대 입장을 취함으로써 지하의 에로티시즘을 조장하고 보존시켰음을 시사하는데, 이것은 금기시되었기 때문에 그만큼 더 매력적으로 보일 수밖에 없었다.

하지만 결혼은 아이를 낳기 위한 결합이라고 주장함으로써 현상태를 유지하려는 사람들의 생각 속에는 또다른 측면이 들어 있다. 즉 결혼 밖에서의 열정이 그것으로 이것은 아무리 교회가 눈살을 찌푸린다고 해도 부유하거나 권력만 있으면 얼마든지 찾을 수 있는 것이었다. 도덕적 행동과 속세적 행동이 구분되었는데, 물론 이로 인해 때로 무척 난처하고 당황스러운 일도 일어났지만 이를 통해 사람들은 결혼의 의무와 무관하게 사랑의 삶을 꾸려나갈 수 있었다(누구나 할 수 있는 것이 아니었고 또 대개는 여성이 희생양이 되었지만 말이다). 결혼 안에서의 사랑과 결혼 바깥에서의 사랑은 결코 같지 않았지만 결국 이것이 사랑과 결혼을 안정시켜 주었던 것처럼 보인다. 결혼 생활이 언제나 타오르는 감정의 위협 아래 있지는 않았으며 사랑을 영원함과 부모되기라는 측면에서만 생각하지 않아도 되었기 때문이다. 수 세기 동안 에로틱한 예술과 에로티시즘을 이야기하는 예술은 남녀가 함께 머무르지 않아도 되는 곳에서 번성해 왔다.

심지어는 오늘날에도 이 법칙은 형태는 약간 다르지만 그대로 적용될 수 있다. 사랑을 위해 결혼한다는 생각은 그저 사랑과 결혼을 공존하게 만듦으로써 이 둘 사이의 모순을 해결할 수는 없다는 것을 의미한다. 유일한 해결책이란 이 둘을 순차적인 것으로 만드는 것뿐이다. 우리 시대는 기능 분화의 시대이지만 또한 사생활과 성생활을 한 덩어리로 만듦으로써 이 둘은 하나라는 믿음을 이상화하고 또 기능 분화의 법칙을 전복시키고 있기도 하다. 옛 수도사라면 틀림없이 의미심장한 미소를 지으며 고개를 끄덕였을 것이다.

사업 윤리, 관습 깨기, 간통

초기 자본주의 사회에서는 에로틱한 사랑과 결혼에 대한 청교도적 이상을 대립시키는 것에 대해 많은 비판이 있었다. 하지만 자유의 이념 속에 파토스가 존재한다는 것만이 부르주아 사회의 모순인 것은 아니다. 충실한 결혼 생활 또한 부르주아들이 지배자들에 맞서 외친 자유와 평등이라는 혁명적 절규와도 모순된다. 성공하기 위해 사업가는 봉건적 규범이나 구속과 단절해야 하고 경쟁자들의 욕구에 맞서 자신의 이익을 추구해야 한다. 하지만 집에 돌아오는 순간부터는 도덕적 질서가 지배하는 것으로 상정된다. 현대의 철학자들은 형이상학과 종교는 모두 무시하면서 합리적 행동을 지도적인 원리로서 추천한다. 그러나 합리적이라는 것은 온갖 구속을 떨쳐내고, 자기 목적을 추구하며, 어떤 주인에게도 봉사하지 않고 자기 자신의 직관과 경험에 의지한다는 것을 뜻한다. 따라서 이런 자유는 여전히 다른 사람들과의 관계에 의존하고 있으면서도 아무튼 (다른 사람들의) 모든 주관적 관심에 맞서 반드시 방어해야 할 정언명령이 되는 것이다.

우리는 더 이상 예정된 세계 속에서 살고 있지 않다. 우리의 실존은 우리의 활동의 결과이며, 그런 점에서 우리의 활동에 종속되어 있다. 여기서 칸트는 돈을 부리는 재주로 세계를 정복하려는 기업가와 마주친다. 이러한 태도는 주체 — 우리들 각자가 모두 주체이다 — 가 직접 우리 자신의 권리를 결정할 수 있고 결정해야 한다는 것을 전제하고 또 이를 제안하지만 성과 사랑이 관련되어 있는 경우에는 그렇지 않다는 것을 보여준다. 어떤 근거에서 그리고 무엇에 기반해?

자유가 사업가에게는 낡아빠진 봉건 사회의 규범을 무시한다는 것을 의미한다면 점잔 빼는 부르주아적 관습과 단절할 연인들의 권리는 어떨까? 당신 마음대로 사업하고 당신 마음대로 사랑하라, 중간 계급의 억압적 도덕이 지닌 특유의 위선을 폭로하라, 이 도덕으로 하여금 은밀하고 불법적인 사랑에 깊이 감염되게 하라 등 이런 발상들은 서로 밀접히 관련되어 있다. 이리하여 사랑과 육욕적 열정은 금기 때문에 오히려 더욱 분명히 드러나는 것이다.

부르주아적 관습으로부터의 사랑의 탈출은 탈출이기만 한 것이 아니라 이것은 또한 이 관습을 관습 자체에 맞서게 한다. 사랑이 매력적인 것은 이 사랑이 낡은 도덕적 구속들로부터 자유를 부여하는 데 있는 것처럼 보인다. 낭만주의 — 여기서는 무제한의 주관성, 사랑하고 고통을 겪을 능력이라는 의미로 이해된다 — 는 자본주의의 부상(浮上)이 낳은 두번째 가능성이다. 급속하게 변하는 온갖 하위 문화와 끓어오르는 소비주의를 보라. 이런 관점에서 보면 19세기에 결혼에 대한 엄밀한 도덕적 규약, 산업화, 주관성, 사드(Sade) 후작의 유산, 낭만주의 시, 문학과 실생활에서의 온갖 기행을 일삼는 일이 대대적으로 일어난 것은 전혀 역사적 우연이 아닌 셈이다.

현재의 낭만주의: 사랑은 팝송

낭만주의에서 기원한 사랑은 그래서인지 '사회'에 맞선 공모이다. 사랑은 아무런 장벽도, 아무런 계급도, 아무런 법도 알지 못한다. 사랑 자체의 장벽, 계급, 법을 빼놓고는. 따라서 이처럼 전복적인 사랑의 이데올로기는 항상 히스테리 기미를 갖고 있다. 엔젠스베르거(Hans Magnus Enzensberger)가 낭만파 시인 브렌타노(Clemens Brentano)에 관한 '다큐멘터리' 소설(1988)에서 이것을 멋지게 그려 보인 바 있다.

아우구스테 부스만(Auguste Bussmann)이 클레멘스 브렌타노에게(란트슈트, 1808년 가을)
금요일 아침

오 그대 끔찍할 정도로 추잡하고 비열하고 가증스럽고 사랑스러운 클레멘스 클레멘스여 왜 그대는 나를 이렇게 괴롭히는가? 오늘 밤 그대는 입맞춤을 받지 못할 것이다. 그대가 나를 보러 오면 난 당신을 때리고 물어뜯고 할퀴고 죽도록 밟아뭉갤 것이다. ……

3년 후 그녀의 사랑 때문에 '죽도록' 밟아뭉개진 후 시인은 아래의 독특한 고별시에서 그의 증오심을 털어낸다.

그래 이제 나는 그대를 마지막으로 죽인다
그대 무례한 암캐여!
그대의 죄에 물든 무릎에 저주를
그대의 값싼 방종한 육체에 저주를
그대의 추잡한 가슴에 저주를.
예의와 진실성이라고는 없는 사람
온통 수치와 거짓으로 가득 찬 사람
비열한 육욕에 더러운 베개.
그대의 거짓스런 입 위에
구역질나는 입맞춤하느라 내가 허비한
모든 시간에 저주를
……
안녕 그대 거짓말장이여, 제발 그대의 삶이 잘못 되기를. 문이 있다
거기에서 나의 애처러운 마음은 마지막으로 떠난다, 그대 마녀여
그대의 침실로 들어가는 모든 발이 썩어문드러지기를!
나는 그대를 안 적이 없었다, 나는 그대를 본 적이 없었다
그것은 지나가버려야 할 악몽이었다……

[엔젠스베르거는 이렇게 쓴다] 친애하는 불행한 아우구스테, 당신은 당

신과 한줌밖에 되지 않은 당신의 동시대 남녀들이 무슨 짓을 했는지를 상상조차 할 수 없을 것이다. 당신이 '사랑' — 또는 같은 이야기지만 사람들이 오늘날까지 여전히 사랑으로 이해하고 있는 것 — 을 발명했다는 나의 말은 전혀 과장이 아니다. 전에는 무엇이 있었는가? 한평생 사람들은 결혼하고, 좋은 배필이나 나쁜 배필을 만나고, 도와줄 사람을 찾고, 아이들을 낳아 기르고, 행복이나 불행을 오는 대로 받아들였다. 비교적 늦게, 당신이 살던 시대가 되어서야 비로소 사람들은 뭔가 다른 어떤 것이, 즉 출산, 노동, 소유를 초월한 어떤 것이 있어야 한다는 생각을 하게 되었다. 마치 자기 삶을 자기 손 안에 넣을 수 있다는 듯이. 얼마나 위험하고 중대하기 짝이 없는 생각인가! 온갖 찬미를 받는 나의 자아와 상대방인 그대. 작지만 이제 영원한 것이 된 육체와 영혼. 스트레스, 일련의 희망, 이전 세대들은 꿈조차 꿀 수 없었던 행복의 기대, 하지만 이와 동시에 서로에게 너무 많이 기대하는 바람에 전혀 새로운 종류의 불행을 여는 것. 실망은 당신의 파라다이스의 이면이었으며, 당신의 새로운 준칙(準則)은 양성간의 전쟁을 새로 근본적으로 뒤틀어놓았다.

나는 이러한 변화에 따른 결과를 추적하는 글을 무수히 쓸 수 있을 테지만 당신이 나를 믿지 않을까 두렵다. 당신의 소설이 모범을 세웠고 실제로 광범한 문학의 원형을 제시했다는 사실, 그리고 당신의 사랑 이야기가 아직도 수많은 형태로 변형되어 극장을 채우고 있는 사실은 이러한 결과 중 사소한 부분에 지나지 않는다. 아우구스테 당신이 정말 믿기 어려운 사실은 아마 다음과 같을 것이다. 즉 당신의 이야기는 일상적이고 밋밋하고 시시한 것이 되었으며, 수백만 번씩이나 반복되는 바람에 황폐화되었고 백만 번이나 이마를 찌푸릴 만큼 커다란 고통의 이유가 되었다는 것이리라. 모든 과학이 당신의 이야기를 다루고 있다. 일군의 전문가, 카운셀러, 돌팔이 부대가 이 끝없는 이야기 그리고 이 이야기에 달라붙은 상투어 때문에 정신없이 바쁘고, 이 이야기는 매일 법정에 나타나 계속 재심리되고 있다. 왜냐하면 당신의 시대가 순수한 감정들을 발견한 동시에 이혼도 발명했다는 것은 우연의 일치일 수 없기 때문이다(Enzensberger 1988: 92, 190-1, 228-9).

아우구스테 부스만과 클레멘스 브렌타노는 자신과 서로에게 아주 무자비하게 집착함으로써 두 사람이 나아갈 길을 실험하고 헤쳐나갔다. 고난으로 가득 찬 사랑의 오디세이의 선구자들이었지만 엔젠스베르거가 시사하는 대로 사랑의 발명자는 아니었다. 이들이 뒤에 남겨놓은 엄청난 규모의 파편더미에서는 플라톤의 가르침을 전하는 플라톤의 단편들이 엄청나게 흩어져 있다(서점에는 함께 살기에 관한 플라톤적 대중 지침서들이 가득한데, 대부분의 책들은 플라토닉적인 색채를 띠고 있다). 음유시와 연애 소설에서 퍼져나오는 메아리도 있다. 고대 인도의 지혜도 부활하고 있다(이러한 책들이 잘 팔린다고 해서 놀랄 일은 전혀 없을 것이다). 한때 궁정의 사교계에서나 이루어질 수 있었던 행동이 지금은 수백만 채의 아파트 속에서 시도되고 있다. 다시 말해 온갖 개인주의적 사태(事態)들은 실제로는 재발견된 옛날의 전통과 규범으로부터 유래하는 것이다.

이런 식으로 보면 사랑은 연애 소설을 응용해서 읽는 것이고, 팝송에 나오는 대로 사는 것이며, 개인의 삶을 치유해 주는 자아의 철학이기도 하다. 개인적인 충동은 오래 전에 그리고 흔히 아주 먼 곳에서 발명된 환상(아마 사랑의 낭만적 핵심을 차지하고 있을 이국주의)과 뒤섞이거나 심지어 그러한 환상에 지배된다.[5] 어딘가에서 읽고 듣고 실제로 경험한 인상들을 하나의 덩어리로 만든다는 의미에서 이것 또한 팝송의 가사의 도움을 받아 다른 사람들의 말과 감정을 이용해서 만든 사랑이라는 것을 의미한다. 아우구스테와 브렌타노는 아마 그들이 편지를 쓰고 있는지 아니면 편지대로 삶을 살고 있는지를 몰랐을 것이다. 편지를 쓰면서 사랑을 표현하고, 또 실제의 만남을 고대하거나 반영하며 단서를 끄집어 내어 새로운 목표를 설정하던 일은 아마 끝나버렸을 것이다. 이런 사랑은 이제 수천의 시청자들을 위해 쓰여지는 각본과 함께 보고 들은 사랑(텔레비전과 심리 치료에서 아주 표준화된 형태로 제시된다), 통조림화된 사랑으로 대체되었다.

한때 사랑은 가족간의 유대와 금기를 파열시킬 수도 있었다. 그러나 장벽들이 무너지자 사랑은 더 이상 충격적인 것이 되지 못했다. 아무런 저항도, 또 타파해야 할 규칙도 없어지자 사랑은 더 이상 부도덕한 것으로 여겨지지 않으며 심지어 도덕과 무관한 것으로까지 여겨지게 되었다. 사랑은 오직 그 자체에만 관심이 있을 뿐이다.[6]

그러므로 온갖 관계들에 관해 끊임없이 수군거리는 가운데 거래가 이루어지며, 층층이 쌓인 조언과 심리치료, 직접 포르노그라피처럼 해보라는 암시, 그리고 사랑에 대한 수많은 편견 — 관련 당사자는 잊어버리는 — 아래에서 사랑은 질식되어 버린다. 더 이상 과학이 진리를 갖고 비진리와 싸우는 것이 아니라 단지 상이한 진리들을 서로 비벼댈 뿐이듯 낭만적 사랑도 많은 사랑 가운데 한 가지 종류일 뿐이어서 혼란과 오해를 낳는다. 사랑이 보호막이라는 생각은 서서히 사라지고 있는데, 너무 많은 종류의 사랑이 있어 특별히 우리의 것이라 할 만한 것이 없고, 또 대개는 이것들이 서로 맞바꿀 수 있는 것처럼 보이기 때문이다.

참된 사랑은 드물고 희귀한 상품이 되었기 때문에 우리의 개인화된 사회에서 커다란 매력을 갖게 되었다. 따라서 참된 사랑을 발견하는 것은 19세기식 기인과 영웅에게는 물론 모든 사람들에게도 실존적인 문제가 되었다. 아니 좀더 신랄하게 표현해 보자. 우리 주변에서는 사랑이 점점 더 적은 사랑 — 부모의 사랑, 덤으로 하는 섹스, 연애질, 동료애, 가족적 헌신 — 으로 해소되고 있지만 다른 한편에서는 사랑의 죽음과 더불어 전체주의적인 '위대한 사랑'이 대대적으로 추구되고 있는 것이다.

고립된 현대의 시민들은 계급적 연결망이 안락한 사회적 확실성과 사회적 지위를 충족시켜주지 못하기 때문에 자신에게만 고유한 사귐을 생각해 내야 한다. 이상주의적 낭만주의와 심리치료적 낭만주의는 현실에 대해 일정한 거리를 유지한다는 점에서 공통점을 갖고 있다. "보이지 않는 것이 사람의 마음을 더 따뜻하게 해주며", 그래서 연인들은 사랑하기로 선택한 사람에 관한 이런 저런 사실을 직시하기보다는 사랑하고 있다는 생각 자체를 사랑하는 경향이 있다. 따라서 일정한 거리를 두는 것이 누군가를 이상화하기에 편리하다. "사랑에 빠져 있을 때 나는 현실을 줄곧 회피한다. ⋯⋯ 환상은 욕망의 선결 조건일까?"[7]

살로메(Lou Andreas-Salomé)가 지적하듯이 천 배나 증폭된 외로움속에 있는 이런 종류의 사랑은 자신의 메아리에 귀기울임으로써 세상에 달랑 나 홀로 있다는 느낌을 극복하려고 한다. 즉, 자신이 이상화한 것을 통해 보고 자기 연인의 단점을 덮어줌으로써만 외로움은 끝날 수 있는 것이다. 개인들은 여전히 혼자지만 적어도 가깝다는 느낌을 가질 수는 있기 때문이다. 다시 일상성이 나타나기 시작하면 그에 대해 거리를 두는 것만이 다시 외로워지는 것을 늦출 수 있는 유일한 치유책이다. 또는 실망스러운 연인이 곁에 있을 때는 일종의 자기-아이러니와 각자가 상대방에 대해 갖고 있는 비현실적인 기대감을 웃어넘김으로써 이러한 상황을 완화시킬 수 있을 것이다. 이러한 사랑, 즉 가깝고도 먼 사랑만이 살아남을 수 있다. 바로 이것이 사랑의 낭만적·현실적 핵심이며, 실로 사랑의 발명품이다.

사랑은 두 사람을 위한 외로움이다.

우리는 우리 자신이 타인으로 가득 채워질 수 있다는 환상을 키우지만 실은 우리 자신으로 채워질 뿐이다. 하지만 이 상태는 우리를 도취케 하지만 실제로는 모든 것의 본질에 진심으로 관심을 갖지 못하도록 만들 뿐이다. 사랑의 열정은 처음부터 서로를 객관적으로 볼 수 없게 하거나 그 사람에 대해 진정으로 공감하지 못하도록 만든다. 그것은 차라리 우리 자신 속으로 가장 깊숙히 파고들어가는 것이며, 천 번, 만 번 접힌 외로움이다. 그러나 그것은 또한 우리 자신의 외로움으로 하여금 만물을 포용하는 세계로 뻗어나가 나래를 펴게 하는 것이기도 하다. 마치 천 개의 빛나는 거울에 둘러싸인 듯이(Andreas-Salomé 1986: 59).

주관적인 입법자로서의 사랑: 프로그램화되어 있는 전투와 역설

교회는 더 이상 아무 할 말이 없고 법률은 다만 사회적 변화를 반영할 뿐인 지금 사랑하기는 순전히 개인적인 일처럼 보이거나 또는 그런 것이 되어가는 것처럼 보인다. 그러나 이처럼 사랑의 규칙이 개인들에게 맡겨진다는 것은 당연히 아주 당혹스럽고 도저히 이해하기 힘든 일이다. 막상 그런 경우 개인들은 사적인 삶을 침해하는, 그 자체에 고유한 논리와 역설을 가진 어떤 도식 안에 붙잡혀 있다고 느끼기 때문이다. 개인들은 상투적인 사랑의 연극을 그대로 따라하는 배우인 것이다. 자본주의와 마찬가지로 순수한 관계로서의 사랑도 미리 예정된 일련의 행태와 위기를 갖고 있으며, 모든 사람들에게 영향을 미치지만 외관상으로는 개인적 선택의 문제로 보일 뿐이다 (Weitman 1994도 보라).

(1) 사랑은 우리가 개인적으로 타당하고 가치가 있다는 느낌을 주는 핵심 요인인 동시에 세상 속에서 혼자 있는 외로움을 피하기 위한 방법이기도 하다. 사랑은 외로움의 대안이며, 따라서 반(反) 개인적이

다. 더 정확히 표현한다면, 다른 누군가와 아주 가까워지는 동시에 아주 독립적이고 자율적이고 싶은 꿈이다. 이와 반대로 개인화는 사람들로 하여금 파트너로 함께 사는 삶을 이상화하도록 만든다. 현재와 같은 상황에서라면 현실주의자라도 이상주의자로 바뀔 수 있는데, 파편화되고 불확실해진 세계는 사람들을 사적인 사랑의 삶에서 안전과 위안을 찾을 수 있다는 것에 모든 희망을 걸도록 내몰기 때문이다.

(2) 사랑의 사회적 도식은 익명적 또는 역학적 모델과 반대로 책임을 떠맡는 능동적인 행위자에게 의지한다(하지만 나중에 보겠지만 사랑의 역학은 아주 명백하게 드러난다). 외부 세계와 대립적인 사랑의 왕국 안에서 사람들은 자유로운 행위자이고, 개인적으로 책임감이 있으며, 목적의식적이고 독립적인 결정을 내리는 것처럼 보인다. 사랑의 왕국은 사람들을 사로잡으며, 따라서 사람들은 이 왕국 속으로 끌려들어가지 않을 수 없다. 달아날 길은 없다. 강력한 감정에 휘둘려진 개인들은 "이것이 진정한 나이고 이것이 바로 나이다"는 확신에 기뻐하는 바로 그 순간 이미 낯설지만 사실은 미리 규정되어 있는 역할을 연기하게 되는 것이다. 자신의 가장 심원하고 가장 즐거운 감정에 접하는 유일한 길은 성 역할, 노동 시장, 경제와 같은 진부한 매개체를 통하는 방법밖에 없으며, 따라서 그는 왕인 동시에 노예이거나 입법자와 재판관인 동시에 간수가 된다. 기적이나 구원에 대한 믿음은 이미 오래 전에 모두 내버렸지만 극히 평범한 일이라도 제대로 균형을 유지시키려면 언제나 기적이 일어나 주어야 하는 것이다.

(3) 우리는 사랑을 전통적이거나 형식적인 방향이 아니라 감정적이고 개인적인 방향에 따라 정당화해야 한다. 사랑은 어떤 초월적인 힘이 아니라 우리가 체험하는 것, 우리의 개인적 희망과 두려움에서 발원하기 때문이다. 연인들이, 오직 연인들만이 그들의 사랑에서 무

엇이 참되고 올바른가를 결정할 수 있는 것이다. 즉 이들 자신이 자신들의 재판관이지만 또한 규칙을 재작성할 수 있는 입법자이기도 한 것이다. 하지만 이것은 또한 한쪽 파트너가 현행범으로 적발되더라도 봐주기 같은 것은 전혀 있을 수 없으며, 항소권 또한 전혀 없다는 것을 뜻하기도 한다. 이처럼 사랑과 정의의 언어는 서로를 전혀 이해할 수 없는 것처럼 보인다.

(4) 사랑은 자기 스스로에 기초해 있다. 사랑은 항상 그리고 오직 감정적인 토대위에만 자리잡을 수 있다. 이를 조작적 용어로 말하면, 연인들 외에는 아무도 두 사람이 사랑하고 있는지를 결정할 수 없음을 뜻한다. 이것은 두 사람을 위한 민주주의의 근본적 형태이자 가장 순수한 형태로 개인이 모든 책임을 진다는 것을 의미한다. 사실 사랑은 아주 극단적이어서 무책임한 것도 사랑에 포함된다. 연인들만이 사랑을 끝내기로 결정할 수 있기 때문이다. 예컨대 오직 감정이 변했다는 이유만으로도 한 사람이 다른 사람에게 등을 돌릴 수 있는 것이다.

(5) 사랑은 의심에 대한 우리의 대안이다. 즉, 우리는 사랑 속에서 안정을 찾으려고 한다. 19세기에 사랑은 비합리적인 것, 부르주아 규범과 반대되는 것, 불확실하고 외래적인 것으로 뱀같은 매력을 가진 요부(妖婦)로 상징되었다. 현재의 상황은 정반대이다. 수많은 지주(支柱)들이 해체되고 있는 상황에서 사랑이 궁극적인 피난처가 된 것이다. 옛날에는 사랑이 사회적 관습의 압력 때문에 무너지거나 불타올랐다면 지금 사람들은 사랑하는 관계가 적대적인 세계로부터 몸을 숨겨줄 수 있으리라고 믿고 있다.

(6) 사랑은 연인들이 채워 넣어야 할 공란이다. 사랑의 삶을 실제로 어떻게 조직할 것인가와 사랑이 무엇을 의미하는가는 함께 동의

해야 할 결정 사항인데, 이것들은 이와 관련된 금기, 기대, 불충실함을 어떻게 규정하는가에 따라 얼마든지 바뀔 수 있다. 그리고 모든 것은 당연히 이들 자신의 선택에 맡겨져 있다. 사랑한다는 것은 어떻게 행동할 것인가에 관한 규범을 설정하는 것이 아니라 어떻게 행동할 것인가에 관한 결정에 어떻게 도달할 것인가에 관한 규범을 스스로 설정하는 것으로, 이는 양심의 문제인 것이다. 사랑이라는 꾸러미의 실 내용물은 양 주체가 상호 합의 하에 창출해내는 것으로, 그 주위에는 온통 함정과 잠재적인 재난이 가득하다. 이 말은 심지어 커플이 두 사람의 결합 과정에서 나타나는 온갖 구멍을 도덕적 지침, 카마 수트라(Kama Sutra), 심리치료적 노하우 등 이미 제시되어 있는 해답들로 메워 둘이 함께 창출했다고 주장하는 것을 강화하더라도 마찬가지로 적용된다.

(7) 어떤 전통으로부터도 뒷받침을 받지 않는 사랑은 어떤 형태의 일탈도 허용하지 않는다. 또는 적어도 개인적인 일탈만은 허용하지 않는다. 사회는 오직 두 사람만이 서로에게 동의할 것을 기대하고 또 그것만을 인정한다. 어떤 불일치나 폭력의 사용도 규칙을 깨는 것으로 간주되어 공식적으로 처벌된다.

(8) 사랑 또는 함께 함의 의미는 항상 위험에 처해 있는데, 이는 사랑이 세속적인 성격을 갖고 있다는 것을 보여주는 또다른 증거이다. 이 체계의 주된 위협은 함께 함이 계속되어야 하는지, 계속되어야 한다면 어떤 형태로 계속되어야 하는지를 누가 결정하는가에 있다. 연인들은 두 개의 레버(lever)가 달린 두 개의 덧문을 갖고 있다. 아주 갑작스럽게, 즉 다른 한쪽의 결정에 따라 아주 갑자기 관계가 끝장날 수도 있지만 어디 호소할 곳도 없다. 결국 주관적 감정이 기준이 될 수밖에 없는데, 즉 각자가 자신의 꿈(또는 날개를 접고 기다리고 있는 상충하는 제안들)에 따라 관계를 어떻게 생각하는가에 달려 있다.

현재 나타나고 있는 온갖 오해를 둘러싼 끊임없는 설전 뒤에는 일방적인 결정이라는 단두대가 도사리고 있어, 여기 연루된 사람들은 우리 속에 갇힌 쥐들처럼 서로의 감정 영역 주위에서 신경질적으로 허둥댈 수밖에 없다.

(9) 사랑은 둘을 위한 독단주의이다. 만사가 잘 되면 즐거운 논쟁이 벌어지고, 일이 잘 안되면 쓰라린 믿음의 충돌이 일어난다. 독단적 측면은 서로의 감정이 조화를 이루어 충만해 있을 때는 숨어 있지만 두 사람 사이에서 '진정함'을 놓고 다투는(이 진정함만이 두 사람의 감정의 타당함과 올바름을 보장해준다) 오랫동안 누적되어온 근본적 갈등이 발생하자마자 즉각 수면 위로 떠오른다. 진실되기란 다르다는 것을 내포하는 것임이 드러나며, 서로 갈등하는 진실들이 부상한다. '아주 정직해지는 것', '자기 감정에 충실한 것'이 갑자기 끝장내기, 다시는 얼굴을 보지 않는 것을 뜻하게 되는 것이다. 이는 내가 그것을 원하기 때문이다. 이 과정은 그 자체로서 독단적이며 개인적 선택에 좌우되지 않는다. 이 과정은 현대적 사랑에 고유한 것이기 때문이다. 역설적이게도 연인들은 두 사람의 관계에 대해서는 모든 것을 결정할 수 있지만 결정을 내리는 양식은 결정할 수가 없다. 그들 자신이 이 양식을 체화하고 있고, 따라서 그들을 대신해 그들의 감정이 결정하기 때문이다. 하지만 이것은 두 사람이 지고의 행복감으로 날아오를 수 있는 동시에 뿐만 아니라 쉽사리 딱딱한 얼음 바닥 위로 추락할 수도 있음을 함축하고 있다. 만약 함께 함이 단호하게 어떠한 타협의 여지도 허용하지 않는 두 가지 상호배타적인 독단들로 쪼개진다면 말이다.

(10) 사랑은 도구적이고 합리적인 행동과 반대된다. 이것은 추구하거나 계획적으로 한발한발 다가가거나 기술적으로 완벽하게 만들 수 있는 목표가 아니다. 사랑은 또 통상 다른 형태의 활동으로부터 유래

하는 부수 효과도 아니다. 결혼 또한 사랑을 포획하거나 길들이기 위한 처방이나 장치와는 무관하다. 사랑은 불평등하고 불공정하게 분배되며, 따라서 압력 집단이나 정당을 형성하는 데 이용될 수는 없다. 사랑을 기치로 내건 정치 정당은 환영을 좇고 있을 뿐이다.

(11) 우리 시대의 사랑은 탈전통적이고 비전통적이며, 이제 도덕적 또는 법률적 의무에 의해서는 아무런 방해도 받지 않게 된 성적 욕망으로부터 스스로의 규칙을 만들어 내고 있다. 자유로운 의사와 상호 동의가 사랑을 인도하는 별들인 이상 사랑은 제도화되거나 규약화될 수 없으며 또는 어떤 일반적 의미에서도 정당화될 수 없다. 다른 식으로 표현하면, 더 이상 설교의 힘을 잃어버린 종교가 곧 사람들의 생각에 대한 모든 영향력을 잃은 반면 성직자 없는 종교가 된 사랑은 성적 매력의 힘을 바탕으로 번영을 구가하고 있는 것이다. 적어도 외적 기준이 모든 타당성을 잃고 번영하는 시장 — 팝송에서 포르노그래피를 거쳐 심리 치료에 이르기까지 — 이 개인적 열망의 수문을 열어놓고 있는 지금 이 말은 진실이다.

그러나 이러한 도식 속에서 천국과 지옥은 어떻게 서로를 물어뜯고 있는가? 간단히 말해 순수한 관계로서의 사랑은 모든 전통적 구속에서 풀려나와 개인이 모든 것을 책임져야 하는 새로운 관계 방식의 근본적 형태가 되고 바람과 행동을 규정하는 기본틀이 되는데, 이 속에서 온갖 쟁점, 법률, 행동, 법률 소송 — 실제로는 모든 것 — 은 전적으로 연인들의 수중에 들어간다. 따라서 왜 어떤 결정이 내려지는지를 지배하는 기본 유형은 전적으로 현대적인 진보관이나 계몽관의 연장선상에 있다. 즉 통상 미리 규정되어 있던 모든 것을 전적으로 개인들의 결정에 맡기는 현대적 사고 방식 말이다. 하지만 이처럼 유혹적인 생각도 하나의 함정을 숨겨놓고 있는데, 스스로 내린 결정이나 판단에 이의를 제기하는 문제가 떠오를 때에야 비로소 이 함정을 발견할 수 있다. 대답은 언제나 같다. 즉 개인들은 서로에 대해 스스로 판단할 권리를 갖고 있다는 것이다. 따라서 사랑은 또한 자치(自治)의 근본적 형태이지만 그것은 견제와 균형에서 벗어나 있고, 심판도, 규범도, 법률적 절차도 인정하지 않는 것이다. 그렇지 않으면 이런 것들이 사랑의 딜레마들을 비난과 불일치의 참담한 늪에서 건져 올려 중립적 법정으로 보낼 수 있도록 도와줄지도 모를 텐데 말이다. 사랑에 빠졌다가 이제 빠져나온 투사들은 가만히 앉아서 서로에 대한 최종 평결을 내리며, 자신의 평결을 강제하기 위해 최선을 다한다. 그리하여 사랑의 민주주의는 원을 한 바퀴 다 돌아 결국 정반대의 것임이 드러난다. 증오의 무제한적 폭발을 멈출 수 있는 사람은 아무도 없다. 원치 않는 방식으로 함께 묶여 있었고 애정 없는 친교의 잔인함에 사로잡혀 있던 두 사람이 서로의 약점을 다 알면서 상대방에게 퍼붓는 이 증오를 누가 멈출 수 있겠는가. 이리하여 사랑은 마치 국가가 개입하기 전의 중세의 종교 전쟁으로 바뀌게 되는 것처럼 보인다.

　사랑의 사회적 설계에 따르면 사랑은 순풍을 타고 긴 항해에 오른 배이다. 한두 번의 폭풍우는 별로 어렵지 않게 항해해 나갈 수 있다고들 한다. 하지만 선장, 돛, 돛대, 선체가 모두 조각나고 끊임없이 폭풍우가 몰아치는 가운데 나서면 혼란이 닥친다. 여기까지 이르면 온통 쪼개진 널판지로 새는 곳을 막게 된다. 그리고 갑자기 두 선장은 항해 지도를 놓고 싸우고 부서진 조종 장치로 서로를 친다. 사랑의 매력은 자유, 합의, 만족의 감정을 주는 데 있기 때문에 우리는 이러한 상태가 정반대로 돌변할 수밖에 없다는 사실을 무시하고 싶어한다. 오직 동의와 자유로운 선택에만 기초한 것이 두 모험가들이 보물을 도둑맞았다는 것을 발견하고 절망과 실의에 빠져 서로 다툴 때라고 해서 면책 조항을 가진 조건적 자유로 수정될 수는 없는 것이다.

사랑은 우리에게 안정감을 가져다 주겠다고 유혹해 놓고는 말과 달리 이처럼 함정에 빠트리고 마는 것이다. 따라서 우리는 주관성에, 오직 주관성에만 의지할 수밖에 없게 되지만 외부의 의무에 전혀 구속되지 않을 때 이러한 주관성은 순식간에 독단적이고 잔인한 것이 되고 만다. 연인들은 스스로의 법률을 창조하지만 사랑이 주는 마술적 힘이 날아가버리고 자기 이해가 중심 무대를 차지하자마자 무법 상태에 문을 열어 주게 된다. 사랑은 두 사람이 아무런 유보 없이 서로를 열 것을 요구하는데, 이렇게 함으로써 상대방에게 사용될 수 있는 친숙함이라는 사악한 도구를 상대방에게 넘겨주게 된다. (시장에서 개인들로 단련되는) 사람들은 사랑을 스스로의 입법자로 재창조함으로써 사랑을 자신의 견해와 이해에 뜯어 맞춘다. 이것이 바로 우리가 이해심 많고 자비로운 『신약성서』의 하나님뿐만 아니라 질투심 많고 도저히 이해하기 힘든 『구약성서』의 하나님도 함께 겪게 되는 이유이다.

사랑의 불가피한 전쟁: 조건들

사랑의 역학은 한 가지 법칙을 따른다. 개인적 욕구를 지향하는 주관성과 친밀성은 법을 모른다는 법칙. 이 법칙은 모든 외적 통제력에서 벗어나 제멋대로 하도록 되어 있다.

이 법칙은 물론 우리가 관찰할 수 있는 변화 뒤에 있는 '이념'을 소묘한 것이며, 우리의 현실 뒤에 있는 있음직한 전개 양상을 암시하면서 사랑의 미래를 예기하고 있다. 이러한 변화에 영향을 미치는 요인들은 아래와 같다.

— 남성과 여성은 직업 분야에서 소득과 지위 면에서 평등해지고 있으며, 그리하여 경제적 제약들이 줄어들거나 심지어 사라지기까지

함으로써 사랑을 파트너들간의 주요한 끈으로 만들고 있다.

― 상이한 배경을 가진 커플들의 수가 증가하고 있으며, 그리하여 아주 다른 두 가지 일대기의 원심력을 중지시킬 수 있는 공동의 지반을 찾아내고 유지하는 것은 오로지 관련된 두 남녀의 손에 달려 있게 되는 것이다.

― 커플들은 상대방의 노동 상황을 거의 알지 못하거나 이해하지 못하므로, 두 사람을 하나로 묶어줄 수 있는 공유된 체험은 거의 찾아보기 힘들다.

― 국가와 교회는 결혼과 가까운 관계에서 입법자 역할로부터 후퇴하고 있으며, 따라서 사랑이 친밀성을 철저하게 자기관리 하에 두려고 할 때 나타나는 고유한 갈등의 잠재력이 터져나올 여지도 그만큼 커지게 된다.

― 개인화 ― 즉 개인적 훈련, 승진, 그리고 노동 시장과 비개인적 법규에 충실하기 ― 는 사랑이 외로움에 대한 최상의 해답이며 의미있고 만족스러운 육체적·감정적 체험을 약속해주는 것처럼 보인다.

(이 책에서 다양한 방식으로 제시된) 중요한 지표와 장기적 추세들은 이러한 변화가 진행 중임을 시사해주고 있다. 예컨대 이혼법은 전 세계적으로 국가와 법률이 후퇴하고 있음을 증명해주고 있는데, 유죄 당사자의 원칙은 '결혼 생활이 회복할 수 없을 만큼 깨어졌다' 는 원칙으로 대체되어 왔다. 따라서 과연 누가 잘못이냐는 문제는 빠진 채 오직 이혼의 재정적 측면과 자녀 양육 문제 같은 결과만이 다루어지게 되었다(Lucke 1990).

폭력이 수반되지 않는다면 이른바 일탈적 형태의 사랑이라도 범죄에서 제외되는 것 또한 마찬가지이다. 이것은 무엇이 합법적인가라는 문제는 오직 관련 당사자들에게 맡겨진다는 것을 뜻한다. 교회에서 내놓은 공적인 경고문이 보여주듯이 교회, 특히 가톨릭 교회가 결혼과 가족에 깊은 관심을 갖고 있는 것은 분명하지만 가톨릭의 정통 교리를 엄격하게 고수하는 교회에서조차 도덕적 주장과 실제 행동 간에는 현저한 차이가 있다. 이 말은 산아 제한은 물론 낙태 수치에도 적용되는데, 예컨대 가톨릭이 지배적인 폴란드에서 그러하다. 폴란드는 유럽에서 낙태 수치가 가장 높은 나라에 속하는 것이다.

아무런 개입없이 이런 종류의 행동을 방치할 때마다 사람들이 아주 기묘해 보이는 행동 방식 속으로 빠져들거나 미끄러져 들어간다는 역설에서만큼 사랑에 고유한 논리가 분명하게 나타나는 경우도 없을 것이다.

자유의 역설

자유가 모든 것이라면 다른 누군가의 자유를 구속하는 것이 목표여야 한다. 비록 사랑이 이와 정반대의 것을 행하는 데 계속 열중하는 것이라도 말이다. 사람들은 다른 누군가가 당신의 자유를 위해 스스로의 자유를 자발적으로 자제해 주기를 욕망하는 것이다. 이것은 어떻게 이루어져야 하는가? 사르트르는 이것에 대해 이렇게 묻고 있다.

바로 타인이 나를 존재케 하는 것이 아닌데도 나는 왜 타인을 전유하고 싶어하는가? 그러나 이것은 정확히 특정한 전유 양식을 내포한다. 우리가 손에 쥐고 싶어하는 것은 타인의 자유 그 자체이다. 권력에 대한 욕망 때문이 아니다. 압제자는 사랑을 경멸하며 오히려 공포에 만족한다. 그가 신하들의 사랑을 얻으려는 것은 정치적인 이유 때문이다. 또 신하들을 노예로 만들 수 있는 한층 더 경제적인 방법을 발견한다면 그는 그것을 즉시 채택할 것이다. 하지만 사랑받기를 원하는 사람은 사랑하는 사람의 노예화를 욕망하지 않는다. 그는 기계적으로 흘러나오는 열정의 대상이 되는 데 열중하지 않는다. 그는 자동 인형을 소유하기를 원치 않으며, 따라서 그에게 굴욕감을 주고 싶으면 그가 사랑하는 사람의 열정은 심리학적 결정론의 결과라고 말해 주기만 하면 된다. 그러면 사랑을 주는 이 사람은 자신의 사랑과 존재가 싸구려가 되었다고 느낄 것이다. 트리스탄과 이졸데가 미치도록 사랑한 것이 미약(媚藥) 때문이라면 이들의 이야기는 별로 흥미롭지 않았을 것이다. 사랑하는 사람의 완전한 노예화는 사랑을 주는 사람의 사랑을 죽인다. …… 따라서 사랑을 주는 사람은 사랑하는 사람을 물건처럼 소유하기를 욕망하지 않는다. 그는 특별한 유형의 전유를 요구한다. 그는 자유를 자유로 소유하기를 원하는 것이다.

그러나 사랑을 주는 사람은 자유롭고 자발적인 서약인 저 우월한 형태의 자유에 만족할 수 없다. 사랑이 맹세에 대한 순수한 충성이라면 누가 만족할 것인가? "내가 당신을 사랑하는 것은 내가 당신을 사랑하겠다고 자유롭게 서약했고 또 내가 나의 말을 어기지 않기로 했기 때문이다"라는 말에 누가 만족하겠는가? 따라서 사랑을 주는 사람은 서약을 요구하지만 서약 때문에 화가 난다. 그는 자유롭게 사랑받기를 원하지만 이 자유로서의 자유가 더 이상 자유롭지 않기를 요구한다. 그는 타인의 자유가 스스로 사랑이 되기로 결심할 것을 ― 그리고 사랑의 시초뿐만 아니라 매 순간에도 이것을 ― 바라지만 이와 동시에 이 자유가 스스로의 감금을 의지하도록 하기 위해 광기 속에서처럼, 꿈 속에서처럼 이 자유가 스스로에게 사로잡히거나 스스로에게 등을 돌리기를 바라는 것이다(Sartre 1956: 342-3).

진정성의 역설

사랑은 모든 것에 대해 일인칭 단수이다. 나의 체험, 나의 진실, 나의 초월, 나의 구원 등. 이것은 원리상으로나 사실상으로나 모두 진정성을 전제한다. 정직함은 무엇을 뜻하며 무엇에 기초하고 있는가? 정직함은 그럼에도 계속 의심받을 때 시작되는 자유 낙하를 어떻게 멈추는가? 어떤 감정에 대한 나의 태도는 감정 그 자체만큼 확실해야 하는가? 다른 누군가의 감정적 진실 때문에, 즉 나로서는 당연히 파악하기 힘들 뿐만 아니라 그 자체의 고유한 확신에 따라 나의 사활적 이해 관계와 내가 사랑하는 사람에 대한 요구를 부정하는 진실 때문에 압력을 받을 때 나는 어떻게 반응하는가? 루만에 따르면 다음과 같은 것이 필요하다.

단순하고 처방가능한 원칙, 즉 인간이 살아가며 사랑하는 과정에서 정직함과 부정직함은 뗄레야 뗄 수 없는 관계를 맺게 되었다는 지난 삼백 년의 통찰을 옆으로 제쳐놓을 수 있는 원칙 말이다. 사랑하는 사람이 말하고 싶어하는 것을 모두 말하도록 허용해주어야 하는가 하는 질문은 별도로 제쳐두고라도 우리는 과연 정직해야 하는가? 심지어 끊임없이 요동치는 분위기 속에서도? 다른 사람은 나의 체온과 온도계처럼 연결되어 있어야 하는 것일까? 그리고 무엇보다도 자기 자신에 대해서도 정직하지 않은 사람에게 어떻게 정직할 수 있을까? 모든 실존이란 궁극적으로 바탕없는 기획, 따라서 부정직함이라는 받침대와 보호 지대를 필요로 하는 계획이 아닐까? 자기가 정직하다는 것을 도대체 전달할 수 있을까? 그렇게 함으로써 오히려 부정직해지는 일 없이?

도덕에 대한 심리 치료사들의(또 심리 치료사들에 대한 도덕의) 영향력을 재기는 어렵지만 그들은 확실히 두려워해야 할 존재들이다. 그들은 사랑 대신에 개인의 허약한 건강, 지원 요구를 내놓는데, 따라서 이들이 발전시킬 수 있는 유일한 사랑 개념이란 정직함에 대한 부정직한 이해에 기초한 영원한 상호적 심리치료뿐이다(Luhmann 1984: 210-11).

행위의 역설

아마 빈곤은 제거될 수 있고 불평등은 완화될 수 있을 것이다. 군사적 위험과 기술적 위험도 마찬가지일 것이다. 이와 반대로 사랑은 목표가 되거나 축원될 수도, 억지로 이루어질 수도 없으며, 어떤 제도로 제약할 수도 없다. 그것은 그저 일어나고, 번개치듯 나타나며, 개인적 또는 사회적 통제를 받지 않는 법칙에 따라 사라질 뿐이다. 그 반대인 무관심도 마찬가지다. 이것은 사랑처럼 일어나거나 사랑의 습격을 단 한 번이라도 받으면 즉각 부서져 버린다. 그러나 우리가 이용할 수 있는 유일한 노선인 합리적 수단 — 목적이라는 노선을 따르지 않고 과연 어떻게 사랑을 성취하고 유지하며 존속시킬 수 있을까? 모든 사람이 적어도 지금 시도하고 있는 방식으로는 성취할 수 없는 목표를 추구할 때 무슨 일이 일어날까? 그 목표에 저항하는 것이 가장 가까운 지름길이라는 것이 드러나면 어떻게 될까? 아니면 목표에 도달했을 때 그것이 우리가 바라던 바와는 정반대의 것으로 변형된다면?

사랑과의 사랑에 빠진 이 새로운 시대는, 말하자면 기술적·합리적 위업의 절정기에서 지금 최종적인 행복에, 즉 합리적 권력들에 저항하고 현대적 사고 방식의 손아귀에서 빠져나가며 바로 이 사실 때문에 신자들과 모방자들에게 엄청난 호소력을 발휘하고 있는 행복에 굴복해가고 있다. 지나가는 김에 한 마디 하자면 위험에 길들여진 사회에서 사랑을 숭배하는 것의 단순한 이면일 뿐인 불안과 마찬가지로 사랑은 설명되거나 논박될 수 없으며 실제로는 묘사조차 될 수 없다. 온갖 관계에 대한 이야기가 엄청나게 쏟아져 나오고 있음에도 불구하고 또는 아마 바로 그것 때문에 정녕 아무도 자신이 느끼는 것을 전달할 수 없는 것이다.

경쟁하는 관점들

사고의 역사라는 관점에서 볼 때 금기를 벗어난 사랑도 그 자체에 고유의 가치 체계와 행동의 논리를 갖고 있다는 이론이 실생활에서 근거를 더 많이 얻으면 얻을수록 (적어도) 현재 지배적인 두 가지 사고 방식은 그만큼 설득력이 적어 보인다.

먼저 심리학자들과 정신분석학자들이 채택하는 견해가 있는데, 모든 감정적 혼란의 원인은 거의 전적으로 개인의 인성과 유년기 체험에서 찾을 수 있다는 것이 그것이다.

이제까지 우리가 소묘해온 상황에서 최소한 우리는 동요와 투쟁이 반드시 개인적인 신경증이나 외상적 체험에서 비롯되는 것은 아니라는 한 가지 결론만큼은 분명하게 끌어낼 수 있다. 이것들은 그에 못지 않게 사랑의 고유한 모순과 사랑의 당혹스러운 동학 때문에 초래될 수도 있는 것이다. 사랑의 체계 속에서 일어나는 충격과 동요의 원천을 심리적 문제와 개인의 과거로 소급시키기를 고집하는 것은 등반 사고를 '항문기 질환'이나 '억압된 리비도'의 팽창 경제 탓으로 돌리는 것만큼이나 잘못된 것이다.

두번째 잘못된 결론은 다양한 사회 이론에서 마치 다 합의된 듯이 널리 지지되고 있다. 이에 따르면 사회는 전통으로부터 의미를 부여받아야 하는데, 이 의미는 문서화되어 전달되고 비판되고 정당화되어야 하며, 또 의미가 증발하거나 타당성을 잃지 않도록 하기 위해 성서 낭독대와 설교단이 다음 세대들의 마음과 머리에 그것을 주입해야 한다는 것이다.

하지만 사랑은 다른 길을 밟아 나가고 있다. 사랑은 전통적인 가치와 규약을 벗어던짐으로써 감각적·감정적 측면으로 들어갈 수 있는 문을 열어 왔던 것이다. 이러한 흐름의 영향력 아래 사람들은 느낌이야말로 삶을 살 만한 가치가 있게 만들어 준다고 믿으며 이러한 생각에 따라 살고 있으며, 따라서 아주 내밀한 감정과 갈망을 신뢰하고, 사고를 전달하거나 의식적·무의식적 충동과 욕구에 반작용하는 모든 낡은 방법 없이 삶을 꾸려나간다. 이것은 두 가지 의미에서 개인적 종교이다. 즉 사랑은 각 개인 속에 원천을 두며, 외로움을 없애 주겠다고 약속한다. 또 이것은 개인적 희망과 두려움에 기초한 무전통 또는 탈전통으로, 신자들에게 목적 의식을 제시하고 사랑의 전장에서 자기의 욕망과 힘을 발견할 수 있는 기쁨을 준다.

미래로부터의 회고적인 일별, 또는 마지막 성 발렌타인 데이

이제 21세기로 도약해 이 책이 쓰여지고 있을 때 작성된 『인터내셔널 해럴드 트리뷴(International Herald Tribune)』의 기사로 이 책을 마치기로 하자.

보스턴 — 역사책들을 보니 우리 선조들은 1990년에 마지막 발렌타인 데이를 축하하고 말았다. 이미 그 해에 하루 날을 잡아 전국적으로 사랑을 축하한다는 발상 자체가 시대착오적인 것이 되었다. 섹스, 마약, 로큰롤 시대의 유품이라는 것이다.

일부 의원들은 발렌타인 데이를 결코 인정하지 않았으며, 1980년대 말에는 내내 큐피드라는 미명 아래 벌거벗은 아이들의 그림을 전시하고 있는 모든 박물관으로부터 기금을 회수하자는 이야기가 회자되었다. 또 부모들은 상점에서 파는 발렌타인 카드에는 반드시 경고 표시를 해야 한다고 주장했다.

그러나 그 해에 작성된 한 위원회의 사랑에 관한 보고서가 최후의 일격을 가했다. 이 위원회가 사랑은 '변화된 의식 상태' — 전문가들이 이런 딱지를 붙였다 — 를 초래했다고 결론지은 것은 전혀 놀랄 만한 일이 아니었다. 이 말은 안정된 시대였던 90년대에 대해 아주 분명하고 또 불길한 의미를 갖고 있었다. 사랑은 약물이었고 미국인들은 그 남용자들이었다.

그러한 징후는 전국 어디서나 찾아볼 수 있었으며 걱정스러운 것이었다. 위원회는 사랑에 빠진 사람들은 말썽투성이라고 주장했다. 그들은 종종 착란 상태에 빠지고 백일몽을 꾸거나 허공을 응시하는가 하면 '맹목적 사랑'이라 알려진 상태를 노출하기 일쑤였다. 많은 사람들이 식욕 상실, 심장박동수 증가, 얼굴의 지나친 홍조를 나타내고 있는데, 얼핏 보기만 해도 누구나 이를 간파할 수 있었다.

위원회가 사랑의 남용이라 지적한 것이 건강에 미칠 타격도 우려스러운 것이었지만 재정적 타격 또한 만만치 않았다. 이처럼 도저히 제어할 수 없는 감정이 지배하기 시작한 이래, 즉 적대적 기업 합병을 전략화한 이래 연인들 때문에 손실당한 생산성은 연간 GNP 중 수백만 달러에 달한다고 위원회는 추산했다. 이 위원회는 이와 반대되는 사례로 일본을 지목했는데, 일본은 사랑을 공식 기념일로 축복하지는 않는다는 것이었다. 위원회가 더 말할 필요가 있을까?

미국 사람들은 오랫동안 사랑에 관심을 가져 왔다. 반세기 전의 한 세대는 "사랑이 전국을 휩쓸고 있다"나 "당신에게 사랑밖에 줄 게 없어"와 같은 낡은 기치 속에 들어 있던 잠재의식적인 메시지들을 의문시할 수 있었다.

그러나 이번에는 성년이 된 우드스톡(Woodstock) 세대가 중년에 들어서면서 온갖 종류의 약물에 물릴대로 물려 이를 말끔히 포기하고는 사랑에 주의를 돌렸다. 그들은 연약한 자식들 속에서 사랑의 나침반을 찾았다. 그러니 사람들에게 저 열렬한 환희를 가져다 준 어떤 것에 대해 누가 우려하지 않겠는가?

역사를 전공하는 학생들은 알고 있지만 90년대 이전에 사랑은 명사거나 동사였다. 그러나 이때가 되면 사랑은 점점 더 '사랑 중독자'와 '사랑 상용자'처럼 더 형용사로 사용되기 시작했다. 사랑에 빠진 사람들은 스스로를 상대방에게 낚였다고 묘사했다. 사실 사랑은 의존을 낳았으며, 더 나쁘게는 공의존(共依存)을 낳았다. 이것이 바로 1989~90년의 한겨울에 많은 베스트셀러들의 주제가 되었다.

21세기가 되자 미국인들에게는 이름, 성별, 12단계 지원 프로그램으로 자기를 소개하는 것이 일상사가 될 터였다. "안녕하세요, 제 이름은 앨리스구요 사랑에 빠져 있어요." 그러나 1990년에도 이미 수백만의 사람들은 인종에 따라 함께 살았던 선조들과는 달리 중독에 기초해 온갖 모임과 만남을 형성했었다. 다름아니라 전에 미약(媚藥) 밀매인이었던 에리카 종 같은 권위자가 회복에 관한 글을 쓰는 것으로 전업할 정도였으니 말이다. 이리하여 절제가 유행이 되었다.

이 모든 것은 1990년에 이 위원회의 권고안이 수용될 수 있는 토대를 깔아 주었다. 사랑이 일종의 유행병이 되었음을 보여주는 과학적 증거는 행동을 요구했던 것이다.

대법원은 작업장에 대한 무작위 사랑 검사를 승인했다. 다른 사람으로부터 자유로워지기를 원하는 사람들을 지원하기 위한 기금이 조성되었다. 교사들에게는 젊은이들에게 사랑의 위험을 가르치라는 지침이 내려졌다. 『로미오와 줄리엣』은 판매금지되었다. 그리고 이런 분위기 속에서 발렌타인 데이는 더 이상 용인될 수 없었던 것이다.

오늘날 미국인들은 저 마지막 발렌타인 데이를 사랑에 빠지는 일로부터 긴 하산(下山)이 시작되었던 날이라고 생각하고 있다. 사람들을 극히 쇠약하게 만들었던 최종적인 무절제, 가장 널리 퍼져 있던 몽롱함은 대지에 떨어졌다. 이리하여 이제 사랑은 통제권 아래에 들어오게 되었다.

오늘날에도 가끔 일부 커플이 함께 얼굴을 붉히고 있는 것이 발견되었다는 보도가 있지만 사소한 에피소드에 불과했다. 사실 회복이 결코 완벽하게 이루어지지는 않았지만 결국 발렌타인 시대 이후에 우리는 곤궁을 제외한 다른 모든 일에서는 절제라는 저 놀라운 목표를 거의 성취했다고 말할 수 있다. 1990년의 우리 선조들 덕분에 우리는 지금 '사랑 없는 미국'에서 살고 있다(Ellen Goodman, 「마지막 발렌타인 데이[The Last Valentine's Day]」).[8]

주

서문

1) 'Motive zum BGB' (민법의 주요한 계기들), 1880년경. 강조는 필자.
2) 오늘날 이 개인화라는 말은 모든 사람들의 입에 오르내리고 있는데, 각각 이 말은 개념, 어림짐작, 설명, 처방, 저주 등으로 아주 다양하게 사용하고 있다. 개인화는 다음과 같은 것들과 관련되어 논의되고 있다. 이른바 '분위기의 민주주의', 전에는 정기적으로 투표에 참여하던 유권자들의 예기치 못한 동향들, 낡은 슬로건이나 조직 형태를 고수하기 때문에 조합원조차 유지하기 어려운 노동조합의 어려움, 막 나가는 청년들('X 세대'), 우울한 통계 수치들로 나타나는 — 그러나 계급으로 환원시키기는 무척이나 힘든 — 사회구조적 불평등이라는 쟁점 등. 개인화가 (어느 누구도 완벽하게 중립적인 관찰자가 될 수는 없는) 결혼과 가족에 대한 통계 수치들이 제기하는 아주 통상적인 수수께끼에도 그대로 적용될 수 있다는 것까지 굳이 언급할 필요는 없을 것이다. '개인화'를 둘러싼 논란을 간단히 정리하기 위해서는 Beck 1994, 그리고 Beck/Beck-Gernsheim 1994와 1995를 보라. 사회적 개인화 이론에 대해서는 많은 글이 있지만 대략 다음을 보라. Elias 1991; Habermas 1988: 223ff.; Honneth 1988; Luhmann 1989; Kohli 1988; Keupp 1988; Keupp/Bilden 1989; P. A. Berger 1987; Berger/Hradil 1990: Introduction; Dörre 1987: 43ff.; J. Ritsert 1987; Brose/Hildenbrand 1988; Lau 1988; Rosenmayr 1985; Hennig 1989; Esser 1989; Hornstein 1988; Filtner 1987; Weymann 1989; Klages 1988; Heitmeyer/Möller 1988; Wahl 1989; Neckel 1989; Zoll 1989.
3) Foucault 1978; Burckhardt 1958; Elias 1991: vol. II. 베버(Max Weber, 1985)는 캘빈주의의 내적 금욕주의가 전통적인 구원의 확실성을 대신하게 되었다고 본다. 그가 보기에 또한 그것은 자기 주장, 진중한 삶 및 부의 축적을 통해 <자연>(Nature)을 정복하려는 충동을 표상하는 것이기도 했다. 짐멜(Georg Simmel 1978)은 개인화의 중심 동력이 금융 경제에 있다고 보았다. 이 경제가 사회적 써클들을 개방시키고 다시 혼합한다는 것이다. 이처럼 개인화라는 주제는 여러 시대와 사회 이론들을 거쳐 현재에까지 계속 추적해 나올 수 있다.

4) 입법화, 복지국가의 보호조치, 전통적 가구의 붕괴, 노동일수의 부족 및 다른 요소들이 여기서 일정한 역할을 하고 있다(Beck 1986: 121-30을 보라). 개인화라는 개념이 모호하지만 공적으로는 순식간에 널리 회자되게 된 사실이야말로 사회 구조와 관련해 우리 사회가 얼마나 불안정한지를 잘 보여준다. 개인화는 오래된 형태의 사회적 불평등이 사라져가고 새로운 형태의 불평등이 희미하게나마 출현함을 지칭하기 위한 일종의 암구호이다. 이 점에 대해서는 『사회 세계(Soziale Welt)』 3/1983과 크레켈(Kreckel)(1983)이 편집한 『사회 세계』 특별호, 그리고 Berger/Hradil(1990)을 보라.

5) "개인화 과정은 장소에 따라 다른 속도로 진행되며 또한 반드시 같은 방향으로 나가는 것도 아니다." Burkart/Fietze/Kohli (1989: 256; 또한 pp. 11-12, 61, 195, 259)는 이를 상세히 다루고 있다. 또한 Bertram/Dannenbeck 1990도 보라.

1장

1) 이혼율이 가장 높았던 때는 1984년으로 10,000쌍 중 87쌍의 부부가 이혼했다. 그 이후로는 1985년에 86쌍, 1986년에는 83쌍으로 감소 추세를 보이고 있다. 연방통계청 1988: 78을 보라.

독일의 이혼율

년	총이혼율	인구 10,000명당	결혼한 10,000명당
1900	7,928	1.4	8.1
1913	17,825	2.7	15.2
1920	36,542	5.9	32.1
1930	40,722	6.3	29.5
1938	49,487	7.2	31.1
1950	84,740	16.9	67.5
1960	48,878	8.8	35.0
1970	76,520	12.6	50.9
1980	96,222	15.6	61.3
1984	130,744	21.3	87.1
1988	128,729	21.0	—

자료: 연방 청년·가족·보건부 1985: 57, 137; Statistisches Jahrbuch 1983-1985: 표 3.32-3.34; Wirtschaft und Statistik, 8호, 1989: 508

2) 결혼 기간별로 나누어 살펴보면, 16년 내지 20년 동안 결혼 생활을 하면서 함께 아이를 키운 부부의 이혼이 가장 많고(10,000쌍 중 360쌍에 달한다), 2,3년 혹은 3,4년간 결혼 생활을 한 부부의 이혼은 10,000쌍 중 146쌍에서 230쌍까지로 다양하다. 연방 청년·가족·보건부 자료 1985: 78. 아이들이 아직 어려서 집에 머물러 있을 때는 이 아이들의 존재가 부부가 갈라서는 것을 방지해 준다는 것을 알 수 있다.

3) 독일청년연구소는 약 250만명 정도로 추산하며(1988: 156), 알렌스바하 인구 연구소는

300만명으로 추정한다(Süddeutsche Zeitung, 1989년 6월 10-11). 흔히 비결혼적 결합을 결혼에 준하는 것 혹은 새로운 형태의 약혼으로 보는 경우가 많은데, 이런 해석은 이 결합이 실은 매우 다양하게 구성되어 있기 때문에 모순에 처한다. 즉 아이가 있는 결합도 있고 혹은 아이 없는 결합도 있으며, 이혼 전 혹은 이혼 후의 결합, 이혼에 의해 물질적· 신체적으로 피해를 입은 사람들끼리의 결합이나 소위 '은퇴한 첩' 등도 모두 여기에 포함된다(Bertram, Borrmann-Müller 1988: 18).

4) Burkhart/Fietze/Kohli 1989: 30, 34; (Süddeutsche Zeitung(1989년 10월 8-9일).
5) 한번도 결혼하지 않은 독신자와 이혼한 사람들, 그리고 결혼했지만 별거중인 사람들을 합치면 약 58% 정도가 되고, 배우자와 사별한 사람들이 약 41.5% 정도 된다. 연방통계청(편) 1989: 표 3.16과 64ff를 보라.
6) 연방 교육과학부 1988-9: 70. 고등학교 수석 졸업자 중 여학생 비율도 약간씩 감소하고 있는 것으로 관찰된다. 1987년에 그 비율은 45.7%였다. 연방통계청(편) 1988: 345f.
7) 이 격차는 대학에서 훨씬 더 커진다. 1987-8년 가을 학기에 독일 대학에 등록한 학생의 62%가 남자였고 단지 38%만이 여자였다. 연방통계청(편) 1988: 359.
8) 좀더 정확히 살펴보면 인문학 분야 학생의 61%가 여성인 반면 법률과 경제 분야에서는 38%, 그리고 수학과 자연과학에서는 31%의 학생만이 여성이다. 연방통계청(편) 1988: 361.
9) 연방 교육과학부 1988-9: 206-8; 연방통계청(편) 1989: 367. 여성 비율은 전체적으로 15%이고, 전체 전문직 일자리의 5%(봉급 수준에 따라 나누어보지 않았을 때), 조수직의 13%, 강사직의 19%를 여성이 차지하고 있다.
10) 연방통계청(편) 1987: 79; 여기에는 개별 생산 집단의 자료가 포함되어 있는데, 대개 개별 생산 집단에서는 성별 임금 격차가 상당히 적다. 또한 *Quintessenzen aus der Arbeitsmarkt-und Berufsforschung* 1984: 33f도 보라.
11) 개인화 개념이 공공 영역과 학문 세계에서 잠깐 나타났다 사라지는 일시적 성격을 갖게 된 데에도 이것이 반영되어 있다. 이를 둘러싼 논쟁과 토론을 전체적으로 살펴보려면 Beck 1994, Beck/Beck-Gernsheim 1994와 1995를 보라. 이런 관점에서 청소년 사회학의 영역을 살펴보려면 Fuchs 1983; Hornstein 1985; Rosenmayr 1985; Baethge 1985; Michal 1988: 143ff.; Heitmeyer/Müller 1988을 보라. 노동계급과 노동운동에 대해서는 Mooser 1983; Dürre 1987을 보라. 여성학에 대해서는 Beck-Gernsheim 1983; Bilden 1989를 보라. 사회적 불평등에 대해서는 Berger/Hradil 1990; Neckel 1989; Mayer 1989를 보라. 가족사회학에 대해서는 Bertram/Borrmann-Müller 1988; Hoffmann-Nowotny 1988; Burkart/Fietze/Kohli 1989를 보라.

2장

1) Rückert, Behrens 1982: 205에서 재인용.
2) 소녀/여성비율

	고등학생 (상급생)	대학 입학	대학생 (총계)
1960	36.5%	27.0%	23.9%
1970	41.4%	28.8%	25.6%
1980	49.4%	40.1%	36.7%
1987	49.8%	40.2%	38.0%

자료: 연방 교육 과학부 1989-90: 46 그리고 154-5

3) 1907년에 독일의 15세 이상 기혼 여성 중 26%가 직장을 갖고 있었다. 이 비율은 1965년의 경우 서독만 따져서 33.7%, 1988년에는 44.5%였다(연방통계청 1983: 63; 1989, *Süddeutsche Zeitung* 1989년 6월 24-5일자에서 재인용-).
4) 18세 이상의 자녀가 있는 직장 여성의 비율은 1961년의 33.2%에서 1982년의 44%로 상승했다(연방 청년 · 가족 · 보건부 1984: 21).
5) Merian 1983의 표지 그림을 보라.
6) Wingen 1985: 348; *Statistisches Jahrbuch 1988 für die Brundesrepublik Deutschland*: 78.
7) Lutz 1985: 3. 이 통계치는 오스트리아의 것인데, 독일에서도 매우 비슷한 추세로 변화가 일어나고 있다.
8) 지난 몇십년 동안 전체 신생아 중 사생아의 비율이 가장 낮았던 때는 1967년으로 4.6%였으나 1987년 4/4분기에는 10.2%로 증가했다(Permien 1988: 20; Burkart, Fietze/Kohli 1989: 30).
9) "전체 사생아 중 10대의 원치 않는 임신이 차지하는 비율은 점점 더 작아지고 있으며, 25세 이상 여성의 계획된 임신의 빈도는 점점 더 증가하고 있다. 혼외 출산이 젊은 여성의 '불운'인 경우는 점차 감소하고 있으며 오히려 좀더 나이든 여성의 명백히 계획된, 또는 적어도 의식적으로 받아들여진 의사결정인 경우가 많다"(Burkart, Fietze/Kohli 1989: 34).
10) 1962년과 1983년 사이에 실시된 조사 연구에서 여자가 아기를 가지려면 반드시 결혼한 상태여야 하는가 하는 질문에 대해 1967년에는 89.4%의 소녀들이 매우 중요하다고 응답한 반면 1983년에는 단 40%만이 그렇다고 대답했다(Allerbeck/Hoag 1985: 97-8).
11) Merrit/Steiner 1984; Fabe/Wikler 1979: 122-3; 'Ledige Mütter mit Wunschkind: Geht es wirklich ohne Mann', *Für Sie*, 1985/11; 'When Baby Makes Two: Choosing Single Motherhood', Ms(1984년 11월호); 'Having Babies without Husbands', *New Woman*(1995년 5월호).

3장
1) 이 대화는 뮌헨의 독일청년연구소의 '하층 계급의 자녀 양육'이라는 프로젝트에서 시행된 연구의 비간행 자료에서 발췌한 것이다. 이에 대해서는 Wahl u. a. 1980을 참조.

4장

1) *Einstellungen zu Ehe und Familie* 1985: 177도 참조.
2) 시험관 수정의 각 단계들에 대한 과학적 설명은 Bräutigam/Mettler 1985: 54-68 참조.

5장

1) 연방통계청, *Süddeutsche Zeitung*(1989년 6월 24-5일자).
2) 특히 Wallerstein/Blakeslee(1989). 또 Furstenberg(1987). 그는 '연속결혼'과 '분리된 부모노릇'에 대해 말하면서 높은 이혼율의 결과 '모계적 역전'이 일어날 것을 예측하고 있다. 이를 통해 친족 체계에 대한 아버지의 성실도는 전반적으로 약화된다는 것이다.
3) 이 점에 대해서는 로날트 히츨러(Ronald Hitzler)에게 빚지고 있다. 이점을 잘 보여주는 지표들은 여전히 결혼 상태에 있지만 따로 살고 있거나 새 동반자와 살고 있는 사람들에게서 찾을 수 있을 것이다. 이들은 이혼에 따른 비용이나 정서적 대가를 치르고 싶지 않거나 체면을 지키고 싶어하기 때문이다. 이와 동시에 여기서 결혼과 이혼에 관한 온갖 말들, 행정 조치나 통계적 묘사는 여전히 전혀 변하지 않는 채 의미는 이전보다 훨씬 더 형식주의적이고 일시적으로 되었다는 사실이 명백해지고 있다. 결혼율이 다시 증가하고 있는 이유 또한 결혼이 영원한 매력을 벗어 던지고 이제 얼마든지 취소할 수 있는 하나의 시도가 되었기 때문이다. 마치 여름의 바캉스, 10월 축제, 정신분석처럼 한번 시도해볼 수 있는 일처럼 말이다.
4) 부모들이 어떤 아이를 이상적인 아이로 생각해 왔는지에 대해서는 Beck-Gernshiem 1988b와 1995 및 Beck 1988(재생산 의학과 인간 유전학의 사회적 결과를 다루는 제1장)을 보라.

6장

1) "삶에 의미를 약속해주는 것은 특히 가족과 아이에 대한 이미지와 환상으로서 일상의 현실에서 나타나는 것과 같은 일대기 속에서의 가족 생활의 구체적인 체험은 이보다 훨씬 그렇지 못하다"(Wahl et al. 1980: 35).
2) 사랑을 개인화된 생활 세계의 갈등적 상황 속에 근거지으려는 이러한 평가는 따라서 또한 전통적 환경이 오직 '작은 사회적 생활 세계'로 쪼개지고 있다는 생각에도 반대한다(Hitzler 1988: 136ff). 사랑은 탈전통화된 생활 세계에서 거의 강제적인 주제가 되고 있다. 이것은 또한 개인화 경향에 대한 연구를 새롭게 등장하는 사회적 유형 및 이에 대한 이해에 대한 연구와 연결시키는 것이 얼마나 중요한지를 잘 보여준다.
3) 이 인용은 크리스토프 라우(Christoph Lau)에게 빚지고 있다.
4) 위르겐 하버마스의 고전적 정식에 따르면 "의미는 행정적으로 산출될 수 없다"(1973: 99). 이와 관련된 기나긴 논쟁사를 요약하면서(아담 스미스[Adam Smith], 헤겔, 토크빌[Tocqueville]로까지 되돌아가서) 두빌(Helmut Dubiel)은 이렇게 쓰고 있다. "산업이 화석 자원을 소비할 뿐 대체할 수 없는 것과 마찬가지로 안정된 자유시장적 자유주의 사회는

사회적 도덕(성)의 내용물을 그저 소비할 뿐 자신의 정치적 · 경제적 · 문화적 제도 내에서 이것을 갱신하지는 못한다"(1987: 1039ff). 여기서 제시된 논의가 타당한 것으로 입증되려면 이러한 평가는 다음과 같은 의미에서 다시 고찰되어야 한다. 즉 탈전통화되고 갈등에 가득 찬 사랑이야말로 사회적 의미를 채워줄 수 있는 진정 현대적인 자원으로 생각할 수 있을까? 나는 이렇게 대답하고 싶다. 즉 그것은 정말 좋은 질문이라고. 사랑이 남녀를 존재의 가장 깊은 곳으로 데려가고, 괴롭히고, 상처를 주는 동시에 자신의 이력, 미래, 인성, 특성, 의지, 믿음, 회의에 대해 다시 생각하도록 만드는 쓰디 쓴 갈등의 한 원천인 것이 사실이더라도 바로 이것이 사랑의 의미일 수 있을 것이다. 어떤 실증적이고, 미리 주어져 있고 권위적이고 명확한 의미가 아니라 차라리 삶의 본질로부터 일어나고 삶의 본질을 목표로 삼고 삶의 본질을 파괴하는 갈등. 이것이 바로 탈전통적 의미의 사랑의 형태일 것이다. 이를 둘러싸고 솟구쳐 나오는 온갖 질문들은 정상성이라는 건축물을 안에서부터, 바로 그 초석부터 붕괴시키겠다고 위협하고 있다. 사랑은 많은 것들의 원천이다. 은둔, 쓰라림, 냉소(주의)의 원천인가 하면 또한 아주 모순적이게도 새로운 지평, 새로운 세계관, 새로운 생활양식 또는 적어도 이러한 것들에 대한 욕망 — 축복된 자아의 성채 안에 있는 억압된 욕망이라 해도 마찬가지다 — 의 원천이기도 하다. 사랑은 간단하게 거두어 들일 수 있는 확실성이나 가치 형태를 취하지 않는다. 그렇기는커녕 문화적 쓰라림으로, 지각을 일으키고 우선 순위를 변화시키는 날카로운 감수성으로 나타난다.

물론 우리는 탈종교로서의 사랑이 사적인 영역에서만, 그리고 "이 사적인 영역이 정말 커다란 제도들 곁에 외로이 떨어져 있는 한에서만" 의미를 창조하는 효과를 낼 수 있다는 루크만(Thomas Luckmann 1983: 특히 188)의 주장에 동의해야 한다. 이 점에 대해서는 뒤에 나오는 「사랑의 불가피한 전쟁: 조건들」을 보라.

5) '낭만주의의 현대성'(Bohrer 1988을 보라)을 둘러싸고 불붙은 논쟁이 전반적으로 잘 보여주었듯이 낭만주의와 낭만적 사랑이라는 개념은 의심의 여지없이 흐릿하고 모호하다. 루만(Niklas Luhmann)은 우리처럼 이상화와 거리두기 간의 저 기묘한 관계 속에 실제의 핵심적 의미가 있는지를 의심한다. 낭만적 사랑은 "이원성을 통일하고 있다고 주장하는 한 이상적이면서도 역설적이다. 요점은 자아를 지탱하고 상승시키면서도 자아를 포기하는 것이며, 사랑에 완전히 빠지되 사랑을 빈정대며 사랑에 빠지는 것이다. 이 모든 것에는 새롭지만 전형적으로 낭만주의적인 역설이 가득 차 있다. 거리두기를 통해 보고 겪고 즐기는 것을 강화하는 체험"(Luhmann 1984: 210-11, 강조는 원저자). 또 역사적 기원에 대해서는 Campbell 1987과 Honneth 1988b를 보라.

6) 이 생각은 크리스토프 라우에게 힘입었다. 이 명제의 의미는 루만(1984)이 말하는 '삶의 성찰성'과 같지 않다. 삶의 성찰성은 역사적으로 새로운 사태를 겨냥한 것이 아니다. 이것은 "추상적으로 보았을 때의 모든 재능과 상황의 가능성을 가리킨다."

7) Kristeva 1989: 16. "플라톤부터 데카르트, 헤겔, 칸트에 이르기까지 사고가 현실을 휘어잡을 수 있게 하는 것을 목표로 하는 모든 철학자들은 사랑의 체험으로부터 사랑의 고통을 잘라버리고, 지고의 절대선이나 절대적 존재에 의해 끌려가는 여행에 사랑의 체험을 끌

어넣는다. 오직 신학만이 …… 사랑의 신성한 광기의 함정으로 빠져드는 것을 허용하는 것이다."

8) Ellen Goodman, 'The Last Valentine's Day', *International Herald Tribune*, 1990년 2월 14일자.

참고 문헌

Adorno, T. 1978: *Minima moralia*. London (Ger. orig. 1951).
Alberoni, F. 1983: *Verliebtsein und lieben: Revolution zu zweit*. Stuttgart (*Falling in Love*, New York).
—— 1987: *Erotik: Weibliche Erotik, männliche Erotik, was ist das?* Munich.
Allerbeck, K. and Hoag, W. 1985: *Jugend ohne Zukunft?: Einstellungen, Umwelt, Perspektiven*. Munich.
Andreas-Salomé, L. 1986: *Die Erotik*. Frankfurt and Berlin.
Ariès, P. 1962: *Centuries of Childhood: A Social History of Family Life*. New York (Ger. trans. 1978).
—— 1984: Liebe in der Ehe. In P. Ariès et al., *Die Masken des Begehrens und die Metamorphosen der Sinnlichkeit*, Frankfurt (*Western Sexuality: Practice and Precept in Past and Present*, Oxford, 1985).
Ayck, T. and Stolten, I. 1978: *Kinderlos aus Verantwortung*. Reinbek.
Bach, G. R. and Deutsch, R. M. 1979: *Pairing: Intimität und Offenheit in der Partnerschaft*. Reinbek.
Bach, G. R. and Molter, H. 1979: *Psychoboom: Wege und Abwege moderner Therapie*. Reinbek.
Bach, G. R. and Wyden, P. 1969: *The Intimate Enemy: How to Fight Fair in Love and Marriage*. New York.
Baden-Württemberg Provincial Government 1983: *Bericht der Kommission 'Zukunftsperspektiven gesellschaftlicher Entwicklungen', erstellt im Auftrag der Landesregierung von Baden-Württemberg*. Stuttgart.
Badinter, E. 1988: *Ich bin Du: Die neue Beziehung zwischen Mann und Frau*. Munich.
Badura, B. (ed.) 1981: *Soziale Unterstützung und chronische Krankheit: Zum Stand sozialepidemiologischer Forschung*. Frankfurt.
Baer, J. 1976: *How to be an Assertive (not Aggressive) Woman*. New York.
Baethge, M. 1985: Individualisierung als Hoffnung und Verhängnis. *Soziale Welt*, 3: 299f.
Barthes, R. 1978: *Fragments: A Lover's Discourse*. New York.

Beck, J. 1970: *How to Raise a Brighter Child.* London.
Beck, U. 1983: Jenseits von Stand und Klasse?: Soziale Ungleichheit, gesellschaftliche Individualisierungsprozesse und die Entstehung neuer sozialer Formationen und Identitäten. In Kreckel 1983: 35–74. (Beyond Status and Class? In Meja, Misgeld and Stehr (eds), *Modern German Sociology*, New York, 1987.)
—— 1986: *Risikogesellschaft: Auf dem Weg in eine andere Modernität.* Frankfurt (*Risk Society: Towards a New Modernity*, London, 1992).
—— 1988: *Gegengifte: Die organisierte Unverantwortlichkeit.* Frankfurt (*Ecological Politics in the Age of Risk*, Cambridge, 1995).
—— 1994: The Debate on the 'Individualization Theory' in Today's Sociology in Germany. In B. Schäfers (ed.), *Sociology in Germany: Development, Institutionalization, Theoretical Disputes*, Opladen.
Beck, U. and Beck-Gernsheim, E. (eds) 1994: *Riskante Freiheiten: Individualisierung in modernen Gesellschaften.* Frankfurt.
—— 1995: Individualization in Modern Societies. In S. Lash, P. Heelas and P. Morris (eds), *Detraditionalization*, Oxford.
Beck, U., Giddens, A. and Lash, S. 1994: *Reflexive Modernization: Politics, Tradition and Aesthetics in the Modern Social Order.* Cambridge.
Beck-Gernsheim, E. 1980: *Das halbierte Leben: Männerwelt Beruf, Frauenwelt Familie.* Frankfurt.
—— 1983: Vom 'Dasein für andere' zum Anspruch auf ein Stück 'eigenes Leben': Individualisierungsprozesse im weiblichen Lebenszusammenhang. *Soziale Welt*, 3: 307–41.
—— 1988a: *Die Kinderfrage: Frauen zwischen Kinderwunsch und Unabhängigkeit.* Munich.
—— 1988b: Zukunft der Lebensformen. In J. Hesse, H.-G. Rolff and C. Zoppel (eds), *Zukunftswissen und Bildungsperspektiven*, Baden-Baden: 99–118.
—— 1989: *Mutterwerden: Der Sprung in ein anderes Leben.* Frankfurt.
—— 1995: *Technology, the Market, and Morality: On Reproductive Medicine and Genetic Engineering.* Atlantic Highlands, NJ.
Becker-Schmidt, R. and Knapp, G.-A. 1985: *Arbeiterkinder gestern – Arbeiterkinder heute.* Bonn.
Behrens, K. (ed.) 1982: *Das Inselbuch vom Lob der Frau.* Frankfurt.
Béjin, A. 1984: Ehen ohne Trauschein heute. In P. Ariès et al., *Die Masken des Begehrens und die Metamorphosen der Sinnlichkeit*, Frankfurt (*Western Sexuality*, Oxford, 1985).
Benard, C. and Schlaffer, E. 1981: *Liebesgeschichten aus dem Patriarchat.* Reinbek.
—— 1985: *Viel erlebt und nichts begriffen: Die Männer und die Frauenbewegung*, Reinbek.
Benn, G. 1962: *Leben ist Brückenschlagen: Gedichte, Prosa, Autobiographisches.* Munich and Zurich.
Berger, B. and Berger, P. L. 1983: *The War over the Family.* New York.
Berger, J. 1986: Gibt es ein modernes Gesellschaftsstadium?: Marxismus und Modernisierungstheorie im Widerstreit. In J. Berger (ed.), *Die Moderne: Kontinuität und Zäsuren. Soziale Welt*, special volume 4: 79–96.

Berger, P. A. 1986: *Entstrukturierte Klassengesellschaft?* Opladen.
—— 1987: Klassen und Klassifikationen. *Kölner Zeitschrift für Soziologie und Sozialpsychologie*, 29: 59–85.
Berger, P. A. and Hradil, S. (eds) 1990: *Lebenslagen, Lebensläufe, Lebensstile*. *Soziale Welt*, special volume 7.
Berger, P. L. 1973: *Zur Dialektik von Religion und Gesellschaft*. Frankfurt.
—— 1983: Das Problem der mannigfachen Wirklichkeiten: Alfred Schütz und Robert Musil. In Gradhoff and Waldenfels (eds), *Sozialität und Intersubjektivität*, Munich.
Berger, P. L. and Kellner, H. 1965: Die Ehe und die Konstruktion der Wirklichkeit. *Soziale Welt*, 3: 220–35.
Berger, P. L., Berger, B. and Kellner, H. 1973: *The Homeless Mind: Modernization and Consciousness*. New York.
Bernard, J. 1976: *The Future of Marriage*. Harmondsworth.
Bernardoni, C. and Werner, V. (eds) 1983: *Der vergeudete Reichtum: Über die Partizipation von Frauen im Öffentlichen Leben*. Bonn.
Bertram, H. and Borrmann-Müller, R. 1988: Individualisierung und Pluralisierung familialer Lebensformen. *Aus Politik und Zeitgeschichte*, supplement to the weekly *Das Parlament*, 13: 14–22.
Bertram, H. and Dannenbeck, G. 1990: Zur Theorie und Empirie regionaler Disparitäten: Pluralisierung von Lebenslagen und Individualisierung von Lebensführungen in der BRD. In Berger, P. A. and Hradil, S. 1990.
Beyer, J., Lamott, F. and Meyer, B. (eds) 1983: *Frauenhandlexikon*. Munich.
Biermann, I., Schmerl, C. and Ziebell, L. 1985: *Leben mit kurzfristigem Denken: Eine Untersuchung zur Situation arbeitsloser Akademikerinnen*. Weilheim and Basle.
Bilden, H. 1989: Geschlechterverhältnis und Individualität im gesellschaftlichen Umbruch. In Keupp, H. and Bilden, H. (eds), *Verunsicherungen*, Göttingen: 19–46.
Blixen, T. 1986: *On Modern Marriage*. New York.
Bock-Rosenthal, T., Haase, C. and Streeck, S. 1978: *Wenn Frauen Karriere machen*. Frankfurt and New York.
Bohrer, K. H. 1988: Die Modernität der Romantik. *Merkur*, 469: 179–98.
Bolte, K.-M. 1980: Bestimmungsgründe der Geburtenentwicklung und Überlegungen zu einer möglichen Beeinflußbarkeit. In *Bevölkerungsentwicklung und nachwachsende Generation*, Schriftenreihe des Bundesministers für Jugend, Familie und Gesundheit, vol. 94, Stuttgart, Berlin, Cologne and Mainz: 64–91.
—— 1983: Subjektorientierte Soziologie. In Bolte, K.-M. and Treutner, E. (eds), *Subjektorientierte Arbeits- und Berufssoziologie*, Frankfurt: 12–36.
Bopp, J. 1984: Die Mamis und die Mappis: Zur Abschaffung der Vaterrolle. *Kursbuch 1967*, June: 53–74.
Borscheid, P. 1986: Romantic Love or Material Interest: Choosing Partners in Nineteenth-Century Germany. *Journal of Family History*, 2: 157–68.
Boston Women's Health Collective (ed.) 1971: *Our Bodies, Ourselves*. New York.
Braun, D. and Wohlfahrt, D. 1984: *Ich und du und unser Kind: Tagebücher aus dem Leben zu dritt*. Reinbek.

Bräutigam, H.-H. and Mettler, L. 1985: *Die programmierte Vererbung: Möglichkeiten und Gefahren der Gentechnologie*. Hamburg.
Brinker-Gabler, G. (ed.) 1979: *Frauenarbeit und Beruf*. Frankfurt.
Brod, H. (ed.) 1987: *The Making of Masculinity*. Boston.
Brontë, C. 1966: *Jane Eyre*. Harmondsworth (first edn 1847).
Brose, H. G. and Hildenbrand, B. (eds) 1988: *Vom Ende des Individuums zur Individualität ohne Ende*. Opladen.
Brose, H. G. and Wohlrab-Sahr, M. 1986: Formen individualisierter Lebensführung von Frauen: ein neues Arrangement zwischen Familie und Beruf? In H. G. Brose (ed.), *Berufsbiographien im Wandel*, Opladen: 105–45.
Bruckner, G. and Finkielkraut, A. 1979: *Die neue Liebesunordnung*. Munich.
Bruker, M. O. and Gutjahr, I. 1986: *Biologischer Ratgeber für Mutter und Kind*. Lahnstein.
Buchholz, W. et al. 1984: *Lebenswelt und Familienwirklichkeit*. Frankfurt.
Bullinger, H. 1986: *Wenn Paare Eltern werden*. Reinbek.
Burckhardt, J. 1958: *The Civilization of the Renaissance in Italy*. New York (Ger. orig. 1858).
Burkart, G., Fietze, B. and Kohli, M. 1989: *Liebe, Ehe, Elternschaft: Eine qualitative Untersuchung über den Bedeutungswandel von Paarbeziehungen und seine demographischen Konsequenzen* (Materialien zur Bevölkerungswissenschaft, no. 60, ed. Bundesinstitut für Bevölkerungsforschung). Wiesbaden.
Campbell, C. 1987: *The Romantic Ethic and the Spirit of Modern Consumerism*. Oxford.
Cancian, F. M. 1985: Gender Politics: Love and Power in the Private and Public Spheres. In A. S. Rossi (ed.), *Gender and the Lifecourse*, New York: 253–65.
—— 1986: The Feminization of Love. *Signs*, 4: 692–709.
Capek, K. 1985: Romeo und Julia: Eine Erzählung. *Süddeutsche Zeitung*, 25–7 May.
Chesler, P. 1979: *With Child: A Diary of Motherhood*. New York.
Chester, R. (ed.) 1982: *Children and Marriage*. Special issue of the *International Journal of Sociology and Social Policy*, 2/3.
Christie, A. 1977: *An Autobiography*. New York.
Cohen, A. 1983: *Die Schöne des Herrn*. Stuttgart.
—— 1984: *Das Buch meiner Mutter*. Stuttgart.
Cook, E. H. and Harrell, K. F. 1984: *Parental Kidnapping: A Bibliography*. Monticello: Vance Bibliographies.
Cunningham, M. 1991: *A Home at the End of the World*. London.
Daele, W. van den 1985: *Mensch nach Mass?: Ethische Probleme der Genmanipulation und Gentherapie*. Munich.
Degler, C. N. 1980: *Women and the Family in America from the Revolution to the Present*. New York.
Demos, J. and Boocock, S. S. (eds) 1978: *Turning Points: Historical and Sociological Essays on the Family*. Chicago.
Diezinger, A., Marquardt, R. and Bilden, H. 1982: *Zukunft mit beschränkten Möglichkeiten, Projektbericht*. Munich.

Dische, I. 1983: Das schönste Erlebnis. *Kursbuch*, 72 (June): 28–32.
Dörre, K. 1987: *Risiko-Kapitalismus: Zur Kritik von Ulrich Becks Weg in eine andere Moderne*. Marburg.
Dowrick, S. and Grundberg, S. (eds) 1980: *Why Children?* New York and London.
Dubiel, H. 1987: Zur Ökologie der sozialen Arbeit. *Merkur*: 1039ff.
Duby, G. 1983: *The Knight, the Lady and the Priest: the Making of Modern Marriage in Medieval France*. New York.
Durkheim, E. 1933: *The Division of Labor in Society*. New York (Fr. orig. 1893).
Ehrenreich, B. 1983: *The Hearts of Men*. New York.
—— 1984: The Politics of Talking in Couples: Conversus Interruptus and other Disorders. In A. M. Jaggar and P. S. Rothenberg (eds), *Feminist Frameworks*, New York: 73–6.
Ehrenreich, B. and English, D. 1979: *For Her Own Good: 150 Years of the Experts' Advice for Women*. London.
Ehrenreich, B., Hess, E. and Jacobs, G. 1986: *Remaking Love; The Feminization of Sex*. New York.
Eichenbaum, L. and Orbach, S. 1983: *What Do Women Want?: Exploding the Myth of Dependency*. New York.
Elias, N. 1978: *The Civilization Process: The History of Manners*. New York.
—— 1985: Foreword. In M. Schröter, '*Wo zwei zusammen kommen in rechter Ehe...*': *Sozio- und psychogenetische Studien über Eheschliessungsvorgänge vom 12. bis 15. Jahrhundert*, Frankfurt: vii–xi.
—— 1991: *The Society of Individuals*. Oxford.
Elschenbroich, D. 1988: Eine Familie, zwei Kulturen: Deutsch-ausländische Familien. In Deutsches Jugendinstitut (ed.), *Wie geht's der Familie?: Ein Handbuch zur Situation der Familien heute*, Munich: 363–70.
Enzensberger, H. M. 1988: *Requiem für eine romantische Frau: Die Geschichte von Auguste Bussmann und Clemens Brentano*. Berlin.
Erler, G. A. 1985: Erdöl und Mutterliebe: Von der Knappheit einiger Rohstoffe. In T. Schmidt (ed.), *Das pfeifende Schwein*, Berlin.
Esser, H. 1989: Verfällt die soziologische Methode? *Soziale Welt*, 1/2: 57–75.
Fabe, M. and Wikler, N. 1979: *Up Against the Clock: Career Women Speak on the Choice to Have Children*. New York.
Fallaci, O. 1976: *Letter to a Child Never Born*. New York.
—— 1980: *A Man*. New York.
Federal Minister of Education and Science (ed.) 1982–3, 1984–5, 1988–9, 1989–90: *Grund- und Strukturdaten*. Bonn.
Federal Minister of Youth, Family and Health (ed.) 1980: *Frauen 80*. Bonn.
—— 1984: *Frauen in der Bundesrepublik*. Bonn.
—— 1985: *Nichteheliche Lebensgemeinschaften in der Bundesrepublik Deutschland* (Schriftenreihe des Bundesministers für Jugend, Familie und Gesundheit, vol. 170). Stuttgart, Berlin, Cologne and Mainz.
Federal Office of Statistics (ed.) 1983a: *Frauen in Familie, Beruf und Gesellschaft, Ausgabe 1983*. Wiesbaden.
—— 1983b: *Datenreport*. Bonn.
—— 1987: *Frauen in Familie, Beruf und Gesellschaft, Ausgabe 1987*. Wiesbaden.

—— 1988: *Statistisches Jahrbuch 1988 (für die Bundesrepublik Deutschland)*. Bonn.
Fend, H. 1988: Zur Sozialgeschichte des Aufwachsens. In Deutsches Jugendinstitut (ed.), *25 Jahre Deutsches Jugendinstitut e.V.: Dokumentation der Festveranstaltung und des Symposiums*, Munich: 157–73.
Fischer, E. 1983: *Jenseits der Träume: Frauen um Vierzig*. Cologne.
Fischer, I. 1989: Der andere Traum vom eigenen Baby. *Geo-Wissen, Sonderheft Sex–Geburt–Genetik* (May): 46–58.
Fishman, P. M. 1982: Interaction: The Work Women Do. In R. Kahn-Hut, A. K. Daniels and R. Colvard (eds), *Women and Work: Problems and Perspectives*, New York: 170–80.
Flandrin, J. L. 1984: Das Geschlechtsleben der Eheleute in der alten Gesellschaft. In P. Ariès et al., *Die Masken des Begehrens und die Metamorphosen der Sinnlichkeit*, Frankfurt (*Western Sexuality*, Oxford, 1985).
Fleming, A. T. 1989: When a Loving Nest Remains Empty. *New York Times*, 15 March 1989.
Flitner, A. 1988: Zerbrechliche Zukunft. In his *Für das Leben–oder für die Schule?*, Weinheim: 211–19.
Foucault, M. 1978: *The History of Sexuality*. New York (Fr. orig. 1976).
Frankl, V. E. 1984: *Das Leiden am sinnlosen Leben: Psychotherapie für heute*. Freiburg.
Fuchs, R. 1988: *Die Technisierung der Fortpflanzung*. Berlin.
Fuchs, W. 1983: Jugendliche Statuspassage oder individualisierte Jugendbiographie? *Soziale Welt*, 3: 341–71.
—— 1984: *Biographische Forschung*. Opladen.
Furstenberg, F. Jr. 1987: Fortsetzungsehen: Ein neues Lebensmuster und seine Folgen. *Soziale Welt*, 1: 29–39.
Gabbert, K. 1988: Prometheische Schamlosigkeit. *Ästhetik und Kommunikation*, 69: 85–91.
Garfinkel, P. 1986: *In a Man's World*. New York.
Gensior, S. 1983: Moderne Frauenarbeit. In *Karriere oder Kochtopf, Jahrbuch für Sozialökonomie une Gesellschaftstheorie*. Opladen.
Gerhard, U. 1978: *Verhältnisse und Verhinderungen: Frauenarbeit, Familie und Rechte der Frauen im 19. Jahrhundert*. Frankfurt.
Geulen, D. 1977: *Das vergesellschaftete Subjekt*. Frankfurt.
Gilligan, C. 1982: *In a Different Voice: Psychological Theory and Women's Development*. Cambridge, Mass.
Glick, P. C. 1984: Marriage, Divorce, and Living Arrangements: Prospective Changes. *Journal of Family Issues*: 7–26.
Goldberg, H. 1979: *Der verunsicherte Mann: Wege zu einer neuen Identität aus psychotherapeutischer Sicht*. Reinbek.
Goody, J. 1983: *The Development of the Family and Marriage in Europe*. Cambridge.
Gordon, S. 1985: Interview with Jean Baker Miller. *Ms.* (July): 42.
Grass, G. 1980: *Kopfgeburten*. Darmstadt: Eng. trans. as *Headbirths; or The Germans are Dying Out*, 1983.

Gravenhorst, L. 1983: Alleinstehende Frauen. In J. Beyer et al. (eds), *Frauenhandlexikon: Stichworte zur Selbstbestimmung*, Munich: 16f.
Groffy, C. and Groffy, U. (eds) 1986: *Das Insel-Buch der Ehe*. Frankfurt.
Gronemeyer, R. 1989: *Die Entfernung vom Wolfsrudel: Über den drohenden Krieg der Jungen gegen die Alten.* Düsseldorf.
Gross, P. 1985: Bastelmentalität. In T. Schmidt (ed.), *Das pfeiefende Schwein*, Berlin: 63–84.
Gross, P. and Honer, A. 1990: Multiple Elternschaften. *Soziale Welt*, 1.
Gstettner, P. 1981: *Die Eroberung des Kindes durch die Wissenschaft: Aus der Geschichte der Disziplinierung*. Reinbek.
Habermas, J. 1973: *Legitimationsprobleme im Spätkapitalismus*. Frankfurt (*Legitimation Crisis*, Cambridge, 1988).
—— 1988: *Nachmetaphysisches Denken: Philosophische Aufsätze*. Frankfurt.
Hage, V. 1987: Ferne Frauen, fremde Männer. *Die Zeit*, 11 December.
Hahn, A. 1988: Familie und Selbstthematisierung. In K. Lüscher et al. (eds), *Die 'postmoderne' Familie*, Konstanz: 169–79.
Handke, P. 1982: *Kindergeschichte*. Frankfurt.
Häsing, H. (ed.) 1983: *Mutter hat einen Freund: Alleinerziehende Mütter berichten*. Frankfurt.
Häsing, H. and Brandes, V. (eds) 1983: *Kinder, Kinder!: Lust und Last der linken Eltern*. Frankfurt.
Häussler, M. 1983: Von der Enthaltsamkeit zur verantwortungsbewussten Fortpflanzung: Über den unaufhaltsamen Aufstieg der Empfängnisverhütung und seine Folgen. In M. Häussler et al., *Bauchlandungen: Abtreiben–Sexualität–Kinderwunsch*, Munich: 58–73.
Heiliger, A. 1985: Alleinerziehende Mütter: Ohne Partner glücklicher. *Psychologie heute* (December): 10–11.
Heitmeyer, W. and Möller, K. 1988: Milieu-Einbindung un Milieu-Erosion als individuelles Sozialisationsproblem. *Zeitschrift für erziehungswissenschaftliche Forschung*: 115–144.
Hennig, C. 1989: *Die Entfesselung der Seele: Romantischer Individualismus in den deutschen Alternativkulturen*. Frankfurt.
Hennig, M. and Jardim, A. 1977: *The Managerial Woman*. New York.
Hentig, H. von 1978: Vorwort. In P. Ariès, *Geschichte der Kindheit*, Munich.
Hite, S. and Colleran, K. 1989: *Kein Mann um jeden Preis: Das neue Selbstverständnis der Frau in der Partnerbeziehung*. Niederhausen.
Hitzler, R. 1988: *Sinnwelten*. Opladen.
Hoff, A. and Scholz, J. 1985: *Neue Männer in Beruf und Schule: Forschungsbericht*. Berlin.
Hoffmann-Nowotny, H.-J. 1988: Ehe und Familie in der modernen Gesellschaft. *Aus Politik und Zeitgeschichte*, supplement to the weekly *Das Parlament*, B 13: 3–13.
Höhn, C. Mammey, U. and Schwarz, K. 1981: Die demographische Lage in der Bundesrepublik Deutschland. *Zeitschrift für Bevölkerungswissenschaft*, 2: 139–230.

Hollstein, W. 1988: *Nicht Herrscher, aber kräftig: Die Zukunft der Männer*. Hamburg.
Hölzle, C. 1989: Die physische und psychische Belastung durch In-vitro-Fertilisation. *pro familia magazin*, 5: 5–8.
Homan, W. E. 1980: *Kinder brauchen Liebe – Eltern brauchen Rat*. Munich.
Honig, M.-S. 1988: Kindheitsforschung: Abkehr von der Pädagogisierung. *Soziologische Revue*, 2: 169–78.
Honneth, A. 1988a: Soziologie: Eine Kolumne. *Merkur*, 470: 315–19.
—— 1988b: Soziologie: Eine Kolumne. *Merkur*, 477: 961–5.
Höpflinger, F. 1984: Kinderwunsch und Einstellung zu Kindern. In H.-J. Hoffmann-Nowotny et al., *Planspiel Familie: Familie, Kinderwunsch und Familienplanung in der Schweiz*, Diessenhofen: 77–181.
Hornstein, W. 1985: Strukturwandel im gesellschaftlichen Wandlungsprozess. In S. Hradil (ed.), *Sozialstruktur im Umbruch: Karl Martin Bolte zum 60. Geburtstag*, Opladen: 323–42.
—— 1988: Gegenwartsdiagnose und pädagogisches Handeln. *Zeitschrift für Pädagogik*, 34.
Hubbard, R. 1984: Personal Courage is Not Enough: Some Hazards of Childbearing in the 1980s. In R. Arditti et al. (eds), *Test-Tube Women: What Future for Motherhood?*, London: 331–55.
Hurrelmann, K. 1989: Warum Eltern zu Tätern werden: Ursachen von Gewalt gegen Kinder. *Forschung – Mitteilungen der DFG*, 1: 10–12.
Ibsen, H. 1986: *A Doll's House and Other Plays*, trans. Peter Watts. Harmondsworth.
Illich, I. 1985: Einführung in der Kulturgeschichte der Knappheit. In A. H. Pfürtner (ed.), *Wider den Turmbau zu Babel: Disput mit Ivan Illich*, Reinbek: 12–31.
Imhof. A. E. 1981: *Die gewonnenen Jahre*. Munich.
—— 1984: *Die verlorenen Welten*. Munich.
Institute for Demographics, Allensback/Köcher, R. 1985: *Einstellungen zu Ehe und Familie im Wandel der Zeit*. Stuttgart.
Jaeggi, E. and Hollstein, W. 1985: *Wenn Ehen älter werden: Liebe, Krise, Neubeginn*. Munich.
Jannberg, J. 1982: *Ich bin ich*. Frankfurt.
Jong, E. 1974: *Fear of Flying*. London.
—— 1985: *Parachutes and Kisses*. London.
Jourard, S. M. 1982: Ehe fürs Leben – Ehe zum Leben. *Familiendynamik*, 2: 171–82.
Kamerman, S. B. 1984: Women, Children and Poverty: Public Policies and Female-headed Families in Industrialized Countries. In *Women and Poverty*, special issue of *Signs: Journal of Women in Culture and Society*, 10/2: 249–71.
Kaufmann, F.-X. 1988: Sozialpolitik und Familie. In *Aus Politik und Zeitgeschichte*, supplement to the weekly *Das Parlament*, B 13: 34–43.
Kaufmann, F.-X., Herlth, A., Quitmann, J., Simm, R. and Strohmeier, P. 1982: Familienentwicklung: Generatives Verhalten im familialen Kontext. *Zeitschrift für Bevölkerungswissenschaft*, 4: 523–45.

Kern, B. and Kern, H. 1988: *Madame Doctorin Schlözerin: Ein Frauenleben in den Widersprüchen der Aufklärung*. Munich.
Kerner, C. 1984: *Kinderkriegen: Ein Nachdenkbuch*. Weinheim and Basel.
Keupp, H. 1988: *Riskante Chancen: Das Subjekt zwischen Psychokultur und Selbstorganisation*. Heidelberg.
Keupp, H. and Bilden, H. (eds) 1989: *Verunsicherungen: Das Subjekt im gesellschaftlichen Wandel*. Munich.
Kitzinger, S. 1980: *The Complete Book of Pregnancy and Childbirth*. New York.
Klages, H. 1988: *Wertedynamik: Über die Wandelbarkeit des Selbstverständlichen*. Zurich.
Klein, R. D. 1987: Where Choice Amounts to Coercion: The Experiences of Women on IVF Programs. Address at the Third International Interdisciplinary Women's Congress, Dublin (mimeographed ms.).
Kohli, M. 1985: Die Institutionalisierung des Lebenslaufes. *Kölner Zeitschrift für Soziologie und Sozialpsychologie*, 1: 1–29.
—— 1988: Normalbiographie und Individualität. In H. G. Brose and B. Hildenbrand (eds), *Vom Ende des Individuums zur Individualität ohne Ende*, Opladen: 33–54.
Krantzler, M. 1974: *Creative Divorce: A New Opportunity for Personal Growth*. New York.
Krechel, U. 1983: Meine Sätze haben schon einen Bart: Anmahnung an die neue Weiblichkeit. *Kursbuch* (September): 143–55.
Kreckel, R. (ed.) 1983: *Soziale Ungleichheiten*. Special issue of *Soziale Welt*.
Kristeva, J. 1989: *Geschichten von der Liebe*. Frankfurt (*Tales of Love*, New York).
Kuhn, H. 1975: *'Liebe': Geschichte eines Begriffes*. Munich.
Kundera, M. 1974: *Laughable Loves*. New York (Czech orig. pre-1968).
Lange, H. and Bäumer, G. (eds) 1901: *Handbuch von der Frauenbewegung, I. Teil: Die Geschichte der Frauenbewegung in den Kulturländern*. Berlin.
Langer-El Sayed, I. 1980: *Familienpolitik: Tendenzen, Chancen, Notwendigkeiten*. Frankfurt.
Lasch, C. 1977: *Haven in a Heartless World: The Family Besieged*. New York.
Lau, C. 1988: Gesellschaftliche Individualisierung und Wertwandel. In H. O. Luthe and H. Meulemann (eds), *Wertwandel–Faktum oder Fiktion?*, Frankfurt and New York.
Lazarre, J. 1977: *The Mother Knot*. New York.
Ledda, G. 1978: *Padre, Padrone*. Zurich.
Lempp, R. 1986: *Familie im Umbruch*. Munich.
Ley, K. 1984: Von der Normal- zur Wahlbiographie. In M. Kohli and G. Robert (eds), *Biographie und soziale Wirklichkeit*, Stuttgart: 239–60.
Liegle, L. 1987: *Welten der Kindheit und der Familie*. Weinheim and Munich.
Lorber, J. and Greenfield, D. 1987: Test-Tube Babies and Sick Roles: Couples' Experiences with In Vitro Fertilization. Address at the Third International Interdisciplinary Women's Congress, Dublin (mimeographed ms.).
Lucke, D. 1990: Die Ehescheidung als Kristallisationskern geschlechtsspezifischer Ungleichheit im Lebenslauf von Frauen. In P. L. Berger and S. Hradil 1990.

Luckmann, T. 1983: *Life-World and Social Realities*. London.
Lüscher, K. 1987: Familie als Solidargemeinschaft aller Familienangehörigen: Erwartungen und Möglichkeiten. In *Familienideal, Familienalltag* (Schriften des deutschen Vereins für öffentliche und private Fürsorge, vol. 226), Frankfurt: 22–37.
Luhmann, N. 1984: *Liebe als Passion: Zur Codierung von Intimität*. Frankfurt (*Love as Passion*, Cambridge, 1986).
—— 1985: Die Autopoiesis des Bewusstseins. *Soziale Welt*, 4: 402–46.
—— 1989: Individuum, Individualität, Individualismus. In his *Gesellschaftsstruktur und Semantik*, III, Frankfurt: 149–258.
Lutz, W. 1985: Heiraten, Scheidung und Kinderzahl: Demographische Tafeln zum Familien-Lebenszyklus in Österreich. In *Demographische Informationen*: 3–20.
Maase, K. 1984: Betriebe ohne Hinterland. In *Marxistische Studien, Jahrbuch des IMSF*, Frankfurt.
Mackenzie, N. and Mackenzie, J. (eds): *The Diary of Beatrice Webb, Volume Three, 1905–1924*. London.
Mayer, E. 1985: *Love and Tradition: Marriage between Jews and Christians*. New York and London.
Mayer, K. U. 1989: Empirische Sozialstrukturanalyse und Theorien gesellschaftlicher Entwicklung. *Soziale Welt*, 1/2: 297–308.
Meller, L. 1983: *Lieber allein: Zur Situation weiblicher Singles*. Frankfurt.
Merian, S. 1983: *Der Tod des Märchenprinzen*. Reinbek.
Merrit, S. and Steiner, L. 1984: *And Baby Makes Two: Motherhood without Marriage*. New York.
Metz-Göckel, S. and Müller, U. 1987: Partner oder Gegner?: Überlebensweisen der Ideologie vom männlichen Familienernährer. *Soziale Welt*, 1: 4–28.
Metz-Göckel, S., Müller, U. and Brigitte Magazine 1985: *Der Mann*. Hamburg.
Michal, W. 1988: *Die SPD–staatstreu und jugendfrei*. Reinbek.
Michelmann, H. W. and Mettler, L. 1987: Die In-vitro-Fertilisation als Substitutionstherapie. In S. Wehowsky (ed.), *Lebensbeginn und Menschenwürde: Stellungnahmen zur Instruktion der Kongregation für Glaubenslehre vom 22.2.1987* (Gentechnologie, 14), Frankfurt and Munich: 43–51.
Mooser, J. 1983: Auflösung der proletarischen Milieus, Klassenbindung und Individualisierung in der Arbeiterschaft vom Kaiserreich bis in die Bundesrepublik Deutschland. *Soziale Welt*, 3: 270–306.
Müller, W., Willms, A. and Handl, J. 1983: *Strukturwandel der Frauenarbeit 1880–1980*. Frankfurt.
Münz, R. 1983: Vater, Mutter, Kind. In G. Pernhaupt (ed.), *Gewalt am Kind*, Vienna: 33–44.
Muschg, G. 1976: Bericht von einer falschen Front. In H. P. Piwitt (ed.), *Literaturmagazin 5*, Reinbek.
Musil, R. 1952: *Der Mann ohne Eigenschaften*. Hamburg (first edn, 2 vols, 1930–3; Eng. trans. as *The Man without Qualities*, 3 vols, 1953–60).
Nave-Herz, R. 1987: Bedeutungswandel von Ehe und Familie. In H. J. Schulze and T. Mayer (eds), *Familie–Zerfall oder neue Selbstverständnis?*, Würzburg: 18–27.

—— 1988: *Kinderlose Ehen: Eine empirische Studie über die Lebenssituation kinderloser Ehepaare und die Gründe für ihre Kinderlosigkeit*. Weinheim and Munich.

Neckel, S. 1989: Individualisierung und Theorie der Klassen. *Prokla*, 76: 51–9.

Neidhardt, F. 1975: *Die Familie in Deutschland: Gesellschaftliche Stellung, Struktur und Funktion*. Opladen (4th expanded edition).

Nichteheliche Lebensgemeinschaften in der Bundesrepublik Deutschland 1985: Schriftenreihe des Bundesministers für Familie, Jugend und Gesundheit, 170. Stuttgart.

Norwood, R. 1985: *Women who Love too Much: When You Keep Wishing and Hoping He'll Change*. New York and Los Angeles.

Nunner-Winkler, G. 1985: Identität und Individualität. *Soziale Welt*, 4: 466–82.

—— 1989: Identität im Lebenslauf. In Psychologie heute (ed.), *Das Ich im Lebenslauf*, Weinheim.

ÖKO-TEST 1988: *Ratgeber Kleinkinder*. Reinbek.

Olerup, A., Schneider, L. and Monod, E. 1985: *Women, Work and Computerization: Opportunities and Disadvantages*. New York.

O'Reilly, J. 1980: *The Girl I Left Behind*. New York.

Ostner, I. and Krutwa-Schott, A. 1981: *Krankenpflege: Ein Frauenberuf?* Frankfurt.

Ostner, I. and Pieper, B. 1980: Problemstruktur Familie – oder: Über die Schwierigkeit, in und mit Familie zu leben. In Ostner and Pieper (eds), *Arbeitsbereich Familie: Umrisse einer Theorie der Privatheit*. Frankfurt and New York.

Palmer, C. E. and Noble, D. N. 1984: Child Snatching. *Journal of Family Issues*, 5/1: 27–45.

Papanek, H. 1979: Family Status Production: The 'Work' and 'Non-work' of Women. *Signs*, 4/4: 775–81.

Partner, P. 1984: *Das endgültige Ehebuch für Anfänger und Fortgeschrittene*. Munich.

Pearce, D. and McAdoo, H. 1981: *Women and Children: Alone and in Poverty*. Washington.

Perls, F. and Stevens, J. O. 1969: *Gestalt Therapy Verbatim*. Lafayette, California.

Permien, H. 1988: Zwischen Existenznöten und Emanzipation: Alleinerziehende Eltern. In Deutsches Jugendinstitut (ed.), *Wie geht's der Familie?: Ein Handbuch zur Situation der Familien heute*, Munich: 89–97.

Pfeffer, N. and Woollett, A. 1983: *The Experience of Infertility*. London.

Pilgrim, V. E. 1986: *Der Untergang des Mannes*. Reinbek.

Plessen, E. 1976: *Mitteilung an den Adel*. Zurich.

Praschl, P. 1988: Bloss keine Blösse geben. *Stern*, 13: 38.

Praz, M. 1933: *The Romantic Agony*. London.

Preuss, H. G. 1985: *Ehepaartherapie: Beitrag zu einer psychoanalytischen Partnertherapie in der Gruppe*. Frankfurt.

Pross, H. 1978: *Der deutsche Mann*. Reinbek.

Quintessenzen aus der Arbeitsmarkt- und Berufsforschung 1984: Frauen und Arbeitsmarkt. Nuremberg.

Rapp, R. 1984: XYLO: A True Story. In R. Arditti et al. (eds), *Test-Tube Women – What Future for Motherhood?*, London: 313–28.
Ravera, L. 1986: *Mein liebes Kind.* Munich.
Reim, D. (ed.) 1984: *Frauen berichten vom Kinderkriegen.* Munich.
Rerrich, M. S. 1983: Veränderte Elternschaft. *Soziale Welt*, 4: 420–49.
—— 1988: *Balanceakt Familie: Zwischen alten Leitbildern und neuen Lebensformen.* Freiburg.
—— 1989: Was ist neu an den 'neuen Vätern'. In H. Keupp and H. Bilden (eds), *Verunsicherungen*, Göttingen: 93–102.
Richter, H. E. 1969: *Eltern, Kind, Neurose: Die Rolle des Kindes in der Familie.* Reinbek.
Riehl, W. H. 1861: *Die Familie.* Stuttgart.
Riesman, D. 1981: Egozentrik in Amerika. *Der Monat*, 3: 111–23.
Rifkin, J. 1987: *Kritik der reinen Unvernunft.* Reinbek.
Rilke, R. M. 1980: *Briefe.* Frankfurt.
Ritsert, J. 1987: Braucht die Soziologie den Begriff der Klasse? *Leviathan*, 15: 4–38.
Rolff, H.-G. and Zimmermann, P. 1985: *Kindheit und Wandel: Eine Einführung in die Sozialisation im Kindesalter.* Weinheim and Basle.
Roos, B. and Hassauer, F. (eds) 1982: *Kinderwunsch: Reden und Gegenreden.* Weinheim and Basle.
Rosenbaum, H. (ed.) 1978: *Seminar: Familie und Gesellschaftsstruktur.* Frankfurt.
—— 1982: *Formen der Familie: Untersuchungen zum Zusammenhang von Familienverhältnissen, Sozialstruktur und sozialem Wandel in der deutschen Gesellschaft des 19. Jahrhunderts.* Frankfurt.
Rosenmayr, L. 1984: *Die späte Freiheit.* Munich.
—— 1985: Wege zum Ich vor bedrohter Zukunft. *Soziale Welt*, 3: 274ff.
Rossi, A. S. (ed.) 1974: *The Feminist Papers: From Adams to de Beauvoir.* New York.
Roth, C. 1987: Hundert Jahre Eugenik. In Roth (ed.), *Genzeit: Die Industrialisierung von Pflanze, Tier und Mensch: Ermittlungen in der Schweiz*, Zurich: 93–118.
Rothman, B. K. 1985: Die freie Entscheidung und ihre engen Grenzen. In R. Arditti et al. (eds), *Retortenmütter*, Reinbek: 19–30.
—— 1988: *The Tentative Pregnancy: Prenatal Diagnosis and the Future of Motherhood.* London.
Rubin, L. B. 1983: *Intimate Strangers: Men and Women Together.* New York.
Ryder, N. B. 1979: The Future of American Fertility. *Social Problems*, 26/3: 359–70.
Sartre, J.-P. 1956: *Being and Nothingness*, trans. Hazel E. Barnes. New York (Fr. orig., 1943).
Schellenbaum, P. 1984: *Das Nein in der Liebe: Abgrenzung und Hingabe in der erotischen Beziehung.* Stuttgart.
Schenk, H. 1979: *Abrechnung.* Reinbek.
Schlumbohm, J. (ed.) 1983: *Wie Kinder zu Bauern, Bürgern, Aristokraten wurden, 1700–1850.* Munich.

Schmid, J. 1989: Die Bevölkerungsentwicklung in der Bundesrepublik Deutschland. In *Aus Politik und Zeitgeschichte*, supplement to the weekly *Das Parlament*, B 18: 3–15.
Schmid, W. 1986: Auf der Suche nach einer neuen Lebenskunst. *Merkur*: 678ff.
Schmidbauer, W. 1985: *Die Angst vor der Nähe*. Reinbek.
Schmiele, W. 1987: *Henry Miller*. Reinbek.
Schneewind, K. A. and Vaskovics, L. A. 1991: *Optionen der Lebensgestalltung junger Ehen und Kinderwunsch, Forschungsbericht*. Munich and Bamberg.
Schneider, S. W. 1989: *Intermarriage: The Challenge of Living with Differences*. New York.
Schönfeldt, S., Countess von 1969: *Das Buch vom Baby: Schwangerschaft, Geburt und die ersten beiden Lebensjahre*. Ravensburg.
—— 1985: *Knaurs Grosses Babybuch*. Munich.
Schopenhauer, A. 1987: *Vom Nutzen der Nachdenklichkeit*. Munich.
Schröter, M. 1985: *'Wo zwei zusammenkommen in rechter Ehe...': Studien über Eheschliessungsvorgänge vom 12. bis 15. Jahrhundert*. Frankfurt.
Schulz, W. 1983: Von der Institution 'Familie' zu den Teilbeziehungen zwischen Mann, Frau und Kind. *Soziale Welt*, 4: 401–19.
Schumacher, J. 1981: Partnerwahl und Partnerbeziehung. *Zeitschrift für Bevölkerungswissenschaft*, 4: 499–518.
Schütze, Y. 1981: Die isolierte Kleinfamilie. *Vorgänge*, 5: 75–8.
—— 1986: *Die gute Mutter: Zur Geschichte des normativen Musters 'Mutterliebe'*. Bielefeld.
—— 1988: Zur Veränderung im Eltern-Kind-Verhältnis seit der Nachkriegszeit. In R. Nave-Herz (ed.), *Wandel und Kontinuität der Familie in der Bundesrepublik Deutschland*, Stuttgart: 95–114.
Seidenspinner, G. and Burger, A. 1982: *Mädchen '82: Eine Untersuchung im Auftrag der Zeitschrift Brigitte*. Hamburg.
Sennett, R. 1976: *The Fall of Public Man*. London.
Sichrovsky, P. 1984: Grips-Mittelchen. *Kursbuch* (May): 55–9.
Sichtermann, B. 1981: *Leben mit einem Neugeborenen: Ein Buch über das erste halbe Jahr*. Frankfurt.
—— 1982: *Vorsicht, Kind: Eine Arbeitsplatzbeschreibung für Mütter, Väter und andere*. Berlin.
—— 1987: *Wer ist wie? Über den Unterschied der Geschlechter*. Berlin.
Sieder, R. 1987: *Sozialgeschichte der Familie*. Frankfurt.
Simmel, G. 1978: *The Philosophy of Money*, trans. D. Frisby. London (Ger. orig. 1977).
—— 1985: *Schriften zur Philosophie der Geschlechter*, ed. H. J. Dahmke and K. Höhnke. Frankfurt.
Steinbeck, J. 1966: *America and Americans*. New York.
Stich, J. 1988: 'Spätere Heirat nicht ausgeschlossen...': Vom Leben ohne Trauschein. In Deutsches Jugendinstitut (ed.), *Wie geht's der Familie?: Ein Handbuch zur Situation der Familien heute*, Munich: 155–62.
Stone, L. 1978: Heirat und Ehe im englischen Adel des 16. und 17. Jahrhunderts. In H. Rosenbaum (ed.) *Seminar Familie und Gesellschaftsstruktur*, Frankfurt: 444–79.

—— 1979: *The Family, Sex and Marriage in England 1500–1800*. New York.
Strauss, B. 1987: Ihr Brief zur Hochzeit. *Süddeutsche Zeitung*, 24–5 Jan., weekend supplement.
Strümpel, B. et al. 1988: *Teilzeitarbeitende Männer und Hausmänner*. Berlin.
Swaan, A. De 1981: The Politics of Agoraphobia. *Theory and Society*: 359–85.
Theweleit, K. 1987: *Male Fantasies*, 2 vols. Minneapolis (Ger. orig. 1987).
Tilly, C. (ed.) 1978: *Historical Changes of Changing Fertility*. Princeton.
Tuchman, B. 1978: *A Distant Mirror: The Calamitous Fourteenth Century*. New York.
Turow, S. 1991: *The Burden of Proof*. London.
Urdze, A. and Rerrich, M. S. 1981: *Frauenalltag und Kinderwunsch: Motive von Müttern für oder gegen ein zweites Kind*. Frankfurt.
Vester, H. G. 1984: *Die Thematisierung des Selbst in der postmodernen Gesellschaft*. Bonn.
Vogt-Hagebäumer, B. 1977: *Schwangerschaft ist eine Erfahrung, die die Frau, den Mann und die Gesellschaft angeht*. Reinbek.
Vollmer, R. 1986: *Die Entmythologisierung der Berufsarbeit*. Opladen.
Wachinger, L. 1986: *Ehe: Einander lieben–einander lassen*. Munich.
Wagnerova, A. 1982: *Scheiden aus der Ehe: Anspruch und Scheitern einer Lebensform*. Reinbek.
Wahl, K. 1989: *Die Modernisierungsfalle: Gesellschaft, Selbstbewusstein und Gewalt*. Frankfurt.
Wahl, K., Tüllmann, G., Honig, M. S. and Gravenhorst, L. 1980: *Familien sind anders!* Reinbek.
Wallerstein, J. and Blakeslee, S. 1989: *Gewinner und Verlierer*. Munich (*Second Chances: Men, Women and Children a Decade after Divorce*, New York).
Wander, M. 1979: *'Guten Morgen, du Schöne!': Frauen in der DDR, Protokolle*. Darmstadt and Neuwied.
Wassermann, J. 1987: *Laudin und die Seinen*. Munich (first edn 1925; Eng. trans. as *Wedlock*, New York, 1926).
Weber, M. 1985: *The Protestant Ethic and the Spirit of Capitalism*. London (Ger. orig. 1905).
Weber-Kellermann, I. 1974: *Die deutsche Familie: Versuch einer Sozialgeschichte*. Frankfurt.
Wehrspaun, M. 1988: Alternative Lebensformen und postmoderne Identitätskonstitution. In K. Lüscher et al. (eds), *Die 'postmoderne' Familie*, Konstanz: 157–68.
Weitman, S. 1994: Elementary Forms of Socioerotic Life. MS, Tel Aviv.
Wetterer, A. 1983: Die neue Mütterlichkeit: Über Brüste, Lüste und andere Stil(l)blüten aus der Frauenbewegung. In M. Häussler et al., *Bauchlandungen: Abtreiben–Sexualität–Kinderwunsch*, Munich: 117–34.
Weymann, A. 1989: Handlungsspielräume im Lebenslauf: Ein Essay zur Einführung. In Weymann, *Handlungsspielräume: Untersuchungen zur Individualisierung und Institutionalisierung von Lebensläufen in der Moderne*, Stuttgart: 1–39.
White, N. R. 1984: On Being One of the Boys: An Explanatory Study of

Women's Professional and Domestic Role Definitions. *Women's Studies International Forum*, 7/6: 433-40.

Wiegmann, B. 1979: Frauen und Justiz. In M. Janssen-Jurreit (ed.), *Frauenprogramm: Gegen Diskriminierung*, Reinbek: 127-32.

Wiggershaus, R. 1985: 'Nun aber ich selbst': Neue Tendenzen in der Literatur von Frauen in der Bundesrepublik, in Österreich und in der Schweiz. *Die neue Gesellschaft, Frankfurter Hefte*, 7: 600-7.

Williams, L. S. 1987: 'It's Gonna Work for Me': Women's Experience of the Failure of In Vitro Fertilization and its Effect on their Decision to Try IVF Again. Address at the Third International Interdisciplinary Women's Congress, Dublin (mimeographed ms.).

Willms, A. 1983a: Segregation auf Dauer?: Zur Entwicklung des Verhältnisses von Frauenarbeit und Männerarbeit in Deutschland. In W. Müller, A. Willms and J. Handl 1983: 107-81.

—— 1983b: Grundzüge der Entwicklung der Frauenarbeit von 1880-1980. In W. Müller, A. Willms and J. Handl 1983: 25-54.

Wimschneider, A. 1987: *Herbstmilch: Lebenserinnerungen einer Bäuerin*. Munich.

Wingen, M. 1985: Leitung und Einführung zur Podiumsdiskussion 'Heiratsverhalten und Familienbindung'. In J. Schmidt and K. Schwarz (eds), *Politische und prognostische Tragweite von Forschungen zum generativen Verhalten: Herausgegeben von der Deutschen Gesellschaft für Bevölkerungswissenschaft*, Berlin: 340-51.

Wysocki, G. von 1980: *Die Fröste der Freiheit: Aufbruchphantasien*. Frankfurt.

Zinnecker, J. 1988: Zukunft des Aufwachsens. In J. Hesse, H.-G. Rolff and C. Zoppel (eds), *Zukunftswissen und Bildungsperspektiven*, Baden-Baden: 119-39.

Zoll, R. et al. 1989: *'Nicht so wie unsere Eltern!': Ein neues kulturelles Modell?* Opladen.

Zschocke, F. 1983: *Er oder ich: Männergeschichten*. Reinbek.

Das ganz normale Chaos der Liebe by Ulrich Beck und Elizabeth Beck-Gernsheim
Copyright ⓒ 1990 by Suhrkamp Verlag, Frankfurt am Main

Korean translation edition is published by arrangement with Suhrkamp Verlag, Frankfurt am Main, 1997.

Korean Translation Copyright ⓒ Saemulgyul Publishing House, Seoul.
All rights reserved.

옮긴이 강수영: 서울대학교 영문과 대학원 박사과정 수료.
미국 뉴욕 주립대 박사과정 재학 중.
역서로 『미하일 바흐친』(공역), 『살아남기』가 있다.
권기돈: University of Wisconsin - Madison 사회학과 박사과정 재학 중.
역서로는 『현대성과 자아정체성』, 『여성의 역사 4 - 페미니즘의 등장』(공역) 등이 있다.
배은경: 서울대 사회학과 대학원 박사과정 수료. 현재 서울대학교 강사.
역서로 『현대 사회의 성, 사랑, 에로티시즘 - 친밀성의 구조 변동』(공역)이 있다.

사랑은 지독한, 그러나 너무나 정상적인 혼란

지은이 울리히 벡 · 엘리자베트 벡-게른스하임
옮긴이 강수영 권기돈 배은경 | 펴낸이 조형준 | 펴낸곳 (주)새물결
1판 1쇄 1999년 7월25일 | 2판 10쇄 2023년 4월 25일 | 등록 서울 제15-52호(1989.11.9)
주소 서울특별시 은평구 연서로 48길 12, 513동 502호
전화 02- 3141-8696
E-mail : saemulgyul@gmail.com
ISBN : 89-5559-131-4 (03910)

이 책의 한국어판 저작권은 Suhrkamp Verlag와 독점 계약한 새물결출판사에 있습니다.
저작권법에 의해 한국 내에서 보호받는 저작물이므로 무단 전재나 무단 복제, 매체 수록 등을 금합니다.